Droemer Knaur®

Sue Savage-Rumbaugh
Roger Lewin

KANZI
DER SPRECHENDE SCHIMPANSE

Was den tierischen
vom menschlichen Verstand
unterscheidet

Aus dem Amerikanischen
von Sebastian Vogel

Droemer Knaur

Originaltitel: Kanzi. The Ape at the Brink of the Human Mind
Originalverlag: Wiley, New York

Die Deutsche Bibliothek – CIP-Einheitsaufnahme

Savage-Rumbaugh, Sue:
Kanzi, der sprechende Schimpanse : was den tierischen vom menschlichen Verstand unterscheidet / Sue Savage-Rumbaugh ; Roger Lewin. Aus dem Amerikan. von Sebastian Vogel. – München : Droemer Knaur, 1995
Einheitssacht.: Kanzi ‹dt.›
ISBN 3-426-26669-5
NE: Lewin, Roger:

Die Folie des Schutzumschlags sowie die Einschweißfolie sind
PE-Folien und biologisch abbaubar.
Dieses Buch wurde auf chlor- und säurefreiem Papier gedruckt.

Umschlaggestaltung: Agentur ZERO, München
Umschlagabbildung: Sue Savage-Rumbaugh
Satz: Franzis-Druck, München
Druck und Bindearbeiten: Clausen & Bosse, Leck
Printed in Germany
ISBN 3-426-26669-5

2 4 5 3 1

Dieses Buch ist meiner Mutter und meinem Vater gewidmet, die ihr ganzes Leben selbstlos ihren sieben Kindern geopfert und nie einen Gedanken daran verschwendet haben, daß Eltern es auch anders machen könnten. Sie sorgten sich um uns, sie beteten für uns und gingen uns stets mit bestem Beispiel voran.

Mein Vater lehrte mich, das Leben zu achten und aufrichtig zu sein und mich stets für diese beiden Tugenden einzusetzen. Meine Mutter lehrte mich, stets nach Gnade und Güte, den Grundvoraussetzungen aller Beziehungen, zu streben.

Als ich anfing, mich mit Affen zu beschäftigen, überlegten sie, warum ich das tat. Als ich zum ersten Mal gebissen wurde, *fragten* sie danach. Ich hoffe, daß sie es jetzt verstehen.

Inhalt

Vorwort

Eigentlich begann alles an jenem Tag, an dem mir das vordere Glied meines rechten Zeigefingers abgebissen wurde, und das von einem Affenweibchen, das ich nicht einmal sehen konnte. Wütend war es aus den Tiefen eines schwach erleuchteten Käfigs gestürmt und hatte mich des ersten Fingergliedes beraubt. War sie böse auf mich? Sie kannte mich doch nicht einmal, ebensowenig wie ich sie. Ich war soeben erst auf die »Schimpansenfarm« in Oklahoma gekommen, um mehr über jene Affen mit der Zeichensprache zu lernen, die sich angeblich mit Hilfe ihrer Hände unterhalten konnten. Damals wußte ich noch kaum, daß erwachsene Schimpansen, die in Gruppen leben, auf Fremde meist nicht gut zu sprechen sind, sondern sie vielmehr als eine Bedrohung ansehen, der man sofort begegnen muß. Das war lange vor Jane Goodalls Beobachtung, daß Menschenaffen auch in freier Wildbahn Artgenossen aus anderen Horden töten.

Ich hatte erst wenige Monate vor diesem Biß angefangen, mich mit Menschenaffen zu beschäftigen, aber schon nach den ersten drei Tagen mit ihnen wußte ich, daß ich den Rest meines Lebens der Erforschung dieser Geschöpfe widmen würde. Sie sind uns so ähnlich und doch in mancherlei Hinsicht so völlig anders. Es dauerte nicht lange, bis ich merkte, daß Menschen eine Menge über sich selbst und über die Wesen, die sie einst waren, lernen können, wenn sie sich mit Affen beschäftigen. Wieviel von den Affen ist noch in uns, und wieviel von dem, was wir geworden sind, geht auf die komplizierte Gesellschaft zurück, die wir aufgebaut haben? Diese Frage faszinierte mich, und ich wußte, daß viele Antworten darauf in diesen Tieren lagen. Es kam mir nie in den Sinn, die Arbeit mit ihnen nur wegen eines Bisses aufzugeben, weder damals noch bei vielen späteren Gelegenheiten. Denn jedesmal lernte ich etwas mehr über die Entstehung von Aggression, und für diese Erkenntnisse war ich trotz der Verletzungen dankbar.

Ich wollte unbedingt herausfinden, was den Affen zum Affen macht. Geschieht es von selbst, oder müssen sie den Lauf der Welt ebenso beigebracht bekommen wie Menschenkinder? Dieses Buch handelt von dem Bonobo Kanzi, einem der elf Affen, mit denen ich mich befaßt habe. Er lernte Sprache ganz von selbst, ohne Dressur oder Unterricht.

Die Zusammenarbeit, die zu dieser Geschichte über Kanzi führte, begann an einem Spätnachmittag: Roger Lewin war kurz zuvor im Language Research Center gewesen, um sich Kanzi selbst anzusehen, und jetzt rief er mich an. Ihm hatte dieser Besuch großen Spaß gemacht, aber ich war ein wenig entmutigt. Ich hatte Kanzi um alles mögliche gebeten, aber er hatte entweder abgelehnt, oder so getan, als habe er keine Ahnung, was ich wollte, und in einigen Fällen hatte er genau das Gegenteil getan. Kanzi mochte es nicht, wenn Fremde ihn besichtigten. Wenn Leute kamen, um »Kanzi mit eigenen Augen zu sehen«, probierte er oft aus, zu welchen Reaktionen er sie provozieren konnte, wenn er sie ganz überraschend verblüffte. Kanzi mag keine Fremden in seinem Umfeld, weil er nicht verstehen kann, warum sie kommen und ihn anstarren. Ich wußte, daß Roger für die Zeitschrift *New Scientist* einen Bericht über die Arbeit am Language Research Center schreiben wollte, aber nach Kanzis lustloser Vorstellung fürchtete ich, die Überschrift könne lauten: »Affengenie mit Gedächtnislücken«. Daß wissenschaftliche Befunde, die man über Jahrzehnte hinweg peinlich genau gesammelt hat, wegen der »Einstellung« eines Affen gegenüber Besuchern in Frage gestellt werden, mußte ich in Kauf nehmen – es war die Folge davon, daß ich es gewagt hatte, die sogenannte »Affensprache« zu studieren.

Eigentlich hatte ich nie vorgehabt, mich mit »Affensprache« zu beschäftigen. Ich begann Anfang der sechziger Jahre als »Behavioristin« und wollte »Prinzipien entdecken, mit denen man das Verhalten steuern kann«. Bald wurde mir aber klar, daß »steuern«

nicht nur ein schwer faßbares, sondern auch ein unmenschliches Ziel war. Ich verlagerte meinen Interessenschwerpunkt deshalb auf die geistige Entwicklung von Kleinkindern, denn mehr Aufschluß darüber würde vielleicht dazu führen, daß unsere Gesellschaft von Anfang an bessere Menschen großziehen würde.

Für gesellschaftliche Probleme wird mitunter die Armut verantwortlich gemacht, manchmal führt man sie auf mangelnde Verbrechensbekämpfung zurück, und bei wieder anderen Gelegenheiten schreibt man sie fehlender Toleranz zu. Noch wissen wir nicht, warum der eine, der in eine instabile Unterschichtfamilie hineingeboren wird, Präsident, der andere dagegen zum Kriminellen wird. Sind es wirklich nur die »schlechten Gene«? Oder gibt es Erfahrungen, die ein Kind in die Lage versetzen, aus sich selbst das Beste und nicht das Schlechteste zu machen, nachdem beides in jedem Menschen angelegt ist?

Man kann Kinder nicht unter experimentellen Bedingungen großziehen, um solche Fragen zu beantworten. Und man kann Kinder auch nicht aufwachsen lassen und dabei einfach nur »abwarten und zusehen«. Um die Entwicklung eines Kindes von der Geburt bis zum Erwachsenwerden zu verfolgen, braucht man zwanzig bis vierzig Jahre. Selbst wenn Psychologen bereit wären, ihre Laufbahn so weit vorauszuplanen und wenn sie das Geld für solche Arbeiten bekämen, könnten sie nicht beobachten, was in den Familien wirklich vorgeht. Sie müßten sich auf kurze Befragungen beschränken, standardisierte Tests durchführen und vielleicht manche Standardsituationen auf Video aufnehmen. Da wir aber nicht wissen, warum der eine Erfolg hat und der andere nicht, haben wir auch keine Ahnung, was wir eigentlich testen sollen. Unsere Tests messen das, was sich leicht messen läßt, ob es von Bedeutung ist oder nicht, und am Ende solcher Untersuchungen stehen nur »Meßergebnisse« zur Verfügung. Diese Ergebnisse müssen wir in Beziehung zueinander setzen und herauszufinden versuchen, welche »Variablen« mit dem Erfolg zusammenhängen; dabei unterstellen wir, daß das Rezept zur Persönlichkeitsbildung sich beispielsweise aus dem richtigen Verhältnis zwischen dem Einkommen und der Zeit, die die Mutter zu Hause verbringt, ergibt.

In einer modernen Gesellschaft sieht niemand genau, was beim Heranwachsen der Kinder vorgeht – mit Ausnahme der Eltern,

und auch die sehen es oft nicht. Bei Affen ist es dagegen wie in »primitiven« Kulturen: Alle sehen zu, wie die Kinder groß werden, und jeder ist für jeden verantwortlich.
Ich hatte in den letzten zwanzig Jahren die Gelegenheit, mehrere Menschenaffen aufwachsen zu sehen, Affen verschiedener Arten und mit ganz unterschiedlichem Hintergrund. Aus der Fülle dieser Erfahrungen sticht eine Erkenntnis besonders hervor: Erfahrungen, die sie während des Heranwachsens machen, spielen eine entscheidende Rolle. Ein Affe wird durch den Kontakt mit Menschen und mit Sprache nicht zu einem Menschen, aber er kann sich viel stärker von den Unwägbarkeiten des Augenblicks lösen und eingehender über die möglichen Folgen seiner Handlungen nachdenken. Ein solcher Affe versteht auch die Absichten anderer, wie sie sich durch Sprache ausdrücken; dabei muß die nonverbale Absichtserklärung allerdings mit der sprachlichen übereinstimmen, sonst beachtet er die Worte nicht. Die ersten beiden Jahre im Leben eines Menschenaffen sind so etwas wie eine magische Zeit. Wird der Affe in dieser Phase mit leuchtend farbigen geometrischen Formen konfrontiert, kann er sie später ebenso leicht unterscheiden wie verschiedene Futtersorten. Lernt er menschliche Sprache kennen, reagiert er auf Phoneme und Morpheme, das heißt, die Worte sind für ihn mehr als nur eine Reihe von Geräuschen. Beim Fernsehen erkennt er, daß die Formen auf dem Bildschirm nicht nur flimmernde Bilder sind, sondern andere Menschen und andere Affen an anderen Orten darstellen. Allmählich stellt sich ein Gefühl für Phantasie und Erzählen ein, so daß er sich für »Fernsehgeschichten«, mit denen ihn etwas verbindet, ebenso interessiert wie ein Menschenkind. Insbesondere sehen Affen gern bei Interaktionen zu, ob sie nun zwischen Affen oder zwischen Affen und Menschen ablaufen. Das Motiv der Gefahr und ihrer Abwendung fesselt ihre Aufmerksamkeit.
Wenn Affen in ihrer Jugend keine entsprechenden Erfahrungen gemacht haben, bereitet ihnen die Unterscheidung geometrischer Symbole große Schwierigkeiten; das gleiche gilt für das Auseinanderhalten von Geräuschen und Worten und für das Verfolgen einer erdachten Handlung auf dem Fernsehschirm. Auch intensive Unterrichtsbemühungen können diesen Mangel an frühen Erfahrungen häufig nicht mehr wettmachen.

Was können wir aus solchen Beobachtungen und von Affen wie Kanzi über uns selbst, unsere Gesellschaft und die ersten Erfahrungen unserer eigenen Kinder lernen? Auf diese Frage gibt es keine greifbare Antwort. Sicher werden diejenigen, die Kanzi beim Aufwachsen betreut haben, ihre eigenen Kinder im Hinblick auf die Sprachfähigkeit ganz anders behandeln. Sie erkennen, daß Sprachbewußtsein und Verständnisfähigkeit sich entwickeln, lange bevor das Kind selbst etwas sagen kann, und daß das Kind dieses Bewußtsein auch zeigt, wenn es Gelegenheit dazu hat. Kinder solcher Eltern erkennen Symbole und benutzen sie zur Kommunikation, auch wenn es noch Monate dauert, bis sie verständliche Worte hervorbringen – ein Hinweis darauf, daß die sprachlichen Möglichkeiten von Kindern in der Zeit vor dem ersten Sprechen vermutlich stark unterschätzt wurden.
Aber solche Erkenntnisse zu gewinnen, war eine Sache; sie anderen zu vermitteln, war eine ganz andere. Nach Rogers Besuch sagte ich mir, daß es eigentlich nicht so schlecht gelaufen sei wie ich befürchtet hatte. Ich hatte Roger Videofilme von einem besser gelaunten Kanzi gezeigt und klarzumachen versucht, wozu er in der Lage war. Ich war mir natürlich bewußt, daß die Videofilme mitunter sehr skeptisch betrachtet wurden, da man ja Kanzis »Fehler« leicht herausschneiden konnte; deshalb interessiert die Leute häufig nur das, was sie mit eigenen Augen sehen. Und da Kanzi den meisten Besuchern nur seine Fähigkeit demonstrierte, sie zu ärgern, war mir klar, daß die Affensprachforschung Schwierigkeiten mit der Glaubwürdigkeit haben mußte.
Andererseits war mir aber nicht klar, wie eingehend Roger sich bereits mit der Arbeit des Language Research Center beschäftigt hatte. Er hatte sich die Zeit genommen und die wissenschaftlichen Berichte des Instituts studiert, die sich mittlerweile über zwei Jahrzehnte erstreckten und insgesamt mehr als dreihundert Fachartikel umfaßten. Außerdem hatte er sich andere Filme angesehen, die im einzelnen zeigten, wozu Kanzi und andere Affen in der Lage waren. Er erkannte, daß wissenschaftliche Befunde sich oft auf eine ganz natürliche Weise entwickeln, so daß man echte Ergebnisse weder fälschen noch aufblasen kann. Sie ergeben sich, weil man auf allen denkbaren Wegen nach Erklärungen für komplexe Naturerscheinungen sucht. Die Erkenntnisse, die man so gewinnt, sind »aus einem Guß« und tragen dazu bei, daß

wir uns selbst unter neuen Gesichtspunkten sehen. Man hätte sie bei einem kurzen Besuch selbst dann nicht »vorspielen« können, wenn Kanzi zur Mitarbeit bereit gewesen wäre. Als Roger mich später anrief, dankte er mir für die Gelegenheit zu dem Besuch. Ich war freudig überrascht. Er sagte mir, er sei von allem, was er gesehen habe, tief beeindruckt und drängte mich, ein Buch zu schreiben; es sollte viel von dem enthalten, was ich in den wissenschaftlichen Aufsätzen weglassen mußte. Ich war mit ihm einer Meinung, daß man es versuchen sollte, aber ich wußte nicht, wo ich die Zeit hernehmen sollte. Mich um all die Affen zu kümmern und gleichzeitig Forschung zu betreiben war schon mehr als genug. Ich fragte ihn, ob er mir helfen könne, und er sagte ja. Wieder war ich überrascht und erfreut. Ich steckte so tief in meiner Arbeit, daß ich an viele Dinge keinen Gedanken mehr verschwendete, die für andere neu waren und erklärt werden mußten. Ich wußte, daß mir jemand beim Schreiben zur Seite stehen mußte; für mich allein wäre es eine zu umfangreiche Aufgabe gewesen. Also gingen wir gemeinsam an die Arbeit. Das Buch ist zwar in der ersten Person geschrieben, aber es ist das Ergebnis unserer gemeinsamen Bemühungen, eine Geschichte zu erzählen, die wir beide durch die Zusammenarbeit viel besser verstehen und schätzen gelernt haben. Die Erlebnisse selbst sind meine, aber als ich sie mit Roger teilte, wurden sie in einem gewissen Sinn zu gemeinsamen Erfahrungen, die nun nicht nur durch zwei, sondern durch vier Augen betrachtet wurden. Roger hat sich nie mit Kanzi in der freien Natur aufgehalten, aber die ganze Geschichte wurde sehr bald schon ebenso die seine wie die meine, denn er verstand sie, und dann machten wir sie zu unserer gemeinsamen Sache. Ich hoffe, es ist uns gelungen.

Sue Savage-Rumbaugh

1

AN EINEM STRAND IN PORTUGAL

Der Sandweg schlängelte sich zur Küste hinunter, und das rhythmische Geräusch der Brandung wurde mit jedem meiner Schritte lauter. Vor mir tauchte im schwachen Licht der ersten Morgendämmerung die felsige Uferformation auf, und dahinter erkannte ich in der Ferne den Gebirgszug, über dem bald die Sonne aufgehen würde. Ich befand mich in der Nähe der kleinen portugiesischen Küstenstadt Cascais; hier nahm ich an einer Tagung der Wenner-Gren Foundation teil, einer Institution, die unter Anthropologen einen legendären Ruf genießt.

Wenn Wissenschaftler von der Wenner-Gren Foundation zu einer Tagung eingeladen werden, schirmt man sie von der übrigen Welt ab, damit sie im kleinen Kreis ihre Ansichten gegenseitig eingehend unter die Lupe nehmen können. Bis vor kurzem hatten solche Konferenzen immer im »Schloß« stattgefunden, auf Burg Wartenstein in Österreich. Aber irgendwann konnte sich selbst die Wenner-Gren Foundation nicht mehr den Luxus eines Schlosses mit dem zugehörigen Personal leisten, nur damit Wissenschaftler tiefschürfende Gespräche führen konnten.

Nachdem die Stiftung das geliebte Schloß aufgegeben hatte, stieß sie auf ein kleines Hotel in der Nähe von Cascais – nicht zuletzt deshalb, weil dieses Hotel, obgleich relativ neu, wie eine Burg gebaut war. Aus Feldsteinen hatte man dicke, von Bogenfenstern durchbrochene Mauern errichtet, die beschauliche Innenhöfe umschlossen, ein modernes Bollwerk, das auf einer

Klippe hoch über dem Atlantik lag. Die Szenerie konnte mit der des früheren Schlosses durchaus mithalten, vor allem was die Abgeschiedenheit betraf.
Die frühen Morgenstunden sind für mich die beste Zeit, um die Gedankenflut zu ordnen, die mir beim Aufwachen durch den Kopf geht. Im Laufe des Tages muß ich ständig bereit sein, auf andere einzugehen, und dann bleibt kaum noch Zeit zum Nachdenken. Deshalb suche ich gerne vor Tagesanbruch ein wenig Einsamkeit, wenn ich kann. Während ich am Strand von Cascais entlangschlenderte, ließ ich mir die Diskussionen der letzten Tage noch einmal durch den Kopf gehen. Bill Calvin, ein Neurobiologe der University of Washington in Seattle, hatte einen Vortrag darüber gehalten, mit welcher außergewöhnlichen Kraft und Genauigkeit Menschen werfen können. Auch Schimpansen und Gorillas können werfen, wie schon mancher Zoobesucher zu seinem Verdruß feststellen mußte. Den Menschenaffen macht es keinen Spaß, angestarrt zu werden, weshalb sie die Besucher oft mit Gegenständen bewerfen, um sie zu vertreiben.
Calvin war einer der nachdenklichsten unter den Wissenschaftlern, die dort den größten Teil des Tages mit Blick auf den Ozean um einen Tisch saßen. Im Gegensatz zu anderen, die es gar nicht erwarten konnten, eine abweichende Meinung zu äußern, sog Calvin die Informationen in sich auf und ließ sie mit dem gewaltigen Wissen, das er bereits gesammelt hatte, erst einmal in Ruhe »interagieren«. Nur wenn sich aus diesem Prozeß eine neue Erkenntnis ergab, mischte er sich in die Auseinandersetzung ein, die ständig um ihn herum ablief. Er wußte mehr als wir anderen über die Funktionsweise des Gehirns, und er besaß die Fähigkeit, seinen eigenen Gedanken den Freiraum zu lassen, den er brauchte, um seiner Aufgabe gerecht zu werden. Es dauerte eine Weile, bis mir das klar wurde, aber dann hörte ich immer sehr genau zu, wenn Bill Calvin sich zu Wort meldete.
Die Entwicklung des Werfens, darauf hatte Calvin hingewiesen, war mit Sicherheit ein wichtiger Vorgang in jener Evolution gewesen, in deren Verlauf aus affenähnlichen Wesen Menschen wurden. Insbesondere das gezielte Zusammenschlagen von Steinen wurde zu einem wertvollen Mittel des Jagens und der Selbstverteidigung gegen Raubtiere. Nick Toth, ein anderer Wissenschaftler, interessierte sich ebenfalls für das Werfen, aber aus

einem anderen Grund. Als einziger von uns wußte Nick tatsächlich, wie man jene Steinwerkzeuge herstellt, die unsere vormenschlichen Ahnen benutzt hatten.
Nick war kein Wissenschaftlertyp. Das erkannte ich sofort, als er sich hinsetzte und faustgroße Steine aus seiner Aktentasche zog. Später erwähnte er beiläufig, die wichtigste Entscheidung seines Lebens sei die Frage gewesen, ob er Rockmusiker oder Anthropologe werden solle. Eine interessante Alternative, dachte ich, zwei Berufe mit nur einer Gemeinsamkeit: dem Schlagen.
Am Tag zuvor hatte Toth uns auf spannende Weise demonstriert, wie aus unterschiedlichen Steinen Werkzeuge entstehen können. Er erklärte die physikalischen Verhältnisse beim Muschelbruch, der solide, scharfe Gesteinssplitter entstehen läßt, und forderte uns auf, mit ihm an den Strand zu gehen und uns dort in der Herstellung der »rohen« Steinwerkzeuge zu versuchen, die unsere Vorfahren der Spezies Homo erectus vor zwei Millionen Jahren benutzt hatten. Von da an fand ich es nicht mehr angebracht, diese Werkzeuge als »roh« zu bezeichnen.
Mein erster Versuch, einen altsteinzeitlichen Faustkeil zuwege zu bringen, fiel mir durchaus nicht leicht. In der ersten halben Stunde gelang es weder mir noch den meisten anderen »gebildeten Wissenschaftlern«, von den Strandkieseln auch nur einen einzigen Splitter abzuschlagen. Wir versuchten sogar, einen Stein auf die Erde zu legen und mit einem anderen daraufzuhämmern, aber vergeblich. Schließlich sah ich Nick nicht mehr nur oberflächlich zu, sondern achtete genau darauf, wie er es machte. Warum brachen die Steine so leicht auseinander, wenn er sie mit relativ wenig Kraft gegeneinanderschlug, während sie nur ein lautes »Klack« von sich gaben, wenn ich sie mit aller Kraft aufeinanderprallen ließ?
Schließlich wurde mir klar, daß Nick die Steine eigentlich nicht aneinanderschug. Er warf vielmehr den Stein in seiner rechten Hand gegen die Kante des Steins in seiner Linken, so daß die Kraft des Wurfes einen Splitter abplatzen ließ. Der »Hammerstein« verließ seine rechte Hand nie, und doch wurde er wie ein Geschoß gegen den zweiten Brocken geschleudert, den er in der linken Hand hielt. Und was hatte ich getan? Ich hatte die Steine gegeneinandergehauen, als wollte ich in die Hände klatschen, nur mit Steinen dazwischen.

Nachdem ich begriffen hatte, wie Nick die Steine splittern ließ, erkannte ich die grundlegende Ähnlichkeit zwischen dem Werfen und der Herstellung von Steinwerkzeugen. Bei beiden Tätigkeiten muß man das Handgelenk während der Abwärtsbewegung des Unterarms genau im richtigen Augenblick nach unten beugen. Durch dieses Umklappen des Handgelenks entsteht eine so große Kraft, daß man entweder weit werfen oder einen Splitter von einem Kiesel abschlagen kann. Ich wußte auch, daß die afrikanischen Menschenaffen wegen der Anatomie ihrer Handgelenke zu einer solchen Bewegung nicht in der Lage sind. Die Handgelenke der Schimpansen wurden steif, als sie sich an das Gehen auf den Fingerknöcheln anpaßten. Schimpansen können die Hand nicht wie Menschen im Handgelenk nach hinten biegen, aber dafür können ihre Hände über lange Zeit hinweg ein großes Gewicht tragen, ohne daß die Handgelenke Schaden nehmen. Wichtig ist aber nicht nur die Kraft, die beim Werfen durch das Umklappen des Handgelenks entsteht; man muß den Schlag auf den Steinbrocken auch genau plazieren, wenn man einen Splitter abschlagen will. Am Ende unseres nachmittäglichen Ausfluges hatten einige Kollegen Blutergüsse an den Fingern; obwohl wir als Spezies zu Genauigkeit fähig sind, brauchte doch jeder einzelne von uns ganz offensichtlich Übung.
Bill Calvin hatte wahrscheinlich recht mit seiner Vermutung, daß die Selektion in der Evolution des Menschen die Fähigkeit zum Werfen begünstigt hatte. Aber wer zielgenau werfen kann, ist auch in der Lage, Steinwerkzeuge anzufertigen. Könnte das Steinewerfen, das der Verteidigung diente, den Weg zur planmäßigen Herstellung der Steinwerkzeuge geebnet haben? Wenn man sich durch Werfen verteidigt, ist es sicher von Vorteil, wenn man auf zwei Beinen geht und das Handgelenk zum »Abfeuern« eines Geschosses nach hinten biegen kann. In der Evolution findet man zahlreiche interessante und ganz überraschende Zusammenhänge zwischen der Anatomie und dem Verhalten einer Spezies. Die Federn der Vögel zum Beispiel dürften anfangs zur Wärmeisolierung entstanden sein, aber heute sind sie unentbehrlich für ein Verhalten, das wir Fliegen nennen.
Das Thema unserer Tagung lautete »Werkzeuge, Sprache und Intelligenz: ihre Bedeutung für die Evolution«. Wir suchten nach entwicklungsgeschichtlichen Verbindungen zwischen Sprache,

Werkzeugen und Anatomie, Verbindungen, die zum Auftauchen des zweibeinigen, mit einem großen Gehirn ausgestatteten, technisch begabten Lebewesens namens Homo sapiens geführt hatten. Für mich als Psychobiologin waren die neurobiologischen Verhältnisse beim Steinewerfen und die Voraussetzungen zur Steinbearbeitung etwas völlig Neues, und ich war verblüfft. Während ich am Strand entlangwanderte, versuchte ich, diese Vorstellungen mit meinem eigenen Wissen darüber in Einklang zu bringen, wie Menschenaffen dazu kommen, Werkzeuge und Sprache zu verstehen und wirksam einzusetzen. Plötzlich bemerkte ich die Silhouette eines Hundes, der etwa zehn Meter vor mir bewegungslos auf einer kleinen Anhöhe stand.

Ich war es gewohnt, in der Umgebung meines Labors auf verwilderte Hunde zu treffen, und deshalb schenkte ich ihm anfangs keine große Beachtung. Aber dann tauchte rechts von mir ein zweiter Hund auf und kurz darauf ein dritter. Bald war es mindestens ein halbes Dutzend; sie bildeten einen Kreis um mich und stießen ein tiefes, unheimliches Knurren aus, während sie die Köpfe gesenkt hielten und mich unverwandt anstarrten. Mir fiel ein, daß ich von Rudeln wilder Hunde in dieser abgelegenen, einsamen Gegend gehört hatte, und als der Ring sich immer enger zog, gelangte ich zu der eindeutigen Erkenntnis, daß ich gejagt wurde. Ich blickte zurück zur Burg und erkannte, daß außer mir niemand draußen war; mein Rufen würde man durch die dicken Mauern nicht einmal hören, das brauchte ich also gar nicht zu versuchen.
Eine Erinnerung an mein fünftes Lebensjahr schoß mir durch den Kopf: Damals war ein einzelner Hund auf mich zugekommen und hatte genauso geknurrt. Mir fiel ein, daß ich so lange wie möglich stehengeblieben war, mich dann umgedreht hatte und ängstlich weggelaufen war. Doch sobald ich losgerannt war, hatte der Hund angegriffen. Jetzt durfte ich also auf gar keinen Fall flüchten, aber was sollte ich tun? In meinem Geist tauchte das Bild eines nackten Vormenschen auf, eines Prähominidenweibchens, das auf einem ganz ähnlichen windigen Hügel stand, umringt von seltsamen Raubtieren. Diese Vormenschin bückte sich, nahm einen Steinbrocken und warf ihn mit großer Kraft. Und genau das tat ich jetzt.

Ich hatte Glück und traf einen Hund genau auf die Hinterbacken. Er jaulte auf. Als die anderen das hörten, zogen sie sich langsam zurück. Ich folgte ihnen und warf noch mehr Steine, denn ich wollte ihnen zeigen, daß ich zu weiteren Angriffen bereit und ihnen überlegen war. Schließlich kehrte das ganze Rudel um und ergriff die Flucht. Während ich über den Uferweg zum sicheren Hotel zurückeilte, wurde mir in aller Deutlichkeit klar, daß Bill Calvin mit Sicherheit etwas Richtiges erkannt hatte: Ein Zweibeiner ohne natürliche Waffen kann seine Überlebenschancen durch genaues, kraftvolles Werfen erheblich verbessern. Seit diesem Erlebnis gewannen alle Spekulationen über den »Überlebenswert« verschiedener Fähigkeiten, die unseren Vorfahren zugeschrieben wurden, eine ganz neue, lebhafte Realität. Wir beschäftigten uns hier nicht nur mit akademischen Träumereien, sondern es ging um Ereignisse aus dem richtigen Leben, und diese Ereignisse bestimmten darüber, ob ein Geschöpf am Leben blieb und Mutter oder Großmutter wurde – ob es also Wesen hervorbrachte, die die menschliche Form weitertrugen.

Zwanzig Jahre lang, seit ich mich mit Schimpansen befasse, habe ich herauszufinden versucht, bis zu welchem Grade sie so denken und ihre Gedanken austauschen können wie wir. Aus vielen Gründen – manche davon berechtigt, andere nicht – gehörten Projekte dieser Art zu den umstrittensten Forschungsgebieten. Die ersten Bemühungen der Affensprachforscher in den sechziger und frühen siebziger Jahren wurden von der allgemeinen wie von der wissenschaftlichen Presse gleichermaßen vorschnell mit großer Begeisterung begrüßt. Tageszeitungen und Fachjournale verkündeten das gleiche: Menschenaffen können Symbole in einer Weise verwenden, die an die Struktur der menschlichen Sprache erinnert, wenn auch nur in bescheidenem Umfang. Es hieß, die Verwendung der Symbole künde von neuen Erkenntnissen über den entwicklungsgeschichtlichen Zusammenhang zwischen Affen- und Menschengehirn. Die Symbole hatten natürlich nicht die Gestalt gesprochener Worte, sondern wurden in Form von Handbewegungen aus der amerikanischen Zeichensprache, von bunten Kunststofformen oder von willkürlichen graphischen Darstellungen (Lexigramme) auf einer Computertastatur erzeugt.

Ende der siebziger und Anfang der achtziger Jahre schlug die Begeisterung in Häme um. Die Linguisten behaupteten, die Affen ahmten nur ihre Pfleger nach und zeigten in Wirklichkeit keinerlei Sprachfähigkeit. In den Augen der Kritiker waren die Studien zumindest fehlerhaft; im schlimmsten Fall äußerten sie aber die Ansicht, es handele sich um ein Beispiel für ungeheuerliche Selbsttäuschung oder um schlichten Betrug. Dieser drastische Meinungsumschwung hatte viele Ursachen, manche davon wissenschaftlicher, andere gesellschaftlicher Natur; von einigen dieser Gründe wird später noch die Rede sein.
Es war eine nervtötende Zeit: Alle Forscher, die auf diesem Gebiet arbeiteten, wurden von vornherein der unseriösen Wissenschaft beschuldigt und überführt. Die meisten Linguisten und Psychologen wollten die Menschenaffen ganz einfach beiseite lassen und mit ihrer angeblich »richtigen Erforschung des Menschen« weitermachen. Diese bestand im typischen Fall darin, daß man die Problemlösungsstrategien frischgebackener Studenten analysierte. Mit der Frage, ob ein Affe weiß, was er sagt, wollten diese Wissenschaftler nicht belästigt werden.
Schon bei meiner ersten Begegnung mit Affen hatte ich erkannt, daß es sehr schwierig sein würde, festzustellen, ob sie Worte auf die gleiche Weise mit Absicht und Bedeutung gebrauchen wie wir Menschen. Die Pioniere der Affensprachforschung hatten sich meines Erachtens mit der Frage nach der Bedeutung von Worten nicht ausreichend beschäftigt. So groß die Aufregung über die Entdeckung sprachähnlicher Fähigkeiten bei den Affen gewesen war, so groß wurde jetzt der Drang, die Interpretation zu weit zu treiben. Offenbar hatte man alles hingenommen, was ein Affe an Zeichen von sich gab; das war so weit gegangen, daß man die Affensprachforschung schließlich als »nonscience« (»Unwissenschaft«) bezeichnete, die für manche gar gleichbedeutend mit Nonsens war.
Ich beharrte nur aus einem Grund auf meinen Versuchen, das Wesen der Affensprache zu begreifen: Nachdem man mir die Gelegenheit gegeben hatte, Affen besser kennenzulernen, als ich die meisten Menschen kannte, bestand für mich kein Zweifel, daß sie uns eine Menge darüber sagen konnten, wer wir Menschen sind, woher wir kommen und wo die biologischen Grenzen und Beschränkungen unserer Spezies liegen. Nach meiner Über-

zeugung verschwendeten viele Verhaltensforscher ihre Zeit, wenn sie versuchten, Begriffsmodelle für die »logischen Funktionen« des Tier- und Menschengehirns zu entwickeln, und zu diesem Zweck Ratten, Tauben und junge Studenten verglichen. Menschenaffen stimmen in neunundneunzig Prozent ihrer DNA mit uns überein und haben eine Entwicklung hinter sich, die sicher ebenso tiefgreifend und vielseitig war wie unsere eigene. Warum versuchten wir nicht, besser zu verstehen, was Affen können und was sie nicht können, was für Geschöpfe sie sind und was sie nicht sind?

Von 1975 bis 1990 suchte ich nach wissenschaftlich stichhaltigen Wegen, um diese grundlegenden Fragen über Affen und ihre intellektuellen Fähigkeiten anzugehen. 1990, im Jahr der Wenner-Gren-Tagung, wußte ich, daß zumindest ein Teil meiner Arbeit ein Publikum erreichte, sonst hätte man mich zu der Konferenz nicht eingeladen. Vielleicht konnte ich dort etwas von dem erklären, was ich inzwischen gelernt hatte. Zumindest, so nahm ich an, müßten andere Wissenschaftler bei einer solchen Konferenz zuhören, ob sie wollten oder nicht. Anders als bei den üblichen Tagungen konnten sie hier dem Vortrag über die Affensprache nicht einfach fernbleiben. Ich würde zumindest die Chance haben, meine Geschichte zu erzählen, oder genauer: Kanzis Geschichte.

Wie alle Eingeladenen hatte ich für die Veranstaltung einen Fachartikel geschrieben, in dem ich meine Arbeiten und meine Schlußfolgerungen darstellte. Sämtliche Artikel sollten später nochmals überarbeitet und dann in einem Buch über die Tagung veröffentlicht werden. Ich konnte zwar auf dem Papier mit sauberen wissenschaftlichen Belegen beschreiben, was Kanzi tat, aber ich wußte, daß noch etwas anderes notwendig war: Ich mußte den Leuten Bilder von Kanzi als lebendem, atmendem, denkendem Geschöpf zeigen. Meine Worte und Zahlen waren nur tote Fakten, die durch Kanzis Kraft und Gegenwart in den Schatten gestellt wurden.

Selbst Kanzis fünfundsiebzig Kilo Lebendgewicht auf einen kleinen, flachen Fernsehschirm zu reduzieren hieß, ihm unrecht zu tun. Und doch würde sein stets wacher, fragender Geist vermitteln, daß es eine Seele in Affengestalt gibt, das wußte ich. Bilder von Kanzi verfehlen ihre Wirkung nie; sie verkünden: »Hier bin ich, ich bin Kanzi, ein Affe, ich überlege mir, was ich tue, und höre zu, was du mir zu sagen hast.« Zahlen, die ich zusammenstellte, konnten anderen Wissenschaftlern niemals diese Botschaft vermitteln, aber ich wußte, daß Kanzi selbst dazu in der Lage war. Deshalb bereitete ich für Cascais einen Videofilm von fünfundvierzig Minuten vor, in dem ich zeigte, was Kanzi alles konnte.

Dennoch war ich unschlüssig, als ich in Cascais ankam – vielleicht weil sich die Leute schon bei unzähligen Gelegenheiten geweigert hatten, sich meine neuen Daten und Interpretationen anzuhören, einfach weil es Affensprachforschung war. Kurz nachdem ich auf der Burg eingetroffen war, lernte ich Sydel Silverman kennen, die Präsidentin der Wenner-Gren Foundation. Sie lud mich zum Mittagessen ein und interessierte sich sehr für die Affen und die unmittelbare Arbeit mit ihnen. Also nutzte ich die Gelegenheit und erklärte ihr, daß ich während meines Vortrages einen Videofilm zeigen wollte, weil viele Fragen mit Worten allein so schwer zu beantworten waren.

Grundsätzlich schien sie mit der Idee einverstanden zu sein, aber beim Durchsehen des Zeitplans gelangte sie zu dem Schluß, daß sie mir für meinen Videofilm über Kanzi nur fünf Minuten zugestehen konnte – und zwar ganz am Ende der Tagung. Offenbar sollten an der Konferenz auch viele Wissenschaftler teilnehmen, die sich in freier Wildbahn mit Menschenaffen beschäftigt hatten und ebenfalls Videos zeigen wollten. Ihren Filmen wollte man den Vorrang einräumen, weil es sich bei dem, was sie zeigten, um natürliches Verhalten handelte. Wenn man den wilden Affen mehrere Stunden und Kanzi nur fünf Minuten zusehen konnte, dann bestand wohl kaum eine Chance, die Zweifel an der Affensprachforschung zu zerstreuen.

Ich war enttäuscht; eigentlich wäre ich in diesem Augenblick am liebsten abgereist. Aber abreisen kann man bei den Tagungen der Wenner-Gren Foundation nicht, ganz egal, aus welchem Grund. Es ging schon deshalb nicht, weil sie mir bei der Ankunft im Schloß meinen Paß abgenommen hatten – natürlich nur wegen der Anmeldung, wie mir versichert wurde.

Diese Tagung, so erklärte mir Silverman, würde sich von anderen in der jüngeren Vergangenheit unterscheiden, weil sie die »großen Fragen« der Anthropologie zum Thema hatte, jene

Fragen, auf denen das ganze Wissenschaftsgebiet aufbaut, die man aber in den letzten zehn Jahren vernachlässigt hatte. Nun ja, mit einigen dieser »großen Fragen« hatte ich mich sicher schon herumgeschlagen; wollte denn wirklich keiner mit eigenen Augen sehen, was ich dabei gelernt hatte?
Organisiert wurde die Tagung von der Anthropologin Kathleen Gibson und dem Soziologen Tom Ingold. Gemeinsam überzeugten sie die Wenner-Gren Foundation davon, daß es an der Zeit war, die Evolution des Menschen aus anthropologischer Sicht neu zu betrachten. Bei einer früheren Tagung in der italienischen Stadt Triest waren Ingold und Gibson nicht darum herumgekommen, die Gemeinsamkeiten zwischen den grundlegendsten anthropologischen und soziologischen Fragen zu diskutieren. Gibson beschäftigte sich mit der Frage, wie die Vergangenheit unsere Fähigkeiten so geformt hat, daß wir unsere Gesellschaft wahrnehmen und organisieren können, und Ingold fragte, wie die Gesellschaft unsere Wahrnehmung der Welt und damit auch unsere Geschichte geformt und organisiert hat. Letztlich waren sie beide überzeugt, daß die Wissenschaft der entscheidenden großen Frage nicht mehr ausweichen konnte: Was ist das Wesen des menschlichen Geistes, wie ist er entstanden, und wie beeinflußt der Aufbau des Geistes den Geist selbst?
Diese Frage quält unsere Spezies schon seit Jahrtausenden. Philosophen, Laien und Theologen haben sich gleichermaßen damit beschäftigt, seit es so etwas wie menschlichen Geist gibt, und sie wurde in dieser Woche am Strand unser übergreifendes Thema. Welche Beziehung besteht zwischen dem Menschen und der übrigen Tierwelt? Gibt es einen fließenden biologischen Übergang zwischen unserem Geist und dem anderer Lebewesen? Oder ist da irgendwo ein scharfer Bruch, eine Kluft, die so groß ist, daß man sie nicht überbrücken kann?

Die Wissenschaftler, die an der Wenner-Gren-Konferenz teilnahmen, hatten das sperrige Gepäck dabei, mit dem der europäische Mensch versucht, seinen Platz in der natürlichen Ordnung der Dinge zu begreifen. Vor der Evolutionslehre hatte man angenommen, der Platz des Homo sapiens in der Natur ergebe sich aus der großen Reihe der Geschöpfe. In diese Reihe ordneten die Wissenschaftler alle Lebewesen von der niedrigsten bis zur höchsten Stufe der Perfektion ein: Ganz oben stand Gott, und der Mensch kam »ein wenig unterhalb der Engel«, wie Alexander Pope es formulierte. Die große Reihe der Geschöpfe sollte die göttliche Ordnung aller Dinge widerspiegeln, und man glaubte, Gott habe sie für alle Zeiten mit eigener Hand geschaffen.

Aus unserer heutigen Sicht war die Reihe weder groß noch genau. Erwartungsgemäß verkörperte sie eine ausdrücklich rassistische Sichtweise des modernen Menschen. »Wenn wir die Linie der Stufen hinaufsteigen, gelangen wir zuletzt zum weißen Europäer; der, da er am weitesten von der viehischen Schöpfung entfernt ist, aus diesem Grund als Schönster der menschlichen Rasse betrachtet werden kann«, schrieb der britische Arzt Charles White 1799.[1] Whites voreingenommene Denkweise war unter den Gelehrten seiner Zeit allgemein verbreitet und hielt sich bis weit ins zwanzigste Jahrhundert hinein.

Obwohl die europäischen Gelehrten keinen Zweifel an der herausgehobenen Stellung der »weißen Rasse« in der großen Reihe der Geschöpfe hatten, gab es eine Schwierigkeit. Theoretisch sollte es eine ununterbrochene Reihe sein, die keine Lücken hatte. Aber solche Lücken gab es: zwischen Mineralien und Pflanzen, zwischen Pflanzen und Tieren, vor allem aber – und das war am peinlichsten – zwischen Tieren und Menschen. Das heißt, es schien kein Geschöpf zu geben, das halb Tier und halb Mensch war und die Lücke zwischen uns und den anderen Lebewesen auf Gottes Erde ausfüllen konnte.

Der Drang, diese Lücke zu schließen, war so groß, daß Carl von Linné im Jahr 1735, als er mit seiner »Systema naturae« die Grundlage der zoologischen Systematik legte, eine Form primitiver Menschen postulierte; diese Art, die er Homo troglodytes nannte, sollte die Kluft überbrücken. Zu jener Zeit begann die Erforschung Afrikas und anderer weit entfernter Gegenden, und die Berichte über Affen und primitive Menschenstämme sickerten bis zum wissenschaftlichen Establishment des Abendlandes durch. Auf der Grundlage äußerst spärlicher Informationen konstruierten die Gelehrten Beschreibungen von Wesen, die halb Mensch und halb Affe waren. Die wissenschaftlichen Zeichnungen aus diesen Jahren fingen solche Vorstellungen ein: Sie sagten mehr über die Denkweise des Künstlers und die Überzeugungen seiner Zeit aus als über die Anatomie der Lebewesen, die sie

angeblich darstellten. Auf diese Weise schloß man sehr wirksam die Lücke zwischen dem Menschen und der übrigen Natur, wie es die große Reihe der Geschöpfe verlangte. Mit diesem geistigen Kunstgriff stellte man den gleichförmigen Übergang zwischen den Lebensformen her, aber bemerkenswerterweise hielt die abendländische Denktradition weiterhin daran fest, daß der Mensch etwas Besonderes sein müsse. Von Platon über Aristoteles bis zum Christentum zogen die Menschen eine Trennlinie zwischen sich selbst und der übrigen Welt des Lebendigen, weil sie angeblich als einzige eine »vernunftbegabte Seele« besaßen, die sich in der Gabe der Sprache verkörperte. Im Bereich des Körpers nahm man den bruchlosen Übergang zwischen Menschen und anderen Lebewesen hin, aber wenn es um die Seele ging, war die große Reihe der Geschöpfe nach der vorherrschenden Meinung jener Zeit unwiderruflich unterbrochen worden – von einem Gott, der den Menschen nach seinem Bild geschaffen und ihm die Herrschaft über die Bestien übertragen hatte.
Diese dünkelhafte Vorstellung von der Spaltung von Körper und Seele, die von Generation zu Generation weitergegeben wurde, durchdrang alle ansonsten sehr klugen wissenschaftlichen Bemühungen mit einer besonders kurzsichtigen Betrachtungsweise, wenn es um die Seele ging. Aus der Verehrung der menschlichen Seele wurde die Verehrung des menschlichen Geistes, des menschlichen Gehirns und aller seiner Produkte: der Sprache, des vernünftigen Denkens, der Musik, der Kunst und der Kultur. Als 1859 Darwins Werk *Die Entstehung der Arten* erschien, verschob sich diese Sichtweise ein wenig. Jetzt mußte man die große Reihe der Geschöpfe als wandelbar betrachten, nicht als unveränderlich und ein für allemal von einem göttlichen Schöpfer vorgegeben. Aus der Evolutionstheorie ergab sich ein dynamisches Bild des entwicklungsgeschichtlichen Wandels, der »Abstammung mit Veränderung«, wie Darwin es nannte.
Für die Wissenschaftler jener Zeit wurde die Evolution des Homo sapiens praktisch zu etwas Zwangsläufigem, zum Ausdruck einer gezielten, allmählichen Entwicklung der Form und Funktion vom Affen zum Menschen, die sich auf dem Weg zum Höhepunkt der natürlichen Welt – dem menschlichen Geist – abgespielt haben mußte. Ob es noch Lebewesen gab, die halb Mensch und halb Affe waren, wurde bedeutungslos, denn sie hatten sicher in relativ

junger Vergangenheit existiert. Man nahm an, die Vormenschen seien im Lauf der Zeit technisch begabter und intelligenter geworden und dazu bestimmt, die gesamte Erde zu beherrschen. Der europäische Mensch glaubte, an irgendeinem Punkt im Dämmerlicht der Vergangenheit habe sich der menschliche Geist ins Licht des Bewußtseins emporgeschwungen, und damit habe er sich für alle Zeiten von seinem kleinen Bruder, dem afrikanischen Menschenaffen, entfernt.

Obwohl also die große Reihe der Lebewesen sich nach der Sichtweise der Evolutionstheorie in ständigem Wandel befindet, wandelte sich auch die Theorie selbst so, daß sie die abgrenzende Weltanschauung unterstützte: Danach war der Geist von Menschen und Tieren grundsätzlich unterschiedlich. Verbunden mit dieser Überzeugung war die voreingenommene Ansicht, man könne mit der Evolutionstheorie erklären, warum manche Rassen größere technische Fortschritte gemacht hatten als andere. Man glaubte zum Beispiel, Europäer seien auf der Evolutionsleiter einfach höher gestiegen; die nichteuropäischen Rassen befanden sich nach dieser Ansicht in einem Übergangsstadium und galten deshalb als geistig minderwertig. So erlitt die Evolutionstheorie das gleiche Schicksal wie alle wissenschaftlichen Theorien: Man benutzte sie, um die Vorurteile der Gesellschaft zu untermauern, aus der sie stammte. Roy Chapman Andrews, eine führende Persönlichkeit des American Museum of Natural History in New York, schrieb zum Beispiel 1948: »Die einzelnen Rassen haben ungleichmäßige Fortschritte gemacht. Einige entwickelten sich mit unglaublicher Geschwindigkeit zu Herren der Welt. Die Tasmanier aber, die ungefähr 1870 ausstarben, und die heute lebenden australischen Ureinwohner blieben weit dahinter zurück ... sie kamen nicht weit über das Stadium der Neandertaler hinaus.«[2]

Wer nun glaubt, Andrews sei besonders eingebildet gewesen, braucht sich nur einmal Berichte über die Weltausstellung von 1904 in St. Louis anzusehen. Dort wurden verschiedene Menschenrassen zur Schau gestellt, mit denen man die Evolutionsstadien des Menschen vom Primitiven bis zur weißen europäischen Gesellschaft anschaulich machen wollte. Phillips Verner Bradford und Harvey Blume berichten in *Ota Benga*, einem Buch über »Moden in der Anthropologie«, über den »Chief McGee«, der die anthropologische Abteilung der Ausstellung leitete: Er schickte Sonderbeauftragte in alle Winkel der Erde, damit sie »Vertreter aller Rassen der Welt sammelten, von den kleinsten Pygmäen bis zu den gewaltigsten Riesen, von den dunkelsten Schwarzen bis zu den herrschenden Weißen«.[3] Die Anthropologie wollte bei der »niedrigsten bekannten Kultur« anfangen und sich dann bis zur »höchsten Kultur« vorarbeiten, die von der Ausstellung selbst symbolisiert wurde. Bradford und Blume schreiben:

> McGee bedauerte, daß es nicht möglich war, Beispiele für »alle Völker der Erde auf dem Ausstellungsgelände zu zeigen«. Die Abteilung für Anthropologie mußte sich damit zufriedengeben, daß sie weniger umfassend war als der Zirkus von Carl Hagenbeck, der ebenfalls auf der Ausstellung vertreten war und »die größte jemals aufgebaute Darstellung eines Tierparadieses« bot.[4]

Die Pygmäen wurden in einer »Umfriedung« gehalten, und sie durften sich auf dem Gelände nicht frei bewegen. Sie bekamen nur sehr wenig zu essen und überhaupt keine Kleidung, denn man glaubte, sie benötigten solche Annehmlichkeiten in ihrem derzeitigen Zustand nicht und kümmerten sich auch nicht darum. Zusammen mit diesen Menschen waren die ausgestellten Schimpansen und Kleinaffen untergebracht, denn man glaubte, die Pygmäen stünden diesen Tieren auf der Evolutionsleiter näher als den Europäern und könnten sich mit ihnen deshalb besser verständigen. Nach der damaligen Vorstellung von der »Scala naturae« galten solche Menschen als genetisch minderwertig, und man glaubte, sie seien nur zu konkretem, nicht aber zu abstraktem Denken in der Lage. Nach dieser Ansicht lebten solche Menschen nur deshalb als Jäger und Sammler, weil sie nicht weit genug entwickelt waren, um das komplizierte System von Gesetzen und Geldwirtschaft zu verstehen oder gar zu schaffen, das die moderne Zivilisation der nördlichen Erdhalbkugel kennzeichnete.

Obwohl Darwins Theorie also zur Rechtfertigung derart schändlicher Handlungen mißbraucht wurde, zog er selbst nie eine scharfe Trennlinie zwischen Menschen und Affen oder zwischen den Menschenrassen. Darwin erkannte sogar, welchen gewaltigen Beitrag die Vorstellung von der Evolution der »Scala naturae« leisten konnte: Sie ermöglichte es, daß der Mensch sich selbst

durch das Studium seiner lebenden Verwandten verstehen konnte, insbesondere durch die Betrachtung seines – in entwicklungsgeschichtlicher Hinsicht – kleinen Bruders, des Menschenaffen.
In seinem kaum gelesenen, aber sehr scharfsinnigen Buch *Der Ausdruck der Gemütsbewegungen bei dem Menschen und den Tieren* machte Darwin einen aufsehenerregenden ersten Versuch, die bruchlosen Übergänge beim Ausdruck von Empfindungen zu untersuchen. In seinen Augen waren die meisten oder sogar alle menschlichen Gefühle sowohl physiologisch als auch psychologisch bis zu einem gewissen Grade auch bei anderen Säugetieren vorhanden, und er versuchte, die Umwandlung dieser Gefühle über mehrere biologische Arten hinweg zu verfolgen.[5] Seine Arbeiten auf diesem Gebiet waren sehr gründlich und basierten soweit wie möglich auf dem damaligen Wissen über Muskelfunktion und Anatomie.
Anders als die greifbaren Fundstücke, die er für *Die Entstehung der Arten* gesammelt hatte, konnte man Beispiele für Verhaltensweisen nicht aufbewahren und nebeneinanderstellen, denn damals gab es noch keine Videobänder, auf denen man sie hätte festhalten können; sogar die Herstellung und Vervielfältigung von Photographien war schwierig. Außerdem konnte man mit den damaligen Möglichkeiten des Reisens die meisten Tiere auch nicht im Freiland und in ihrem natürlichen Umfeld beobachten. Aus diesen Gründen war Darwin auf Berichte anderer angewiesen, die Beispiele für die Verständigung zwischen Tieren miterlebt hatten und Ähnlichkeiten zwischen dem Kommunikationsverhalten von Tieren und Menschen erkannten.
Darwin wußte um die Nachteile solcher Erzählungen und verwendete beträchtliche Mühe darauf, sich auf das direkt beobachtbare Verhalten zu konzentrieren und sich Berichte aus mehreren Quellen zu verschaffen. Wenn er Unstimmigkeiten bemerkte, versuchte er, die Beobachtungen selbst zu bestätigen. Als er zum Beispiel von Tränen bei Affen hörte, die ein ähnliches Gefühl wie Trauer ausdrücken sollten, bemühte er sich, dieses Phänomen selbst zu beobachten; es gelang ihm nicht.
Während Darwin sich seit 1872 auf die ununterbrochene Entwicklung des Gefühlsausdrucks konzentrierte, ging George Romanes 1886 daran, das Gebiet des einheitlichen Verhaltens auszuweiten, indem er auch Geist und Verstand mit einbezog. Er

ging von Darwins Arbeiten über die einheitlichen Gefühle aus und beobachtete folgendes:

> Der Ausdruck von Furcht oder Leidenschaft bei einem Hund umfaßt eine ebenso deutliche und komplexe Reihe neuromuskulärer Abläufe wie beim Ausdruck ähnlicher Gefühle durch einen Menschen. Wenn man dies also im einen Fall für einen unzureichenden Hinweis [auf die Existenz einer Seele] hält, muß man es im anderen ebenso für unzulänglich halten. Genauso ist es natürlich auch mit allen anderen Ausdrucksformen des Seelenlebens.[6]

Romanes ging von den Weichtieren aus und behandelte dann nacheinander Ameisen, Bienen, Wespen, Termiten, Spinnen, Skorpione, Fische, Reptilien, Vögel, Beuteltiere, Büffel, Pferde, Nagetiere, Fledermäuse, Seehunde, Biber, Elefanten, Katzen, Hunde, Kleinaffen und Menschenaffen. Bei allen wollte er einschätzen, in welchem Ausmaß sie Verstand besaßen – eine viel zu gewaltige Aufgabe. Wie Darwin war er auf die Beobachtungen anderer angewiesen, und wie Darwin gab er sich Mühe, die Berichte mehrfach abzusichern. Viele davon waren zweifellos richtig. Als die Füchse zum Beispiel die Fallen kennengelernt hatten, konnte man sie damit nicht mehr fangen; die Jäger mußten also oft neue Methoden entwickeln – eine Art Freilandexperiment, das allerdings hier und heute die Hürden der Tierschutzkommissionen nicht mehr überwinden würde.

Unter anderem gibt Romanes folgenden Bericht eines Trappers wieder:

> Er stellte eine Art von Fallen auf, an die die Füchse in dieser Gegend noch nicht gewöhnt waren. Sie bestanden aus einem geladenen Gewehr, das auf einem Stativ montiert war und auf den Köder zielte; wenn der Fuchs nach dem Köder schnappte, löste er damit den Schuß aus und beging sozusagen Selbstmord. Das Gewehr war bei dieser Anordnung etwa dreißig Meter von dem Köder entfernt, und die Leine, die den Köder mit dem Auslöser verband, war fast auf ihrer ganzen Länge im Schnee verborgen. Mit der so aufgebauten Falle konnte man einmal einen Fuchs erlegen, aber niemals einen zweiten; hinterher gab es nämlich zwei Mittel, deren sich die Füchse bedienen konnten, um unverletzt an den Köder zu gelangen. Erstens konnten sie die Leine in dem freiliegenden Abschnitt in der Nähe des Auslösers

durchbeißen, und andererseits konnten sie sich im rechten Winkel zur Schußrichtung durch den Schnee zum Köder vorpirschen.[7]

Leider führten derartige Beobachtungen nie zu weiteren wissenschaftlichen Untersuchungen; das war insofern tragisch, als die Folgerungen der Evolutionslehre auf diese Weise außerhalb des allgemeinen Bewußtseins blieben. Erstens erwiesen sich einige von Romanes Quellen als unzuverlässig. Manche Berichte stammten von Leuten, die mit der allgemeinen Lebensweise der von ihnen beobachteten Tiere nicht vertraut waren, und es sollte sich später herausstellen, daß bestimmte Verhaltensweisen, die man anfangs dem Verstand zugeschrieben hatte, keiner planmäßigen Überlegung bedurften. Zweitens begriffen die wenigen Psychologen, die diese Fragen mit Experimenten erforschen wollten, nicht in vollem Umfang, mit was für einem Problem sie sich eigentlich beschäftigten.

Das berühmteste Beispiel dafür waren die Untersuchungen von Edward Thorndike: Er setzte eine Katze in einen speziell konstruierten Käfig und beobachtete dann genau, wie sie lernte, die Verriegelung zu öffnen und sich zu befreien. Wie er dabei feststellte, kam die Katze ausschließlich durch Zufall und nicht durch Überlegung dahinter, wie man die Tür öffnen konnte. Daraus schloß er dann sehr schnell, daß auch die meisten anderen Ausdrucksformen der Intelligenz von Tieren das Ergebnis von bloßem Ausprobieren waren. In diesem Fall war klar, daß die eingesperrte Katze sicher sehr oft versuchen würde, an der Tür herumzukratzen, und ein paar von diesen Versuchen hatten dann Erfolg, ohne daß eine besondere Absicht dahintersteckte. Und wenn es einmal gelungen war, versuchte die Katze es einfach immer wieder.

Allerdings untersuchte Thorndike nicht, wie die Katze das in einer Situation zufällig erworbene Wissen vielleicht überlegt in einer anderen, ähnlichen Situation anwenden konnte. Er beschäftigte sich auch nicht mit Situationen, in denen das Tier selbst seine Handlungsweise und den Zeitpunkt ihrer Ausführung bestimmte, wie es in dem zuvor erwähnten Fall bei den Füchsen gewesen war. Selbst beim Menschen zeigt sich der Verstand am deutlichsten dadurch, daß wir Art und Zeitpunkt unserer Handlungen selbst bestimmen können. Auch Kinder, die man in einem Zimmer einsperrt, werden eine Reihe offenkundig zufälliger Verhaltensweisen anwenden, um zu entkommen. Auf der Grundlage viel zu weniger Befunde, die in sehr eingeschränkten Situationen gewonnen wurden, stellten die Psychologen damals fest, es gebe keine Basis für Romanes und Darwins Schlußfolgerung, Tiere könnten denken.

Darwins Arbeiten über die Gefühle der Tiere wurden nie in Frage gestellt oder gar so rundheraus verächtlich gemacht wie Romanes' Überlegungen zum tierischen Verstand, sondern sie erlitten das eigentlich noch schlimmere Schicksal, daß man sie schlicht nicht zur Kenntnis nahm. Daß Tiere Gefühle ausdrücken, konnte man nicht so einfach abstreiten wie die Behauptung, sie zeigten Verstand. Dennoch leugnete man die ununterbrochene Entwicklung des emotionalen Erlebens. Man sagte, Menschen erlebten Gefühle anders als Tiere, obwohl man es als gegeben hinnahm, daß Tiere und Menschen manche Empfindungen auf ähnliche Weise ausdrückten.

Die Annahme, es gebe zwischen Menschen und Tieren einen grundlegenden geistigen Unterschied, gründete sich auf die besondere Wechselbeziehung, die angeblich zwischen Sprache und Bewußtsein existierte. Sprache, so wurde behauptet, führe zu Bewußtsein, und Bewußtsein führe zum Erleben von Gefühlen wie Schuld, Reue, Freude, Haß, Mitleid und so weiter. Die Gefühle, die das Gesicht eines Tieres ausdrückte, konnten demnach kaum mehr sein als vorübergehende Empfindungen, die ganz anders waren als die echten Gefühle, von denen man meinte, sie seien ausschließlich dem Menschen vorbehalten. In der Wissenschaft gab man den Gefühlen von Menschen und Tieren sogar unterschiedliche Namen, um diese Ansicht zu betonen. Was wir beim Menschen als Lächeln bezeichnen, nennen wir bei einem Menschenaffen »zähnefletschendes Grinsen«, denn da wir nun einmal nicht feststellen können, was ein Affe bei diesem Ausdruck empfindet, halten wir es für am besten, Begriffe zu benutzen, die ihm keine Gefühle unterstellen.

Seit den vierziger Jahren machte sich in der Anthropologie eine neue Version der Geschichte von der »Einzigartigkeit des Menschen« breit. Unter dem Einfluß des sogenannten Neodarwinismus, der auf die große Bedeutung der Anpassung als Maß der Veränderung von Körperbau und Verhalten hinwies, gelangten die Anthropologen zu der Ansicht, die Entstehung der menschlichen Gattung sei mit einer größeren Verhaltensänderung einhergegangen. Die Lebensweise, die durch diese Veränderung entstanden war, unterschied sich demnach schon nach kurzer Zeit stark von der Lebenserhaltungsstrategie der kleinen und großen Affen. Die Menschen, insbesondere die männlichen, wurden zu Jägern. Mit dem Auftauchen des jagenden Menschen und den Verhaltensänderungen, die eine solche Lebensweise mit sich brachte, wurde der Graben zwischen dem Menschen und den anderen Lebewesen unseres Planeten plötzlich zu einer gewaltigen Kluft. Das Jagen führte zum Vorausplanen, zu Heimatstützpunkten, zu verwandtschaftlichen Bindungen, zur Konstruktion von Werkzeugen, zur Kenntnis der Jahreszeiten und zu jahreszeitlichen Ritualen, und zur Zusammenarbeit – also zu allen Merkmalen, durch die der menschliche Geist sich angeblich von dem der Menschenaffen abhob. Das Bewußtsein, so behauptete man, sei in Form des jagenden Menschen erwacht.

Diese Sichtweise hatte zwei Schwachstellen: Erstens schloß sie die Frauen von den »großen Veränderungen« aus, die den Unterschied zwischen Homo und Menschenaffen ausmachten. Frauen hätten sich, so die Annahme, aufgrund der männlichen Aktivitäten zu dem entwickelt, was sie heute sind. Zweitens errichtete diese Sichtweise eine unwiderrufliche Grenze zwischen dem Menschen und allen anderen Primaten. Aber immerhin: Indem die Anthropologie die Abgrenzung zwischen Tier und Mensch zum zentralen Bestandteil ihrer Weltanschauung machte, befreite sie sich auch endgültig von rassistischem Gedankengut. Von jetzt an galten alle Menschen als gleichwertig.

Der Abstand zwischen den Menschen und der übrigen Tierwelt wurde auf einmal größer, sowohl was den Körper anging als auch im Bereich des Geistes. Die Menschen sahen jetzt wie ganz besondere Lebewesen aus, die durch einen noch größeren Bruch von den Bestien getrennt waren. Damit diese Sichtweise zu den praktischen Erfahrungen paßte, mußten die Wissenschaftler offenkundige Leistungen der Tiere herabsetzen und alles, was ein Tier tat, in einer Weise in Frage stellen, wie sie es mit ihren eigenen Handlungen nie getan hätten.

Daß die Gelehrten es bequem fanden, den Homo sapiens in wissenschaftlichem Zusammenhang als etwas Besonderes anzusehen, ist vielleicht nicht verwunderlich. Immerhin *fühlen* wir uns tatsächlich als etwas Besonderes. Selbst Alfred Russell Wallace, der Mitbegründer der Theorie von der natürlichen Selektion, konnte sich nicht dazu durchringen, die Folgerungen aus Darwins Überlegungen in vollem Umfang anzuerkennen. »Ich stimme Mr. Darwins Schlußfolgerung völlig zu, daß der Körperbau des Menschen im wesentlichen der gleiche ist wie bei den höheren Säugetieren, und daß er von einer früheren Form abstammt, die dem Menschen und den Menschenaffen gemeinsam ist«, schrieb er 1889.[8] Aber die geistigen Fähigkeiten und das Moralempfinden des Menschen »können sich nicht allein durch Variation und natürliche Selektion entwickelt haben, und ... deshalb ist ein anderer Einfluß, ein Gesetz oder eine Triebkraft erforderlich, um sie zu erklären.«[9] Wallace ging von einer einfachen Überlegung aus: »Die natürliche Selektion hätte den Wilden mit einem Gehirn ausstatten können, das dem eines Menschenaffen nur geringfügig überlegen gewesen wäre, aber in Wirklichkeit besitzt er eines, das dem des durchschnittlichen Angehörigen unserer gebildeten Gesellschaft nur geringfügig unterlegen ist.«[10] Mit anderen Worten: Selbst Menschen, die in »primitiven Kulturen« lebten, waren intelligenter, als sie hätten sein dürfen. Die Anpassung durch natürliche Selektion hätte sie demnach nur mit den begrenzten Fähigkeiten ausstatten können, die sie für ein Leben als Jäger und Sammler brauchten.

Wem dieses Argument als unbegründete Rechtfertigung für die Einzigartigkeit des Menschen erscheint, der sollte es mit dem vergleichen, was David Premack, ein Affensprachforscher der University of Pennsylvania, beobachtete: »Die Sprache der Menschen ist für die Evolutionstheorie eine heikle Angelegenheit«, schrieb er 1985, »denn sie ist bei weitem machtvoller, als es unter dem Gesichtspunkt des Selektionsvorteils zu erklären wäre.« Im Gegensatz zu Wallace bemüht Premack zwar keine überirdischen Eingriffe, um die besonderen Eigenschaften des menschlichen Geistes zu erklären, aber er zerstückelt die Welt des Geistes auf ganz ähnliche Weise.

Eine solche Argumentationsweise entstammt dem persönlichen, egozentrischen Vorurteil, der eigene Geist müsse anders funktionieren als der von Tieren. Ist ein Vertreter dieser Theorie erst einmal zu dieser Überzeugung gelangt, dann wird er zu ihrer

Untermauerung sämtliche bekannten und anerkannten wissenschaftlichen Prinzipien ins Felde führen. Diese Methode hat allerdings die unangenehme Eigenschaft, daß man damit nicht nur den Geist der Tiere von dem der Menschen unterscheiden kann, sondern auch den »kriminellen« Geist vom »nichtkriminellen«, den »männlichen« vom »weiblichen«, den »schwarzen« vom »weißen«, den »christlichen« vom »moslemischen«, den »katholischen« vom »protestantischen«, und was dergleichen politisch nützliche Unterscheidungen mehr sind.

In den fünfziger und sechziger Jahren betonte die Hauptrichtung der Anthropologie weiterhin die Einzigartigkeit des menschlichen Geistes; ein besonders einflußreicher Vertreter dieser Ansicht war Leslie White von der University of Michigan. Besonders im Hinblick auf die Sprachfähigkeit sagte er 1949: »Da das Verhalten der Menschen Symbolverhalten ist und da das Verhalten der untermenschlichen Arten nicht symbolisch ist, folgt daraus, daß wir aus Beobachtungen oder Experimenten an niedriger stehenden Tieren nichts über das Verhalten des Menschen lernen können.«[11] Julian Huxley, der Enkel des Darwin-Fürsprechers Thomas Henry Huxley, war von unserer geistigen Überlegenheit sogar so beeindruckt, daß er die Ansicht vertrat, man solle den Homo sapiens nicht mehr zum Tierreich zählen, sondern ihn in ein eigenes Reich der »Psychozoa« einordnen.

Wenn man dann noch die Vorstellung hinzunimmt, daß nur Menschen Werkzeuge benutzen, sich ihrer selbst bewußt sind und eine Kultur geschaffen haben, ist eine unverrückbare Grenze zwischen Menschen und anderen Tieren aufgerichtet. »Auf die eine oder andere Weise war das Hüten und Aufrechterhalten dieser Grenze seit Ende der vierziger Jahre das unausgesprochene Ziel der meisten paläoanthropologischen Theorien«, so der Anthropologe Matt Cartmill von der Duke University.[12]

Die ersten Breschen wurden Anfang der sechziger Jahre in diesen gut bewachten Grenzwall geschlagen; damals beobachtete Jane Goodall im Gombe-Reservat in Tansania, wie Schimpansen Werkzeuge herstellten und benutzten. Goodall zog nicht schon nach wenigen Begegnungen mit den Schimpansen weitreichende Schlußfolgerungen darüber, was sie können und was sie nicht können, sondern brachte die Geduld auf, die Affen systematisch zu beobachten. Sie sah, wie sie Zweige von Blättern befreiten, um damit nach Termiten zu stochern. Seither hat man bei diesen Menschenaffen noch viele andere Arten des Werkzeuggebrauchs beobachtet. Eine weitere Bastion fiel Anfang der siebziger Jahre, als gezeigt wurde, daß Schimpansen sich selbst im Spiegel erkennen. Der Psychologe Gordon Gallup von der State University of New York in Albany hielt diese Tatsache auf geschickte Weise fest. Man hatte schon oft vermutet, daß Schimpansen ihr Spiegelbild erkennen, aber erst Gallup lieferte den schlüssigen Beweis. Er malte mehreren Schimpansen einen roten Punkt auf die Stirn, während sie schliefen. Nach dem Aufwachen bemerkten sie die Farbe nicht, bis sie in den Spiegel sahen. In diesem Augenblick hielten sie inne, drehten sich um und berührten die rote Markierung auf der eigenen Stirn, um herauszufinden, was das war.

Nachdem die Vorstellung von der Grenze zwischen Mensch und Tier so tief im abendländischen Denken verwurzelt war, ist es kaum verwunderlich, daß viele Menschen sich gegen ihre Demontage auf verstandes- und gefühlsmäßiger Ebene wehren, und dabei wird zwischen diesen beiden Ebenen viel Verwirrung sichtbar. Die Fähigkeit des Menschen, unseren Planeten auszubeuten, sich an den Ressourcen nach Wunsch zu bedienen und ganze Wälder mit allen darin lebenden Geschöpfen zu unterjochen, gründet sich auf die unausgesprochene Annahme, daß zwischen ihm selbst und allen anderen Lebewesen eine unüberbrückbare Kluft liegt. Alle Tätigkeiten des heutigen Menschen gehen von der Voraussetzung aus, daß der Planet ihm gehört, daß er ihn nach Belieben in Länder, Provinzen und einzelne Grundstücke aufteilen kann, weil er, der Mensch, im Gegensatz zu allen anderen Lebewesen über die doppelte Gabe von Vernunft und Ausdrucksfähigkeit verfügt. Mit der Annahme, daß diese Eigenschaften anderen Tieren völlig fehlen, entzieht sich der Mensch der Notwendigkeit, auf die Wünsche der Geschöpfe zu hören, mit denen er die Erde teilt. Auf diese Weise kann er bequem weiter seine eigenen Ziele verfolgen, blind für Erkenntnisse, die er als nicht vorhanden betrachtet.

Um diese Entwicklung angenehm zu gestalten, hat der Mensch seine Weigerung, den bruchlosen Übergang in den geistigen Fähigkeiten zwischen Tieren und ihm selbst zur Kenntnis zu nehmen, in raffinierte, angeblich objektive wissenschaftliche Argumente verpackt. Der Dreh- und Angelpunkt dieser Logik ist die

Sprache als Mittel des rationalen symbolischen Denkens. Auch Anfang der neunziger Jahre wurde die Grenze zwischen Mensch und Tier noch bewacht, aber da blickten schon ein paar Menschenaffen über den Zaun, und das mit einem sehr bewußten Ausdruck auf ihren eindeutig menschenähnlichen Gesichtern.
Heute bezeichnen sich die meisten Tierverhaltensforscher, ob sie nun im Freiland oder im Labor arbeiten, als »Empiriker«, das heißt, sie messen Befunden nur dann eine Bedeutung bei, wenn sie sich im Experiment nach Belieben reproduzieren lassen. Wegen dieser empirischen Denkweise waren die Wissenschaften vom »menschlichen Verhalten« und vom »Verhalten der Tiere« seit jeher getrennte Disziplinen, die kaum gemeinsame Probleme und Gesetzmäßigkeiten hatten. Nur wenige Vertreter der vergleichenden Psychologie wagten die Behauptung, man könne aus der Beschäftigung mit Tieren eine Menge lernen. Heute ist es zwar weltanschaulich korrekt, wenn man das Verhalten der Tiere als interessant und sogar als wichtig ansieht, aber es wird immer noch kategorisch vom Handeln der Menschen unterschieden. Diese Unterscheidung gründet sich auf die empirische Ansicht, daß Menschen einen »Geist« besitzen, und obwohl wir nicht in der Lage sind, diesen Geist zu erfassen oder gar zu messen, können wir ihn einander durch die Sprache mitteilen. Tiere haben keine Sprache, wie wir sie kennen, und daraus ziehen die Tierverhaltensforscher den Schluß, daß Tiere uns nicht sagen können, was sie »im Kopf haben«. Die empiristische Lehrmeinung verläßt sich ausschließlich auf das, was man leicht erzeugen und beliebig messen kann. Die Schlußfolgerung, die sich daraus zwangsläufig ergibt, lautet: Da Tiere ihren Geist nicht durch Sprache ausdrücken können, sollte man ihr Verhalten zweckmäßigerweise so untersuchen, als ob es nicht einem Geist, einer Absicht oder einem Willen entspringt. Menschen dagegen können ihrem Ausdruck von Geist, Absicht und Willen über die Sprache Gehör verschaffen, und viele Empiriker betrachten diese Vorstellungen als tragfähige Grundlage für die Untersuchung menschlicher Beweggründe und Handlungen.
Den Empirikern dient das Weltbild der Physik als Ausgangspunkt für die Untersuchung des Verhaltens. Danach läßt sich Verhalten in »Einheiten« zerlegen, die den Protonen, Elektronen und Neutronen ähneln, und man glaubt, man könne Verhaltens-

strukturen nur verstehen, wenn man sie auf ihre Grundbestandteile zurückführt. Anders als in der Physik oder Chemie besteht aber in der Verhaltensforschung keine Einigkeit darüber, was diese Grundeinheiten sind, ja man weiß noch nicht einmal, wie man nach ihnen suchen soll. Dennoch wurde die Tierverhaltensforschung lange von der Prämisse beherrscht, man solle Verhalten immer unter dem Gesichtspunkt möglichst einfacher Abläufe untersuchen. Wenn es also so aussieht, als habe ein Hund Hunger, definiert man Hunger am besten als Prozentsatz des normalen Körpergewichts (danach ist ein Hund mit achtzig Prozent seines normalen Körpergewichts hungriger als mit hundert Prozent) oder als Zeit seit der letzten Nahrungsaufnahme. Wenn man Faktoren wie »Zeit seit der letzten Nahrungsaufnahme« oder »Körpergewicht« betrachtet, kann man es vermeiden, sich mit dem Hunger als »geistigem Zustand« zu beschäftigen. Da wir als Menschen alle schon einmal den Zustand des Hungers oder den Wunsch zu essen erlebt haben, wissen wir natürlich sehr wohl, daß dieser Zustand unter Umständen sehr wenig mit unserem Körpergewicht oder der Zeit seit der letzten Mahlzeit zu tun hat. Wissenschaftler, die sich mit menschlichem Verhalten beschäftigen, sehen etwa in einem »irrationalen Eßdrang« oft eine anerzogene »schlechte Gewohnheit«. Kaum jemand würde aber leugnen, daß Hunger bei Menschen tatsächlich ein Geisteszustand ist, den man durch Essen, aber auch durch viele andere Tätigkeiten lindern kann.

Bis 1976 waren die methodischen Unterschiede in der Erforschung des Verhaltens von Menschen und Tieren so groß geworden, daß der bekannte Biologe Donald Griffin sich für eine »vernünftige Ansicht über den Geist der Tiere« einsetzte. In drei Büchern, die 1976, 1984 und 1992 erschienen, sammelte er Berichte über das Verhalten von Tieren, ganz ähnlich wie diejenigen, die Darwin und George Romanes zusammengetragen hatten. Don Griffin griff ihr Argument auf, wonach solche Beobachtungen auf Bewußtsein und Erkenntnisfähigkeit schließen lassen. Seither haben einige Fachleute eingeräumt, daß man die Fähigkeiten von Tieren in der Wissenschaft vielleicht stark unterschätzt hat, und man entwickelte neue Methoden zur Untersuchung dessen, was man nun als »tierisches Bewußtsein« oder »tierischen Geist« bezeichnete. Christoph Boesch zum Beispiel, der sich im westafrikanischen Urwald von Tai mit wilden Schimpansen beschäftigt, erforscht heute, welche Absichten hinter der Erziehung stecken, die diese ihrem Nachwuchs zukommen lassen, insbesondere im Hinblick auf die komplexen Fähigkeiten dieser Menschenaffen, eine Nuß mit Hammer und Amboß zu knacken. Robert Seyfarth und Dorothy Cheney gehen der Frage nach, ob Meerkatzen sich mit ihren Schreien bestimmte Dinge mitteilen, und wenn ja, ob die Affen sich dabei wirklich bewußt sind, was sie tun. Gordon Gallup, einer der Pioniere auf diesem Forschungsgebiet, dessen Arbeiten denen von Griffin vorausgingen, versuchte herauszufinden, ob Tiere verschiedener Arten eine Vorstellung von sich selbst haben. Und dann sind da natürlich die Arbeiten zur Spracherziehung, durchgeführt von David Premack, Beatrice und Allen Gardner und Duane Rumbaugh (mit Schimpansen), Penny Patterson (mit Gorillas), Lynn Miles (mit einem Orang-Utan), Lou Herman (mit Delphinen), Ron Schusterman (mit Seelöwen) und Irene Pepperberg (mit einem Graupapagei); ihre Befunde lassen übereinstimmend darauf schließen, daß Tiere über weit größere Fähigkeiten verfügen, als bisher angenommen wurde. Alle diese Forschungsarbeiten hatten bisher keine größeren Auswirkungen auf die Art, wie wir das Verhalten von Tieren oder Menschen untersuchen, und die beiden Disziplinen sind innerhalb der Psychologie noch nicht so nahtlos miteinander verknüpft wie die Teilgebiete der Biologie.

In seinem 1863 erschienenen Buch *Evidence as to Man's Place in Nature* (dt. *Zeugnisse für die Stellung des Menschen in der Natur)* erkannte Thomas Henry Huxley die enge anatomische Verwandtschaft zwischen den afrikanischen Menschenaffen und den Menschen. Der Orang-Utan, ein asiatischer Affe, sollte danach ein weitläufigerer Verwandter sein. Huxley gelangte zu dem Schluß, man solle die afrikanischen Menschenaffen und den Menschen in dieselbe systematische Gruppe einordnen. Diese Empfehlung fand zu Huxleys Zeit keinen Anklang, aber hundert Jahre später konne Morris Goodman von der Wayne State University sie auf molekularer Ebene bestätigen. Auf einer Konferenz der Wenner-Gren Foundation schlug Goodman 1962 – wie schon Huxley vor ihm – ein neues Einteilungsschema für Menschen und Menschenaffen vor. Auch die Reaktion war die gleiche wie bei

Huxley: Goodman wurde von allen Seiten getadelt, weil er aufgrund biologischer Befunde die Ansicht vertrat, Menschen und afrikanische Menschenaffen gehörten zur gleichen Familie. Damit wären sie ebenso nahe verwandt wie zum Beispiel der Glattdelphin und der Rundkopfdelphin.

In den dreißig Jahren, die seit Goodmans Pionierarbeit vergangen sind, wurden seine – und Huxleys – Erkenntnisse durch eine Flut molekularbiologischer Befunde bestätigt. Heute wächst der Druck in Richtung einer Neueinteilung von Menschen und Menschenaffen, welche die entwicklungsgeschichtlichen und biologischen Realitäten widerspiegelt. Menschen und afrikanische Menschenaffen unterscheiden sich in etwa einem Prozent ihrer DNA-Sequenz, das heißt, die Menschenaffen sind mit uns viel enger verwandt als mit den Kleinaffen. Und doch können viele von uns kaum die Unterschiede zwischen Menschenaffen und Kleinaffen benennen. Menschenaffen haben zum Beispiel keinen Schwanz und fast den gleichen Körperbau wie wir. Bei den Kleinaffen findet man vielfältige anatomische Unterschiede, aber in der Regel sind Schultern, Hüften und Rumpf bei ihnen ähnlich gegliedert wie bei anderen vierbeinigen Tieren, aber ganz anders als bei Menschenaffen und Menschen. Die Menschenaffen sind wie wir nach dem »aufrechten Prinzip« gebaut, das heißt, sie wenden sich einander genau wie Menschen meist in aufrechter Haltung zu. Diese aufrechte Haltung können sie an einem Ast hängend, aber auch sitzend oder stehend einnehmen.

Natürlich gibt es zwischen uns und den Menschenaffen auch Unterschiede. Am auffälligsten ist unser Gehirn, das dreimal so groß ist wie bei einem Affen. Und dann ist da das unterschiedliche Verhalten. Darauf hat vor allem Huxley selbst nachdrücklich hingewiesen, obwohl er die Ansicht vertrat, Menschen und Menschenaffen gehörten in die gleiche systematische Familie. »Niemand ist mehr als ich davon überzeugt, daß eine gewaltige Kluft zwischen ... dem Menschen und den Bestien liegt ... denn er allein besitzt die wunderbare Gabe einer verständlichen, vernünftigen Sprache [und] ... steht auf ihr wie auf einem Berggipfel weit über der Ebene seiner niedrigen Vettern, entrückt von seiner schwerfälligen Natur, indem er hie und da einen Schimmer von der ewigen Quelle der Wahrheit widerspiegelt.«[13] Huxleys Ansichten werden heute immer wieder nachgebetet. Vereinfacht ausgedrückt, besagen sie: Die Sprache versetzt uns Menschen in die Lage, über unser biologisches Wesen hinauszuwachsen und in einen Seinszustand einzutreten, der sich von dem der Tiere völlig unterscheidet und deshalb zu einem völligen Bruch zwischen ihrem und unserem Erleben führt.

Wie gelangten die Menschen in den Besitz dieses bemerkenswerten Verständigungsmittels? Ist Sprache eine hochentwickelte Erweiterung der Kommunikationsysteme, die auch andere Primaten benutzen, oder stellt sie etwas völlig Neues dar, eine Art der Verständigung, die so anders ist als bei anderen Arten, daß sie auch eine völlig neue Art des Denkens – das vernünftige Überlegen – ermöglicht? Die Affensprachforschung geht natürlich von der Annahme aus, daß die kognitiven Grundlagen der heutigen menschlichen Sprache auch bei den Menschenaffen, unseren nächsten Verwandten, vorhanden sind, und vielleicht auch bei anderen höheren Säugetieren. In der modernen Linguistik herrscht die entgegengesetzte Ansicht vor.

Seit Ende der fünfziger Jahre vertrat Noam Chomsky vom Massachusetts Institute of Technology nachdrücklich die Meinung, Sprache sei etwas Einzigartiges und völlig unabhängig von allen anderen Formen der Kommunikation und des Denkens. Nach seiner Auffassung wird Sprache erst durch die grammatischen Strukturen möglich, die ihr zugrunde liegen. Ohne solche Strukturen, so Chomsky, wären wir darauf beschränkt, Vorstellungen nacheinander und ohne Zusammenhang auszudrücken und jeweils auf ein Einzelereignis nach dem anderen zu reagieren. Wenn diese zugrundeliegende Struktur vollständig aufgeklärt wäre, dann würde sich nach seiner Ansicht herausstellen, daß sie in allen Sprachen und Kulturen gleich aussieht und damit einen Ausdruck der universellen Eigenschaften menschlicher Intelligenz darstellt. Die Fähigkeit, äußere Ereignisse in lineare Kausalbeziehungen zueinander zu setzen, leitet sich demnach aus dieser Struktur ab, und deshalb muß sie ebenso ein Teil unseres biologischen Aufbaus sein wie Augen, Hände oder innere Organe. Chomsky formulierte es so: »Das Kind bewältigt die Aufgabe des Spracherwerbs innerhalb eines bereits vorhandenen umfangreichen Rahmens und auch in einem reichhaltigen System von Annahmen über die Klangstruktur und die Struktur komplexerer Äußerungen.« Nach Chomskys Ansicht »stellen diese Annahmen

einen Teil der biologischen Ausstattung des Menschen dar; sie müssen durch Erfahrung geweckt werden und werden im Verlauf der Interaktionen des Kindes mit der menschlichen und materiellen Welt geschärft und bereichert.«[14]
Chomsky vertritt die Ansicht, man solle die Sprache »genauso untersuchen wie ein Organ, beispielsweise das Herz.«[15] Für Chomsky bedeutet das, daß wir den »Sprachbaustein« sezieren müssen, um seinen Aufbau kennenzulernen, genau wie wir es mit dem Herz getan haben. So wie wir entdeckt haben, daß das Blut vom Herz zur Lunge, von dort wieder zurück und dann durch den übrigen Körper gepumpt wird, müssen wir auch verstehen, wie syntaktische Regeln den Fluß unserer Sprache bestimmen.
Zu Beginn der Wenner-Gren-Tagung im Jahr 1990 wurde die Grenze zwischen Menschen und Nichtmenschen noch von der wissenschaftlichen Welt verteidigt und aufrechterhalten, und ihr oberster Wächter war Chomsky.

Kathleen Gibson eröffnete die Tagung und skizzierte kurz die Fragestellungen, mit denen wir uns beschäftigen würden. Sie erinnerte uns daran, daß die Paläoanthropologie zwar Fortschritte gemacht habe, was die Evolution des Homo sapiens und seines Körperbaus angehe, daß der Ursprung des menschlichen Geistes aber noch in geheimnisvolles Dunkel gehüllt sei. Das ist insofern nicht verwunderlich, als die Gehirnforscher auch Schwierigkeiten haben, folgende grundlegende Frage über die Funktionsweise des Gehirns zu beantworten: Werden kognitive Fähigkeiten wie vernünftiges Überlegen, Sprache, Musik oder Kunst von getrennten Gehirnbausteinen gesteuert oder von den untereinander verflochtenen Elementen eines dezentralen Systems? Für beide Ansichten gibt es Indizien, aber schlüssig entschieden ist nichts.
Solange man die Zusammenhänge zwischen Struktur und Funktion des heutigen menschlichen Gehirns nicht genau beschreiben kann, müssen sich alle Kenntnisse über die Entwicklungsgeschichte des Geistes auf indirekte Befunde stützen, zum Beispiel auf das Verhalten, wobei man den modernen Menschen entweder mit den afrikanischen Menschenaffen oder mit seinen Vorfahren aus der Steinzeit vergleicht. Psychobiologen wie ich sitzen nicht oft mit Archäologen an einem Konferenztisch, aber dieses ehrgeizige Ziel war genau der Grund, warum wir nach Cascais

gekommen waren. Wie ich bald erfahren sollte, war jeder von uns vom besonderen Wert seines eigenen Beitrages überzeugt. Mir erschien es offensichtlich, daß Untersuchungen an Schimpansen, den engsten entwicklungsgeschichtlichen Verwandten des Menschen, uns die besten Erkenntnisse über die Entstehung des menschlichen Geistes liefern konnten.

Deshalb glaubte ich meinen Ohren nicht zu trauen, als Iain Davidson, Archäologe an der University of New England in Australien, seinen Vortrag hielt. Er sagte sinngemäß: »Menschen sind anders als Affen, und alle ›Schimpansologie‹ der Welt kann uns nichts Interessantes lehren; Schimpansen denken nicht in Begriffen, und deshalb erfahren wir nichts Nützliches über Sprache, wenn wir uns mit Affen beschäftigen; Schimpansen kleine Kunststücke beizubringen mag für sich gesehen interessant sein, aber es hat nichts mit den Ereignissen der Vergangenheit zu tun. Wenn man etwas über den Ursprung der Sprache wissen will, dann muß man sich doch nur einmal archäologische Befunde ansehen; die Psychologen tun so, als seien Funde aus der Vorzeit ohne Bedeutung; immerhin zeigt die Archäologie, daß Sprache erst sehr spät entstanden ist, nämlich in den letzten einhunderttausend Jahren – soviel zur Schimpansologie.«

Iain hätte wissen müssen, daß er mit dem Wort »Schimpansologie« diejenigen unter uns Tagungsteilnehmern verletzte, die ihr Leben der Arbeit mit Menschenaffen gewidmet hatten. Seine Behauptung, man könne von den Schimpansen nichts über das Wesen der menschlichen Sprache erfahren, provozierte mich, und ich mußte auf diese derartig anthropozentrische Ansicht sofort reagieren. Deshalb widersprach ich vehement der Vorstellung, Kanzi sei *dressiert* worden, und dabei bemerkte ich, daß Iain offenbar noch nicht viel Gelegenheit gehabt hatte, etwas über Schimpansen zu erfahren. Ich wies also darauf hin, daß sie sehr leicht mit symbolischen Begriffen umgehen können, aber als ich gerade dazu ansetzte, die Befunde ausführlich zu beschreiben, die solche Schlußfolgerungen rechtfertigten, wurde ich unterbrochen. Meine Erwiderung Auf Jains Vortrag mußte kurz sein, denn Gibson und Ingold achteten sorgfältig darauf, daß auch andere Teilnehmer zu Wort kamen.

Ich lehnte mich zurück und dachte: »O nein, noch ein Chomsky-Anhänger! Noch ein Wissenschaftler, der sich gegenüber allem, was Schimpansen uns über den menschlichen Geist lehren können, verschließt.« Als die anderen zu Wort kamen, war ich verblüfft, wie viele anthropozentrische Ansichten hier vertreten waren. Die Reaktion auf die Idee, daß Affen eine Sprache haben, war noch negativer, als ich befürchtet hatte. Für einige waren Kanzi und andere sprechende Affen lediglich makabre Machwerke publicitysüchtiger Wissenschaftler, die redende Tiere schufen und so die natürliche Ordnung durcheinanderbrachten. Die Vorstellung, ein Affe könne sich wünschen, sprechen zu lernen, weil er seine Gedanken einer anderen Art mitteilen will, weckte bei den meisten kein sonderliches Interesse, oder vielleicht waren sie auch nicht in der Lage, sie zu begreifen. Die Idee, wir Menschen könnten etwas über die Entstehung unserer Sprache und unseres Geistes in Erfahrung bringen, indem wir beobachten, wie Affen diese Fähigkeiten entwickeln, schien hoffnungslos weit hergeholt.

Wie ich jedoch schon bald bemerkte, hatte Iain genausoviel Angst davor wie ich, mißverstanden zu werden. Deshalb führte er schon bei der nächstbesten Gelegenheit sein entscheidendes Argument ins Feld: Ein so herausragender Vorgang wie die Entstehung der Sprache, die sich in vorgeschichtlicher Zeit abgespielt hat, müsse archäologische Spuren hinterlassen haben. Diesen sei jedoch insbesondere von den Psychologen nicht genügend Aufmerksamkeit geschenkt worden. Das erfuhr ich aber nur, weil ich nach dem Abendessen meinen Mut zusammennahm und Iain unmittelbar ansprach.

Als erstes fragte ich ihn, wie er mit einer solchen unerschütterlichen Geringschätzung von Menschenaffen reden könne, wo er doch so gut wie nichts über sie wisse. Wie konnte er so selbstverständlich unterstellen, daß Lebewesen keine begrifflichen Fähigkeiten besitzen, bloß weil sie als archäologische Fundstücke keine dauerhaften Statuen, Gemälde oder andere Kunstwerke hinterlassen hatten? Zu meinem Erstaunen war Iain im persönlichen Gespräch ganz umgänglich. Mir wurde klar, daß er sich wahrscheinlich nur vor der Gruppe so unnahbar und streitlustig gegeben hatte. Männer reagieren meines Erachtens bei der ersten Begegnung häufig so – genau wie männliche Schimpansen. Im Gegensatz zu allen anderen Chomsky-Anhängern, die ich kennengelernt hatte, räumte Iain ein, daß er über Affen vieles nicht wußte, aber er hielt an seiner Ansicht fest, daß nur Menschen in Symbolen denken.

Unsere Ausgangspositionen schienen sehr weit auseinanderzuliegen. Iain nahm eine späte, plötzliche Entstehung der Sprache an, ich neigte eher zu der Ansicht, daß sie früh und allmählich aufgeblüht war; dennoch fand an jenem Tag ein so produktiver und freimütiger Gedankenaustausch statt, wie ich ihn selten mit einem Kollegen erlebt hatte. Wir hörten einander zu, und das hatte zur Folge, daß unsere Vorstellungen sich wandelten. Iain hatte keine Scheu, seine Ansichten energisch zu vertreten, und bei mir war es genauso. Aber anders als sonst so oft, wenn Wissenschaftler unterschiedlicher Meinung sind, hielt uns das nicht davon ab, miteinander zu reden, weil wir beide Achtung vor den ehrlichen Bemühungen des anderen hatten. Es war eine bemerkenswerte Woche, gleichsam ein Meilenstein auf unserer bedeutsamen intellektuellen Reise zum Verstehen des menschlichen Geistes – und die Abgrenzung zwischen Menschlichem und Nichtmenschlichem blieb dabei ziemlich auf der Strecke.

Glücklicherweise blieb es nicht mir allein überlassen, die Skeptiker in der Runde von dem breiten Spektrum und dem Erfindungsreichtum zu überzeugen, der die Intelligenz von Affen kennzeichnen. Natürlich wußte ich von dem Hang der Schimpansen, Werkzeuge zu benutzen, aber erst als Bill McGrew aufzählte, welche Gerätschaften sie im einzelnen verwenden und in welch unterschiedlichen Situationen sie es tun, wurde mir und auch den anderen die Bedeutung dieser Tatsache in vollem Umfang bewußt. »Schimpansen sind die einzige nichtmenschliche Spezies, die zur Lösung unterschiedlicher Probleme auch unterschiedliche Werkzeuge anwendet«, so McGrew, Primatenforscher an der University of Stirling in Schottland. »Sie gehen aber noch einen Schritt weiter und verwenden das gleiche Werkzeug zu unterschiedlichen Zwecken (zum Beispiel einen »Schwamm« aus Blättern zum Auswischen einer Fruchthülse oder eines Schädels) oder unterschiedliche Werkzeuge zu demselben Zweck (zum Beispiel Rindenstücke *oder* Grashalme *oder* Pflanzenstengel zum Stochern nach Termiten). Sie haben also einen *Werkzeugkasten*.«[16]

Die meiste Aufmerksamkeit erregte Christophe Boesch von der Universität Basel mit seinem Bericht über die Schimpansen im

tropischen Regenwald des Tai-Nationalparks in dem westafrikanischen Staat Elfenbeinküste. Den Schimpansen steht in dieser Gegend mit den Kola- und Pandanüssen eine reichhaltige Nahrungsquelle zur Verfügung, aber diese Früchte müssen sie aufknacken, um an die Kerne zu gelangen. Die Tiere sammeln die Nüsse und legen sie eine nach der anderen in eine Vertiefung auf einem Baumstumpf, einem Ast oder dem Waldboden – das ist der Amboß. Anschließend schlagen sie die harten Schalen mit einem Stein oder einem kurzen Ast – dem Hammer – auf. Ein geübter Affe kann sich auf diese Weise während der Reifezeit der Nüsse einen Nährwert von 3800 Kalorien täglich verschaffen.
Aber bis man ein geübter Nüsseknacker ist, vergeht viel Zeit – manchmal bis zu elf Jahre. Daß die Tiere sich diese Fähigkeit so hartnäckig aneignen, spricht für den Wert der Nüsse. Das Nüsseknacken hat unter anderem den Vorteil, daß eine Mutter damit ihren Nachwuchs versorgen kann. Kola- und Pandanüsse sind in Westafrika weit verbreitet, aber nur im Tai-Nationalpark haben die Schimpansen gelernt, sie als Nahrungsquelle zu nutzen – ein verblüffendes Beispiel für einen kulturellen Unterschied zwischen den einzelnen Populationen. Noch eindrucksvoller waren aber Boeschs Beobachtungen an Affenmüttern, die ihre Kinder regelrecht im Nüsseknacken unterrichteten.
Einmal, so erzählte Boesch, sah er zu, wie Salomé und ihr Sohn Satre Pandanüsse knackten. Die meisten öffnete Salomé, und als Satre es mit einer teilweise aufgebrochenen Nuß versuchte, legte er sie nicht richtig auf den Amboß. Noch bevor er mit dem Steinhammer zuschlagen konnte, »nahm Salomé das Stück Nuß in die Hand, wischte den Amboß ab und legte das Stück sorgfältig und in der richtigen Position darauf«, erklärte Boesch. »Dann gelang es Satre unter Salomés Aufsicht, sie zu öffnen, und er verzehrte den zweiten Kern.«
Ein anderes Mal sah Boesch, wie Nina, die Tochter von Ricci, die Nüsse mit einem unregelmäßig geformten Hammer knacken wollte und dabei Schwierigkeiten hatte. Nina wechselte immer wieder die Körperhaltung, drehte den Hammer in der Hand und war frustriert, weil sie keinen Erfolg hatte. Nach acht Minuten kam Ricci zu Nina, die den Hammer sofort ihrer Mutter gab. Ricci nahm das Werkzeug und drehte es absichtlich langsam in die beste Stellung, knackte ein paar Nüsse (die sie mit Nina teilte)

und gab ihr dann den Hammer zurück. Nina nahm ihn, hielt ihn so, wie ihre Mutter es ihr gezeigt hatte, und öffnete vier weitere Nüsse. Dieses Beispiel, so Boesch, sei besonders interessant: »Als die Mutter sah, was ihre Tochter für Schwierigkeiten hatte, *korrigierte sie einen Fehler* in Ninas Verhalten auf höchst auffällige Weise, und dann zeigte sie, wie man die Sache richtig anpackt.«[17]

Bei diesen beiden Gelegenheiten wurde zum erstenmal aktiver Unterricht – ein Verhalten, das es angeblich nur bei Menschen gibt – im Freiland bei Primaten beobachtet. Kathleen Gibson bemerkte während der Tagung immer wieder: »Jedesmal wenn ich von etwas Einzigartigem beim Menschen erfuhr, dann war es hinterher gar nicht einzigartig!« Die Lücke schloß sich, oder zumindest ließ sie sich überbrücken.

Im weiteren Verlauf der Woche wartete ich immer dringender auf eine Gelegenheit, meinen Videofilm über Kanzi zu zeigen. Schließlich ließ Sydel Silverman sich durch meine ständigen Bitten erweichen und versprach, ich könne das Band vorführen. Ich hatte einen amerikanischen Recorder einschließlich aller erforderlichen Adapter mitgeschleppt, so daß ich den Film zeigen konnte (der nach einer anderen Norm aufgenommen war als europäische Videobänder). Ich hatte das Gerät ein paar Tage zuvor in meinem Zimmer ausprobiert, aber als es soweit war, fing das Desaster an. Ich hatte den Stecker des Videorecorders in der Steckdose gelassen, und eine Reihe von Stromausfällen – die, wie ich später erfuhr, in dieser Gegend häufig vorkommen – hatte ein entscheidendes Teil des Apparats beschädigt. Philip Lieberman, ein Experte für Stimmorgane und Professor an der Brown University, half mir im nächsten Ort bei der Suche nach Ersatzteilen. Er nahm das Gerät auseinander, baute die neuen Teile ein und setzte alles wieder zusammen – aber es funktionierte immer noch nicht. In meiner Verzweiflung rief ich beim LRC (dem Language Research Center, meinem Labor in Georgia) an und bat, man solle ein Band auf die europäische Norm überspielen und per Expreß nach Cascais schicken. Es kam erst am allerletzten Tag. Als ich das Band in der Hand hatte, war es soweit: Kanzi würde einem kritischen, aber letztlich doch aufgeschlossenen Publikum zeigen, warum man die verbliebenen Steine der ständig verteidigten Mauer zwischen Mensch und Tier beiseite schieben sollte.

2

WAS WORTE BEDEUTEN

Zum erstenmal sah ich Schimpansen in St. Louis in einer »Affenshow«. Ich war damals etwa acht Jahre alt. Sie fuhren Motorrad und gingen auf Stelzen. Kleidung trugen sie auch, und manchmal schrien sie sich in einem Temperamentsausbruch mitten in der Vorstellung an. Ich weiß noch, was mir damals durch den Sinn ging: Was sie taten, sah spaßig aus, aber die Schimpansen selbst machten nicht den Eindruck, als ob sie sich besonders wohl fühlten, mit Ausnahme des einen, der auf dem Motorrad sitzen durfte. Er drehte mit zur Brust gedrücktem Kinn eine Runde nach der anderen, und auf seinem Gesicht stand ein hämisches Grinsen, an das ich mich noch gut erinnern kann. Zum Schluß sprang er mit dem Motorrad durch einen Feuerreifen.

Ich fragte mich, wie die Affen sich bei diesem Treiben fühlten. Hinterher löcherte ich meine Eltern mit der Frage, die sie aber offenbar für abwegig hielten und darüber hinweggingen; sie sagten sinngemäß, man könne nicht genau wissen, was Tiere empfinden, weil sie nicht sprechen können.

Ich sah mir auch die Löwen- und Tigerschau an: Um einen Dompteur mit einer Peitsche saßen zehn Raubkatzen auf Podesten und führten reihum Kunststücke vor. In der eindrucksvollsten Nummer sprang eines der Tiere durch einen brennenden Reifen. Im Gegensatz zu dem Schimpansen auf dem Motorrad schien die Raubkatze Angst zu haben. Ohne Feuer sprang sie ohne weiteres durch den Reifen, aber sobald er angezündet wurde, zögerte das große Tier, und nur mit viel Peitschenknallen konnte der stark

schwitzende Dompteur es zum Sprung bewegen. Damals hatte ich keine Ahnung, wie gefährlich Menschenaffen sein können, und ich nehme an, dem übrigen Publikum ging es genauso.
Die Raubkatzen dagegen sahen so aus, als könnten sie einen Menschen mit Leichtigkeit verschlingen, und sie machten alle einen ziemlich hungrigen Eindruck. Deshalb verblüffte es mich, wie der Dompteur, der nur eine Peitsche hatte, so viel Macht über sie ausüben konnte. Mir fiel auf, daß der Schimpansendresseur keine Peitsche benutzte, und im Gegensatz zu den Löwen bedrohten ihn die Schimpansen auch nicht. Ich stellte mir eigentlich nie die Frage, wie die Raubkatzen sich während der Vorstellung fühlten, obwohl es mich bei den Affen interessiert hatte; allerdings fragte ich mich, warum sie es ertrugen, bei einer solchen Show mitzumachen.
Mein nächstes Erlebnis mit lebenden Schimpansen hatte ich als Assistentin für Psychologie an der University of Oklahoma in Norman. Roger Fouts, der kurz zuvor von der University of Nevada nach Oklahoma gekommen war, brachte eines Tages Booee mit in die Vorlesung, der damals etwas mehr als drei Jahre alt war. Roger setzte ihn auf einen Tisch und legte ihm eine Reihe von Gegenständen vor, unter anderem einen Hut, einen Schuh und einen Ring mit Schlüsseln. Er hielt jeden einzelnen Gegenstand in die Höhe und forderte Booee auf, ihn zu benennen. Zur großen Überraschung der ganzen Klasse bildete Booee mit den Händen die Zeichen, die in der amerikanischen Zeichensprache (American Sign Language, ASL) für die Gegenstände vorgesehen waren. Booee wußte die Namen aller Dinge, die ihm gezeigt wurden, aber eigentlich interessierte er sich nur für die Schlüssel. Er wollte damit spielen und zeigte immer wieder »Schlüssel«, während er gleichzeitig die andere Hand danach ausstreckte. Ich fragte mich zwar, ob er die anderen Worte, die er signalisierte, wirklich kannte, aber daß er den Sinn des Zeichens für »Schlüssel« verstand, schien völlig klar zu sein.
Man schrieb das Jahr 1970, und bevor ich Booee in der Vorlesung sah, hatte ich kaum etwas über die Affensprachforschung gehört, die Ende der sechziger Jahre begonnen hatte. In meiner Vorstellung, die sich auf Tierschauen im Zoo und im Fernsehen gründete, waren Affen possierliche kleine Akrobaten. Menschenaffen waren für mich wie kluge Hunde mit menschenähnli-

chen Händen und dämlichen Gesichtern. Aber der Affe, den ich hier gesehen hatte, war anders. Er hüpfte nicht über eine Bühne und lief auch nicht als Mensch verkleidet mit langem Mantel und über die Augen gezogenem Hut herum. Statt dessen saß er ruhig auf einem Tisch vor fast hundert Menschen und machte in aller Ruhe jedesmal ein anderes Zeichen, wenn Roger einen neuen Gegenstand hochhielt. Roger hatte uns die Zeichen vorher gezeigt; wir konnten uns also selbst davon überzeugen, daß Booee es fast immer richtig machte. Nachdem ich dem Schimpansen dabei zugesehen hatte und den Gesichtsausdruck bemerkte, mit dem er sein Publikum ansah, wußte ich es auf einmal: Dieses Geschöpf mußte ein Empfindungsvermögen besitzen, von dem ich bis dahin geglaubt hatte, es sei ausschließlich den Menschen vorbehalten.

So eindrucksvoll Booees offenkundige Sprachfähigkeiten auch waren, noch mehr verblüffte mich die Art des Umgangs zwischen Booee und Roger. Ich hatte mich als älteste von sieben Geschwistern oft um meine jüngeren Brüder und Schwestern kümmern müssen. Durch diese Aufgabe hatte ich zwangsläufig genau erfahren, wie kleine Kinder sich verhalten und mit welchen Mitteln sie sich mitteilen, wenn sie noch nicht sprechen können. Als ich an jenem Tag Booee und Roger zusah, hatte ich fast den Eindruck, als erkläre ein Professor, wie eines seiner Kinder lernt, obwohl es an einer schweren Sprachstörung und ein paar kleinen körperlichen Fehlbildungen leidet. Das wirklich Neue war aber nicht, daß dieses »Kind« behindert war, sondern daß es sich nach körperlichen Kriterien nicht um einen Menschen handelte, auch wenn sein Verhalten vielleicht etwas anderes nahelegte. Booee und Roger erinnerten mich stark an die vielen Gelegenheiten, bei denen ich meine kleinen Geschwister auf Ausflüge mitgenommen hatte, während sie sprechen lernten; Booee war ebenso verspielt und erfindungsreich wie sie.

Die Psychologie reizte mich unter anderem wegen der Erlebnisse, die ich gehabt hatte, als ich beim Großziehen meiner vielen Geschwister half. Mich fesselten die Entwicklung des menschlichen Verhaltens und insbesondere die Auswirkungen der Erziehung auf die Entwicklung des Geistes und der intellektuellen Fähigkeiten. Als ich Booee sah, entschloß ich mich, einer Bitte von Roger nachzukommen: Er suchte Freiwillige, die auf der

»Schimpansenfarm« arbeiten wollten. Die Schimpansenfarm gehörte dem klinischen Psychologen Dr. Bill Lemmon und lag etwa fünfzehn Autominuten außerhalb von Norman in Oklahoma. Dort lebten ungefähr dreißig Schimpansen und außerdem Klein- und Halbaffen, Pfauen, Schweine und verschiedene andere Tiere. Bei meinem ersten Besuch auf der Schimpansenfarm sperrte Roger mich im Freien zusammen mit Booee und einer Schüssel Rosinen in einen sehr kleinen Käfig (er maß etwa 0,60 mal 1,20 mal 1,80 Meter). Er zeigte mir, wie man Booee veranlaßt, die Zeichen nachzumachen, die man ihm beibringt. Ich sollte jeweils einen Gegenstand hochhalten und dann Booees Hände nehmen und in die Stellung bringen, die dem Zeichen für den gerade gezeigten Gegenstand entsprach; anschließend sollte Booee sofort eine Belohnung erhalten. Booee lernte gerade die Zeichen für mehrere Gegenstände, und ich hatte die Aufgabe, sie ihm nacheinander in zufälliger Reihenfolge zu zeigen und ihn dann dazu anzuleiten, das richtige Zeichen zu machen. Nachdem ich seine Hände leicht in die richtige Haltung bringen konnte, sollte ich die Anleitung nach und nach zurücknehmen, bis er die Zeichen schließlich allein machte, wenn ich den Gegenstand hochhielt.
Booee interessierte sich nicht sonderlich für die Zeichen, die ich ihm beibringen sollte, und das Zurücknehmen der Anleitung schien auch nicht so zu klappen, wie Roger es sich vorgestellt hatte. Nach Booees Ansicht war Spielen ein viel nützlicherer Zeitvertreib, und deshalb spielte ich schon bald nach jeder erfolgreich abgeschlossenen Lektion mit ihm, um sein Interesse wachzuhalten. Einmal hing er beim Spielen mit den Armen von der Käfigdecke und drehte sich um 360 Grad. Ich lachte und wollte noch einmal das gleiche sehen: Also hielt ich die Hand hoch und beschrieb mit dem Zeigefinger einen Bogen von 360 Grad, wobei ich zur Käfigdecke zeigte. Booee begriff sofort, was ich meinte, und machte das Kunststück mir zuliebe noch einmal. Die Geste gehörte nicht zu Booees Zeichen. Eigentlich hatte sich noch nie jemand mit einer solchen Bewegung oder Aufforderung an ihn gewandt. Man hatte verlangt, daß er Zeichen machte, aber nie sollte er etwas tun, das seinen ganzen Körper einbezog. Und doch konnte er sofort verstehen, was meine Bewegung bedeutete: Mach die Drehung da oben noch einmal! Ich war so verblüfft über seine Bereitschaft, mich zu verstehen, daß ich wie angewur-

zelt stehenblieb und ihn entgeistert anstarrte. Mir ging durch den Kopf, was es bedeutete, wenn er eine derart neue Geste verstand, und ich war ein wenig erschüttert. Schließlich kam Booee auf die Idee, meinen geistesabwesenden Zustand auszunutzen und die Rosinen zu klauen. Das brachte mich zurück zu der Notwendigkeit, mich mit dem Affen im unmittelbaren zeitlichen Rahmen zu beschäftigen, auf den sie wie Kinder normalerweise angewiesen sind. Abends lag ich wach im Bett und dachte darüber nach, was ich an diesem Tag mit den Affen erlebt hatte und wie sich die »Schimpansen mit der Zeichensprache« von denen ohne diese Fähigkeit unterscheiden. In meinem tiefsten Inneren wußte ich, daß ich mich von jetzt an immer auf irgendeine Weise mit Affen befassen würde. Ich hatte schon lange das vage, aber stets gegenwärtige Gefühl gehabt, daß da etwas war, womit ich mich beschäftigen sollte und das ich bisher noch nicht entdeckt hatte. An diesem Abend wußte ich ohne jeden Zweifel, daß ich es gefunden hatte: Es waren die Affen. Booee lebte mit vier anderen Schimpansen – sie hießen Thelma, Cindy, Bruno und Washoe – auf einer Insel. Wenn sie nicht mit Zeichensprache-Unterricht beschäftigt waren, brachte man diese vier Schimpansen per Boot zurück auf die Insel, wo sie spielten und schliefen. Roger wollte herausfinden, ob die Tiere mit Ausnahme von Washoe die Zeichensprache lernen konnten. Da es lange dauerte und viel Übung erforderte, bis die Schimpansen die Zeichen beherrschten, brauchte Roger viele Helfer. Das war der Grund, warum er Booee in die Vorlesung mitgebracht hatte: Er wollte Freiwillige anwerben.
Wie Roger uns Studenten erklärte, hatte er in Nevada mit Allen und Beatrice Gardner zusammengearbeitet. Die beiden hatten 1966 mit einem in Freiheit geborenen Schimpansenweibchen namens Washoe ein Sprachforschungsprojekt begonnen: Bis 1972 war Washoe geradezu eine Affenberühmtheit geworden: Sie beherrschte etwa 150 Zeichen der amerikanischen Zeichensprache und war offenkundig in der Lage, selbst neue Sätze zu bilden, allerdings nur kurze. Roger brachte Washoe 1970 mit nach Oklahoma und fing an, auch drei anderen jungen Schimpansen die Zeichensprache beizubringen. Einer von ihnen war Booee.
Als ich mich unter Rogers Anleitung in die einschlägige Literatur vertiefte, wurde mir noch deutlicher bewußt, welche Auswirkun-

gen die Verständigung zwischen Menschen und Affen haben konnte. Sie schien Erkenntnisse über das Wesen der Sprache und sogar über das tiefste Innere des Menschseins selbst zu ermöglichen. Dieses faszinierende Thema – und insbesondere die Vorstellung, man könne Affen das Sprechen beibringen – hat eine lange Geschichte. Im Tagebuch von Samuel Pepys findet sich zum Beispiel unter dem Datum des 24. August 1661 ein Eintrag über seine Reaktionen, nachdem er in London einen der ersten Menschenaffen gesehen hatte, die man in die westliche Welt gebracht hatte. Er beschreibt den Affen (vermutlich war es ein Schimpanse) als »großen Pavian«, aber er bemerkt auch die große Menschenähnlichkeit. Pepys schreibt: »Ich glaube, er versteht schon viel Englisch; und ich bin der Meinung, man könnte ihn lehren zu sprechen oder Zeichen zu machen.« Solche Vorschläge gab es in späterer Zeit noch oft, vielfach in Form ähnlich beiläufiger Bemerkungen. Den größten Einfluß hatte eine Idee von Robert Yerkes, einem Pionier der Primatenforschung. In einem Buch mit dem Titel *Almost Human* (Fast ein Mensch), das 1925 erschien, wies er auf die großartige Intelligenz der Menschenaffen hin; er stellte Spekulationen über ihre kognitiven Möglichkeiten an und erkannte, daß die anatomischen Verhältnisse ihres Stimmapparats ein Hindernis für das Sprechen darstellen. »Ich neige aufgrund verschiedener Befunde zu dem Schluß, daß die Menschenaffen viel zu sagen haben, aber sie können mit Lauten keine individuellen Gefühle oder Vorstellungen äußern, die nicht den allgemeinen Regungen ihrer Art entsprechen«, schrieb er. »Vielleicht kann man ihnen beibringen, dazu die Finger zu benutzen, etwa so wie ein Taubstummer es tut, und ihnen auf diese Weise helfen, eine einfache, nicht auf die Stimme angewiesene ›Zeichensprache‹ zu erwerben.«[1]

Vierzig Jahre später unterzogen die Gardners Yerkes' Vermutungen einer Überprüfung. Washoe lebte in einem Wohnwagen in ihrem Garten und wurde, umgeben von Spielzeug und Sprache, in vielerlei Hinsicht wie ein Kind behandelt. Die Gardners und ihre Helfer brachten Washoe ein begrenztes Zeichenrepertoire bei, indem sie die Hände des Affen in Gegenwart eines Gegenstandes in die Position des zugehörigen Zeichens brachten. Oft wurde Washoe mit einem Stück Futter belohnt, wenn sie es richtig gemacht hatte. Es war ein mühseliges Unterfangen: Immer wieder mußten sie den Gegenstand zeigen und Washoes Hände entsprechend ausrichten. Sie brachten ihr immer nur ein Zeichen auf einmal bei. Langsam erwarb Washoe einen Wortschatz; er wuchs von vier Zeichen nach sieben Monaten bis auf dreißig nach zwei Jahren, und im vierten Jahr war mit 150 Zeichen der Höhepunkt erreicht. Zu jener Zeit – es war 1970 – war Washoe so groß und ungestüm geworden, daß die Gardners sie nicht mehr ohne weiteres in dem Wohnwagen lassen konnten. Man brachte sie in das Institut für Primatenforschung in Oklahoma, wo Roger weiter mit ihr arbeitete; sie war jetzt mit anderen Affen zusammen, und er hoffte, sie würden ebenfalls die Zeichensprache lernen.

Yerkes hatte instinktiv zumindest teilweise recht gehabt. Man konnte einem Affen tatsächlich beibringen, Zeichen in richtigem Zusammenhang anzuwenden. Dieser Zusammenhang bestand normalerweise darin, etwas zu essen oder zu trinken zu verlangen oder spielen zu wollen – Schimpansen spielen gern Fangen und Kitzeln. Die Idee, Schimpansen hätten »viel zu sagen«, wurde allerdings durch das, was die Gardners mit Washoe erlebten, nicht gerade gestützt. Natürlich waren Essen und Spielen wichtige Themen im Leben eines Schimpansen, besonders wenn er jung war. Wenn das Tier die Zeichensprache in diesem Zusammenhang benutzte, spiegelte sich darin wahrscheinlich genau das wider, was in seinem Kopf vorging. Aber Washoe lieferte mit seiner Verwendung der Symbole keine Erkenntnisse darüber, wie man sich als Schimpanse fühlt, und genau das wollten viele Leute wissen.

Dennoch war es ein großer Fortschritt, daß Washoe einen derart großen Wortschatz erworben hatte, denn es schien darauf hinzuweisen, daß ein Schimpanse die Sprachbarriere zum Menschen durchbrechen konnte. Für die Linguisten ist allerdings die Syntax zum Inbegriff der Sprache geworden, jene Struktur, die den gesprochenen Worten eine Ordnung und damit einen übergeordneten Sinn verleiht. Die einseitige Betonung der Syntax ist die Folge von Noam Chomskys beherrschender Stellung auf diesem Gebiet, und sein Standpunkt ist einfach: Ohne Syntax gibt es keine Sprache, wie wir sie kennen. Um die Sprachbarriere wirklich niederzureißen, müßten die Schimpansen also beweisen, daß sie auch in der Lage wären, eine Syntax anzuwenden.

Angeregt durch die Erfolge mit Washoe wurden Anfang der siebziger Jahre mehrere neue Projekte der Affensprachforschung in Angriff genommen. An der University of California in Santa Barbara brachte David Premack dem Schimpansenweibchen Sarah bei, unterschiedlich geformte Kunststoffteile als »Worte« zu verwenden. Sarah teilte sich mit Hilfe dieser Formen nicht mit, sondern benutzte sie zur Beantwortung gezielter Fragen. Mit den Fragen wollte man herausfinden, ob sie die kognitiven »funktionellen Voraussetzungen« der Sprachfähigkeit besaß. Premack versuchte unter anderem festzustellen, ob sie auf typische linguistische Strukturen reagierte, beispielsweise auf Verneinung, Wortklassen oder die Beschreibung von Zustandsänderungen.

Duane Rumbaugh von der Georgia State University in Atlanta begann am Yerkes Primate Center mit dem Projekt LANA (LANguage Analogue). Es war eng gekoppelt mit der Entwicklung neuer Methoden des Sprechunterrichts für geistig stark behinderte Kinder; unter anderem wurde dabei eine Computertastatur erfunden, die willkürlich festgelegte Zeichen anzeigte, sogenannte Lexigramme. Im Grunde genommen hatten all diese Projekte das gleiche Ziel, nämlich syntaktische Kompetenz als Kriterium der Sprachfähigkeit nachzuweisen. Die Ergebnisse waren zwar in ihren Einzelheiten sehr unterschiedlich und widersprachen sich manchmal sogar, insgesamt entwickelte sich daraus aber Anfang der siebziger Jahre die Überzeugung, daß Affen die Symbole nicht nur lernen können, sondern daß sie auch in der Lage sind, sie auf neue, geordnete Art anzuwenden. Die Gardners beispielsweise berichteten über Washoe folgendes: »Sie lernte eine natürliche menschliche Sprache, und ihre ersten Äußerungen waren denen von Kindern sehr ähnlich, ja vielleicht überhaupt nicht von ihnen zu unterscheiden.«[2]

Die meisten Äußerungen der Affen, die sich der amerikanischen Zeichensprache ASL bedienten, bestanden aus einzelnen Worten, aber es gab auch eine ausreichende Zahl plausibler Kombinationen aus zwei und drei Worten, so daß der Eindruck einer rudimentären Sprache entstand. Und bei diesen Äußerungen durch mehrere Symbole war so viel Struktur zu erkennen – beispielsweise durch die richtige Reihenfolge von Verben, Substantiven und näheren Bestimmungen –, daß man an die Syntax der menschlichen Sprache denken mußte. Vor diesem gewagten, aber hoffnungsvollen Hintergrund beteiligte ich mich an dem Affensprachforschungsprojekt von Roger Fouts in Oklahoma. Nach etwa sechs Monaten schlug Roger vor, ich solle mit Lucy arbeiten, einem erwachsenen Schimpansenweibchen. Lucy war älter als die Schimpansen, mit denen ich mich bis dahin beschäftigt hatte, und lebte bei dem klinischen Psychologen Morris Temerlin und seiner Frau Jane, die in der Nähe des Instituts wohnten. Lucy war von Geburt an in einem menschlichen Haushalt aufgewachsen und hatte an Bill Lemmons Experimenten zum gemeinsamen Aufziehen verschiedener Arten teilgenommen. Diese Studien hatten das Ziel, »herauszufinden, ob Mutterverhalten angeboren ist«. Lemmon, ebenfalls klinischer Psychologe und Temerlins Lehrer, war von den Unterschieden zwischen den Geschlechtern fasziniert. Nach seiner Auffassung waren Frauen biologisch dazu programmiert, tief verwurzelte mütterliche Bedürfnisse auszuleben. Deshalb wollte er in Erfahrung bringen, ob es solche Bedürfnisse auch bei den nächsten lebenden Verwandten des Menschen gibt.

Um diese Frage anzugehen, brachte Lemmon neugeborene weibliche Menschenaffen in die Wohnungen seiner Patienten und früherer Schüler. Dann wies er die Patienten an, das Tier so aufzuziehen, als sei es ihr eigenes Kind. Wenn die Affenweibchen erwachsen waren, wollte er sie künstlich befruchten und dann beobachten, ob sie sich um ihren Nachwuchs kümmerten. Er wollte sehen, wie die Affen sich als Mütter verhielten, nachdem sie selbst von einer »Mutter« großgezogen worden waren, die sie liebte, sich aber nicht wie eine Affenmutter verhielt. Während diese Affenweibchen heranwuchsen, nutzte er ihr Verhalten auch, um seine Patienten, mit denen er regelmäßig zusammentraf, zu »beurteilen«.

Lucy war das erste von mehreren dieser »menschlich erzogenen« Affenweibchen, die ich im Primateninstitut von Oklahoma kennenlernen sollte. Um sich Schimpansen für seine Untersuchungen zu beschaffen, hatte Lemmon eine eigene Affenzuchtkolonie aufgebaut. Dort gab es viele Schimpansen, die in Gruppen zusammenlebten und, abgesehen von der Grundversorgung durch Füttern und Reinigen der Behausungen, kaum Kontakt zu Menschen hatten. Junge, die in solchen Gruppen geboren wurden und dort blieben, wurden schnell als »weniger intelligent« und »in der Entwicklung zurückgeblieben« bezeichnet, im Gegensatz zu denen, die unter Menschen heranwuchsen. Damals wußte ich noch nicht, daß ich in den folgenden Jahren fast meine ganze Kraft darauf verwenden würde, die Verhaltens- und Entwicklungsunterschiede zwischen den unter Affen und unter Menschen aufgewachsenen Jungtieren zu verstehen. Es gab bemerkenswerte Unterschiede, aber »Intelligenz« ist, wie ich bald erfahren sollte, der am wenigsten faßbare und schädlichste Begriff im Gedankengebäude der modernen Psychologie.

Als ich zum erstenmal mit Lucy zusammentraf, schien sie dem sozialen Austausch mit Menschen mehr Aufmerksamkeit zu schenken und deutlichere Zeichen zu geben als die Affen in der Kolonie des Instituts. Als Roger mich vorstellte, nahm Lucy eine Plastikblume aus ihrer Spielzeugkiste und hielt sie mir hin, genau wie ein zweijähriges Menschenkind. Das Anbieten von Gegenständen entwickelt sich bei Kindern über ein Vorstadium hinweg, in dem das Kind etwas hinhält und es dann zurückzieht, bevor der andere es annehmen kann. Ein paar Monate später versucht das Kind, Gegenstände aus seinem Besitz in den des Gegenübers übergehen zu lassen.

Als ich die Hand ausstreckte, um die Plastikblume von Lucy entgegenzunehmen, schlug sie geschickt ihre Zähne in meine Finger. Das Angebot eines Schimpansen, so schien es, war etwas anderes als das Angebot eines Menschen. Wie mir erst später klarwerden sollte, hatte Lucy nicht versucht, mir die Blume zu geben, sondern sie wollte mich herausfordern, sie zu nehmen, und das tat sie auf eine recht irreführende Art. Während meiner späteren Arbeit mit den Affen fiel ich noch oft auf diesen Trick herein, denn Schimpansen sind intelligent genug, um die Täuschung immer wieder anders zu tarnen.

Warum wollte Lucy mich beißen? Ich hatte offenkundig nicht versucht, sie in irgendeiner Form zu beißen oder ihr weh zu tun. Ich wollte nur etwas über sie erfahren. Noch verstand ich keineswegs, daß meine Anmaßung, ohne Gruß und ohne Erklärung meiner Absichten in ihr Heim einzudringen, aus ihrer Sicht unhöflich gewesen war. Ebensowenig war mir klar, daß das Hinhalten des Gegenstandes ohne den richtigen Gesichtsausdruck und ohne die passenden Lautäußerungen eine Methode war, mit der sie feststellen wollte, wie gut ich ihre Absichten einschätzen konnte. Es erinnerte mich an die Situation, wenn man in einen anderen Kulturkreis oder auch in fremde Subkulturen im eigenen Land kommt: Die anderen wollen abschätzen, wieviel man über sie weiß, und deshalb probieren sie, ob man auf den Trick mit dem längsten Bart hereinfällt. Bei dieser Prüfung war ich durchgefallen.

Trotz dieses Verlaufs unseres ersten Zusammentreffens entwickelten Lucy und ich eine gute Beziehung. Roger hatte mir nämlich den Rat gegeben, einfach viel Zeit mit ihr zu verbringen – das, so meinte er, sei die beste Methode, sich mit Schimpansen anzufreunden. Lucy wog damals etwa fünfunddreißig Kilo und konnte einen durchaus einschüchtern. Ich wußte nicht genau, was sie tun würde, wenn wir allein waren, denn auf das Körpergewicht bezogen sind Affen fünfmal so stark wie ein Mann in bester körperlicher Verfassung. Außerdem haben sie große Zähne und können mit ihren Kiefern eine gewaltige Kraft ausüben. Da mir ein Schimpanse in dem Institut bereits eine Fingerspitze abgebissen hatte, zögerte ich ein wenig, mit Lucy allein zu bleiben. Aber Roger versicherte mir, es sei die beste Methode, und die Gefahr, daß Lucy mich verletzte, sei wesentlich geringer, wenn ich mit ihr allein sei und wenn kein anderer, den sie kenne, in Sichtweite komme. Das verstand ich nicht – es schien aller Vernunft zu widersprechen. Warum sollte ein Schimpanse eine Fremde wie mich eher angreifen, wenn jemand, den er kannte und mochte, in der Nähe war? Dennoch beherzigte ich den Rat und stimmte zu, Lucy aus dem Käfig zu nehmen, in den Haupttrakt des Hauses zu bringen und mit dem Unterricht in Zeichensprache zu beginnen.

Es war nicht so schwierig, wie ich befürchtet hatte. Schon bald darauf nahm ich Lucy mit meinem zweisitzigen MG in der Umgebung von Norman in Oklahoma überallhin mit. Wenn ich mich weigerte, in eine Richtung zu fahren, an der ihr sehr viel lag, nahm sie mir manchmal das Lenkrad aus der Hand und steuerte selbst um die Ecke. Das konnte natürlich gefährlich werden, deshalb war ich immer, wenn Lucy im Auto saß, darauf vorbereitet, plötzlich anzuhalten, falls sie fahren wollte. Sie durfte den Wagen nicht verlassen, außer wenn wir zu einem vierundzwanzig Hektar großen Gelände außerhalb von Norman fuhren, das den Temerlins gehörte. Dort konnte Lucy hinaushüpfen und frei herumlaufen.

Ich arbeitete noch zwei weitere Jahre mit Lucy, und parallel dazu begann ich mit einem Projekt der Verhaltensforschung, bei dem ich vier Schimpansenmütter und ihre Kinder beobachtete. Ich interessierte mich für Säuglingsentwicklung, für die Reifestadien, die ein solcher kleiner Affe durchmacht. Das Sprachforschungsprojekt fesselte mich zwar, aber ich erkannte, daß ich nicht verstehen würde, was die Affen mit den Zeichen anfingen, solange ich die Schimpansen nicht viel besser kennenlernte. Was teilten sie sich aus eigenem Antrieb mit und warum? Waren ihre nichtverbalen Äußerungen einfach der unbewußte Ausdruck von Gefühlen, wie die Literatur damals behauptete? Und wenn das stimmte, waren die Zeichen dann plötzlich Ausdruck bewußter Absichten?

Es erschien mir sinnlos, einen Gegenstand hochzuhalten und gleichzeitig die Hände des Tiers in eine bestimmte Haltung zu bringen; ich glaubte nicht, daß diese Vorgehensweise plötzlich zu dem Wunder des begrifflichen Bewußtseins und zu der Fähigkeit führen würde, Vorstellungen und Gedanken anderen bewußt mitzuteilen. Diese Fähigkeit mußte in einem Geschöpf bereits angelegt sein, davon war ich überzeugt. Ich hatte damals selbst einen zweijährigen Sohn – vielleicht war das der Grund, warum ich langsam erkannte, daß bei meinen Versuchen, mit den Affen durch die Zeichensprache zu kommunizieren, irgend etwas fehlte. Ich sah, daß sie mit den richtigen Zeichen nach Gegenständen verlangen konnten, aber langsam fragte ich mich ernsthaft, wieviel sie eigentlich verstanden. Die Zweifel tauchten immer dann auf, wenn ich es mit echter Kommunikation versuchte, das heißt, wenn ich ihnen eine Frage stellte, deren Antwort ich selbst noch nicht wußte.

In ganz ähnlicher Weise wurde diese Lücke auch manchmal deutlich, wenn ich die Schimpansen bat, einfache Dinge zu tun und mir zum Beispiel einen bekannten Gegenstand zu geben. Oft waren sie dann unsicher, wie sie reagieren sollten, und anstatt zu tun, worum ich sie gebeten hatte, antworteten sie ebenfalls mit Zeichen. Wenn ich eine Frage stellte, zum Beispiel »Wohin sollen wir gehen?« oder »Was sollen wir tun?«, reihten sie häufig verschiedene Zeichen aneinander, die sie kannten, insbesondere solche, mit denen wir uns erst vor kurzem beschäftigt hatten, offenbar in der Hoffnung, es werde schon eines dabeisein, das mir paßte. Ich konnte mich unmöglich dem überwältigenden Eindruck entziehen, daß mein Sohn bei seinen Mitteilungsversuchen viel absichtsvoller vorging und daß sein Verständnis einfacher Bitten und Fragen weit über die Fähigkeiten der Schimpansen hinausging. Die Affen schienen oft nicht zu merken, daß man ihnen eine »echte« Frage stellte, also eine mit offenem Ergebnis, auf die sie antworten konnten, wie sie wollten. Natürlich wurden sie ständig mit Fragen überhäuft: »Was ist das?« »Wo ist dieser oder jener?« Aber auf solche Fragen gab es immer eine richtige Antwort: Man fragte nach dem Namen einer Person und erwartete von den Schimpansen das zugehörige Wort. Das lieferte kaum Aufschlüsse darüber, was der Affe selbst wollte oder dachte: Es waren rhetorische Fragen, die bestimmte Zeichen als Antwort verlangten.

Langsam war ich beunruhigt darüber, was das bedeutete, und mehrmals versuchte ich, mit Roger darüber zu sprechen. Er war nie abgeneigt, sich über solche Themen zu unterhalten, aber offenbar war er der Ansicht, es sei mehr oder weniger unmöglich, in die Gedanken eines Schimpansen einzudringen; deshalb, so meinte er, könne man vernünftigerweise nur eines tun: die Zeichen für bare Münze nehmen und sich auf Fragen konzentrieren, auf die es eindeutige Antworten gab. Unter wissenschaftlichen Aspekten mußte ich mich seinem Standpunkt anschließen, und dennoch wußte ich: Wenn ich mich auf die gleiche Art mit der Sprache meines Sohns beschäftigt hätte, wäre unsere Kommunikation für uns beide schon nach kurzer Zeit keine befriedigende Angelegenheit mehr gewesen. Es war wichtig, daß er verstand, was ich ihm mitteilte, und daß er seine eigenen Gedanken ausdrückte, statt nur Fragen zu beantworten, die dazu dienten, sein Wissen zu prüfen.

Dann kam Pancho zu uns. Seine bevorstehende Ankunft verursachte große Aufregung im Institut, denn es hieß, er sei ein Zwergschimpanse (Pan paniscus), der seltene, exotische Vetter des normalen Schimpansen (Pan troglodytes). Die Zwergschimpansen, auch Bonobos genannt, sind in vielerlei Hinsicht menschenähnlicher als die normalen Schimpansen: Sie benutzen ihre Stimme stärker und sind mitteilsamer, und außerdem haben sie äußerst menschliche Gesichter. Sie sind auch weniger aggressiv als die normalen Schimpansen. Menschen gegenüber verhalten

sie sich meist freundlich und können zu ihnen offenbar erstaunlich enge Beziehungen herstellen.
Deshalb hatte ich keine Bedenken, Pancho auf Spaziergänge in die nähere Umgebung mitzunehmen, obwohl er ein erwachsenes Männchen war, das keiner von uns kannte; die meisten Beobachtungen an ihm machte ich im Freien. Wir fuhren sogar in Norman herum, wie ich es mit Lucy getan hatte, und hielten bei A&W an, um Root Beer, Hamburger und Pommes frites zu holen. Anders als bei Lucy hatte ich bei Pancho nie die Befürchtung, daß er nach Passanten grabschte oder ins Lenkrad griff. Oft nahm ich sogar meinen kleinen Sohn mit; Pancho war ein echter Gentleman.
Rückblickend gesehen, tat ich etwas Verrücktes und vermutlich Illegales, aber ich entwickelte ein starkes Gespür für unsere sozialen und kommunikativen Fähigkeiten.
Nach sechs bis acht Monaten bemerkten wir, daß Pancho doch kein Bonobo war, sondern ein Koola-Kamba, manchen Vermutungen zufolge ein natürlich vorkommender Mischling aus Schimpanse und Gorilla oder aus Schimpanse und Bonobo. Bonobos und Gorillas haben im Körperbau viele Gemeinsamkeiten, etwa kleine Ohren, Himmelfahrtsnase, einen großen Bauch und kürzere Zehen. Daß Pancho so lange falsch eingeordnet wurde, zeigt deutlich, wie wenig die Primatenforscher mit den Bonbons vertraut sind. Hätte ich über Panchos tatsächliche Familienzugehörigkeit Bescheid gewußt, wäre ich sicher nicht ohne weiteres bereit gewesen, so locker mit ihm umzugehen, weil ich ihn für aggressiv gehalten hätte. Glücklicherweise hatte ich keine schlechten Erfahrungen mit ihm gemacht. In unserer Beziehung gab es aber einen besonders wichtigen Gesichtspunkt: Obwohl Pancho die Zeichensprache nicht beherrschte, konnte ich mich mit ihm ebenso leicht und umfassend verständigen wie mit Lucy. Wenn das Erlernen der Zeichen etwas mit Sprache zu tun hat, so grübelte ich, und wenn Sprache Kommunikation bedeutet, warum konnte ich mich mit Lucy dann nicht leichter »unterhalten« als mit Pancho?
Als ich dieses Thema – das offenkundige Fehlen von Verstehen und echter Kommunikation – mit Roger besprach, beharrte er darauf, daß Washoe verstehe, was man ihr mitteilte; die jüngeren Affen, so meinte er, würden mit zunehmendem Alter immer mehr

Verständnisfähigkeit entwickeln. »Na gut«, erwiderte ich, »kannst du zeigen, daß Washoe wirklich versteht, wenn man etwas von ihr verlangt?« »Ja, sicher«, sagte Roger, als wir einmal am Ufer gegenüber der Affeninsel saßen und uns unterhielten. Er wandte sich an Washoe, sah sich auf der Insel um und bemerkte ein langes Seil, das dort in der Mitte lag. Washoe saß am Wasser und sah uns an. Roger bedeutete ihr: »Washoe, geh und hole das Seil dort!« Dabei wies er in die Richtung des Seils. Washoe wirkte verwirrt, aber dann ging sie in die Richtung, die Roger ihr angegeben hatte. Sie betrachtete verschiedene Gegenstände auf der Insel, faßte sie an und blickte immer wieder zu Roger, als wolle sie herausfinden, was er gemeint hatte. Mehrmals ging sie genau an dem Seil vorbei, und jedesmal zeigte Roger wieder auf das Seil. Als sie schließlich wieder in die Nähe der Stelle kam, wo das Seil lag, signalisierte Roger »ja, ja, ja« und nickte dabei heftig mit dem Kopf. Als Washoe die Stelle erreichte, hob sie das Seil auf und wurde dafür überschwenglich gelobt. »Siehst du«, sagte Roger, »sie hatte nur Schwierigkeiten, das Seil zu finden.« Ich war davon nicht überzeugt.

Im Institut war ich schon bald als »die Ungläubige« bekannt. Es war ein nett gemeinter Spitzname, und wir sprachen viel über meine Bedenken; eigentlich war ich sehr froh, daß man mich so einschätzte. Wenn ich die Sprachfähigkeiten meines zweijährigen Sohnes mit denen der Affen verglich, sah ich gewaltige Unterschiede, und das ließ mich noch mehr an den entscheidenden Behauptungen zweifeln, die über die Sprachfähigkeit der Affen zunehmend aufgestellt wurden.

Erstens mußte ich Shane, meinem Sohn, den Zusammenhang zwischen Gegenständen und Zeichen nicht einpauken, weil sein Wortschatz von selbst zunahm. Zweitens brauchte ich meine Phantasie meist nicht besonders anzustrengen, um zu verstehen, was er meinte. Es ergab sich aus dem Zusammenhang. Ich spürte mittlerweile Unbehagen und Mißtrauen gegenüber manchen vollmundigen Interpretationen, die ich über die Äußerungen der Affen gehört oder gelesen hatte. Selbst die abwegigste Wortkombination wurde noch für eine überlegte Äußerung gehalten. Aufs äußerste strapaziert wurde meine Gutgläubigkeit zum Beispiel durch die Vermutung, der Gorilla Koko betreibe Wortspiele und habe eine Vorstellung vom Tod – obwohl ich eigentlich gern

geglaubt hätte, daß ein Menschenaffe zu solchen abstrakten Überlegungen fähig ist. Und drittens verstand Shane mehr von dem, was man ihm sagte, als die Affen. Wenn ich ihn bat, eine einfache Aufgabe zu erledigen, tat er es. Versuchte ich das gleiche bei einem Schimpansen – selbst wenn es nur darum ging, einen vor ihm liegenden Gegenstand aufzuheben –, gab es oft Verwirrung, genau wie bei Washoe mit dem Seil. Genau wie allen Eltern war mir klar, daß Shanes Fähigkeit, Sprache zu verstehen, sich früher entwickelte als seine Fähigkeit zu sprechen. Bei den Schimpansen schien es nicht so zu sein.
Nach und nach gelangte ich zu der Einsicht, daß das Verstehen, nicht aber das Sprechen das entscheidende kognitive Merkmal der Sprache ist, insbesondere beim Spracherwerb. Verstehen läßt sich viel schwerer quantitativ erfassen als die Produktion von Worten, und deshalb hatten die Linguisten diesem Vorgang wenig Aufmerksamkeit geschenkt. Die beherrschende Stellung der Syntax in der Linguistik sorgte jedenfalls dafür, daß man die Produktion für das entscheidende Kriterium der Sprachfähigkeit hielt. Die Affensprachforscher nahmen meist alles hin, was die Linguisten sagten, und dann gaben sie sich Mühe, deren Kriterien zu erfüllen. Als ich das erkannt hatte, machte ich mir keine großen Hoffnungen mehr, in der Affensprachforschung etwas bewegen zu können, und ich entschloß mich, den Rest meiner Zeit in Oklahoma dem Studium der Entwicklung junger Affen zu widmen. Ich wollte so umfassend wie möglich festhalten, was Affen sich mit ihrem eigenen nonverbalen System der Blicke, Gesten, Körperhaltungen und Lautäußerungen mitteilen können.

1974 lernte ich auf der Tagung der Internationalen Gesellschaft für Primatenforschung in Kyoto Duane Rumbaugh kennen. Er arbeitete damals seit zwei Jahren am Yerkes Regional Primate Research Center der Emory University in Atlanta an einem Affensprachforschungsprojekt mit der Schimpansin Lana. Ich hielt in Kyoto einen Vortrag über meine früheren Arbeiten mit Lucy, deshalb wußte Duane, daß ich mich für Affensprachforschung interessierte. Er wußte auch, daß ich manchen vollmundigen Behauptungen über die Sprachfähigkeit der Menschenaffen skeptisch gegenüberstand. Dennoch lud er mich zu einem Symposium über die Sprache der Affen ein, das er gerade organisierte; es sollte am Rande einer Tagung der Southeastern Psychological Association stattfinden, die für das folgende Jahr in Atlanta geplant war. In dem Vortrag, den ich in Atlanta hielt, verglich ich meine Erfahrungen mit Lucy und Pancho, und dabei brachte ich klar meine Überzeugung zum Ausdruck, daß Lucy durch ihre Fähigkeit, Zeichen zu benutzen, keine bessere Kommunikationsfähigkeit gewonnen hatte. Damit bestätigte ich eindeutig meinen Ruf als »Ungläubige«. Sechs Monate später rief Duane mich in Oklahoma an, um mir eine Postgraduierten-Stelle an der Georgia State University anzubieten. Das würde mir die Gelegenheit verschaffen, am Yerkes Center zu forschen. Ich sagte sofort zu, denn das »Yerkes« ist international als führende Institution der Primatenforschung anerkannt – und es gab dort Bonobos. Zu Duanes Enttäuschung lehnte ich es aber ab, an dem Projekt mit Lana zu arbeiten; ich konzentrierte mich vielmehr darauf, das Verhalten der Bonobos zu studieren und mit dem der gewöhnlichen Schimpansen zu vergleichen. Dennoch wurde ich allmählich in das Sprachforschungsprojekt hineingezogen, unter anderem, weil sich mit Lana verschiedene Schwierigkeiten ergeben hatten, nachdem sie in ein neues Gebäude umgezogen war; Duane bat mich, ihnen zu helfen.

Das Projekt war 1971 ausdrücklich mit dem Ziel ins Leben gerufen worden, Methoden zur Entwicklung der Sprachfähigkeit bei schwer geistig behinderten Kindern zu erstellen, und es bediente sich von allen Affensprachforschungsvorhaben bei weitem der raffiniertesten Mittel, um die Symbole zu handhaben. Die Symbole bestanden aus willkürlichen geometrischen Formen, die auf einer Computertastatur angezeigt wurden. Lana drückte auf eine Taste und aktivierte damit ein Symbol, das dann auf eine Leinwand projiziert wurde. Wie bei allen damaligen Affensprachforschungsprojekten ging es bei Lanas Kommunikation vorwiegend um das Fressen. Im Gegensatz zu anderen Projekten verlangte man aber von ihr, daß sie einen geordneten Satz konstruierte, um etwas zu fressen zu bekommen oder um spielen zu dürfen, wie zum Beispiel *Bitte Maschine gib Stück Apfelsine* oder *Bitte Maschine machen Musik*. Nach vier Jahren verfügte Lana in diesem System über einen umfangreichen Wortschatz von einigen hundert Symbolen, und sie hatte eine kleine, aber nennenswerte Zahl ganz neuer Sätze hervorgebracht. Ihre meisten Äußerungen waren aber von der gerade beschriebenen Art. Ich hatte bei Lana zunächst den Eindruck, daß sie wußte, worüber sie sprach. Diese Wirkung entstand sicher durch die Satzstrukturen, die man ihr beigebracht hatte und die sie auf der Tastatur zusammensetzen konnte. Immerhin behaupteten die Linguisten steif und fest, die Ordnung der Worte – also die Syntax – sei der Schlüssel zur Sprache, und eine solche Ordnung stellte Lana her. Aber schon bald begann ich – genau wie in Oklahoma – daran zu zweifeln, ob die Schimpansen wirklich die Worte verstanden, die sie gebrauchten. Lana brachte Sätze hervor, die für mich als englische Satzkonstruktionen verständlich waren, aber, so fragte ich mich, verstand sie die Bedeutung der Worte, die sie da zusammensetzte? Wenn ich sie bat, etwas zu tun (mir zum Beispiel einen Gegenstand zu geben), und dabei den gleichen Wortschatz benutzte, dessen sie sich in ihren Sätzen bediente, konnte sie nicht zuverlässig reagieren. Sie versuchte zu antworten und brachte dabei stereotype Sätze hervor, die manchmal überhaupt keinen Sinn hatten. Offensichtlich suchte sie nach etwas, das mich zufriedenstellen würde, aber sie war sich nicht sicher, was das war. Wie Washoe und die anderen Schimpansen, so schien auch Lana produktionskompetent zu sein (sie konnte mit Worten etwas verlangen), nicht aber rezeptionskompetent (sie verstand nicht, was man ihr sagte). Allmählich fragte ich mich, ob es für das, was wir ein Wort nennen, vielleicht mehrere Betrachtungsweisen gibt. Bei Menschenkindern gehen wir davon aus, daß das Erlernen eines Wortes auch das Verstehen beinhaltet. Ich stellte die Vermutung an, daß Produktions- und Rezeptionskompetenz zumindest bei Affen vielleicht getrennte kognitive Fähigkeiten waren, die man ihnen auch getrennt beibringen mußte. Vielleicht war das der Fehler der Affensprachforscher gewesen: Sie hatten angenommen, daß ein Affe wie ein Kind auch die Bedeutung eines Wortes versteht, wenn er dieses Wort gelernt hat. Vielleicht war der Versuch, nach Anzeichen einer Syntax zu suchen, nicht nur vorschnell, sondern für das innerste Wesen der Sprache bedeutungslos.

Während mir solche Fragen noch vage und unausgereift durch den Kopf gingen, teilte ich Duane meine Bedenken mit. Zunächst überzeugte ihn meine Vermutung nicht, wonach er und die anderen Affensprachforscher falsche Annahmen über die Sprachkompetenz der Affen machten und die Äußerungen der Tiere zu tiefsinnig interpretierten. Aber er hörte mir zu. Wir kamen überein, daß ich bei ihm an einem neuen Projekt mitarbeiten sollte, das sich mit den beiden jungen Schimpansenmännchen Sherman und Austin beschäftigte und ein wenig anders ausgerichtet war. Von 1976 an stellte ich einen viel engeren körperlichen Kontakt zu den Affen her und ging mit ihnen in einem sozialen, kindergartenähnlichen Umfeld um. Damit lag das Schwergewicht mehr auf der Kommunikation an sich und weniger auf effizientem Lernen. Diese Unterscheidung war nach meiner Überzeugung von grundlegender Bedeutung. Außerdem sollte das neue Affensprachforschungsprojekt im Gegensatz zu allen seinen Vorgängern nicht das Ziel haben, daß die Affen Wortkombinationen oder Sätze hervorbrachten. Ich war nicht auf der Suche nach dem heiligen Gral der Linguisten, sondern ich konzentrierte mich auf Worte: Was bedeutet ein Wort für einen Schimpansen, und wie können wir das herausfinden?

Im Jahr 1976, gerade als ich an dem Projekt mit Sherman und Austin zu arbeiten begann, braute sich über der gesamten Affensprachforschung ein Unwetter zusammen. Die Gewitterwolken zogen von zwei Seiten heran: Einerseits häuften die Linguisten Spott auf die Forschungsrichtung und stellten die Fachkompetenz der Wissenschaftler in Frage, und andererseits erklärte Herbert Terrace, ein bekannter Affensprachforscher, er und seine Mitarbeiter hätten sich geirrt, als sie annahmen, daß Affen Sprache erworben hätten. In den daraus entstehenden Turbulenzen ging die Affensprachforschung Ende der siebziger Jahre völlig unter, und als Forschungsgebiet war sie so gut wie tot.

Mitte der siebziger Jahre hatte Thomas Sebeok, Linguist an der Indiana University, höchst negative Ansichten über die Affensprachforschung geäußert. Im Mai 1980 organisierte er unter der Schirmherrschaft der New York Academy of Sciences eine Tagung, auf der er seinen Standpunkt schonungslos vertrat. Die Konferenz trug den Titel »Das Phänomen vom klugen Hans: Kommunikation mit Pferden, Walen, Affen und Menschen«. »Der kluge Hans« war ein Pferd, das im 19. Jahrhundert in den Varietés verblüffende, scheinbar mathematische Fähigkeiten an den Tag legte. Das vermeintliche Pferdegenie tippte mit dem Huf so oft auf den Boden, wie es der Lösung einer Rechenaufgabe entsprach, die Wilhelm von Osten, sein Eigentümer, ihm stellte. Ohne daß der arglose von Osten es selbst wußte, hörte das Pferd mit den Beinbewegungen auf, weil er bei der richtigen Zahl eine kaum erkennbare Kopfbewegung machte, auf die Hans reagierte. Diese Geschichte zeigt nicht nur, wie empfindlich Tiere auf Körpersprache reagieren können, sondern sie macht auch deutlich, wie leicht ein Mensch Tiere beeinflussen und ihr Verhalten bestimmen kann. Im Varieté können solche Einflüsse nützlich sein, aber eine objektive Erforschung des Tierverhaltens ist damit schlichtweg unmöglich.

Die Affensprachforschung, so Sebeok, sei ein Opfer des Effekts vom klugen Hans, oder noch Schlimmeres. Die Forschungsergebnisse seien durch »unbewußte Voreingenommenheit, Selbsttäuschung, Magie und Zirkusvorführungen«[3] zu erklären, behauptete er ein halbes Jahr vor der Tagung in New York. Unter den Tagungsteilnehmern befanden sich auch Profis für die Tricks bei der Tierdressur sowie der Zauberkünstler Amazing Randi. Es war »ein Fest der Täuschung in allen ihren Spielarten«, schrieb ein Reporter der Zeitschrift *Science*. »Es war erstaunlich, daß Affensprachforscher es überhaupt in Erwägung zogen, sich in diese Höhle des Löwen zu begeben.«[4] Viele Wissenschaftler hatten die Einladung zunächst angenommen und dann abgesagt, als der Zweck der Veranstaltung immer deutlicher wurde. Duane und ich wagten es dennoch, vor allem auf sein Drängen hin. Er wollte zeigen, daß wir nicht nur Mut, sondern auch gute Befunde hatten. Wir würden unsere Daten, unsere Forschungsmethoden und unsere Überzeugungen vertreten.

Aber wie gut unsere Befunde waren, spielte überhaupt keine Rolle. Die Atmosphäre war so ablehnend, daß es einer Vorverurteilung gleichkam. Der erste Redner, Heini Hediger von der Universität Zürich, bezeichnete es zum Beispiel als »verblüffend«, daß jemand die Idee, Tiere könnten Elemente der menschlichen Sprache zeigen, überhaupt in Erwägung zog. Sebeok schlug in seinem Vortrag vor, man solle die Arbeiten nicht weiter finanzieren und das Geld lieber in lohnendere Bereiche stecken, beispielsweise in die Krebsforschung. Es gab sogar Bestrebungen – die glücklicherweise nicht zum Zuge kamen –, denen zufolge die Konferenz über ein Verbot derartiger Forschungen abstimmen sollte. Das erinnerte an das Verbot, die Entstehung der Sprache zu studieren, das die Linguistische Gesellschaft von Paris 1866 durchgesetzt hatte. Sebeok und Jean Umiker-Sebeok hatten ein Papier in Umlauf gebracht, das die ganze Affensprachforschung äußerst kritisch betrachtete und viel Hetze enthielt. »Wir finden in der Affen-›Sprach‹forschung also eine Fülle von Persönlichkeiten, die aus den erhabensten Motiven und auf höchst raffinierte Weise zu handeln glauben und sich in Wirklichkeit mit den elementarsten Zirkus-Dressurnummern abgeben«, schrieben sie. Diese Bemerkung, so *Science*, »war schwerlich dazu geeignet, ihre Kollegen auf den rechten Weg zu bringen«. *Science* hatte recht. Man stieß uns weiter auf den falschen Weg, und zwar mit folgenden Worten: »Die führenden Wissenschaftler selbst brauchen natürlich den Erfolg, um dauerhaft Finanzmittel für das Projekt zu erhalten, aber auch für die persönliche Anerkennung und für ihre weitere Karriere ...«[5] Am schärfsten formulierte Sebeok seine Ansichten auf einer Pressekonferenz am Ende der Tagung: »Nach meiner Meinung lassen sich die vorgeblichen Sprachversuche mit Affen in drei Gruppen einteilen: erstens glatter Betrug, zweitens Selbsttäuschung, und drittens die von [Herbert] Terrace.« Als die Journalisten nachfragten, lehnte Sebeok es ab, Indizien für die Anschuldigung des Betruges vorzulegen. Welche Gründe auch hinter solchen Äußerungen und hinter der Initiative für die Abstimmung über ein Forschungsverbot gesteckt haben mögen – in der Wissenschaft dürften sie ihre Wurzeln kaum haben. Ein Kommentar zu der Konferenz in der Kolumne »Talk of the Town« (»Stadtgespräch«) der Zeitschrift *The New Yorker* vom 26. Mai 1980 begann so: »Können Wissenschaftler mit Affen sprechen? Können Affen mit Wissenschaftlern sprechen? Können Wissenschaftler mit Wissenschaftlern sprechen?« Der Artikel gab die Antwort: »Die Entscheidung über alle drei Fragen steht noch aus.«

In meinem Vortrag ging ich unmittelbar auf die langatmige Kritik der Sebeoks ein, die in der Form eines Positionspapiers im Umlauf war. Sie legten unter anderem nahe, alle Befunde der Affensprachforschung als nicht schlüssig zu betrachten, solange die beteiligten Wissenschaftler ihre Arbeiten gegenseitig kritisierten. Für mich war das damals wie heute eine seltsame Ansicht über Wissenschaft. Auf neuen Forschungsgebieten, die sich schnell weiterentwickeln, gibt es immer Meinungsverschiedenheiten unter den Wissenschaftlern. Daß die Streitigkeiten auf unserem Gebiet irgendwie ungewöhnlich erschienen, lag an der offenbar unvermeidlichen Sensationsberichterstattung der Presse. Die Affen in den Studien arbeiteten mit manchen Menschen besser als mit anderen, und daraus zogen die Sebeoks den Schluß, manche Menschen könnten einfach besser versteckte Hinweise geben. Wir betonten hingegen, daß die beste Arbeit aus einer vertrauensvollen Beziehung erwächst – das weiß jeder, der schon einmal mit Tieren gearbeitet hat, insbesondere mit solchen, die ein empfindliches Gespür für Sozialkontakte haben. Versteckte Hinweise als einzigen Grund für solche Unterschiede anzuführen, zeigt eine Unkenntnis der Interaktionen zwischen Tieren und Menschen.

Die Sebeoks schlugen vor, man solle die Affensprachforschungsprojekte von Zirkusdompteuren, Zauberkünstlern und anderen untersuchen lassen, die etwas von der Kunst verstanden, Tierverhalten zu beeinflussen und so die Illusion menschenähnlicher Tätigkeiten zu erzeugen.

»Zirkuskünstler und Zauberer haben nicht die Qualifikation, ernsthafte Bemühungen von Wissenschaftlern zu beurteilen«, entgegneten wir. »Sich an Parapsychologen und Zauberkünstler zu wenden, um Affenforscher von unabsichtlichen Gesten zu heilen, widerspricht der Wissenschaft und der Vernunft.« Ich hätte als allerletzte geleugnet, daß es unbewußte Hinweise bei manchen Affensprachforschungsprojekten gegeben hatte. Schimpansen sind sehr schlau und bemerken in Gesichtsausdruck und Haltung eines Menschen die geringsten Anzeichen von Zustimmung oder Ablehnung. Aber zu behaupten, die *gesamte* Affensprachforschung sei von unbewußten Hinweisen geprägt, und alle Wissenschaftler seien unfähig, diese Möglichkeit mit wissenschaftlichen Mitteln auszuschalten, ist zumindest sehr bequem.

Besonders deutlich wird Sebeoks Haltung durch eine Bemerkung, die er gegenüber einem Journalisten der britischen Wissenschaftszeitung *New Scientist* machte. Auf die Frage, welche Befunde ihn überzeugen würden, daß es bei Affen so etwas wie kognitive Voraussetzungen für Sprache gebe, antwortete er: »Tatsachen überzeugen mich überhaupt nicht, sondern nur Theorien.« Dabei übersah er offensichtlich die Tatsache, daß die

Affensprachforschung uns dabei hilft, neue, entwicklungsgeschichtlich begründete Theorien des Spracherwerbs zu formulieren.

Außer Duane und mir nahm nur ein einziger weiterer Affensprachforscher an der Tagung über das Phänomen vom klugen Hans teil: Herbert Terrace. Im Gegensatz zu uns war er aber gekommen, um Sebeok beizupflichten: Er meinte, die sprachähnlichen Äußerungen der Affen seien tatsächlich so etwas wie der Effekt vom klugen Hans. »Nim hat mich zum Narren gemacht«, schrieb er später.[6]

Das Projekt Nim begann 1973, kurz nachdem Terrace den Schimpansensäugling Nim aus dem Institut für Primatenforschung in Oklahoma geholt hatte. Ursprünglich wollte Terrace schlüssig beweisen, was andere Affensprachforscher nach seiner Einschätzung nur aus Einzelbeispielen geschlossen hatten. Die Gardners behaupteten zum Beispiel: »Die wichtigsten Ergebnisse aus der Arbeit mit Washoe – etwa zur Anordnung der ersten Sätze – ergaben sich aus dem Vergleich zwischen dem Schimpansen und Kindern.«[7] Der Nachweis einer Syntax, des heiligen Grals der Linguisten und mangels besseren Wissens auch der Affensprachforscher, war auch Terraces Ziel: »Eine menschliche Sprache zu kennen, heißt eine Grammatik zu kennen«, sagte er.[8] Terrace hatte die Hoffnung, er könne bei Nim eine Grammatik nachweisen; dazu nahm er über mehrere Jahre hinweg möglichst viele Äußerungen des Schimpansen auf Videobändern auf und analysierte, wie der Affe die Zeichensprache lernte und benutzte.

An Terraces Projekt arbeiteten während der vierjährigen Laufzeit über sechzig Lehrer für Zeichensprache mit, und Nim lernte genauso wie andere Schimpansen. Er verfügte schließlich über einen Wortschatz von über 125 Zeichen und brachte viele Zwei-Wort-Kombinationen hervor. Im Verlauf des Projektes wuchs bei Terrace und seinen Kollegen die Überzeugung, daß sich in Nims Äußerungen eine Syntax ausdrückte. Wenn Nim beispielsweise in Kombinationen aus zwei Wörtern den Begriff *mehr* verwendete, stand er in fünfundachtzig Prozent der Fälle an erster Stelle, zum Beispiel in *mehr Banane* oder *mehr trinken*. Eine ähnlich richtige Wortstellung beobachtete man bei *gib* (zum Beispiel *gib Apfel*) und bei transitiven Verben (beispielsweise *umarmen, kitzeln* oder *geben*), die er mit *mich* oder *Nim* kombinierte. »Je länger ich Nims Wortkombinationen analysierte, desto sicherer war ich mir, daß unsere Schlußfolgerung gut begründet war: Es waren grammatikalische Kombinationen, und sie waren den ersten Sätzen eines Kindes vergleichbar«, so Terrace.[9]

Nachdem Nim 1977 nach Oklahoma zurückgebracht worden war, hatten Terrace und seine Kollegen Zeit, die vielen hundert Stunden Videomaterial, die sie gesammelt hatten, gründlich auszuwerten. Sie hatten zwanzigtausend Äußerungen von Nim gefilmt, und die Hälfte davon waren Kombinationen aus zwei oder mehr Wörtern. Je länger Terrace sich aber mit diesen Aufnahmen beschäftigte, desto mehr schwand seine ursprüngliche Überzeugung. Was in der vertrauten Atmosphäre des Unterrichtsraumes wie grammatikalisch gestaltete Äußerungen gewirkt hatte, erwies sich auf dem Bildschirm als dümmliches Nachäffen. Anfangs war Terrace beunruhigt darüber gewesen, daß Nims Äußerungen nicht an Länge zunahmen, was beim Sprechenlernen der Kinder ganz selbstverständlich dazugehört. Nim brachte zwar längere Äußerungen hervor (zum Beispiel *gib Orange mir essen Orange mir essen Orange gib mir essen Orange gib mir dir*), aber sie waren in der Regel unsinnig und enthielten nicht mehr Information als kürzere Kombinationen. Der größte Schlag war jedoch die Erkenntnis, daß Nim zum größten Teil seine Lehrer nachahmte und nicht von sich aus etwas äußerte. Als er vier Jahre alt war, wiederholte er ganz oder teilweise das, was man gerade zu ihm gesagt hatte. In über Dreiviertel der Fälle war einer Äußerung von Nim unmittelbar eine Äußerung des Lehrers vorausgegangen.

Schließlich gelangte Terrace zu der Einsicht, daß sich Nims Zeichensprache auf Nahrungs- oder Spielwünsche konzentrierte. Außerdem wurde ihm klar, daß Nim häufig »freie Wörter« wie *Nim, mir, schnell, gib* oder *mehr* einschob, die dem ansonsten einfachen Wunsch *essen* oder *kitzeln* einen Hauch von »Satzstruktur« verliehen.

Die Ergebnisse seiner Analysen veröffentlichte Terrace in der Ausgabe der Fachzeitschrift *Science* vom 23. November 1979. Der Artikel trug die Überschrift »Can an Ape Create a Sentence?« (»Kann ein Affe einen Satz bilden?«) Die Co-Autoren waren Laura Petito, Richard Saunders und Tom Bever. Die Antwort auf die im Titel gestellte Frage lautete eindeutig nein. »Die objektive Ana-

lyse unserer Befunde, aber auch derer, die wir aus anderen Studien erhielten, erbrachte keine Hinweise darauf, daß Affen eine Grammatik anwenden können«, lautete ihre Schlußfolgerung.[10]
»Zeichenfolgen, die Nim und andere Affen hervorbrachten, mögen den ersten Wortkombinationen von Kindern ähneln. Aber wenn es nicht gelingt, andere Erklärungen für die Zeichenkombinationen der Affen auszuschließen, insbesondere die Gewohnheit, die letzten Äußerungen des Lehrers nachzuahmen, besteht kein Anlaß, die Äußerungen eines Affen als Sätze anzusehen.«[11]
Mit seiner schonungslosen Analyse von Nims Äußerungen hatte Terrace sicher gründliche Arbeit geleistet und erkannt, daß die vermeintliche Syntax in Wirklichkeit eine Täuschung war, die sich aus der Lehrmethode und den Annahmen der Wissenschaftler ergab. (Dennoch hatte Terrace unrecht mit der Behauptung, Nim habe ihn zum Narren gemacht; in Wirklichkeit hatte er das selbst getan, weil das System darauf angelegt war, Nim das Nachäffen beizubringen.)
Zusammengenommen hatten Sebeoks Tagung zum Phänomen vom klugen Hans und Terraces Artikel in *Science* jedoch zur Folge, daß das Pendel sehr schnell und heftig in die andere Richtung schwang. Die Affensprachforschung wurde von einem als intellektuell reizvoll geltenden und öffentlich anerkannten Forschungsgebiet zu einer Domäne, die man zumindest für fragwürdig hielt. Auf einmal wurde es äußerst schwierig, einen Fachartikel an den Mann zu bringen, von einer Veröffentlichung ganz zu schweigen. Und die Finanzierung der meisten wichtigen Forschungsprojekte verlief praktisch im Sande. Glücklicherweise waren die Mittel für unsere Arbeiten gerade für fünf Jahre bewilligt worden, als der Sturm losbrach, so daß wir das Unwetter überstehen konnten.
Als ich sah, wie das Gebiet immer mehr an Glaubwürdigkeit verlor, machte ich mir Sorgen, die Objektivität könne bei der Beurteilung der Arbeiten völlig verlorengehen. Zusammen mit Duane schrieb ich einen kurzen Artikel für *The Psychological Record*, in dem wir auf die Gefahr einer Überreaktion auf Terraces Arbeiten hinwiesen:
»Wenn ... die allgemeine wissenschaftliche Welt jetzt zu der Ansicht gelangt, (a) daß Menschenaffen genau wie andere Tiere sind, (b) daß alle Tiere ganz anders sind als Menschen und

(c) daß nur dann Probleme auftreten, wenn wir versuchen, kognitive Vorgänge bei Tieren zu untersuchen, dann wird Terraces mutiger Schritt nach vorn zu einem großen Rückschritt in unserem Bestreben werden, die Entstehung der Einzigartigkeit des Menschen zu verstehen.«[12]

Terraces Arbeiten waren zwar wichtig gewesen, aber wie mir schon bald klar wurde, waren sie für den Fortschritt der Affensprachforschung nicht von grundlegender Bedeutung. Natürlich war es eine wichtige Erkenntnis, daß Äußerungen aus mehreren Worten oft durch Nachahmung entstanden. Aber damit blieb das ganze Gebiet immer noch fest im Griff der Linguisten, für die die Syntax etwas Heiliges ist. Zu der Zeit, als die Tagung zum Phänomen des klugen Hans stattfand und Terraces Artikel erschien, wußte ich, daß dies eine Fehleinschätzung war, insbesondere im Hinblick auf die Affensprachforschung. Durch meine früheren Zweifel an der Verständnisfähigkeit der Affen und aus meinem jüngsten Projekt mit Sherman und Austin wußte ich, daß wir unsere Aufmerksamkeit von den Sätzen auf die Worte verlagern mußten.

Da die Wissenschaftler sahen, wie leicht die Affen durch assoziatives Lernen einzelner Symbole einen Wortschatz aufbauten, machte man sich kaum Gedanken darüber, was die Symbole für die Affen bedeuten konnten. Man machte einfach einen Sprung nach vorn und suchte in den Wortkombinationen nach Anzeichen für eine Syntax. Wenn ein Affe ein Wort lernte, so die Unterstellung, verband er damit den gleichen linguistischen Bedeutungsaspekt wie ein Kind, das sprechen lernt. In Wirklichkeit mußte die zentrale Frage lauten: *Weiß* der Affe, daß das Symbol für einen Gegenstand steht, der unter Umständen nicht zugegen ist? Sprachliche Darstellung hat vier Bestandteile: (1) ein willkürliches Symbol, das einen realen Gegenstand oder Vorgang, eine Person, eine Tätigkeit oder eine Beziehung bezeichnet und deren Stelle einnehmen kann; (2) erinnertes Wissen über die Handlungen, Gegenstände und Beziehungen, die zu diesem Symbol gehören; (3) die absichtliche Verwendung dieses Symbols, um das erinnerte Wissen einer anderen Person mitzuteilen, die ähnliche Erfahrungen mit der realen Welt hat und sie mit dem gleichen Symbolsystem in Zusammenhang bringt; und (4) die richtige

Entschlüsselung des Symbols durch den Rezipienten und seine Reaktion darauf. Ein Wort stellt einen Gegenstand dar, obwohl es räumlich und zeitlich von ihm getrennt ist.
Ob Washoe, Lana oder einer der anderen Affen, die ich kennengelernt hatte und die sich der Zeichensprache bedienten, in vollem Umfang die Fähigkeit zur sprachlichen Darstellung und zur Herstellung von Bezügen hatten, war nicht geklärt. Sie konnten ein Symbol verwenden, oft in Situationen, die ihnen vom Zusammenhang her Hinweise lieferten, und verlangten damit einen Gegenstand oder eine Tätigkeit. In der Regel konnten sie aber das gleiche Symbol nicht entschlüsseln, wenn ein Mensch es zu einer einfachen Aufforderung verwendete. Die Komplexität der Kommunikation, die diese Affen erreichten, war also nicht größer als bei der grundlegenden Verständigung von Schimpansen, die keine Sprachausbildung hatten. Diese fehlende Verständnisfähigkeit der sprachtrainierten Affen war nach meiner festen Überzeugung ein viel grundlegenderer Kritikpunkt gegenüber der Affensprachforschung als das Fehlen einer Syntax, das Terrace nachgewiesen hatte. Beiderseitige Verständnisfähigkeit ist eine Grundlage von Sprache, und wenn diese Verständnisfähigkeit sich nicht in beiden Richtungen der Kommunikation widerspiegelt, dann handelt es sich nicht um Sprache, unabhängig von sonstigen Merkmalen.
Zu diesen Erkenntnissen war ich gelangt, als der Sturm über der Affensprachforschung losbrach, und ich faßte sie in einem Artikel mit dem Titel »Do Apes Use Language?« (»Verwenden Affen Sprache?«) zusammen, der – mit Sarah Boysen und Duane Rumbaugh als Co-Autoren – in der Zeitschrift *American Scientist* erschien. Die Veröffentlichung verzögerte sich ungewöhnlich stark, so daß der Aufsatz zwei Monate nach Terraces *Science*-Artikel erschien, aber das war noch vier Monate vor der Tagung zum Phänomen vom klugen Hans. Unser Bericht schloß mit den Worten: »Man darf in den Experimenten nicht mehr nach oberflächlichen Ähnlichkeiten zwischen Menschenaffen und Kindern suchen, sondern man muß die kognitiven Fähigkeiten erforschen, die der Symbolverwendung zugrunde liegen.«[13] Genau das hatten wir in dem Projekt mit Sherman und Austin vor.

3

MITEINANDER REDEN

Im Juni 1975, als unser neues Projekt (wir nannten es Animal Model Project) begann, war Sherman zweieinhalb und Austin eineinhalb Jahre alt. Mit dem Projekt verfolgten wir das vorrangige Ziel, den Ablauf des Spracherwerbs bei Menschenaffen aufzuklären und mit dem spontanen Sprechenlernen der Menschenkinder zu vergleichen. Diese Fragestellung hatte praktische und theoretische Aspekte. Erstens bedeutete sie eine Weiterführung und Ausweitung der Bemühungen zur Entwicklung von Sprachunterrichtsmethoden, die schwer geistig behinderten Kindern helfen konnten; ein Ziel, das Duane schon seit 1970 am Yerkes-Primatenforschungszentrum mit dem Lana-Projekt verfolgt hatte. Und zweitens ging es um die Frage, in welchem Sinne andere Arten als der Homo sapiens Sprache entwickeln können.

Nachdem ich wegen der forschen Behauptungen über die Sprachfähigkeit meiner vertrautesten Schimpansen – Washoe, Lucy und Lana – ein so starkes Unbehagen empfunden hatte, wollte ich der Untersuchung mit Sherman und Austin eine ganz andere Zielrichtung geben. Den meisten Forschern auf diesem Gebiet ging es um die Frage, ob Affen eine Sprache *besitzen*, ungefähr so, wie man untersucht, ob sie einen Daumen oder einen Magen haben. Wie ich bereits erwähnt habe, ging man dabei von einer ganz bestimmten Annahme aus: Wenn Affen eine Sprache besitzen, so glaubte man, werde sie sich an der angeborenen Syntaxfähigkeit der Tiere zeigen, einer angeblich genetisch festge-

legten Fähigkeit, die Symbole zu Äußerungen aus mehreren Worten anzuordnen.
Ich hatte plötzlich das Ziel, bescheidener und ehrgeiziger zugleich zu sein und nicht nach Zeichen einer Syntax zu suchen: Ich wollte mich nicht auf Sätze, sondern auf Worte konzentrieren. Genauer gesagt, interessierte ich mich für die Fähigkeit der Tiere, zu verstehen und zu kommunizieren. Ich hatte nicht den Ehrgeiz, Sherman und Austin einen beeindruckenden Wortschatz beizubringen, und ich wollte keine Zeit darauf verwenden, sie zu Äußerungen aus mehreren Symbolen zu veranlassen. Statt dessen beabsichtigte ich, jenseits solcher Stereotypen der Affensprachforschung zum innersten Wesen der Sprache vorzudringen: zu der Fähigkeit, einem anderen etwas mitzuteilen, was dieser noch nicht weiß. Ich wollte, daß Sherman und Austin Symbole benutzten und sich dabei aufeinander bezogen, wie es bei echter menschlicher Kommunikation geschieht.
Der Weg zu diesem Ziel sollte länger und beschwerlicher werden, als ich es mir vorgestellt hatte. Bei jedem Schritt stieß ich auf Probleme, vor allem weil ich unbegründete Annahmen darüber aufstellte, wozu Sherman und Austin einmal in der Lage sein würden. Die Erfahrungen, die ich gemeinsam mit Sherman und Austin machte, hinterließen bei mir jedoch ein besseres Verständnis für das Wesen und den Erwerb der Sprache. Außerdem bedeuteten die Ergebnisse des Projekts für das Gesamtkonzept der Affensprachforschung einen grundlegenden Fortschritt.
Zufällig entwickelte sich das Animal Model Project zeitlich parallel zu der wachsenden Hetze gegen die Affensprachforschung, die ich im vorigen Kapitel beschrieben habe. Zu der Zeit, als Herbert Terrace seinen folgenschweren *Science*-Artikel geschrieben hatte (im November 1979) und als die Tagung zum Phänomen vom klugen Hans stattfand (im Mai 1980), hatten Sherman und Austin eine Sprachfähigkeit im Sinne echter Kommunikation mit Symbolen erreicht, die weit über alles hinausging, was die von Befürwortern und Gegnern der Forschungsrichtung beschriebenen Affen konnten. Ich hatte damals schon fünf Jahre lang mit ihnen gearbeitet. Aber da Syntax in meinem Projekt als Ziel nicht vorkam, tauchten Sherman und Austin in der ganzen Debatte ironischerweise nicht einmal in einer Fußnote auf.

Die beiden Schimpansen waren von Anfang an sehr unterschiedlich. Sherman war und ist in körperlicher Hinsicht der größere. Unter anderem deshalb konnte er, wann immer er wollte, die Rolle des dominanten Tieres übernehmen. Ebenso verblüffend waren aber auch die Persönlichkeitsunterschiede. Sarah Boysen bezeichnete Sherman einmal sehr zutreffend als Fußballspieler und Austin als Briefmarkensammler. Sherman war immer sehr aktiv und reaktionsfreudig, und wenn es irgendwo Wirbel gab, steckte er grundsätzlich mittendrin. Solange er jung war, hüpfte er ständig auf meinen Schoß und von dort auf meinen Kopf – ich hatte deshalb dauernd wunde Stellen am Hals. Und als er älter wurde, mußte ich mir mit Klebeband Reißnägel auf den Handrücken kleben, um ihn von seinen spielerischen und freundlich gemeinten, aber dennoch schmerzhaften Bissen abzuhalten. Wenn Sherman durchdreht, explodiert er wie ein Vulkan und liefert eine eindrucksvolle Vorstellung: er rennt umher, sträubt das Fell, schlägt auf Gegenstände und versetzt sogar mir einen Klaps oder einen Stoß. Aber das alles geht schnell vorüber. Man weiß, woran man mit ihm ist.
Austin ist viel ruhiger, sanfter und langsamer in seinen Reaktionen. Aber wenn er sich einmal ärgert, ist er viel gefährlicher als Sherman, denn dann verliert er offenbar häufig die Selbstkontrolle. Einige Male warf er mich so kräftig um, daß ich hinfiel und hinterher kaum aufstehen konnte. Austin tut mir oft leid, denn er vertrug mit zwei Monaten die Milch seiner Mutter nicht mehr und wuchs dann nicht mehr richtig. Er wurde deshalb von der Mutter getrennt und zeigte später das typische Verhalten junger, früh isoliert gehaltener Schimpansen: Sobald ihn etwas störte, wiegte er sich rhythmisch von einer Seite zur anderen und hielt dabei seine Decke fest. Als Erwachsener legte er diese Gewohnheiten glücklicherweise ab. Wenn Austin ein Bild oder eine puppenähnliche Figur von einem Menschen- oder Schimpansensäugling sieht, versucht er, es zu zerstören, und wenn man ihn daran hindert, regt er sich auf – ich habe keine Ahnung, warum.
In all den Jahren, in denen ich die beiden Schimpansen kennenlernte, habe ich nie einen deutlichen Intelligenzunterschied zwischen ihnen bemerkt. Dennoch ist es interessant zu beobachten, wie sich ihre Persönlichkeiten in ihrer Herangehensweise bei verschiedenen Aufgaben widerspiegeln. Sherman kommuniziert

zum Beispiel, wenn er kann, lieber mit Gesten und anderen nichtsymbolischen Mitteln. Austin dagegen bevorzugt die Tastatur. Sherman ist viel besser bei Aufgaben, die Anteilnahme erfordern, Austin dagegen leistet Hervorragendes, wenn genaue Beobachtung und Aufmerksamkeit gefragt sind. Solche Unterschiede, aber auch die verschiedenartigen Fehler, die ihnen gelegentlich bei der Verwendung der Symbole unterliefen, brachten mich zu der Überzeugung, daß man nicht leichthin über *den* Geist der

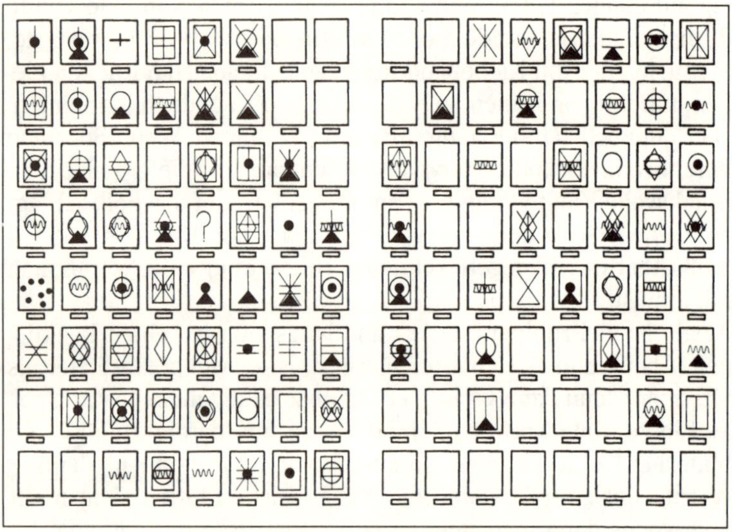

Die Tastatur mit der Anordnung der Lexigramme, die Sherman und Austin benutzten.

Schimpansen reden sollte. Sicher haben Sherman und Austin so etwas wie eine gemeinsame, für Schimpansen typische Weltsicht, aber im einzelnen sind ihre Erfahrungen damit sehr unterschiedlich.

Bei dem Kommunikationssystem, das wir bei Sherman und Austin anwandten, handelte es sich um eine abgewandelte Form der Computertastatur, die Duane für das Projekt mit Lana entwickelt hatte. Die Symbole, die Gegenstände oder Tätigkeiten bezeichnen, sind willkürlich gewählte geometrische Formen auf der Grundlage des Yerkish, jener Sprache, die Ernst von Glaserfeld

erfunden hatte. Die Tastatur umfaßte schließlich zweiundneunzig Symbole.
Anfangs statteten wir die Tastatur nur mit wenigen Zeichen aus; später, als der Wortschatz langsam wuchs, fügten wir immer mehr Symbole hinzu. Wenn eine Taste gedrückt wurde, leuchtete sie auf, so daß sie stark auffiel. Um zu verhindern, daß die Schimpansen nur die Lage einer Taste und nicht das darauf angebrachte Symbol lernten, wurden die Zeichen nach jeder Benutzung der Tastatur nach dem Zufallsprinzip neu verteilt. Die Schimpansen mußten gewissenhaft nach dem Symbol suchen, das sie verwenden wollten. Obwohl Sherman und Austin nie eine deutliche Verständnisfähigkeit für menschliche Sprache gezeigt hatten, entschlossen wir uns von Anfang an, neben Symbolen auch gesprochene Worte einzusetzen, um sie zu bestimmten Tätigkeiten zu veranlassen. Offensichtlich waren sie sehr empfindlich für emotionale Färbungen in der Stimme, und entsprechend reagierten sie auf die Gefühle, die sich darin ausdrückten.
Am Anfang des Weges zur echten Kommunikation stand eine Aufgabe, die allgemein als einfach galt: das Erlernen der Namen von Gegenständen durch Assoziation. Bei Washoe, Sarah und Lana hatte man zu diesem Zweck immer die gleichen Unterrichtselemente angewandt: Ein Gegenstand, zum Beispiel ein Apfel, wurde hochgehalten, und dann wurde der Affe aufgefordert und/oder dazu angeleitet, das entsprechende Zeichen zu machen oder das richtige Symbol auszuwählen. Sobald der Affe allein dazu in der Lage war, wurden weitere Zeichen oder Symbole eingeführt, damit sich ein Wortschatz entwickelte. Wörter auf diese Art zu lehren hielt man für einen relativ einfachen und zeitsparenden Vorgang. Außerdem nahm man an, die Grundlage solcher Lernvorgänge sei die Ausbildung konditionierter, durch Reize ausgelöster Assoziationen, die Gegenstände und Symbole verbanden. Die eigentliche Sprachfähigkeit, so dachte man, werde sich erst dann erweisen, wenn sich zeigte, daß Affen aus den gelernten Wörtern auch Sätze zusammenfügen konnten.
Diese Methode des Wörterlernens führt vielleicht bei Erwachsenen, die eine Fremdsprache lernen, zur Bildung von ganzen Sätzen; sie entspricht aber überhaupt nicht der Art und Weise, wie Kinder ihre Muttersprache erwerben. Damals gab es jedoch noch kaum Forschungsarbeiten zu der Frage, wie Kinder tatsäch-

lich Wörter lernen. Deshalb schien es vernünftig, den Affen als erstes die Zusammenhänge zwischen Wörtern und Symbolen beizubringen. Und es sah so aus, als hätte das auch funktioniert.
Bei Sherman und Austin funktionierte es leider überhaupt nicht. Wenn nur ein Symbol zur Auswahl stand, lernten beide erwartungsgemäß relativ schnell. Wir hielten eine Banane hoch, und sie wählten das Bananensymbol, denn andere gab es nicht. Bei zwei Symbolen war schon sehr viel mehr Übung nötig, aber schließlich klappte auch das. Bei mehr als zwei Zeichen jedoch wurden die Affen unsicher, und sie machten keine Fortschritte, soviel wir auch mit ihnen übten. Sie waren ganz offensichtlich verwirrt und wußten nicht, wie sie vorgehen sollten. Ich war ebenfalls verwirrt, denn Washoe und Lana hatten kaum Schwierigkeiten gehabt, die Zusammenhänge zwischen Gegenständen und Symbolen oder Zeichen zu lernen.
Ich sah mir die Videoaufnahmen von den Übungsstunden an, weil ich herausfinden wollte, was wir falsch machten. Dabei stieß ich auf das Problem: Ich hatte nicht innegehalten und mich gefragt, ob ein Affe ohne vorherigen Sprachunterricht überhaupt wußte, daß die Symbole etwas bedeuteten. Ich hatte vorausgesetzt, daß der Schimpanse den Zusammenhang zwischen dem Gegenstand und dem Symbol herstellte – und dann auch den Namen des Gegenstandes wußte. Wie ich jedoch bei genauer Durchsicht der Videobänder feststellte, widmeten Sherman und Austin ihre Aufmerksamkeit dem Symbol und dem, was ich anschließend tat – das heißt, ob ich ihnen eine Belohnung gab oder nicht.
Kein Wunder, daß wir alle – Menschen und Schimpansen – gleichermaßen verwirrt waren. Wir hatten ganz unterschiedliche Sichtweisen. Wenn wir als Lehrer einen Gegenstand hochhielten, unterstellten wir, daß dieser Gegenstand dem Schimpansen als Reiz dienen würde, weil er der Reaktion vorausging. Die Affen dagegen nahmen an, daß die von ihnen ausgewählte Taste mit dem Symbol der Reiz war, der uns veranlaßte, ihnen einen Leckerbissen zu geben. Sie suchten nach einem Zusammenhang zwischen dem Symbol, auf das sie drückten, und der Frage, ob sie etwas zu fressen bekamen – und wenn ja, was. Dem »Reizgegenstand«, den wir ihnen zeigten, schenkten sie überhaupt keine Beachtung – selbst dann nicht, wenn wir versuchten, ihnen einen Hinweis zu

liefern, indem wir mehrmals abwechselnd auf den Gegenstand und das richtige Zeichen deuteten. Rückblickend gesehen, war es eine naheliegende Erkenntnis. Warum sollten sie sich darum kümmern, was wir ihnen zeigten? Ihnen war wichtig, ob wir sie kraulten, fütterten, Fangen mit ihnen spielten und so weiter. Als klar war, daß die Schimpansen sich auf das konzentrierten, was nach ihrer Symbolauswahl geschah und nicht auf den Reiz, der vorher gegeben wurde, dämmerte mir plötzlich, warum es den Gardners gelang, Washoe die Namen der Dinge beizubringen: Sie hatten ihr den Gegenstand oder die Handlung zukommen lassen, *nachdem* sie das Zeichen gemacht hatte. Wenn sie »Kraulen« signalisierte, wurde sie gekrault, und wenn sie das Zeichen für »Banane« machte, bekam sie eine Banane. Ganz ähnlich war es bei Lana: Drückte sie »Bitte Maschine gib Stück Banane«, bekam sie eine Banane; sagte sie »Tim kraulen Lana«, tat Tim genau das – zumindest hatte er es am Anfang getan, als Lana mit dem Lernen begann. Aber auf diese Tatsache hatten die Fachartikel nicht hingewiesen. Man hatte vielmehr betont, daß Washoe und Lana die Namen der Dinge gelernt hatten, weil man ihnen die entsprechenden Gegenstände gezeigt hatte. Nachdem sich herausgestellt hatte, daß die Ereignisse nach der Symbolverwendung das Entscheidende waren, änderten wir unsere Unterrichtsmethode. Wir zeigten dem Schimpansen eine Banane, und wenn er das Bananensymbol wählte, durfte er sie essen. Jetzt hatte der Vorgang die Form »Ich zeige dir *X*, du wählst das Lexigramm, das zu *X* gehört, und dann gebe ich dir *X*«. Wir bezeichneten es als »Forderungsübung«. Oberflächlich betrachtet, sah es wie Sprache aus: Ein Affe, der viele verschiedene Zeichen beherrschte oder viele Symbole wählen konnte, wenn man ihm die entsprechenden Gegenstände zeigte, konnte anscheinend auch viele verschiedene Dinge verlangen, die er haben wollte, zum Beispiel Nahrung, Kraulen und so weiter. Man darf aber nicht glauben, der Schimpanse kenne nun die Namen. Zwar sieht es so aus, als könne er etwas »benennen«, das man ihm zeigt, aber in Wirklichkeit wählt er das Symbol, weil er vorher weiß, daß er den Gegenstand bekommen wird. Das gilt immer, ob der Lehrer nun eine Banane hochhält, ob er Anstalten macht, den Affen zu streicheln, oder ob es so aussieht, als wolle er eine Tür oder eine Schachtel öffnen. Der Schimpanse wählt das Symbol oder macht das Zeichen in je-

dem Fall auf der Grundlage dessen, was nach seiner Voraussicht anschließend geschehen wird.
Nachdem wir die Unterrichtsmethode gewechselt hatten, lernten die Affen schnell. Innerhalb weniger Tage konnten Sherman und Austin mehrere verschiedene Nahrungsmittel richtig verlangen. Die Zusammenhänge zwischen Symbol und Gegenstand beherrschten sie jetzt ebenso leicht, wie es bei Washoe und Lana der Fall war. Forderte man Sherman und Austin jedoch auf, etwas zu benennen, wenn jede Aussicht fehlte, es auch zu bekommen, zeigten sie wieder die alte Verwirrung.
Zum erstenmal wurde mir folgendes klar: Wenn ich einen Gegenstand hochhielt und wenn der Schimpanse daraufhin das richtige Zeichen machte, bedeutete das nicht, daß der Affe den Namen des Gegenstandes kannte. Es hieß nur, daß das Tier unter bestimmten Umständen wußte, was es tun mußte, um den Gegenstand zu bekommen. Wenn ein Kind dagegen Worte kennt, kann es erheblich mehr damit anfangen, und zwar schon bevor es die ersten Sätze bildet. Mit Sicherheit beschränkt sich der Wortgebrauch bei einem Kind nicht auf die von den Eltern vorgegebenen Situationen, in denen ein Gegenstand hochgehalten und nach seinem Namen gefragt wird, und auch nicht auf Fälle, in denen das Kind will, daß eine Tür geöffnet wird oder in denen man es streichelt, wenn es das richtige Wort sagt.
Aus diesen ersten Erfahrungen lernte ich drei wichtige Dinge. Erstens lernen Schimpansen den Zusammenhang zwischen Gegenstand und Symbol nicht ohne weiteres durch Üben und Wiederholung, wie man bis dahin angenommen hatte. Zweitens brauchte ich mir keine Sorgen zu machen, ob ich Sherman und Austin durch unbewußte Hinweise zu fälschlich positiven Ergebnissen führte; wenn es solche Hinweise gab, dann blieben sie als Lehrmittel offensichtlich ohne Wirkung. Und drittens war der Zusammenhang zwischen Gegenstand und Symbol, den man für so einfach gehalten hatte, durchaus nicht einfach; vielleicht existierten ganz unterschiedliche Zusammenhänge, die sich auf die angenommene Sprachfähigkeit jeweils anders auswirkten.
Außerdem hatten diese gemeinsamen Erlebnisse den unvorhergesehenen Effekt, daß Sherman und Austin selbst eine Methode entwickelten, ihre Wünsche mitzuteilen. Unsere Vorgehensweise bestand darin, daß ich oder ein anderer Lehrer ein Stück Futter

in einen Ausgabemechanismus legte, der mit der Tastatur verbunden war. Der Schimpanse hatte die Aufgabe, die dem Futter entsprechende Taste zu drücken und sich so den Leckerbissen zu beschaffen. Schon nach kurzer Zeit achteten die Affen sehr genau darauf, was für Futter ich wählte, und wenn ich nach ihrer Ansicht zu langsam war, wurden sie sehr ungeduldig. Es dauerte nicht lange, da drückten sie auf eine Taste, *bevor* ich das Futter ausgewählt hatte. Versuchten sie, mein Verhalten zu beeinflussen und mich dazu zu bringen, daß ich Futter nahm, das sie besonders gern mochten? Es sah so aus. Sie waren sehr aufmerksam, und wenn sie die Taste für ein Lebensmittel drückten, von dem sie wußten, daß es im Kühlschrank lag, starrten sie den Kühlschrank an, nachdem sie die Taste betätigt hatten – offensichtlich warteten sie darauf, daß ich richtig reagierte. Da sie immer besonders beliebte Leckerbissen wie Schokodragées oder Saft aussuchten, aber nie Wasser oder Affenfutter, schien ihr Verhalten beabsichtigt zu sein.
Anfangs hielt ich sie von dieser Vorgehensweise ab, aber dann erkannte ich, daß es sich hier tatsächlich um eine Form der Kommunikation handelte, und als solche war sie für unser Gesamtziel wichtig. Deshalb nahmen wir sie in das Unterrichtsprogramm auf. Nachdem die Schimpansen gelernt hatten, auf diese Weise bestimmte Symbole für bestimmte Lebensmittel zu benutzen, nahm der Lernerfolg verblüffend zu. Wir freuten uns über ihre Fortschritte und fügten immer mehr Symbole hinzu, darunter auch einige, die nichts mit Futter zu tun hatten, etwa »Kraulen« oder »Hinausgehen«. Ganz offensichtlich war die Kommunikation als Motivation für das Lernen von großem Wert, und ich denke noch oft darüber nach, wie nützlich es sein kann, auf eine strenge experimentelle Vorgehensweise zu verzichten, wenn sich, wie in diesem Fall, die Gelegenheit zu einem unerwarteten Durchbruch ergibt.

Die Fähigkeit, etwas zu fordern, ist nur eine von drei Komponenten, die zusammenkommen müssen, damit echte Kommunikation zwischen Individuen entsteht. Die anderen beiden Fähigkeiten bestehen darin, Gegenstände benennen zu können und Symbole als Stellvertreter für Gegenstände zu verstehen. Wir waren uns nicht darüber im klaren, welchen Weg wir einschlagen mußten, um Sherman und Austin die Kommunikation mit Symbolen beizubringen, aber eines wußten wir: Sie mußten die Symbole benutzen, ohne daß sie jedesmal die Aussicht auf eine besondere Belohnung hatten. Wenn Sherman beispielsweise etwas Einfaches tat, nämlich Austin um eine Banane zu bitten, dann mußte Austin verstehen, daß »Banane« eine ganz bestimmte Frucht bedeutete, auch wenn er sie nicht bekommen, sondern hergeben sollte. Die »Namen« der Gegenstände von den Vorgängen zu trennen, die auf das Lernen dieser Namen folgten, erwies sich als schwieriger, als wir angenommen hatten.

Zu wissen, wie man mit dem Symbol »Banane« erreicht, daß man von einem anderen eine Banane bekommt, ist nicht das gleiche wie das Wissen, daß »Banane« eine Banane darstellt. (Andere Affensprachforscher haben sich mit diesem Unterschied offenbar nie ernsthaft auseinandergesetzt.) Um echte Kommunikation würde es sich nur dann handeln, wenn der Schimpanse das Symbol »Banane« richtig benutzen kann, ohne zu erwarten, daß er eine Banane bekommt. Wir hofften, die Aufgabe des Forderns einfach umkehren zu können und so das erforderliche Verständnis bei Sherman und Austin zu erreichen. Wir hielten ein Stück Futter hoch und ließen die Symbole für »Was ist das?« aufleuchten. Wir rechneten nicht damit, daß sie unsere Absicht sofort erkannten, aber wir versuchten, es ihnen mit nonverbalen Mitteln klarzumachen. Wenn die Schimpansen richtig reagierten, gaben wir ihnen ein anderes Stück Futter als Belohnung.

Anfangs wählten beide Schimpansen das richtige Symbol, wenn wir ein bestimmtes Futterstück hochhielten, aber dann griffen sie danach, denn sie rechneten damit, daß sie es auch bekommen würden. Wenn wir ihnen statt dessen etwas anderes gaben, waren sie durcheinander, und mit ihren Bewegungen forderten sie weiterhin das ursprüngliche Stück. Schließlich ärgerten sie sich, und zwar nicht, weil sie nichts zu fressen bekamen – das war ja nicht der Fall –, sondern weil ihre Erwartungen enttäuscht wurden. Bald darauf drückten sie nicht mehr auf das richtige Symbol für das gezeigte Futter.

Wir überlegten, wie wir den Schimpansen die Unterscheidung zwischen dem Fordern und dem Benennen von Dingen deutlicher machen konnten. Schließlich kamen wir auf die Idee, die vorgezeigten Nahrungsstücke ungenießbar zu machen; zu diesem Zweck überzogen wir die Lebensmittel wie in japanischen Restaurantschaufenstern mit Kunstharz. Wenn nicht mehr die Möglichkeit bestand, die Gegenstände zu verzehren, dann, so unsere Hoffnung, wäre auch die Erwartung der Affen beseitigt, daß sie den Gegenstand bekamen, wenn sie seinen Namen auswählten. Aber auch diese Methode erwies sich als nutzlos. Als Sherman zum erstenmal sah, wie ich die kunststoffbeschichteten M&M-Schokodragées hochhielt, stürmte er zur Tastatur, drückte »M&M« und streckte die Hand aus, um den Leckerbissen in Empfang zu nehmen. Ich gab ihm eines, er steckte es in den Mund, machte ein seltsames Gesicht und spuckte es wieder aus. Dann wollte er noch eines haben. Ich gab ihm ein zweites Schokodragée, und das Ganze wiederholte sich. Nach ein paar Versuchen sah er mich an und signalisierte »Banane«. Als ich ihm ein Stück kunststoffbeschichtete Banane hinhielt, machte er sich nicht einmal die Mühe, sie zu probieren, sondern warf sie auf den Boden und trampelte darauf herum. Aber das nützte nichts, denn er konnte diese Banane nicht »schälen«. Als sich herausstellte, daß keines der kunststoffüberzogenen Nahrungsmittel eßbar war, weigerte sich Sherman, sie mit Hilfe der Tastatur zu benennen oder zu fordern. Auch für Austin schien diese Aufgabe nun ohne Bedeutung zu sein; die beiden starrten auf die Tür oder auf den Kühlschrank, um mir ihre Wünsche auf unmittelbarere Weise mitzuteilen.

Schließlich lernten Sherman und Austin, Dinge unabhängig von dem darauffolgenden Ereignis zu benennen, und zwar durch eine Vorgehensweise, die als »Schwund« bezeichnet wird. Dabei beginnt man wie bei der Aufgabe, etwas zu verlangen: Ein Stück Futter wird hochgehalten, und wenn der Affe das richtige Symbol aufleuchten läßt, bekommt er es. Von »Schwund« spricht man, weil das Futterstück, das man den Schimpansen gibt, mit der Zeit immer kleiner wird, während die Größe des Stücks, das man ihm zeigt, gleich bleibt. Gleichzeitig lobten wir sie überschwenglich für richtige Antworten und gaben ihnen als Belohnung eine besonders große Futterportion. Wenn sie zum Beispiel das Nahrungsmittel »Süßkartoffel« benennen sollten, gaben wir ihnen bei jeder richtigen Antwort ein kleineres Süßkartoffelstück zusammen mit einem großen Stück eines anderen Lebensmittels, um ihnen zu zeigen, daß wir zufrieden waren. Das zusätzliche Futter war immer das gleiche, unabhängig davon, ob sie eine Süßkartoffel, ein M&M oder ein Stück Sojagebäck benennen sollten. Diese Methode funktionierte. Nach 102 Versuchen bei Sherman und 201 bei Austin konnten beide diese drei Futtersorten zuverlässig benennen – bei dreißig Versuchen machten sie keinen einzigen Fehler. Wenn ich also Süßkartoffeln, M&Ms oder Sojakekse hochhielt, wählten Sherman und Austin mit Leichtigkeit das richtige Symbol, gleichgültig, was hinterher geschah – selbst wenn ich ihnen gar nichts gab.

Hatten sie wirklich die Begriffe aufgenommen? Konnten sie jetzt die Namen von Dingen mit Hilfe der Symbole nennen, ohne zu erwarten, daß anschließend etwas Bestimmtes geschah? Es gab nur einen Weg, das herauszufinden: Wir mußten ihnen eine Reihe von Gegenständen zeigen, die wir in dem Schwund-Training nicht benutzt hatten, und dann beobachten, ob sie diese Vorstellung auf die anderen Symbole ihres Wortschatzes übertragen konnten. Es gelang ohne weiteres. Wir machten einundzwanzig zusätzliche Versuche mit ganz neuen Gegenständen, und beide machten keinen einzigen Fehler.

Es war, als hätten wir einen Abgrund überwunden. Sherman und Austin verstanden jetzt wirklich, ob sie mich um etwas baten oder ob sie mir nur mitteilten, daß ein bestimmtes Symbol zu einem Gegenstand »gehörte«. Das eine war eine kommunikative Handlung, das andere schlicht ein Zurschaustellen einer Fähigkeit. Keines von beiden allein war aufsehenerregend. Wichtig war, daß sie zu beidem in der Lage waren und wußten, daß es einen Unterschied gab. Sie hatten erkannt, daß es nicht das gleiche ist, wenn man Kommunikation zum eigenen Nutzen betreibt oder wenn die Kommunikation sich auf das Mitteilungssystem selbst bezieht. Die Linguisten, das wußte ich, würden das alles als unwichtig ansehen, weil keine Syntax erforderlich war, und die Verhaltensforscher würden es mit irgendeiner Form von »Konditionierung« erklären. Deshalb machte ich mir nicht die Mühe, einen Fachartikel darüber zu schreiben, daß Affen den Unterschied zwischen Symbolen als solchen und Symbolen als Kommunikationshilfsmittel verstehen konnten – aber ich wußte, daß wir eine entscheidende Hürde genommen hatten. Aber selbst von so etwas Einfachem wie einer wechselseitigen Kommunikation zweier Affen waren wir noch ein ganzes Stück entfernt.

Bevor Sherman und Austin wirklich miteinander reden konnten, mußten sie nicht nur zu Sprechern, sondern auch zu verstehenden Zuhörern werden. In anderen Projekten der Affensprachforschung hatte man den Vorgang des Zuhörens verständlicherweise als gegeben vorausgesetzt; denn wenn ein Affe ein Wort verwenden konnte, so die Annahme, dann konnte er es sicherlich auch verstehen. Ich hatte inzwischen gelernt, daß es nicht so einfach war. Ich hatte versucht, Sherman und Austin dazu zu veranlassen, daß sie sich mit Hilfe ihres Wortschatzes gegenseitig um Futter baten. Das Ergebnis war eine Katastrophe. Beide benutzten Symbole, aber keiner achtete sonderlich auf den anderen, und mit Sicherheit nahm keiner ein Stück Futter in die Hand und gab es dem anderen als Reaktion auf eine Forderung, wie ich es getan hatte, wenn sie mich um etwas zu essen baten. Die Namen kannten sie – aber vom Zuhören und Zusammenarbeiten schienen sie immer noch meilenweit entfernt zu sein.

Nachdem der Unterschied zwischen Verlangen und Benennen sich offensichtlich in ihren Köpfen festgesetzt hatte, mußten wir uns jetzt der rezeptiven Kompetenz zuwenden, also dem Verstehen. Diese neue Fähigkeit würde verlangen, daß die Schimpansen zu guten Zuhörern wurden, und das hatte man den Tieren noch in keiner Studie der Affensprachforschung beigebracht. Ich wußte, daß es nicht einfach sein würde, Verstehen zu lehren und zu überprüfen, unter anderem, weil es sich dabei um einen »inneren« Vorgang handelt. Aber wie konnten wir erwarten, daß Sherman und Austin miteinander kommunizierten, solange sie nicht wußten, was sie tun sollten, wenn der andere ein Wort benutzte? Andere Affen, beispielsweise Lana und Washoe, konnten auf einfache Fragen wie »Hast du Hunger?« oder »Wie heißt du?« reagieren, aber mit den Augen aufmerksam zu sein und zu kooperieren, wenn jemand beispielsweise sagt: »Bitte gib mir die Süßkartoffeln und nicht die Bananen«, ist etwas völlig anderes. Dazu ist mehr erforderlich, als nur eine bekannte Frage mit den richtigen Symbolen oder Zeichen zu beantworten. Die beiden sollten jetzt genau verstehen, welche Tätigkeit ein anderer von ihnen verlangte, und sie mußten auch willens sein, diese Handlung auszuführen. Jetzt reichte es nicht mehr, daß sie ihre eigenen Wünsche mit Worten anzeigten.

In unserem Fall wurde die Aufgabe noch schwieriger, weil Sherman und Austin nur über einen kleinen Wortschatz verfügten, der unsere Kommunikationsmöglichkeiten begrenzte. Der einfachste Weg würde darin bestehen, daß wir die Schimpansen baten, uns etwas zu geben, beispielsweise ein Stück Futter. Menschenkinder können diese Aufgabe im Alter von dreizehn Monaten erfüllen, aber wir wußten, daß das Geben – insbesondere wenn es um Futter ging – nicht gerade zu den Lieblingstätigkeiten der Schimpansen zählte.
Meine Befürchtung, Sherman und Austin könnten sich widersetzen, wenn ich sie bat, mir ein Stück Futter zu geben, erwies sich als unbegründet, zumindest nachdem wir es ein paarmal geübt hatten. Aber meist gaben sie mir nicht das *bestimmte* Lebensmittel, um das ich gebeten hatte, sondern jenes, das sie selbst am wenigsten mochten. War es eine zu hohe Anforderung, meine Bitten zu entschlüsseln und nach einem bestimmten Stück Futter zu suchen? Ich mußte das Verständnis auf einem anderen Weg erreichen: Wir mußten besonders betonen, daß ich und andere mit Worten eine ganz gezielte Information mitteilten, die sie verstehen und nach der sie ihre Handlungen gestalten sollten.
Ich entschloß mich zu einem Versteckspiel: Meine Kommunikation sollte dazu dienen, die Beschaffenheit eines in einem Behälter versteckten Stücks Futter aufzuklären. Wenn ich mit Futter ins Zimmer kam, dann wußten die Schimpansen, daß sie mit Hilfe der Tastatur darum bitten durften. Wenn ich jetzt hereinkam, stieß ich energisch die Laute aus, die »Essen« andeuteten; damit weckte ich ihre Aufmerksamkeit, aber ich hatte nur ein Stück Futter dabei, das in einem Behälter verborgen war. Mit der Tastatur teilte ich ihnen dann mit, was ich versteckt hatte. Ich nahm an, daß sie es wissen wollten, damit sie mich dann um den Leckerbissen bitten konnten.
Beim ersten Mal eilte Sherman zu dem Behälter und schnupperte daran, aber er konnte nicht herausfinden, was darin war. Er gestikulierte, damit ich den Deckel lüftete, aber das lehnte ich ab. Statt dessen ging ich zu meiner Tastatur, die unmittelbar vor der Tür des Schimpansenzimmers angebracht war, und sagte: *Das ist Futter.* Dabei leuchtete das Symbol »Futter« auf Projektoren auf, die sich über der Tastatur von Sherman und Austin befanden. Sherman sah die Nachricht und glaubte sie offensichtlich auch,

denn mit seiner Tastatur signalisierte er sofort *Futter öffnen*. Bei den nächsten zwanzig Versuchen mit dieser neuen Situation machte Sherman nur zwei Fehler, obwohl ich viele verschiedene Wörter benutzte. Jedesmal achtete er darauf, was ich sagte, und bat dann um das Futter, das ich benannt hatte.

Einmal unterlief ihm ein sehr seltsamer Fehler. Im fünften Versuch teilte ich Sherman mit, daß sich in dem Behälter M&M-Schokodragées befanden, eine seiner Lieblingsnaschereien. Aber anders als bei den vier ersten Versuchen bat er diesmal nicht um den von mir bezeichneten Inhalt des Behälters, sondern um die Lebensmittel, die bei den vier vorangegangenen Versuchen darin versteckt gewesen waren. Glaubte er, ich wollte etwas wiederholen, was ich schon einmal getan hatte, so daß er nicht mehr aufpassen mußte? Nachdem ich viermal versucht hatte, ihm klarzumachen, daß der Behälter Schokodragées enthielt, und nachdem er diese Mitteilung viermal nicht beachtet hatte, entschloß ich mich schließlich, den Deckel zu öffnen und sie ihm zu zeigen. Sherman sah die Dragées und staunte. Ihm blieb der Mund offen stehen, und er war ganz offensichtlich verblüfft, daß tatsächlich M&M-Bonbons in dem Behälter waren, wie ich gesagt hatte. Es schien, als könne er kaum seinen Augen trauen. Von da an paßte er genau auf und glaubte offenbar alles, was ich ihm über das versteckte Futter mitteilte. Ich werde es nie erfahren, aber vielleicht wollte Sherman meine Glaubwürdigkeit testen, als ich sagte, ich hätte Schokodragées mitgebracht.

Der Informationsaustausch *Das ist X... gib mir X* sieht, was den Schimpansen angeht, vielleicht wie eine einfache Wiederholung aus, aber ich wußte, daß das nicht stimmte. Diese einfache Wortfolge, mit der etwas zuvor Genanntes wiedererkannt wird, hatten Sherman und Austin bisher noch nicht zuwege gebracht. Wenn man ihnen ein Symbol zeigte und sie dann bat, das reale Gegenstück auszuwählen, versagten sie immer, bis sie sieben Jahre alt waren.

Aber wenn sie einen bezeichneten Gegenstand nicht wiedererkannten, wie konnten sie dann um das Futter bitten, das sich nach Aussage der Lehrerin in dem Behälter befand? Die Kommunikationssituation, die durch den Wunsch nach Nahrungsmitteln ein besonderes Gewicht bekam, schien eine Motivation zu sein, das Gesagte zu verstehen. Offensichtlich begriffen sie, was ich ihnen über die versteckten M&M-Bonbons mitteilte. Nachdem ihnen klar war, daß die Dragées in dem Behälter waren, suchten sie auf ihrer Tastatur nach dem zugehörigen Symbol. Es sah aus, als benutzten sie den Begriffswert des Lexigramms für ihre Zwecke. Oder anders ausgedrückt: Das Symbol für M&M auf dem Projektor ließ sie an die M&Ms in dem Behälter denken. Sie wußten, mit welchem Symbol sie um die Schokodragées bitten mußten, und fanden es deshalb auch auf der Tastatur. Ohne eine solche Kommunikationssituation konnten sie dagegen Symbole nicht zuordnen.

Durch meine Ausbildung in experimenteller Psychologie wußte ich, daß dieses widersprüchliche Verhalten keinerlei Sinn ergab. Warum konnte ich Sherman und Austin nicht beispielsweise das Symbol für »Banane« zeigen und sie dann veranlassen, das gleiche Symbol sofort auf ihrer Tastatur zu finden? Mit solchen Zuordnungsaufgaben hatten Washoe, Lana und Sara den Berichten zufolge keine Schwierigkeiten gehabt. Und wie kam es, daß Sherman und Austin das Bananensymbol leicht auf ihrer Tastatur fanden und mich um die Banane bitten konnten, wenn ich ihnen *sagte*, daß in dem Behälter eine Banane versteckt war? Wenn ich mir nur das ansah, was sie taten, handelte es sich in beiden Fällen um die Wiedererkennung eines Begriffs. Nach dem Prinzip der einfachsten Erklärung müßte man die naheliegendste Interpretation unterstellen: daß sie zwei gleiche Symbole einander zuordneten. Nach dieser Strategie wären sie demnach immer vorgegangen, gleichgültig wie ich ihr Verhalten mit den Interessen an versteckten Dingen und so weiter einschätzte.

Wenn man aber nur das betrachtete, was sie zu denken *schienen*, ergab es keinen Sinn, daß sie die eine Aufgabe beherrschten und die andere nicht. Das Zuordnen von Symbolen zu solchen, die auf ihren Projektoren aufleuchteten, war ohne Bedeutung für die Kommunikation, und deshalb schenkten sie dem, was sie sahen, keine Beachtung. Etwas über ein verstecktes Stück Futter zu erfahren, hatte dagegen eine Menge Sinn, und deshalb beobachteten sie genau und erinnerten sich daran, was sie gesehen hatten. Aber es gab damals in der Psychologie keinen theoretischen Rahmen, der Tieren irgendeine Form von Denkprozessen zugestand. Und in keiner Theorie war die Frage auch nur diskutiert worden, ob das Wissen um die Kommunikationsabsicht einen Einfluß darauf hat, wie die Kommunikation ankommt, ja ob sie überhaupt ankommt.

Viele Psychologen hatten steif und fest behauptet, es gebe zwischen einem einfachen Zuordnungsvorgang und der Kommunikationsaufgabe, die wir anwandten, eigentlich keine bedeutsamen Unterschiede – beide waren danach nur raffinierte Formen der Nachahmung. Immerhin sagt der Lehrer in beiden Fällen *X*, und der Affe sagt ebenfalls *X*. Ob die beiden Abläufe sich unterscheiden, hängt natürlich von der Erwartungshaltung der Beteiligten ab. Wenn der Schimpanse annimmt, seine Aufgabe bestehe in der Nachahmung des Lehrers, wird er mit einer ganz anderen Geisteshaltung an die Situation herangehen, als wenn er vermutet, der Lehrer wolle ihm eine besondere Information über ein verstecktes Stück Futter mitteilen. Was in Shermans und Austins Geist vorging, konnten wir nicht unmittelbar feststellen; dennoch war klar, daß sie von uns eine Äußerung über den Inhalt des Behälters erwarteten.

Die Vorstellung, ein Schimpanse könne an eine Kommunikationssituation mit einer Art Hypothese über die Absichten seines Gegenübers herangehen, war damals keineswegs allgemein anerkannt. Deshalb stieß ich mit meiner Erklärung, es sei von Bedeutung, welche innere Einstellung die Affen zu den Absichten des Versuchsleiters hätten, allgemein auf Unglauben und manchmal sogar auf regelrechte Verärgerung. Entscheidend war aber tatsächlich, was Sherman und Austin erwarteten. Wenn ich ihnen zum Beispiel etwas Falsches über den Inhalt des Behälters mitteilte (was einige Male vorkam), nahmen sie ihn mir weg und schauten längere Zeit hinein, als könnten sie nicht glauben, daß ich mich geirrt hatte. Natürlich lehnten sie das Futter, das sich tatsächlich in dem Behälter befand, nicht ab – das wäre verrückt gewesen; aber sie suchten ständig weiter nach dem Leckerbissen, der sich dort nach meiner Aussage befinden sollte. Nachdem Sherman und Austin in der Lage waren, auf Informationen über das versteckte Futter zu reagieren, konnten wir den nächsten Schritt zum Aufbau einer Kommunikation in Angriff nehmen; dazu bedienten wir uns des Systems, das wir gerade entwickelt hatten. Ich wollte, daß die beiden einander gegenseitig mitteilten, was sich in dem Behälter befand. Immerhin konnten sie jetzt zuhören, wenn ich etwas über das versteckte Futter mitteilte, und

vielleicht waren sie auch bereit, gegenseitig aufeinander zu hören. Da sie außerdem die Namen aller Futtersorten kannten, die ich verwendete, sollten sie einander auch mitteilen können, was sie gesehen hatten, wenn einer von ihnen zusehen durfte, wie ich das Futter in den Behälter legte.
Im ersten Versuch ging Austin mit mir zum Kühlschrank und sah zu, wie ich ein paar Bananenscheiben in den Behälter legte. Meine Kollegin Sarah Boysen, die bei diesem Vorgang nicht anwesend gewesen war, nahm Austin dann mit zu seiner Tastatur und forderte ihn auf, den Inhalt des Behälters mit Hilfe der Tasten auszudrücken. Schnell äußerte Austin »Banane«, obwohl er vor sich keine Bananen, sondern nur den geschlossenen Behälter sah. Er mußte sich also daran erinnern, wie er gesehen hatte, daß Bananenstücke hineingelegt worden waren. Inzwischen hatte Sherman gesehen, wie Austin mit Sarah ins Zimmer kam und sich ganz offensichtlich für den Behälter interessierte; außerdem sah er, wie Austin das Symbol für »Banane« betätigte. Schnell ging Sherman zu seiner Tastatur und ließ ebenfalls »Banane« aufleuchten. Anschließend teilten sich die beiden den Leckerbissen. Auch hier kann man nicht von einfacher Symbolzuordnung sprechen, denn Sherman und Austin versagten bei solchen Aufgaben immer, wenn wir sie ohne erkennbare Absicht stellten. Wir hatten zwar keinen Grund zu der Annahme, daß Austin beim ersten Versuch Sherman wissentlich mitteilte, was sich in dem Behälter befand, aber Sherman schien anzunehmen, daß Austin ihm den Inhalt beschrieb. Immerhin hatte er gesehen, wie Austin in das Zimmer ging, um Futter in Empfang zu nehmen, und deshalb war es eine vernünftige Annahme, daß Austin über den Inhalt des Behälters etwas wußte, was ihm unbekannt war. Dabei ist eines besonders interessant und wichtig: Niemand brauchte Sherman oder Austin zu zeigen, daß der Schimpanse, der beim Füllen des Behälters zusah, etwas wußte, das dem anderen verborgen war. Allein die Tatsache, daß der Schimpanse, der nichts über den Inhalt des Behälters wußte, fast immer wartete und aufpaßte, bis der andere ihm das Geheimnis mitteilte, war ein ausreichender Hinweis, daß die Affen um ihren unterschiedlichen Kenntnisstand wußten, je nachdem, ob sie beim Füllen des Behälters zugegen gewesen waren oder nicht.

Der Schimpanse, der das Futter nicht gesehen hatte, wußte offensichtlich ganz genau, daß er darauf achten mußte, was der andere sagte, aber bei dem »wissenden« Affen schien es keine ähnlich klare Erkenntnis zu geben, daß er seinem Kameraden etwas mitteilen sollte. Immerhin wußte er Bescheid – reichte es nicht, wenn er selbst um das Futter bat? Warum sollte er sich darum kümmern, ob der andere Schimpanse mitbekam, was er sagte? Aus diesem Grund enthielt unsere Methode die Bedingung, daß der Behälter erst geöffnet wurde, wenn beide Schimpansen das richtige Futter verlangten. Erst dann durften sie sich den Leckerbissen teilen. Der »Informant« mußte sich also vergewissern, daß der andere aufpaßte und die richtige Antwort gab. Bei den ersten acht bis zehn Versuchen forderte derjenige, der beim Füllen des Behälters zugesehen hatte, das Futter einfach für sich selbst. Um den Kenntnisstand des anderen kümmerte er sich anfangs überhaupt nicht. Nachdem aber beide mehrmals in der Lage des Informierten und des Uninformierten gewesen waren, wurde ihnen klar, daß der Informierte ein Wissen besaß, das der andere brauchte, wenn sie beide etwas zu fressen bekommen wollten.
Daß sie dies verstanden hatten, zeigte sich, wenn einer der beiden einen Fehler machte. Einmal signalisierte zum Beispiel der informierte Sherman richtig »Apfel«, aber Austin drückte auf die Taste für Banane. Vielleicht glaubte er Sherman nicht, oder er hoffte, er könne eine Banane bekommen, die er lieber mochte als Äpfel. Als wir ihnen den Inhalt des Behälters zeigten, war klar, wer den Fehler gemacht hatte, und Austin versuchte es mit der Bitte »Apfel«. Anschließend beobachtete Sherman sehr genau, was Austin tat, und als es aussah, als würde Austin zögern, signalisierte Sherman nochmals energisch die Mitteilung über den Inhalt des Behälters.
Wie wir also erkennen konnten, hatten Sherman und Austin durch diese Methode zwei wichtige Aspekte menschenähnlicher Kommunikation gelernt: Informationsaustausch zwischen Individuen und Zusammenarbeit. Sie hatten nicht nur gelernt, *wie* sie miteinander kommunizieren konnten, sondern sie hatten auch den *Sinn* der Kommunikation begriffen: Sie verschaffte beiden den Zugang zum Futter. Aber der Austausch funktionierte nur in Gegenwart eines Lehrers. Fehlte er, konnten die Schimpansen das Futter nicht freiwillig teilen. In ihrem natürlichen Lebens-

raum fressen Schimpansen unter Umständen gemeinsam von einem Baum mit Früchten, aber meist nehmen sie ihre Mahlzeiten allein ein, wobei sie ihren Artgenossen häufig den Rücken zuwenden. Nur unter den unnatürlichen Bedingungen der Gefangenschaft teilen Affen die Nahrung, und dann meist widerwillig. Wenn wir zwischen Sherman und Austin eine menschenähnliche Kommunikation herstellen wollten und dabei das Futter als Anreiz verwendeten, mußten wir ihnen auch beibringen, die Nahrung freiwillig zu teilen.

Anfangs teilten beide Schimpansen nur sehr ungern, aber damit hatten wir gerechnet. Einer von uns setzte sich mit einer Futterschüssel zwischen sie, nahm ein Stück, brach es in der Mitte durch und gab jedem eine Hälfte. Daraufhin wandten sie einander sofort den Rücken zu und fraßen ihr Stückchen allein, wie es Schimpansen eben tun. Nach und nach, mit viel Schmeichelei und Geduld von seiten des Lehrers, beseitigten wir den grundlegenden Hang der Schimpansen, pflanzliche Nahrung nicht zu teilen, und setzten an seine Stelle das typisch menschliche Verhalten der Nahrungsverteilung. Austin war wegen der unterschiedlichen Dominanz der beiden anfangs nervös, wenn er Futter aus Shermans Hand entgegennehmen sollte, aber schließlich teilten die beiden ihr Essen wie Menschen. Wenn Futter in der Nähe war, ging Austin zu Sherman und bettelte erwartungsvoll um seinen Anteil, auch wenn scheinbar keine Menschen anwesend waren (wir beobachteten sie, ohne daß sie uns sahen). Manchmal blickte Sherman zur Seite, als wolle er Austin übersehen, aber Austin war hartnäckig, und schließlich nahm Shermans Gesicht einen schuldbewußten Ausdruck an, als ob er wüßte, daß er ein gemeinsames Abkommen gebrochen hatte. Dann gab er Austin nahezu die Hälfte des Futters. Das Teilen lief fast immer leise und ohne Aufregung ab; zuletzt blickten Sherman und Austin einander beim Fressen sogar an.

Es war ein außergewöhnlicher Anblick, und viele Primatenforscher, die das Zentrum besuchten, waren über dieses Verhalten geradezu entsetzt. Carolyn Ristau und Donald Robbins von der Rockefeller University äußerten in einer Kritik über unsere Arbeit die Vermutung, wir müßten Sherman und Austin irgendwie gezwungen haben, das Futter zu teilen, weil es für Schimpansen ein derart unnatürliches Verhalten war. Aber es gab keinerlei

Zwang. Irgendwann machte es den beiden sogar so viel Spaß, daß das Futterteilen zu einer ihrer Lieblingsbeschäftigungen wurde.
Jetzt, so glaubten wir, waren wir so weit, daß wir das Teilen des Futters in einen Kommunikationszusammenhang einbauen konnte. Immerhin waren Sherman und Austin bereits in der Lage, zu verlangen und zu verstehen, und auch zum Teilen waren sie bereit. Wir bauten also einen Tisch mit zwei Tabletts voller Futter auf, eines für Austin, das andere für Sherman. Dann forderten wir einen Schimpansen auf, den anderen um Futter zu bitten. Es klappte nicht. Wenn Austin um etwas bat, konnte es ohne weiteres vorkommen, daß Sherman nicht darauf achtete, sondern weiterhin vergnügt im Zimmer herumlief. Und selbst wenn einer der beiden reagierte und das erbetene Futter in die Hand nahm, mußte der Lehrer ihn mit energischen Gesten dazu bewegen, die Handlung zum Abschluß zu bringen. Wenn man Sherman und Austin sich selbst überließ, das wurde uns dabei klar, verwendeten sie meist keine Symbole für eine geordnete Übung im Futterteilen.
Eines der einschneidenden Merkmale der Kommunikation ist die Aufmerksamkeit, die man den Äußerungen des anderen schenkt – das heißt, daß man ein guter Zuhörer ist. Das geschah aber nicht, wenn Sherman und Austin am Tisch saßen (oder vielmehr um ihn herumliefen) und die Nahrung teilen sollten; deshalb entschlossen wir uns, sie in getrennte Zimmer zu bringen, die durch ein Sichtfenster verbunden waren. Jeder Schimpanse hatte eine Tastatur, und wenn er damit etwas verlangte, wurde dies auf der Tastatur des anderen sichtbar. Überraschend schnell lernten Sherman und Austin, aufeinander zu achten, den Bitten des anderen Aufmerksamkeit zu schenken und das gewünschte Futter anzubieten. Die recht formelle räumliche Trennung hatte ihnen das Lernen erleichtert. Nachdem sie auf diese Weise erfahren hatten, wie nützlich es ist, Futter zu teilen, konnten sie das Prinzip später auch auf die zwanglosere Situation am gemeinsamen Tisch übertragen. Sie baten mit der Tastatur um etwas und reagierten höchst aufmerksam. Sherman und Austin brachten ihre Futtertabletts und den Tisch häufig mit erwartungsvollem Blick zu uns. Wenn wir sagten, na gut, Jungs, teilen wir ein wenig Futter, wurden sie höchst aufgeregt: Sie rannten durch das Zimmer und ver-

anstalteten vor Freude ein riesiges Getöse mit Geheul, Anschmiegen und Purzelbäumen.
Das Ritual des Futterteilens wurde so sehr zu einem Teil ihres Lebens, daß sie bald auch gern beim Decken des Eßtisches halfen. Dazu gehörte, daß von jeder Futtersorte zwei Portionen sorgfältig vorbereitet wurden, und die Portionen wurden nebeneinander auf die beiden Abteilungen des Tisches verteilt. Eifrig bemühten sie sich darum, vor jeder Mahlzeit den Tisch zu decken. Schon bald konnte das Teilen des Futters ohne Menschen stattfinden. Sherman und Austin setzten sich einfach hin und nahmen eine Mahlzeit ein; sie unterhielten sich darüber, was sie als nächstes essen wollten, und teilten alle Portionen. Manchmal wandelten sie die Methode des Teilens, die wir ihnen beizubringen versucht hatten, ab. Wir hatten sie zum Beispiel aufgefordert, jedes einzelne Lebensmittel zu teilen, und um es ihnen leichter zu machen, hatten wir jeweils zwei Portionen auf die beiden Seiten des Tisches gelegt. Aber manchmal aß ein Schimpanse als Reaktion auf eine Bitte beide Portionen. Bei der nächsten Bitte gab er dann beide Portionen dieses Lebensmittels seinem Partner. Natürlich können wir nicht wissen, was sie dachten, als sie das Prinzip des Futterteilens auf diese Weise abwandelten, aber gelegentlich konnten wir uns des Eindrucks nicht erwehren, daß sie sagen wollten: »Ich weiß, ich habe dich das letzte Mal geärgert, aber ich konnte dem Leckerbissen einfach nicht widerstehen... bitte nimm dafür zwei Portionen von diesem hier!« Soviel zum Thema Zwang.

Shermans und Austins Fähigkeit, einander selbständig Wünsche mitzuteilen, war für die Affensprachforschung in mehrfacher Hinsicht ein wichtiger Fortschritt. Es war nicht nur der erste belegte Fall einer wechselseitigen Kommunikation zwischen zwei Tieren, sondern es beinhaltete auch einen Grad an Verständnisfähigkeit, den man bei anderen Projekten nicht beobachtet hatte. Aber Sherman und Austin hatten nur einen kleinen Wortschatz, einfach weil wir uns auf andere Fähigkeiten konzentriert hatten. Um die Kommunikationsmöglichkeiten zu erweitern, mußten wir einen größeren Wortschatz aufbauen, der weitere Futterarten umfaßte und in erheblichem Umfang auch nicht eßbare Gegenstände enthielt. Wir waren begeistert davon, wie leicht die Schimpansen Symbole für neue Lebensmittel aufnahmen: Wie wir daraus schließen konnten, hatten sie endlich erkannt, daß zwischen jedem Futtergegenstand und einem bestimmten Symbol eine einzigartige Beziehung bestand. Um festzustellen, ob das stimmte, nahm ich zusammen mit dem übrigen Futter jedesmal ein neues Lebensmittel mit in das Schimpansenzimmer, wenn wir einen Versuch des Futterteilens vorbereiteten. Sorgfältig achtete ich darauf, daß ich für das neue Futter kein Symbol zeigte. Auf der Tastatur gab es eine Reihe nicht zugeordneter Symbole (gewissermaßen »unbekannte Wörter«), die Sherman und Austin nicht benutzten. Wenn Sherman das neue Lebensmittel entdeckt hatte, griff er danach, und ich bedeutete ihm, er solle darum bitten. Sofort wandte er sich um, unterzog die Tastatur einer genauen Betrachtung und wählte dann absichtsvoll, aber ohne großes Aufsehen eines der nicht zugeordneten Lexigramme als Symbol für das Lebensmittel. Austin sah aufmerksam zu und verwendete anschließend das von Sherman ausgewählte Symbol, um zu zeigen, daß er den neuen Leckerbissen ebenfalls probieren wollte. Diese überraschende Fähigkeit gab uns Grund zu der Annahme, daß Sherman und Austin den einzigartigen Zusammenhang zwischen den einzelnen Nahrungsmitteln und bestimmten Symbolen begriffen. Außerdem zeigten sie manchmal abwechselnd auf das Symbol und das zugehörige Futter. Sie hatten neuen Lebensmitteln einen Namen gegeben und waren sich offenbar darüber einig, die ausgewählten Symbole gemeinsam dafür zu benutzen.

Als wir aber zu nicht eßbaren Gegenständen übergingen, waren wir anscheinend wieder am Nullpunkt. Die Schimpansen lernten, einige Gegenstände wie Decken oder Schlüssel zu verlangen, aber wenn wir sie baten, die gleichen Gegenstände zu benennen, waren sie dazu nicht verläßlich in der Lage – genau wie am Anfang, als sie die Lebensmittel nicht benennen konnten. Auch häufiges Wiederholen führte kaum zu Fortschritten, und deshalb überlegten wir uns etwas anderes. Wenn wir versuchten, Werkzeuge wie Schraubenschlüssel oder Brecheisen einzuführen, verwechselten sie die Gegenstände und reihten die entsprechenden Symbole aneinander, oder sie benutzten die Symbole abwechselnd, wenn sie ein bestimmtes Werkzeug verlangten. Die Aufgabe bestand nun darin, die Namen der Gegenstände für die Affen interessanter zu machen, das heißt, wir mußten sie mit einer

Tätigkeit in Verbindung bringen, an der die besonderen Funktionseigenschaften der einzelnen Werkzeuge deutlich wurden.
Dazu entwickelten wir folgende Vorgehensweise: Wir bauten in den Zimmern der Schimpansen sechs Futterstellen auf, zu denen jeweils ein bestimmtes Werkzeug Zugang verschaffte – ein Schlüssel, ein Stab, ein Strohhalm, ein Schwamm oder ein Schraubenschlüssel. Wir bestückten jeweils eine Stelle mit Futter und führten ein Werkzeug ein. Zuletzt wählten wir die Futterstelle nach dem Zufallsprinzip und zeigten dann das Tablett mit den Werkzeugen; gleichzeitig forderten wir die Schimpansen auf, die Situation einzuschätzen und zu entscheiden, welches Werkzeug sie brauchten und wie sie es verlangen sollten. Beide Affen waren offensichtlich von dieser Aufgabe fasziniert: Eifrig arbeiteten sie mit den Werkzeugen, auch nachdem sie es längst müde waren, sich mit ihrer Hilfe das Futter von der Futterstelle zu verschaffen.
Die Werkzeuge zu verlangen lernten die Schimpansen relativ leicht, aber im weiteren Verlauf traten zwei Schwierigkeiten auf. Beide stellten damals eine Einschränkung dar, aber sie lieferten wichtige Einblicke in die Denkweise der Tiere. Das erste Problem trat auf, als wir vom Verlangen zum Benennen übergingen. Austin lernte zwar sehr schnell die Namen der einzelnen Werkzeuge, die ihm hingehalten wurden, aber Sherman hatte damit anfangs große Schwierigkeiten. Er konnte alle sechs Werkzeuge gezielt verlangen, aber aus irgendeinem Grund war er einfach nicht in der Lage, sie zu benennen, solange er sie nicht benutzen wollte. Es war eine frustrierende Zeit, für Sherman ebenso wie für mich: Ich hielt ein Werkzeug hoch, und er wählte das falsche Symbol. Ich korrigierte ihn und sagte zum Beispiel *Nein, das ist ein Stab*, und dann antwortete er mit *Stab*. Aber selbst wenn ich beim nächsten Mal erneut den Stab hochhielt, antwortete er wieder falsch.
Sherman schien einfach nicht zu verstehen, was ich von ihm wollte. Diese Verständnisunfähigkeit setzte sich über achtundachtzig Versuche fort. Dann wurde ich abgelenkt, weil das Telefon klingelte. Beim neunundachtzigsten Versuch machte Sherman es richtig, ohne daß ich meine Vorgehensweise im geringsten geändert hatte, und bei den nächsten 104 Versuchen unterliefen ihm nur vier Fehler. Offensichtlich hatte er plötzlich verstanden, was er tun sollte, und dann tat er es auch. Dieses plötzliche Erkennen

habe ich bei Schimpansen viele Male erlebt; es hat etwas verblüffend Menschliches – wie das sprichwörtliche Licht, das jemandem aufgeht.

Das zweite interessante Problem, auf das wir stießen, betraf funktionelle Fehler beim Verlangen und Benennen der Werkzeuge. Solche Schwierigkeiten hatten sowohl Sherman als auch Austin, aber auf unterschiedliche Weise. Austin verwechselte beispielsweise häufig Schlüssel und Schraubenschlüssel, das heißt, er benutzte das Symbol für das eine, wenn die Aufgabe das andere verlangte. Sherman hatte Probleme mit Spritze und Schlüssel, die er häufig verwechselte. In beiden Fällen lag es nicht daran, daß die entsprechenden Symbole ähnlich ausgesehen hätten, sondern die Schimpansen ordneten ihre Erfahrungen mit den Werkzeugen offenbar unter dem Gesichtspunkt der Funktion ein. Mit anderen Worten: Für Austin war die Drehbewegung von Schlüssel und Schraubenschlüssel am auffälligsten, Sherman dagegen sprang die Funktion des Hineinschiebens bei Spritze und Schlüssel am stärksten ins Auge. Es sah aus, als benutzten sie die Symbole als Verben und nicht, wie es unsere Absicht war, als Substantive. Jedenfalls war die Tatsache, daß Sherman und Austin unterschiedliche Schwierigkeiten hatten, für mich ein deutlicher Hinweis, daß Schimpansen eine geistige Individualität besitzen.

Nachdem Sherman und Austin gelernt hatten, Werkzeuge von ihrer Lehrerin zu verlangen und zuverlässig zu benennen, wollten wir uns wieder der Kommunikation zwischen den Schimpansen zuwenden. Wir fragten uns: Was geschieht, wenn der eine Affe Zugang zu den Werkzeugen hat, ohne daß sich Futter in seinem Zimmer befindet, während die Futterstellen im Zimmer des anderen gefüllt sind, ohne daß ihm jedoch Werkzeuge zur Verfügung stehen? Würden die Schimpansen erkennen, daß sie sich Futter verschaffen konnten, wenn sie zusammenarbeiteten und sich untereinander verständigten? Würde der Affe, dem die Werkzeuge zur Verfügung standen, die Mitteilungen des anderen an der Tastatur beobachten und gezielt Werkzeuge hin- und herreichen? Würden sie verstehen, daß sie einander mit Hilfe der Symbole um Gegenstände bitten konnten? Um das zu bewerkstelligen, mußten Sherman und Austin fünf Dinge tun: erstens aufeinander achten, zweitens ihre Kommunikation koordinieren, drittens die Rollen des Fordernden und Gebenden tauschen, viertens die

Funktion und Absicht ihrer Kommunikation begreifen, und fünftens sich gemeinsam Zugang zu den Werkzeugen und damit zum Futter verschaffen. Wenn ihnen das gelänge, hätten sie einen wichtigen Schritt in Richtung eines menschenähnlichen Symbolgebrauchs getan.

Zu diesem Zweck verwendeten wir zunächst zwei Räume, die durch eine große Glasscheibe getrennt waren, genau wie zu Beginn der Experimente mit dem Futterteilen. Beim ersten Versuch befanden sich alle Werkzeuge in Austins Zimmer. Bei Sherman legte ich ein Stück Futter an die Stelle, die mit dem Schraubenschlüssel zugänglich war. Sherman ging sofort zu seiner Tastatur und drückte »Schraubenschlüssel«, aber dann starrte er nicht Austin an, sondern mich. Ich bedeutete ihm, daß ich weder Werkzeuge besaß noch Zugang zu ihnen hatte, und nun blickte Sherman zu Austin hinüber, der das verlangte Werkzeug holte. Die Schimpansen wechselten die Rolle von Gebendem und Forderndem und verstanden offenbar sehr schnell, was die Aufgabe erforderte: Insbesondere wußten sie, wer die Werkzeuge besaß und wer über die Information zur Auswahl des richtigen Hilfsmittels verfügte. Daß sie genau aufeinander und auf die Reihenfolge ihrer Handlungen achteten, war ein deutlicher Hinweis, daß sie verstanden, was vorging, und nicht nur einen mechanischen Ablauf herunterspulten.

Wie so oft lernten wir aus Shermans und Austins Fehlern fast ebensoviel wie aus ihren Erfolgen. In einem Versuch bat Sherman zum Beispiel fälschlicherweise um den Schlüssel, obwohl für die Aufgabe der Schraubenschlüssel gebraucht wurde, und dann sah er zu, wie Austin als Reaktion auf seine Bitte die Werkzeugsammlung betrachtete. Austin nahm den Schlüssel, und Sherman machte ein überraschtes Gesicht; er wandte sich um, sah zu der Tastatur, die noch seine Forderung »Schlüssel« anzeigte, und erkannte seinen Fehler. Er rannte zur Tastatur und korrigierte sich, indem er das Symbol für »Schraubenschlüssel« betätigte und Austins Aufmerksamkeit auf die neue Forderung lenkte. Austin blickte auf, sah, was Sherman tat, ließ den Schlüssel fallen und brachte den Schraubenschlüssel zu der Trennscheibe. Ein solcher Ablauf ist ein Hinweis, daß die Schimpansen eine Absicht verfolgen und verstehen; mit andressiertem Verhalten läßt er sich nicht erklären.

Derartige Befunde waren für die Affensprachforschung äußerst nützlich, aber die meisten Wissenschaftler schenkten ihnen kaum Beachtung; sie waren immer noch zu stark von der Vorstellung beherrscht, das Wichtigste sei die Syntax. Ein Angriff kam allerdings aus dem Lager der Behavioristen, insbesondere von Robert Epstein, Robert Lanza und B. F. Skinner – der letztere war damals der prominenteste Vertreter dieser Schule. 1980 veröffentlichten sie in der Fachzeitschrift *Science* die Beschreibung einer einstudierten Verhaltensabfolge bei zwei Tauben namens Jack und Jill. Dieser Ablauf ahmte Kommunikation nach und ähnelte bei oberflächlicher Betrachtung dem, was Sherman und Austin erreicht hatten.
Jack und Jill (zwei Männchen) lebten in benachbarten Käfigen mit einer durchsichtigen Trennwand. Jack betätigte mit dem Schnabel eine Taste, die mit »Welche Farbe?« gekennzeichnet war. Daraufhin blickte Jill durch einen Vorhang in den hinteren Teil seines Käfigs, wo eine von drei farbigen Lampen brannte. Anschließend betätigte er den richtigen von drei Knöpfen, die mit R (für Rot), G (für Grün) und Y (für Yellow = Gelb) markiert waren; der Knopf leuchtete durch das Drücken auf. Nun betätigte Jack eine Taste mit der Aufschrift »Danke«, die bewirkte, daß Jill ein Stück Futter erhielt. Dieser Ablauf, so erklärten die Autoren des Artikels, ähnele zwar einer »dauerhaften, natürlichen Unterhaltung«, sei aber in Wirklichkeit das Ergebnis eines strengen Konditionierungsverfahrens. Und dann fuhren sie fort: »Eine ähnliche Erklärung dürfte auch für das Rumbaugh-Verfahren zutreffen.«[1]
Zunächst fanden wir das eher lustig, aber später erschien es uns fast beängstigend, daß ein solches Experiment so viel Aufsehen erregte. Als Antwort schrieben Duane und ich: »Die Beschreibung dieser Arbeiten versucht, die unsrigen zu parodieren, und verleitet alle Leser, die nicht sehr gut informiert sind, fälschlicherweise zu der Schlußfolgerung, daß Schimpanse und Taube die gleichen Prinzipien erlernen.«[2] Den Tauben hatte man jeden Schritt des Ablaufs beigebracht, und sie brauchten sich nicht bewußt zu sein, was die jeweils andere Taube tat; das Kommunikationsverhalten zwischen Sherman und Austin erwuchs dagegen aus Bestandteilen echter Kommunikation, und sie waren beim ersten Versuch und ohne Übung dazu in der Lage. Dazu mußten

sie die Handlungen des Partners ebenso zur Kenntnis nehmen wie die Tatsache, daß sie tatsächlich miteinander kommunizierten.

Die Aussage, die die Behavioristen mit Sicherheit zu ihrem Angriff veranlaßt hatte, war meine Schlußfolgerung, daß Sherman und Austin bei ihrer Kommunikation bewußte Absichten zeigten – das war natürlich ein rotes Tuch für diejenigen, die Verhalten ausschließlich für eine Reaktion auf äußere Reize hielten. Deshalb stempelte man mich als kognitive Psychologin ab, die glaubt, daß Verhalten mehr als eine Reizreaktion ist und daß Tiere tatsächlich darüber nachdenken können, was sie tun. Shermans und Austins Verhalten war ein stichhaltiges Argument zugunsten dieser Ansicht. Wie mir allmählich klar wurde, muß man das Vorhandensein einer Absicht voraussetzen, wenn man Sprache in einem funktionalen Sinne verstehen will, und man kommt nicht darum herum, die entwicklungsgeschichtliche Herkunft der bewußten Absichten aufzuklären, wenn man herausfinden möchte, wie die heute vom Homo sapiens benutzte Sprache entstanden ist.

Wir hatten Sherman und Austin entscheidende Elemente der Kommunikation beigebracht: Fordern, Benennen und Verstehen. Nachdem sie vorhanden waren, entwickelten sich andere Gesichtspunkte der Kommunikation von selbst. Auf einmal achteten die Schimpansen genau auf die Äußerungen des jeweils anderen, sie lenkten die Aufmerksamkeit des Partners auf sich, bevor sie etwas mitteilten; mit Gesten unterstrichen oder verdeutlichten sie ihre Mitteilungen. Alle diese Verhaltensweisen verstärken die Kommunikation, und keine davon hatten wir den beiden beigebracht. Sherman und Austin entwickelten sie spontan.

Am wichtigsten von all diesen Verhaltensweisen, die der Kommunikation dienten und spontan entstanden, war das Hinweisen, die Ankündigung einer beabsichtigten Handlung. In einer Sitzung, bei der ich Sherman bitten wollte, mir bestimmte Gegenstände zu geben, zögerte ich anfangs offensichtlich zu lange. Zu meiner Überraschung sagte Sherman *Strohhalm* und gab ihn mir. Dann sagte er *Decke* und reichte sie mir ebenfalls. Als nächstes hantierte er mit dem Schraubenschlüssel, als ob er darüber nachdenke, dann sagte er *Schraubenschlüssel* und zeigte auf das Werkzeug, wobei seine Blicke zwischen mir und dem Schraubenschlüssel hin- und hergingen, als ob er überprüfen wollte, ob ich das Werkzeug auch bemerkte. Anfangs wollte ich Sherman zurückhalten, aber schon bald wurde mir klar, wie wichtig sein Verhalten war. Die Ankündigung einer beabsichtigten Handlung ist eine der ersten Arten, wie Menschenkinder Symbole verwenden, und hier tauchte sie spontan bei Sherman auf. Austin entwickelte die gleiche Fähigkeit, und sie zeigte sich nicht nur in der experimentellen Situation. Einmal kündigte Austin zum Beispiel mit Hilfe der Tastatur an, daß er ein *lustiges Gesicht* machen würde; anschließend streckte er die Zunge heraus und zog die Unterlippe über das Kinn herunter. Die Situation als solche war komisch, aber in linguistischer Hinsicht hatte sie große Bedeutung.

Je mehr ich solche Verhaltensweisen beobachtete, wenn Sherman und Austin zusammen am Tisch saßen, sich ihre Wünsche mitteilten und das Futter teilten, desto mehr nahm ihr Verhalten ganz allgemein menschliche Züge an. Das war nicht die Folge des Trainings, sondern ergab sich durch die Verwendung und Entwicklung von Kommunikationsfähigkeit in einem sozialen Umfeld. Es stimmt, daß wir bei Sherman und Austin erst dann Sprachfähigkeit beobachteten, als das Futterteilen vollständig entwickelt war, mit dem zugehörigen Informationsaustausch und dem anschließenden koordinierten Verhalten. Es war keine komplexe Sprache mit einer Syntax, sondern eher eine pragmatische Sprache, eine vielschichtige Ansammlung von Verhaltensweisen, die das Leben der Schimpansen im Labor ausmachten. Es erinnerte an Menschen ohne hochentwickelte gesprochene Sprache – intelligente, einfühlsame Lebewesen, die kommunizieren und ihr Verhalten in dem Bestreben um gemeinsame Versorgung koordinieren können. Das heißt nicht, daß Sherman und Austin ein genaues Abbild eines Stadiums der menschlichen Evolution darstellten, aber man kann an ihnen leicht erkennen, wie soziale und kommunikative Fähigkeiten, die bei unseren nächsten Verwandten, den Schimpansen, offenkundig vorhanden sind, bei unseren ersten menschlichen Vorfahren in einem neuen Zusammenhang von sozialem Umfeld und Versorgung aufgetaucht sein könnten.

Vor dem Hintergrund unserer Erfahrungen mit Sherman und Austin sollte man darüber nachdenken, ob es ein Zufall war, daß sich die Fähigkeiten des Symbolgebrauchs, der Werkzeugverwendung und der Kommunikation zwischen Individuen in der

Vorgeschichte des Menschen vermutlich parallel entwickelt haben. Die Antwort scheint zu lauten: Alle drei Verhaltensweisen sind eng gekoppelt und stehen in einem komplexen sozialen Zusammenhang. In diesem entwicklungsgeschichtlichen Rahmen war die Selektion in Richtung eines größeren Gehirns unausweichlich.

Die menschlichen Züge in der Kommunikation zwischen Sherman und Austin waren nach meiner Ansicht ein stichhaltiges Argument dafür, daß sie verstanden, was sie taten. Ich wußte aber auch, daß andere sich von Gesichtsausdrücken nicht in der gleichen Weise überzeugen lassen würden. Die vielfältigen Informationen, die ein Affengesicht ausdrückt, sind für die meisten Menschen nicht erkennbar; für das ungeübte Auge sehen alle Menschenaffen gleich aus. Deshalb mußten wir jenseits aller vernünftigen Zweifel nachweisen, daß Sherman und Austin nicht nur untereinander kommunizieren konnten, sondern daß sie auch tatsächlich wußten, was sie taten. Das heißt, wir mußten zeigen, daß Sherman wußte, was er Austin sagen mußte und warum, und umgekehrt.

Wie konnten wir beweisen, daß Sherman wußte, daß Austin nicht wußte, welches Futter versteckt war oder welches Werkzeug gebraucht wurde? Diese Frage wurde in jüngster Zeit mit dem ein wenig verwirrenden Begriff der »kognitiven Theorie« belegt. Nach der Vorstellung, die hinter dieser Theorie steckt, bedeutete es in der Evolution einen großen Fortschritt, als unsere Vorfahren zum ersten Mal erkannten, daß eine Person unter Umständen über andere Kenntnisse verfügt als eine andere. Demnach kann der Geist in verschiedenen Bewußtseinszuständen existieren. Das erste Lebewesen, das dies erkannte, entwickelte nach dem gängigen Sprachgebrauch die Theorie, daß andere ein Bewußtsein besitzen, das sich vom eigenen unterscheidet.

Wußte Sherman, daß Austins Bewußtsein oder sein Wissensstand anders war als sein eigener? Es sah so aus; warum hätte er sich sonst die Mühe machen sollen, Austin mitzuteilen, welches Werkzeug er brauchte oder welches Futter in dem Behälter versteckt war? Wir hatten als Leiter des Experiments die Bedingung aufgestellt, daß beide Schimpansen um das richtige Futter bitten mußten. Aber die Schimpansen waren diejenigen, die plötzlich

aufeinander achteten, ihre Kommunikation koordinierten und gegenseitig ihre Fehler korrigierten. Als ich sie beobachtete, stellte sich für mich die umgekehrte Frage: Wie konnte man auf die Idee kommen, sie wüßten nicht, daß sie kommunizierten? Aber die meisten Leute, das wußte ich, würden nicht die Gelegenheit haben, die beiden so genau zu beobachten wie ich, und deshalb würden sie skeptisch bleiben, einfach aus mangelnder Kenntnis.
Natürlich konnten wir Sherman nicht einfach fragen, ob er wußte, daß Austins Wissensstand (oder sein Bewußtsein) anders sein konnte als sein eigener. Schließlich entschlossen wir uns, die Tastatur abzuschalten; wir wollten wissen, ob sie sich ihre unterschiedlichen Kenntnisse auch auf andere Weise mitteilen konnten. Ihre gesamte bisherige Ausbildung hatte sich in irgendeiner Form um die Kommunikation mit Hilfe der Tastatur gedreht. Wenn sie nun überhaupt versuchten, ohne dieses Hilfsmittel zu kommunizieren, dann mußten wir daraus nach unserer festen Überzeugung schließen, daß sie die Beweggründe für den Kommunikationsprozeß erkannt hatten; und diese Beweggründe haben mit dem unterschiedlichen Kenntnisstand zu tun, der es erforderlich macht, Informationen auszutauschen.
Also bestückten wir einen Futterbehälter mit »Peter Pan«-Erdnußbutter; Austin sah uns dabei zu, Sherman wartete im Nachbarraum. Dann brachten wir Austin und den Behälter zu Sherman. Da wir wußten, daß Austin nicht über Lautäußerungen oder Zeichen verfügte, die er zur Kommunikation verwenden konnte, wollten wir auf dem Fußboden ein paar Etiketten von Futterdosen, -schachteln und -beuteln herumliegen lassen. Solche Etiketten hatten die Schimpansen noch nie zur Kommunikation benutzt, und wir hatten nie absichtlich versucht, ihnen diese Markenbezeichnungen der Hersteller beizubringen. Die Schimpansen halfen uns aber immer bei der Zubereitung des Futters, und dabei hatten sie auch viele Male die Etiketten auf den Packungen gesehen.
Wir gingen von folgender Überlegung aus: Wenn sie die Etiketten sahen, konnten sie vielleicht auf die Idee kommen, sie als Kommunikationsmittel einzusetzen, wenn die Tastaturen abgeschaltet waren. Dabei gab es allerdings eine Reihe großer Fragezeichen. Erstens: Würde Austin trotz der abgeschalteten Tastatur begreifen, daß er Sherman über den Inhalt des Behälters unter-

richten mußte, den nur er gesehen hatte? Zweitens: Wenn Austin wußte, daß er Sherman etwas über die Erdnußbutter mitteilen mußte, würde er dann erkennen, daß das »Peter Pan«-Etikett zusammen mit vielen anderen auf dem Fußboden lag? Drittens: Wenn er das Etikett erkannte, würde er dann auf die Idee kommen, es Sherman zu zeigen und ihm auf diese Weise mitzuteilen, daß er beim Verstecken der zugehörigen Nahrung zugesehen hatte? Und schließlich viertens: Wenn Austin tatsächlich das »Peter Pan«-Etikett nahm und es Sherman zeigte, würde Sherman es dann erkennen und begreifen, daß Austin ihm mitteilen wollte, daß Erdnußbutter in dem Behälter war?
Zu unserer großen Verblüffung hatten Austin und Sherman mit dieser Situation keinerlei Schwierigkeiten. Nachdem Austin festgestellt hatte, daß die Tastatur außer Betrieb war, bemerkte er sofort die auf dem Fußboden verstreuten Papierstücke; er nahm das »Peter Pan«-Etikett und blickte zu Sherman hinüber. Sherman starrte es nur einen Augenblick lang aufmerksam an und bat dann mit seiner Tastatur (die in Betrieb war) um Erdnußbutter. Unmittelbar danach nahmen wir Sherman mit hinaus und ließen ihn zusehen, wie ein Futterbehälter mit Welch's Traubengelee bestückt wurde; Austin blieb zurück – die umgekehrte Situation. Wieder im gleichen Raum wie Austin, versuchte Sherman ein wenig ausdauernder, die Tastatur zum Funktionieren zu bringen, aber dann sah er sich genau wie Austin um, bemerkte das Etikett des Welch-Gelees, hob es auf und steckte es mit der bedruckten Seite nach unten in den Mund. Anschließend zeigte er es Austin, ohne zu begreifen, daß dieser es nicht sehen konnte, weil es herumgedreht war. Austin tat nichts. Sherman zuckte mit den Achseln, legte das Etikett hin und drehte es dabei um. Jetzt konnte Austin es erkennen: Er ging sofort zu seiner Tastatur und verlangte das Gelee.
Diese abwechselnden Versuche mit Herstelleretiketten setzten wir mit dreißig verschiedenen Lebensmitteln fort, unter anderem mit M&M-Schokodragées, Jello-Pudding, Dorito-Maischips und so weiter. Austin und Sherman kannten alle dreißig Etiketten und verwendeten sie vom ersten Versuch an praktisch fehlerfrei, um einander mitzuteilen, welches Futter in dem Behälter versteckt war. Und das, obwohl ihnen nie jemand beigebracht hatte, daß man mit den Markennamen der Lebensmittel kommunizieren

kann und obwohl sie nie gelernt hatten, daß Kommunikation auch ohne Tastatur möglich ist. Warum sollten sie ein Symbolsystem verwenden, das ihnen niemand beigebracht hatte, wenn sie nicht begriffen, daß sie ihr unterschiedliches Wissen austauschen mußten? Noch mehr fesselte uns die Frage, wie sie ohne jedes Training gelernt hatten, was die einzelnen Markennamen bedeuteten. Zum Erlernen vieler Lexigramme hatten sie Monate gebraucht, und dennoch kannten sie alle dreißig Herstelleretiketten, ohne daß wir uns irgendwie darum bemüht hatten. Langsam fragte ich mich, ob wir nicht die ganze Zeit das falsche Symbolsystem und den falschen Ansatz gewählt hatten.
Zu zeigen, daß Sherman und Austin über ihre Kommunikation Bescheid wußten und daß sie dazu ein ganz neues Symbolsystem benutzten, war eine Sache. Eine ganz andere war es, die Leute davon zu überzeugen, daß die beiden tatsächlich verstanden, was die Symbole darstellten. Nachdem ich tagtäglich Umgang mit den Schimpansen hatte, konnte ich immer weniger verstehen,

Lebensmitteletiketten, die wir Sherman und Austin zeigten. Die Schimpansen hatten nicht gelernt, die Markenbezeichnungen zu erkennen, aber sie interessierten sich für die Packung immer ebenso wie für den Inhalt. Wenn wir ihnen die Etiketten geben wollten, überzogen wir sie mit einer festen Kunststoffbeschichtung.

was die anderen in Frage stellten und warum. Dabei fällt mir ein Abendessen in Washington ein, das während dieser Arbeitsphase 1978 stattfand. Die meisten Anwesenden waren Psychologen, die sich für Tierverhalten und die Entwicklung des Menschen interessierten. Sie waren von unseren Erzählungen über Sherman und Austin überrascht und hatten ein offenes Ohr für die Ansicht, daß das Verhalten der Affen über konditionierte Reaktionen hinausgehe. »Aber«, so beharrte einer, »woher wollen Sie *wissen*, was die Affen wissen? Wie kann man *wissen*, daß Sherman und Austin die Symbole als Begriffe benutzen?« Das war eine gute Frage, die man experimentell angehen mußte. Den ganzen folgenden Tag lang überlegte ich, wie ich das bewerkstelligen könnte.

Die Begriffsbildung oder Repräsentation ist ein grundlegendes Thema für die Frage des Spracherwerbs, und wir mußten nachweisen, daß die Lexigramme für Sherman und Austin tatsächlich etwas repräsentierten. Ich entwickelte die Idee vom Kategorisierungstest. In den bisherigen Versuchen hatten die Schimpansen bestimmte Lexigramme für einzelne Gegenstände verwendet, das heißt, sie hatten keine Oberbegriffe gelernt. Wenn ich zeigen wollte, daß die Affen die Symbole als abstrakte Repräsentation von Gegenständen verstanden, mußte ich die Vorstellung von Oberbegriffen einführen. Als erste Gattungsbegriffe wollten wir Austin und Sherman »Werkzeug« und »Futter« beibringen, wobei wir für das Training in jede der beiden Gruppen nur drei Gegenstände aufnahmen. Letztlich wollte ich wissen, ob Sherman und Austin beispielsweise eine Banane, die ihnen gezeigt wurde, richtig unter den Begriff »Futter« einordnen konnten. Die Beschreibung eines Symbols durch ein anderes war nach meiner Überzeugung ein starkes Indiz, daß die Schimpansen die Symbole als Begriffe verstanden.

Wir gingen die Aufgabe in drei Schritten an. Nachdem die Schimpansen zunächst die Oberbegriffe »Futter« und »Werkzeug« gelernt hatten, zeigten wir ihnen Futtergegenstände und Werkzeuge, die beim Einüben der Begriffe nicht vertreten gewesen waren. Der Test galt nur dann als bestanden, wenn Sherman und Austin die neuen Gegenstände beim ersten Zeigen richtig einordneten. Wenn man einem von ihnen auch nur einmal bei einem neuen Gegenstand helfen mußte, konnte man das ganze als Dressur oder Nachahmung betrachten. Wir hatten vor, den Vorgang anschließend mit kunststoffbeschichteten Fotos von Nahrungsgegenständen und Werkzeugen zu wiederholen, und zuletzt wollten wir dafür die Symbole für Lebensmittel und Werkzeuge verwenden. Dieser letzte Test war der entscheidende: Nur mit ihm konnten wir zweifelsfrei feststellen, ob die Symbole für Austin und Sherman den Wert von Begriffen hatten: Er erforderte eine neue Reaktion, die zuvor noch nie ein Schimpanse gezeigt hatte, ebensowenig wie der Versuchsleiter während der Arbeit mit den Schimpansen.

Abgesehen von einigen Schwierigkeiten Austins, der im zweiten Teil die Fotos von den Futtergegenständen in der Kunststoffumhüllung nicht genau erkennen konnte, waren beide Schimpansen in allen drei Aufgaben erfolgreich. Bei der letzten Aufgabe ordnete Sherman im ersten Versuch fünfzehn von sechzehn Symbolen richtig zu, und Austin machte es bei allen siebzehn richtig. Zum Vergleich machten wir den gleichen Test mit Lana. Sie konnte zwar Nahrungsgegenstände und Werkzeuge in Gruppen sortieren und verfügte demnach über eine gewisse Fähigkeit zur Kategorisierung, aber sie war nicht in der Lage, das gleiche mit Hilfe der Oberbegriffe »Futter« und »Werkzeug« zu tun. Dieser Unterschied zwischen Lana einerseits und Sherman und Austin andererseits zeigt eindeutig, daß Schimpansen, die Symbole gelernt haben, nicht unbedingt die gleichen Fähigkeiten besitzen. Für Sherman und Austin bedeuteten die Symbole wegen ihrer abweichenden Erfahrungen etwas ganz anderes als für Lana.

Die Kategorisierungsstudie zeigte meines Erachtens so überzeugend, wie es in der Verhaltensforschung überhaupt möglich ist, daß Sherman und Austin eine Fähigkeit entwickelt hatten, die für die Sprache von grundlegender Bedeutung ist: Sie konnten willkürlich gewählte Symbole als Begriffe gebrauchen. Das, so meine Überzeugung, war eine ausreichende Rechtfertigung für die Fortsetzung der Affensprachforschung, trotz der äußerst negativen Stimmung, die Ende der siebziger und Anfang der achtziger Jahre allmählich entstanden war. Der *Science*-Artikel von Herbert Terrace aus dem Jahr 1979 hatte dazu geführt, daß die meisten Leute meinten, die Affensprachforschung sei erledigt. In Wirklichkeit hatte er die Möglichkeit offengelassen, daß eine andere Forschergruppe mit neuen Methoden durchaus wichtige Fortschritte erzielen konnte. Was wir mit Sherman und Austin erreicht hatten, war genau dieser ersehnte Fortschritt. Anders als Nim, Terraces Schimpanse, ahmten Sherman und Austin ihre Lehrer nicht nur nach: Sie gebrauchten die Symbole sparsam und zur Übermittlung von Information; sie wechselten sich bei der Kommunikation ab, sowohl untereinander als auch mit den Lehrern; und schließlich war ihr Symbolgebrauch zwar meist darauf ausgerichtet, etwas zu verlangen, aber sie ließen dieses Stadium auch hinter sich und benutzten die Symbole spontan, entweder um ihre Handlungen anzukündigen oder um sie zu kommentieren.

Eines Tages entdeckte ich zum Beispiel in einem Laden ein paar ungewöhnlich geformte, farbige Kunststoffbecher. Sie sahen so aus, als könne ein junger Schimpanse sie gerade festhalten, und deshalb kaufte ich sie für Sherman und Austin. Am nächsten Morgen zeigte ich sie ihnen; vor allem Sherman schien sich sofort für die Becher zu interessieren. Das war bei ihm ungewöhnlich, denn normalerweise scherte er sich nicht viel darum, woraus er aß oder trank, solange er mit dem Inhalt zufrieden war. Meist war Austin derjenige, der sich auf die Behälter konzentrierte: Er spielte oft damit, stapelte sie übereinander oder goß Flüssigkeiten hin und her. Aber Austin interessierte sich offenbar nicht für die neuen Becher. Zu meiner Verblüffung trug Sherman seinen Becher im Labor herum und behandelte ihn den ganzen Vormittag lang wie einen kostbaren, hochgeschätzten Besitz. Als es Zeit für den Mittagsschlaf war, räumte ich die Becher weg. Am Nachmittag kam ich mit einem Erdbeergetränk in einem Krug wieder. Ich hatte vergessen, wie sehr Sherman die neuen Becher gefallen hatten, und griff nach den ersten Behältern, die zur Hand waren: einem alten und einem neuen Becher. Als Sherman mich sah, rannte er zur Tastatur, sagte *Becher Erdbeergetränk* und zeigte dann eilig auf den neuen Becher, offensichtlich um mir klarzumachen, daß er das Getränk in dem neuen und nicht in dem alten Becher haben wollte.

Wichtig war bei dieser Äußerung vor allem, daß weder er noch ich noch irgend jemand anders schon einmal ein Symbol für »Becher« verwendet hatte. Das Zeichen dafür war kein zugeordnetes Symbol, sondern ein Lexigramm auf der Tastatur, das bisher nichts bedeutet hatte. Jetzt bezeichnete Sherman damit seinen neuen Lieblingsbecher, und gleichzeitig zeigte er auf den Becher, damit ich genau verstand, was er meinte und daß er nicht aus dem alten Becher trinken wollte. Ich deutete das Lexigramm als »Becher« und benutzte es nun für alle Becher, aber da machte Sherman nicht mit. Er bezeichnete damit nur die besonderen Becher, die er so gern mochte. Nachdem sie zerbrochen waren, was in einem Schimpansenlabor nicht lange dauert, fand ich keinen Ersatz mehr, und schließlich mußte ich das Lexigramm von der Tastatur entfernen: Ich konnte Sherman nicht dazu bewegen, es für irgend etwas anderes zu benutzen. Warum Sherman gerade diese Becher so liebte, habe ich nie verstanden. Ich kaufte später noch viele Trinkgefäße, und manche davon sahen sogar so ähnlich aus, aber keines davon schien ihm etwas zu bedeuten.

Leider betrachtete man diesen unvorhergesehenen Ausdruck der kognitiven Fähigkeiten von Sherman und Austin nicht als seriöse Wissenschaft. Derartige Vorfälle wurden vielfach in den Bereich der Anekdoten verwiesen, und die meisten Fachleute folgten weiterhin Terraces Ansicht, die Entstehung von Syntax sei ein unabdingbares Kriterium für das Bewußtsein.

Herbert Terrace interessierte sich natürlich vorwiegend für Sätze und Syntax. Zu der Frage der Bedeutung von Symbolen meinte er: »Wichtig ist die Erkenntnis ... daß weder die Symbole noch die Beziehungen zwischen ihnen eine bestimmte Bedeutung haben. Auch wenn Worte und ihre Reihenfolge für einen menschlichen Zuhörer einen Sinn tragen, können sie für das Tier, das sie hervorbringt, bedeutungslos sein.«[3] Für Sherman und Austin hatten die Lexigramme nachgewiesenermaßen eine Bedeutung.

Wie lautet also die Antwort auf die eingangs gestellte Frage: »*In welchem Sinne* können andere Arten als der Homo sapiens eine Sprache entwickeln?« Sherman und Austin besaßen eindeutig eine Sprachfähigkeit menschlicher Art, auch wenn sie in vielerlei Hinsicht eingeschränkt war. Diese Schlußfolgerung gilt jenen Linguisten als Ketzerei, die allen Arten außer dem Homo sapiens jegliche Sprachfähigkeit absprechen. Als zweite Beobachtung ergab sich aus dem Projekt, daß die Sprachfähigkeit der Schimpansen Stück für Stück zusammengesetzt werden muß; sie entsteht nicht in einem bruchlosen Entwicklungsablauf wie bei Menschenkindern. Diese Schlußfolgerung gilt innerhalb der Linguistik grundsätzlich als Ketzerei. Und sie war, wie ich später herausfinden sollte, falsch.

4

EIN SEHR UNGEWÖHNLICHER AFFE

Der Bonobo, auch Zwergschimpanse genannt, ist ein ungewöhnliches Tier. Er war der letzte Menschenaffe, der als eigene biologische Art identifiziert wurde; bis vor kurzem verwechselte man ihn ständig mit dem Schimpansen. Tatsächlich sind Bonobos und Schimpansen eng verwandt. Vor etwa fünf Millionen Jahren spalteten sich die Nachkommen einer heute ausgestorbenen Menschenaffenart in zwei Abstammungslinien auf: Die eine führte schließlich zum Homo sapiens, aus der anderen gingen die heutigen Bonobos und Schimpansen hervor.

Der Schimpanse ist viel besser bekannt, aber der Bonobo ähnelt dem Menschen stärker als alle anderen Menschenaffen. In Anatomie, Sozialverhalten, Lautäußerungen, sexuellen Vorlieben, Kinderfürsorge und geistigen Fähigkeiten zeigen die Bonobos geradezu beängstigend menschliche Züge. Leider hat man nie zurückverfolgt, woher der Name »Bonobo« stammt, und deshalb beharren viele Wissenschaftler darauf, man solle von »Zwergschimpansen« sprechen. Sie sind aber weder der Größe noch dem Aussehen nach Schimpansen. Sie ähneln eher Menschen mit kleinem Gehirn und besonders langer Körperbehaarung.

Ich trat 1975 eine Postgraduiertenstelle der Georgia State University am Yerkes Center an, wo man fünf Bonobos aus Zaïre als Leihgabe aufgenommen hatte. Die Beobachtung der Bonobos in freier Wildbahn steckte noch in den Anfängen, und in Gefangenschaft lebten so wenige von ihnen, daß kaum jemand überhaupt wußte, daß es sie gab. Über ihr Verhalten wußte man so gut wie nichts. Die meisten Zoodirektoren hielten sie im wesentlichen für eine geographische Variante des normalen Schimpansen. Es war durchaus üblich, sie in den Zoos zusammen mit gewöhnlichen Schimpansen oder sogar mit Gorillas unterzubringen.

Mein Interesse an Bonobos erwachte, als ich die Beobachtungen von Robert Yerkes las. Er hatte 1925 in seinem Buch *Almost Human* über einen jungen Menschenaffen namens »Prinz Chim« berichtet. Heute wissen wir, daß Prinz Chim ein Bonobo war, aber damals hatte man die Art noch nicht »entdeckt«. »Zweifellos gibt es Genies unter den Menschenaffen«, schrieb Yerkes, nachdem er Chim studiert und mit Panzee, einem normalen Schimpansen, verglichen hatte. »Prinz Chim scheint ein intellektuelles Genie zu sein.«[1] Yerkes beschreibt Chim als temperamentvoll, abenteuerlustig, vertrauensselig, freundlich und energisch, Panzee dagegen war mißtrauisch, zurückhaltend und lethargisch. Die menschlichste Eigenschaft an Chim jedoch war seine Art, an Probleme heranzugehen. »Am überraschendsten und eindrucksvollsten an Chims Verhalten war seine ständige Aufmerksamkeit, die hochgradige Konzentration bei den Übungen, die offenkundige Zielstrebigkeit bei den meisten oder sogar allen Handlungen, und seine systematische Einschätzung problematischer Situationen, bei der er erfolglose Handlungen und Methoden schnell fallenließ und gelegentlich Pausen zum Nachdenken einlegte«, schreibt Yerkes in *Chimpanzee Intelligence*, seinem zweiten Buch. »Ich benutze diesen Begriff [Nachdenken] selbst den Behavioristen gegenüber ohne Rechtfertigung, und zwar aus einem einfachen Grund: Wäre Chim kein Schimpanse, sondern ein Kind, würden wir das Wort ohne Zögern anwenden, und wir wären sicher, daß jeder intelligente Leser weiß, was damit gemeint ist.«[2]

Yerkes berichtet, daß beide Schimpansen ein Spektrum menschenähnlicher Gesichtsausdrücke zeigten, aber besonders stark waren sie nach seinen Beobachtungen bei Chim entwickelt. Außerdem neigte Chim zu »ausgeprägtem Lachen« als Ausdruck von Zufriedenheit und Freude. Einmal soll Chim sein freundliches Wesen gezeigt haben, indem er ein paar Blumen pflückte und sie »einer Wärterin« überreichte. Beide Affen hielten sich gern im Freien auf und konnten sich hingebungsvoll am Boden wälzen. »Chim streckte sich häufig auf dem Rücken auf der Wiese aus und räkelte sich mit den Händen unter dem Kopf in der

Sonne«, schreibt Yerkes. »Es erinnerte verblüffend an die Art, wie Menschen sich ausruhen.«[3] Panzee begab sich offenbar nie in diese Haltung. »Ich habe sonst weder bei Menschen noch bei Tieren jemals erlebt, daß jemandem das Protzen so viel Spaß machte wie dem kleinen Chim. Den Unterschied in den geistigen Eigenschaften zwischen ihm und Panzee kann man kurz und vielleicht nicht ganz zutreffend als gegensätzlich bezeichnen.«[4]

Natürlich gibt es Persönlichkeitsunterschiede zwischen Bonobos und normalen Schimpansen, und deshalb ist Yerkes' Vergleich zwischen Chim und Panzee vielleicht nur eine überzeichnete Darstellung der allgemeinen Artunterschiede. Nicht alle Bonobos sind solche Genies, wie es Chim offenbar war, und ebensowenig sind alle normalen Schimpansen so denkfaul, wie Yerkes es für Panzee beschrieb. Insgesamt gesehen kann man aber schon nach wenigen Stunden mit Vertretern der beiden Arten unmöglich die gewaltigen Unterschiede zwischen ihnen und den geradezu unheimlichen Widerhall des Menschlichen bei den Bonobos übersehen.

Yerkes war Professor für Psychologie an der Yale University; er hatte Chim und Panzee vom New Yorker Zoo erhalten und beschäftigte sich etwa ein Jahr lang mit ihnen. Chim starb im Juli 1924 an Lungenentzündung. Damals wußte man noch nicht, daß Bonobos eine eigene Spezies darstellen. Erst kurz zuvor waren erste Berichte über diese ungewöhnlichen Schimpansen, die südlich des Kongoflusses (heute Zaïre genannt) zu Hause sind, in den Westen gedrungen, und man hatte erst wenige Tiere in andere Länder gebracht. Daß es Menschenaffen gibt, wußten die Gelehrten schon seit dem 17. Jahrhundert, und die erste wissenschaftliche Beschreibung des Schimpansen stammt vom Ende des 18. Jahrhunderts. Daß eine weitere Menschenaffenart danach noch eineinhalb Jahrhunderte unbekannt blieb, ist ein bemerkenswertes Stück Wissenschaftsgeschichte. Ihre letztendliche Entdeckung war, wie Dirk Thys van den Audenaerde vom Tervuren Museum in Belgien es kürzlich formulierte, »eines der wichtigsten zoologischen Ereignisse des 20. Jahrhunderts«.[5]

Der erste Wissenschaftler, der die Andersartigkeit des Zwergschimpansen erkannte, war Harold J. Coolidge, Zoologe an der Harvard University. Er nahm 1926/27 an einer Expedition seiner Universität in den Osten von Belgisch-Kongo (heute Zaïre) teil, die Material über Gorillas für das Museum für vergleichende Zoologie sammeln sollte. Im folgenden Jahr besuchte er Museen in Europa, unter anderem auch das Tervuren Museum, weil er weitere Erkenntnisse über Gorillas gewinnen wollte. Später beschrieb Coolidge den Augenblick seiner Entdeckung so: »Ich werde jenen Spätnachmittag im Tervuren Museum nie vergessen; zufällig nahm ich aus einer Lagerschublade etwas, das wie ein Schädel eines jungen Schimpansen aus dem Südkongo aussah, aber zu meiner Verblüffung stellte ich fest, daß die Zirbeldrüsen völlig miteinander verschmolzen waren.«[6] Mit anderen Worten: Der Schädel gehörte, obwohl er so klein war, zu einem ausgewachsenen Tier. Coolidge fand noch vier weitere Schädel, alle klein, und alle von erwachsenen Affen. Er vermaß sie und plante eine wissenschaftliche Veröffentlichung, in der er die Entdeckung einer bisher nicht beschriebenen Form des Schimpansen bekanntgeben wollte.

Zwei Wochen später kam der deutsche Zoologe Ernst Schwarz in das Tervuren Museum, und auf Anregung des Museumsdirektors Henri Schouteden untersuchte er ebenfalls die Stücke, die Coolidge so in Aufregung versetzt hatten. »Schwarz griff blitzschnell nach Papier und Bleistift, vermaß einen kleinen Schädel, verfaßte eine kurze Beschreibung und gab der neuen Schimpansenrasse einen Namen: Pan satyrus paniscus«, erinnert sich Coolidge. »Er bat Schouteden, seinen kurzen Bericht unverzüglich in der *Revue Zoologique* des Kongo-Museums abdrucken zu lassen. Man hatte mich, was die Benennung anging, ausgetrickst.«[7] Die Benennung einer neuen Art ist für einen Zoologen ein wichtiges Ereignis, die in einer Berufslaufbahn, wenn überhaupt, höchstens ein- oder zweimal vorkommt. Coolidge hatte seine Chance offensichtlich verpaßt, ebenso wie Schouteden, der die Schädel einige Jahre lang in seiner Obhut gehabt hatte. Schwarz hatte eigentlich gedacht, die Schädel gehörten zu einer Unterart, die dem normalen Schimpansen Pan satyrus troglodytes zoologisch sehr nahe stand. Coolidge setzte seine Untersuchungen fort und veröffentlichte 1933 einen wichtigen Fachartikel, in dem er den Affen, den er »Zwergschimpanse« nannte, in den Rang einer eigenen Art namens Pan paniscus erhob. In diesem Aufsatz äußerte er die Vermutung, der Zwergschimpanse könne »dem gemeinsamen Vorfahren von Schimpansen und Menschen näherstehen als

alle anderen bisher entdeckten und beschriebenen Schimpansen«[8] – eine scharfsinnige Bemerkung, die drei Jahrzehnte lang unbeachtet blieb.
Erst 1954 vertraten die deutschen Biologen Eduard Tratz und Heinz Heck die Ansicht, der Zwergschimpanse sei nicht nur so anders, daß er eine eigene Art darstelle, sondern die Unterschiede seien sogar so groß, daß man ihn in eine eigene Gattung einordnen müsse. Sie schlugen dafür den Namen Bonobo paniscus vor. Das Wort Bonobo, so erklärten sie, hätten sie gewählt, weil es die Bezeichnung der Eingeborenen für »Schimpanse« sei. In Wirklichkeit hat man aber in Zaïre, der Heimat des Zwergschimpansen, in keinem Dialekt der Einheimischen ein solches Wort gefunden. Man hat vermutet, das Wort sei eine Verballhornung von »Bolobo« – so heißt ein Dorf, in dem man in den zwanziger Jahren Material von Schimpansen gesammelt hatte. Die Forderung von Tratz und Heck nach einem Gattungsstatus setzte sich nicht allgemein durch, aber die Bezeichnung Bonobo wurde als zweiter Name für den Zwergschimpansen gebräuchlich.

Der Bonobo ist keine echte Zwergform des normalen Schimpansen. Er ist zwar geringfügig kleiner, und sein Gewicht liegt durchschnittlich bei 84,5 Prozent der großen Art, das wichtigste Unterscheidungsmerkmal ist aber seine Körpergestalt. Bonobos sind zartgliedriger und haben im Verhältnis zur Körpergröße längere Beine sowie einen kleineren Schädel mit hoher Stirn und einem höchst ausdrucksvollen dunklen Gesicht. Mit dem höher gelegenen Körperschwerpunkt, dem schmaleren Brustkorb und dem stärker senkrecht orientierten Kopf können die Bonobos leichter auf zwei Beinen gehen als normale Schimpansen, was erheblich zu ihrem menschenähnlichen Erscheinungsbild beiträgt. Vor allem wenn man sieht, wie ein Bonobo auf zwei Beinen geht, bekommt man einen deutlichen Eindruck davon, wie die Vorfahren des Menschen, die Coolidge erwähnte, ausgesehen haben könnten.
In eine wissenschaftlichere Form wurden diese Eindrücke in den sechziger und siebziger Jahren gebracht, als vier Fachleute sie durch die Zusammenfassung von drei Beweislinien untermauerten. Aus molekularbiologischen Befunden, der Anatomie der Bonobos und den Kenntnissen über die frühesten Angehörigen der

Menschenfamilie zogen die Wissenschaftler in einem bahnbrechenden Aufsatz von 1978 den Schluß: »Unter allen lebenden Arten liefert der Zwergschimpanse den besten Prototyp für den Vorfahren der Hominiden.«[9] Mit dem »Vorfahren der Hominiden« meinten sie ein Lebewesen, von dem die Abstammungslinien der heutigen Schimpansen und der heutigen Menschen ausgingen.

Seit Darwin wurden viele Lebewesen als geeignete »Modelle« für diesen gemeinsamen Vorfahren angeboten, unter anderem die Koboldmakis (spitzmausähnliche Halbaffen), Kleinaffen, Gibbons und die afrikanischen Menschenaffen, unter ihnen vor allem der Schimpanse. Aber wer den kühnen Versuch unternimmt, aus der Untersuchung einer lebenden Art ein fehlendes Stück der Vorgeschichte abzuleiten, der kann in mehrere Fallen tappen. Eine davon ist die gefährliche Annahme, ausgestorbene Arten glichen lebenden Formen. Charles Darwin warnte schon 1871 in seinem Buch *Die Abstammung des Menschen*: »Wir dürfen nicht in den Irrtum verfallen, anzunehmen, daß der erste Vorfahre der gesamten Affengruppe einschließlich des Menschen irgendeinem heute lebenden Klein- oder Menschenaffen glich oder auch nur ähnelte.«[10]

In den siebziger Jahren wiesen molekularbiologische Befunde jedoch eindeutig auf eine enge Verwandtschaft zwischen Menschen und afrikanischen Menschenaffen hin. Auch neuentdeckte menschliche Fossilien, manche davon über drei Millionen Jahre alt, zeigten affenähnliche Merkmale, insbesondere an Schädel, Gesicht und Kiefern. Vor dem Hintergrund solcher Erkenntnisse lag es noch näher, bei den afrikanischen Menschenaffen nach Hinweisen auf Anatomie und Verhalten des gemeinsamen Vorfahren zu suchen.

Die älteste Art, die als Mitglied der »Menschenfamilie« identifiziert wurde, war Australopithecus afarensis, eigentlich ein aufrecht gehender Menschenaffe. Fossilien aus Äthiopien und Tansania, die über drei Millionen Jahre alt sind, zeigen einen sehr affenähnlichen Kopf mit kleinem Gehirn und vorspringendem Gesicht. Der berühmteste Fund ist das fast vollständige Skelett eines etwa neunzig Zentimeter großen Weibchens, das Donald Johanson, sein Entdecker, auf den Namen Lucy taufte. Wie man an der Anatomie von Becken und Beinen erkennen kann, ging Lucy zwar meistens aufrecht, aber ansonsten besaß sie viele Eigenschaften von Affen. Beim Menschen sind die Beine zum Beispiel länger als die Arme, bei Menschenaffen ist es umgekehrt. Lucy war in dieser Hinsicht ein Mittelding. Außerdem sind ihre Hand- und Fußknochen gebogen, ein Hinweis, daß sie häufig durch die Äste der Bäume turnte. Diese affenähnlichen Merkmale veranlaßten viele Anthropologen zu dem Schluß, daß Lucy trotz ihres aufrechten Ganges im Gegensatz zu uns an das Klettern in den Bäumen angepaßt war. In der beliebtesten Darstellung ist der erste Vorfahre des Menschen ein Affenmensch, der auf zwei Beinen durch die offene Savanne streift. In Wirklichkeit lebte dieser Urahn aber mit ziemlicher Sicherheit in einer Mischlandschaft aus Wäldern und Gehölzen, so daß er nicht nur auf dem Boden gehen, sondern ebensooft auch durch die Bäume klettern mußte.

Nach Feststellungen von Randall Susman, der sowohl Wildpopulationen von Bonobos in Zaïre als auch die Anatomie der frühen Hominiden untersucht hat, weist das Skelett unserer Vorfahren viele Anpassungen an das Leben in den Bäumen auf. Und wenn die ersten Hominidenarten zumindest teilweise Waldbewohner waren, liegt es noch näher, bei den heutigen in Wäldern lebenden Menschenaffen nach Hinweisen auf das Verhalten unserer Vorfahren zu suchen. Von allen afrikanischen Menschenaffen ist der Bonobo am stärksten an das Leben in den Bäumen angepaßt, und deshalb dürfte er die beste Quelle für solche Indizien über das Verhalten früherer Arten sein.

Der Bonobo gilt aber nicht nur deshalb als plausibles Modell für den gemeinsamen Vorfahren, weil er den gleichen Lebensraum wie *afarensis* besiedelt. Adrienne Zihlman, Anthropologin an der University of California in Santa Cruz, zeichnete 1982 ein inzwischen berühmtes Bild von einem Skelett, bei dem die rechte Hälfte zu einem Bonobo und die linke zu Lucy gehörte. Kopf, Gesicht und Unterkiefer sind bei Bonobo und *afarensis* verblüffend ähnlich, mit Ausnahme der Zähne, die bei dem menschlichen Fossil etwas kleiner sind. Am übrigen Skelett zeigt nur das Becken auffällige Unterschiede: Es ist beim Schimpansen als Anpassung an die vierbeinige Lebensweise langgestreckt, bei dem aufrecht gehenden *afarensis* dagegen sieht es eher gedrungen aus. Die Zeichnung ist ein stichhaltiges optisches Argument für die sogenannte Zwergschimpansen-Hypothese.

Diese Hypothese weckte ein gewaltiges Interesse am Bonobo,

aber sie löste auch Skepsis aus. Ein Anlaß zur Kritik war die Tatsache, daß Schimpansen und Bonobos genetisch untereinander enger verwandt sind als mit dem Menschen. Deshalb fragten die Kritiker: Wie kann man behaupten, eine der beiden Arten sei das bessere Modell für die Vorläuferform? Darauf erwiderte Zihlmann: »Die entwicklungsgeschichtliche Frage ... ist nicht, ob der eine Schimpanse näher mit uns verwandt ist als der andere, denn wir wissen, daß sie einander näher stehen als den Menschen. Die Frage lautet vielmehr: Ist eine der beiden Schimpansenarten dem *Vorfahren* von Affen und Menschen als ›lebendes Verbindungsglied‹ ähnlicher geblieben, während der normale Schimpanse und die Hominiden stärkere morphologische Veränderungen durchgemacht haben?« [11]

In einer neueren Studie verglich Henry McHenry von der University of California in Davis die Anatomie von normalen Schimpansen, Bonobos, Gorillas, Orang-Utans und dem Australopithecus. Er bestätigte manche Ähnlichkeiten zwischen Bonobo und Hominidenfossil, wies aber darauf hin, daß der Zwergschimpanse nicht als einzige Art Anspruch auf solche Übereinstimmungen erheben kann. In Schultern, Füßen und Gesamtproportionen ähnelt das menschliche Fossil am stärksten dem Bonobo, aber bei einem Armknochen (der Elle) ist die Übereinstimmung mit dem normalen Schimpansen größer, das untere Ende des Oberschenkelknochens ist demjenigen des Orang-Utans am ähnlichsten, und ein weiterer Teil eines Armknochens gleicht am ehesten dem des Gorillas. »Daraus ergibt sich die offenkundige Schlußfolgerung, daß der gemeinsame Vorfahre der afrikanischen [Menschen und Menschenaffen] keinem heutigen Menschenaffen genau glich; bei seiner Rekonstruktion muß man die Form also aus Indizien ableiten, die von allen lebenden und ausgestorbenen [Menschen und Menschenaffen] stammen«, schreibt McHenry. [12]

McHenrys Ansicht ist eine weiterentwickelte Form der Hypothese vom Vorläuferaffen, wonach wir von allen lebenden Menschenaffen etwas über uns selbst erfahren können. In der kurzen Zeit, seit Bonobos in Gefangenschaft und in freier Wildbahn beobachtet werden, hat sich aber bereits deutlich gezeigt, daß Yerkes' Eindruck von den menschenähnlichen Eigenschaften richtig war. Vor diesem Hintergrund eignet sich der Bonobo also von allen lebenden Menschenaffen eindeutig am besten als Modell für

den Vorfahren, und deshalb ist er eine wichtige Quelle für Erkenntnisse über unsere Entstehungsgeschichte.
Gerade in einer Zeit, da die wissenschaftliche Welt den Bonobo immer mehr als einzigartige Informationsquelle zur Kenntnis nimmt, ist die Art aber tragischerweise immer stärker vom Aussterben bedroht. Bonobos leben nur in einem kleinen Teil Zaïres, der von den Flüssen Zaïre und Kasai begrenzt wird. Diese Gegend beherbergt eine reichhaltige Tierwelt mit Elefanten, Okapis, Waldantilopen, Waldbüffeln, Waldduckern (einer weiteren Antilopenart) und verschiedenen Kleinaffenarten. Der feuchte Wald, der das eintönig flache Gelände bedeckt, ist von mehreren Seiten bedroht, unter anderem durch die rasch wachsende Bevölkerung und durch kommerzielle Holzgewinnung. In den letzten zwanzig Jahren ist die Zahl der Bonobos durch Jagd und Kahlschlag mindestens um die Hälfte zurückgegangen. In manchen Teilen ihres Verbreitungsgebietes schätzen die Menschen das Fleisch des Bonobos als Proteinlieferanten, und mit der Bevölkerung wächst auch der Proteinbedarf. Außerdem sind Bonobos, Schimpansen und Gorillas, die illegal gefangen und ins Ausland gebracht werden, wichtige Devisenbringer für die Einwohner einer Gegend, wo die sonstigen Ressourcen im besten Fall dürftig sind. Zaïre hat einen größeren Teil seiner Fläche als jedes andere Land als Naturschutzgebiet ausgewiesen, aber die Region, in der die Bonobos leben, gehört nicht dazu.
Zwei Forscherteams haben die Schimpansen seit Anfang der siebziger Jahre in ihrem natürlichen Lebensraum studiert, das eine unter der Leitung von Randall Susman, das andere unter Takayoshi Kano von der Universität Kyoto (Japan). Als Kano sich 1973 einen ersten Überblick über das Gebiet verschaffte, schätzte er den Schimpansenbestand auf etwa fünfzigtausend. »In den sechs oder sieben Jahren nach Beginn unserer Untersuchungen ... waren die Wälder von Wamba ein Paradies für die Zwergschimpansen und für uns Wissenschaftler«, erinnert sich Kano. »Die Zwergschimpansen wurden nicht von Menschen belästigt und führten überall im Wald ein sorgenfreies Leben; wir folgten ihnen, ohne daß uns irgend etwas daran hinderte.«[13] Seit 1980 verwandelte sich das Paradies jedoch in ein Fegefeuer, weil Wilderer und Holzfäller anfingen, den Wald zu plündern. Statt den Wald als Mittel zum Überleben anzusehen, wie die Menschen es

seit Jahrhunderten getan hatten, betrachteten Afrikaner und Nichtafrikaner ihn nun gleichermaßen ausschließlich als Quelle für unmittelbaren Reichtum. Die Tatsache, daß dieser Reichtum nicht unerschöpflich ist, führte dazu, daß die Ausbeutung noch schneller vorangetrieben wurde.

In der Überzeugung einer bevorstehenden Katastrophe appellierten Kano und seine Kollegen an die Regierung Zaïres, einen Teil des Waldes zum Naturschutzgebiet zu erklären. 1987 folgte sie dem Appell und stoppte Abholzungspläne im Wald von Wamba, wo Kano seine Forschungen betrieb. Auch das Jagen und Einfangen der Tiere wurde verboten. Die Wilderei und das Morden gingen dennoch weiter, und die Täter waren manchmal sogar Regierungsbeamte. Kano erinnert sich an einen Vorfall aus dem Jahr 1988: Als gerade keine Wissenschaftler in der Station waren, drangen einige lokale Beamte in Wamba ein und fingen mehrere Bonobos, um sie zu exportieren. »Daß die offizielle Ausweisung eines Naturschutzgebietes nicht einmal das Einfangen der Bonobos durch örtliche Behörden verhinderte, war für mich ein Schock«, erinnert er sich. »Am meisten waren wir enttäuscht, daß gerade einige von den Leuten, zu deren Aufgaben nach dem neuen Gesetz der Schutz der Zwergschimpansen gehörte, sie einfangen ließen.«[14] Viele Bewohner der Gegend – in zunehmendem Maße handelte es sich um Einwanderer – kannten das Gesetz nicht, und die Jagd auf Bonobos als Nahrung nahm nicht ab, sondern zu.

Heute, nur zwei Jahrzehnte nach Kanos erstem Besuch, hat nicht einmal ein Viertel der ursprünglichen Population überlebt, insgesamt höchstens zehntausend Tiere. In den USA und in Japan wurde 1990 der Bonobo Protection and Conservation Fund gegründet; sein Ziel: sechstausend Quadratkilometer rund um die ursprüngliche japanische Forschungsstation mit etwa dreitausend Bonobos zu schützen. Ein Versuch von der Basis her, zumindest einen kleinen Teil des früheren Affenparadieses zu retten. Wenn sich aber nichts Wesentliches ändert, werden die natürlichen Populationen zwangsläufig aussterben, und die Art wird dann nur noch hie und da in Gefangenschaft eine Zeitlang weiterexistieren. Die fünfundachtzig Tiere, die in Zoos und Primatenzentren rund um die Welt leben, versprechen keine dauerhaften Zukunftsaussichten. Der zuletzt entdeckte afrikanische Menschenaffe, der

Bonobo, der auch als letzter wissenschaftlich untersucht wurde, könnte der erste Menschenaffe sein, der vom Menschen ausgerottet wird.
Die Bonobos Lokelema, Matata und Bosondjo, zwei Weibchen und ein Männchen, trafen gegen Ende 1975 im Yerkes Regional Primate Research Center ein. Man hatte sie in Zaïre in freier Wildbahn gefangen, und zwar im Rahmen eines Hilfsprogramms der National Academy of Sciences für Drittweltländer, das die Entwicklung einzigartiger Ressourcen in diesen Staaten fördern sollte. Diese Bonobos hatten ihren vertrauten, üppigen Wald zurücklassen müssen und fanden sich nun nach einer Reise, die für sie sicher eine alptraumhafte Veränderung bedeutete, in einem kleinen Käfig wieder, mit Trockenfutter und umgeben von Nachbarkäfigen mit lärmenden, tobenden normalen Schimpansen. Als ich sie zum erstenmal sah, hatten sie sogar Angst zu fressen, wenn sie beobachtet wurden.
Ich hatte die Absicht, ihr Sozial- und Kommunikationsverhalten zu analysieren. Eine gewisse Zeit lang wollte ich auch eine ähnlich zusammengesetzte kleine Gruppe normaler Schimpansen beobachten, die in einem Nachbarkäfig untergebracht war. Die Erkenntnisse, die ich über die Bonobos gewinnen konnte, waren in jedem Fall beschränkt durch die geringe Größe der Gruppe und die künstliche Umgebung, das war von vornherein klar. Aber da man über das Verhalten der Bonobos damals so gut wie nichts wußte, war es meiner Meinung nach wichtig, überhaupt irgendwie anzufangen. Außerdem glaubte ich, daß die erst kürzlich in freier Wildbahn eingefangenen Tiere ein verläßlicher Anzeiger für Temperament und Fähigkeiten der Bonobos sein konnten. Zwar würden sich, so dachte ich, drei New Yorker, die man in Zaïre aussetzte, nicht genauso verhalten wie in New York, aber sie blieben doch Menschen. Wenn sie gut ernährt würden und gesund wären, könnte man an ihnen sicher ein breites Spektrum menschlicher Verhaltensweisen beobachten, unabhängig davon, ob sie mit der Lebensweise im Urwald vertraut waren.
Immer wieder sagte man mir, ich solle nicht damit rechnen, im Yerkes Center etwas zu erfahren, denn die Bonobos hatten vor allem Angst. Schon sie zu beobachten war äußerst schwierig; ging man ins Freie, versteckten sie sich im Haus, und begab man sich nach innen, zogen sie sich nach draußen zurück.

Meine erste Aufgabe bestand darin, so nahe an die Bonobos heranzukommen, daß ich sie sehen konnte. Das hört sich seltsam an, da die Tiere ja in Gefangenschaft lebten, aber es war tatsächlich so. Ich entschloß mich, so zu tun, als sei ich ebenfalls nervös. Ich versteckte mich in der Nähe des Käfigs hinter einer Ziegelmauer und wartete, bis sie hervorlugten und feststellen wollten, ob die Luft rein war. Dann blickte ich zögernd um die Ecke, die Augen ebenso weit aufgerissen wie sie, und sobald sie mich entdeckten, zog ich mich mit einem überraschten Gesichtsausdruck wieder zurück. Sie waren völlig verblüfft, daß ein Mensch offenbar vor ihnen Angst hatte, denn die Menschen hatten sie unterworfen, mit Netzen eingefangen, in kleine Kisten gesteckt und offenbar ohne Scheu mit scharfen Gegenständen malträtiert. Allmählich wurden sie ein wenig mutiger und saßen auch dann im Freien, wenn ich nach ihnen spähte. Sie wußten genau, was sie tun mußten, damit ich wegging: Sie brauchten dazu nur mit der Hand zu wedeln oder in meiner Richtung mit dem Fuß aufzustampfen, und ich würde mich sofort in mein sicheres Versteck zurückziehen. Gegen Ende der ersten Woche konnte ich mich in Ruhe vor ihrem Käfig sehen lassen, und solange ich so tat, als interessiere ich mich für etwas anderes und nicht für sie, blieben sie im Freien und liefen herum, als gebe es mich nicht.
Als nächstes zeigte ich Interesse an dem, was sie taten. Wenn sie beispielsweise mit einem Wasserkübel herumspielten, beobachtete ich jede Handlung höchst fasziniert; den Eimer sah ich lange an, als wollte ich am liebsten selbst mitspielen. Ich zeigte ihnen, daß ich ihre Ängste und Sorgen teilte, indem ich selbst Ähnliches äußerte und mich so mit ihrer Weltsicht identifizierte. Als Tierpfleger kamen und mit Gerede und Gelächter das Futter in den Käfig schoben, wurde ich wie die Bonobos ängstlich wegen dieser lauten, seltsamen Geräusche von Leuten in weißen Anzügen, die einen mit Wasser besprühten und auf einen losstürmten. Ich schreckte ebenfalls zurück, als diese seltsamen, lärmenden, rasselnden Männer sich näherten; wie sie traute ich keinem Lebewesen, das so achtlos Krach machte und immer irgendwelche Gegenstände mit sich herumtrug, als könne es jeden Augenblick zornig werden und nach etwas zum Werfen greifen. Nach den ersten paar Wochen ging ich in die Küche des Yerkes Center und bat um die Erlaubnis, den Bonobos selbst ihre tägliche Essens-

ration zu bringen; zu meiner Überraschung wurde es gestattet. Dafür gab es wahrscheinlich nur einen Grund: Die Tierpfleger hatten gemerkt, daß die Bonobos tatsächlich zu mir kamen und Futter unmittelbar von mir annahmen, was ihnen, mit Ausnahme von James, nicht gelungen war.

James, eigentlich schon längst im Rentenalter, war der einzige Tierpfleger, der Robert und Ada Yerkes noch persönlich gekannt hatte. Er hatte mit ihnen in Orange Park in Florida gearbeitet, wo das Yerkes Center als Erweiterung der Yale University entstanden war.

Soweit ich erkennen konnte, war James auch der einzige Tierpfleger, der an den langen Käfigreihen entlanggehen konnte, ohne daß die Affen schrien, spuckten oder mit Kot warfen, der überall in den Käfigen herumlag. Wenn James die Affen ansah, waren seine Augen voller Fürsorge. Irgendwie erkannten die Affen das, selbst diejenigen, die verrückt geworden waren, weil man sie schon als Säuglinge isoliert hatte.

Auch die Bonobos vertrauten James allmählich, und schon bald richteten sie ihre ganze Aufmerksamkeit auf ihn und mich. Manchmal unterhielt sich James mit mir, was er mit anderen Wissenschaftlern kaum tat; dann erzählte er mir Geschichten von »alten Zeiten«, als das Yerkes-Labor sich noch in Orange Park befunden hatte, wo es das ganze Jahr über warm war und wo man sich ganz auf das Verhalten der Schimpansen konzentriert hatte. James war damals offenbar glücklich gewesen und trauerte dieser Zeit nach, denn jetzt herrschten in dem Institut ganz andere Verhältnisse. Er blieb vermutlich wegen der Affen, die er lieben gelernt hatte, und versuchte, den neuen Tierpflegern ein paar Dinge zu zeigen – aber die meisten von ihnen interessierten sich nur für Alkohol und betrachteten die Affen offenbar als Störung.

Im Menschenaffentrakt des Yerkes Centers waren in den siebziger Jahren nur Männer als Tierpfleger zugelassen. Ich durfte mich nur deshalb dort aufhalten, weil ich Wissenschaftlerin war. Hätte ich mich als Tierpflegerin beworben, hätte man mir nie gestattet, diesen Gebäudeflügel zu betreten. Ich galt als »seltsam«, weil ich es für nützlich hielt, beim Reinigen der Käfige zu helfen, und weil ich praktisch die einzige Frau war, die die Affen zu Gesicht bekamen. Als einzige unter den Wissenschaftlern verbrachte ich auch mehr Zeit mit den Affen, als es zum Sammeln von Daten unbedingt erforderlich war. Die anderen Wissenschaftler hielten mich für exzentrisch, weil ich die Tiere füttern oder mich an ihrer Versorgung beteiligen wollte. Für mich war das aber äußerst praktisch, denn auf diese Weise blieben ihre Käfige sauber, und sie faßten immer mehr Vertrauen zu mir. Beides machte es erheblich angenehmer, in ihrer Nähe zu sein. Ich erzähle das nicht aus Überheblichkeit, sondern um zwei sehr unterschiedliche Welten darzustellen: In der einen lebten diejenigen, die sich tagtäglich um die Affen kümmern und mit ihnen Kontakt haben mußten, in der anderen dagegen die, die das Ziel hatten, die Affen zu verstehen.

Aus meinen Erfahrungen mit den Schimpansen in Oklahoma wußte ich, daß Menschenaffengruppen leicht die Einstellung »Wir gegen die da« entwickeln. Ich wollte Lokelema, Matata und Bosondjo das Gefühl vermitteln, daß ich zu ihnen gehörte, im Gegensatz zu den Heerscharen weiß gekleideter Tierpfleger und maskierter Mediziner, Tierärzte und Assistenten mit ihren vielen Nadeln, Sonden, Schreibblöcken und Gummihandschuhen. Die Vorstellung, man müsse sich von Kopf bis Fuß in Weiß einhüllen, um sich den Affen zu nähern – einschließlich des Gesichts, dem wichtigsten Medium zur Übermittlung von Botschaften an die Affen –, fand ich entsetzlich. Die Maskierung diente natürlich vor allem der Abwehr von Kot und Wasser, womit man regelmäßig beworfen wurde, wenn man in dem »Menschenaffentrakt« an den Käfigreihen entlangging. Mir schien es vernünftiger, die Käfigbewohner davon zu überzeugen, daß ich nichts Böses im Schilde führte und nur vorbeigehen wollte, natürlich mit ihrer Erlaubnis. Also ließ ich die Schutzkleidung weg und machte mich daran, mir das Recht zum ungehinderten Passieren der dreißig Affenkäfige zu erwerben, die zwischen dem Eingangsbereich und den Bonobos standen – die Zwergschimpansen wohnten ganz am Ende des »Flügels«. Das war wichtig, denn es war die einzige Möglichkeit, zu den Bonobos zu gelangen; wenn alle fünfundsiebzig Affen zwischen ihnen und mir Ärger und Aggression zeigten, nur weil ich an ihnen vorbeiging, dann würden auch die Bonobos völlig zu Recht nichts mit mir zu tun haben wollen, wenn ich bei ihren Käfigen anlangte.

Und dann war da die einfache, aber offenkundige Tatsache, daß man mit einem weißen Kittel ein provozierenderes Ziel abgibt. Ich legte auch dieses Insignium der Wissenschaft ab und ging in Shorts und T-Shirt hinein. Das konnte ich 1975 tun, denn damals gab es noch keine strengen Vorschriften über die Bekleidung beim Umgang mit Menschenaffen. Heute würde man mir nicht gestatten, den Kittel- und Maskenzwang zu verletzen. Im Laufe mehrerer Monate verschaffte ich mir das Wegerecht, so daß ich wie James unbehelligt an den Käfigen vorübergehen konnte. Für mich war das eine Art Sieg, denn es zeigte, daß viele Affen mich zumindest ein bißchen akzeptierten. Fast alle anderen im Yerkes Center betrachteten es als Verrücktheit. Eigentlich seltsam, dachte ich: Wenn man in freier Wildbahn erreicht, daß diese Geschöpfe die Gegenwart des Menschen dulden, gilt es als große Errungenschaft, aber bei gefangenen Tieren ist es töricht und grenzt an eine zu weite Auslegung der Regeln. Schließlich wußte ich, daß zumindest Bosondjo und Matata, die beiden jüngeren Bonobos, mich akzeptiert hatten. Bei jedem ungewöhnlichen Ereignis suchten sie den Blickkontakt mit mir, und allmählich machten sie sich meine Reaktionen zu eigen. Offenbar verstanden sie, daß ich mehr als sie über dieses seltsame Land der Menschen wußte, in das man sie versetzt hatte. Sie erkannten auch, daß ich mein Wissen einsetzte, um ihnen das Leben leichter zu machen und um sie zu beschützen. Wenig später vertrauten sie mir ganz offenkundig so sehr, daß ich ihre Käfigtür öffnen und hineinkriechen konnte, was bei normalen, in freier Wildbahn eingefangenen Schimpansen niemals möglich gewesen wäre.

Während dieser ganzen Zeit war ich fasziniert davon, wie leicht und genau die Bonobos Körpersprache und Gesichtsausdrücke interpretieren können. Ich hatte zwar normale Schimpansen mit ähnlichen Fähigkeiten kennengelernt, aber die waren in der Obhut menschlicher Pfleger aufgewachsen. Waren sie dagegen in freier Wildbahn oder in großen Gruppen von ihren Müttern großgezogen worden, konnten sie Lachen, Lächeln, Stirnrunzeln und viele andere Gesichtsausdrücke der Menschen offensichtlich nur schwer erkennen. Außerdem war aufrechtes Stehen für sie ebenso eine Bedrohung wie der direkte Blick in die Augen. Diese wild eingefangenen Bonobos hatten dagegen keinerlei Schwierigkeiten, den Ausdruck solcher und auch komplizierterer Gefühle wie

Bestürzung, Verblüffung oder Dankbarkeit zu verstehen, und ebensowenig konnte ich diese Gefühle bei ihnen übersehen. Von Anfang an hatten wir eine gemeinsame Sprache, die allerdings nicht bestimmte Gegenstände, sondern Stimmungen und Absichten wiedergab. Hätte uns dieser Weg der Kommunikation nicht zur Verfügung gestanden, wären meine Bemühungen, meine Gefühle mit ihren Befürchtungen in Verbindung zu bringen, zum Scheitern verurteilt gewesen. Nach dem ersten Kennenlernen hatte es zwei Wochen gedauert, bis ich in den Käfig gehen konnte, und in dieser Zeit hatte ich bereits gelernt, daß die nonverbale Sprache der Bonobos weitaus menschenähnlicher war als die der normalen Schimpansen.

Auch die Temperamentsunterschiede der beiden Arten waren schon bald zu erkennen. Besonders deutlich zeigt sich das an der Geschichte mit den Plastikkübeln. Man hatte den Bonobos von Anfang an einen Plastikeimer als Futterbehälter in den Käfig gegeben; aber der Kübel erlangte schon bald eine größere Bedeutung. Sie benutzten ihn zur Aufbewahrung von Trinkwasser, drehten ihn um und setzten sich darauf, urinierten hinein, stülpten ihn als Sichtschutz über den Kopf, trugen ihn wie ein Baby vor dem Bauch und spielten damit herum. Die normalen Schimpansen in den Nachbarkäfigen konnten alle diese Tätigkeiten sehen, und wir fragten uns, ob sie wohl die Possen der Bonobos nachmachen würden, wenn wir ihnen ebenfalls Eimer gaben. Sie taten es nicht.

Statt dessen benutzten sie den Kübel für aggressive Verhaltensweisen: Sie schwenkten ihn in der Luft, schleuderten ihn gegen die Käfigstangen und stießen ihn mit den Füßen über den Boden. Bosondjo war von diesen äffischen Eruptionen gefesselt. Er nahm seinen Eimer, trug ihn in seinem Käfig an eine Stelle, von der aus er die normalen Schimpansen gut sehen konnte, und setzte sich mit den Ellenbogen auf den Knien und dem Kinn auf den Händen darauf, um zuzusehen. Als die Vorstellung vorüber war, stand Bosondjo auf, nahm den Eimer, schüttelte ihn, stieß ihn lärmend über den Fußboden und warf ihn dann nach Matata. Bosondjo ahmte offensichtlich nach, was er gesehen hatte, aber ohne die Heftigkeit und Aggression der normalen Schimpansen. Er tat es kein zweites Mal, und sein Eimer blieb lange Zeit heil. Bei den normalen Schimpansen gingen die Kübel schnell zu Bruch.

Bei meinen Studien an den Bonobos halfen mir Beverly Wilkerson und Roger Bakeman, und es dauerte nicht lange, bis wir unsere Erkenntnisse über das Verhalten dieser außergewöhnlichen Tierart in einer Reihe von Fachartikeln veröffentlichen konnten. Damals, Mitte bis Ende der siebziger Jahre, waren die Biologen mit dem Sozialverhalten der normalen Schimpansen schon recht vertraut, vor allem durch die bahnbrechenden Arbeiten von Jane Goodall. Die Schimpansengesellschaft galt als vorwiegend männlich dominiert, mit einer leicht erkennbaren Rangordnung bei Männchen und Weibchen. Das Sozialverhalten des einzelnen Schimpansen war oft darauf ausgerichtet, seine Stellung in der Hierarchie zu überprüfen. Hochrangige Tiere hatten bevorzugten Zugang zum Futter und, besonders wichtig für die Männchen, zu Sexualpartnerinnen. Die normalen Schimpansenweibchen sind nur wenige Tage im Monat empfänglich für sexuelle Annäherungsversuche und zeigen in dieser Zeit eine auffällige rosafarbene Schwellung der Geschlechtsorgane. Ein solches Weibchen ist oft von einem ganzen Schwarm interessierter Verehrer umgeben, die sich alle mehrfach mit ihm paaren können. Wie Jane Goodall und Carolyn Tutin jedoch gezeigt haben, ist mehrfache Paarung nicht die einzige Fortpflanzungsstrategie der Schimpansenmännchen. Manchmal belegen sie ein paarungsbereites Weibchen mit Beschlag, indem sie es zu einem »Ausflug« zu zweit mitnehmen und in dieser Zeit andere Männchen geflissentlich meiden. Auf diese Weise sorgt der männliche Schimpanse dafür, daß er das Weibchen zur richtigen Zeit für sich allein hat.

Obwohl uns mit Lokelema, Matata und Bosondjo nur eine kleine Bonobo-Gruppe zur Beobachtung zur Verfügung stand, wurde sehr schnell deutlich, daß Bonobos in freier Wildbahn offenbar eine ganz andere Sozialstruktur haben und daß ihre Sexualität auf ganz eigene Weise funktioniert. Diese ersten Beobachtungen wurden später durch die Freilandstudien von Takayoshi Kano, Suehisa Kuroda, Takeshi Furuichi und Nancy Thompson-Handler untermauert. Einfach gesagt, gibt es bei Bonobos viel weniger Rangunterschiede, und sie bedienen sich der Sexualität zu wesentlich mehr Zwecken als die normalen Schimpansen. Der Sex – homo- und heterosexuell – hat sich bei den Bonobos weit über seine ursprüngliche Fortpflanzungsfunktion hinausentwickelt. Er

spielt in ihrer Gesellschaft eine zentrale Rolle, um alle Einzeltiere aneinander zu binden.
Das Leben der Bonobos dreht sich um den Nachwuchs. Anders als bei den normalen Schimpansen helfen in einer Bonobo-Gruppe alle bei der Säuglingspflege mit, und sie teilen das Futter mit den Kleinen. Ein Bonobo-Säugling kann nichts falsch machen. Dieses hohe Ansehen der Jungen verschafft den Bonobo-Weibchen eine Stellung, die normale weibliche Schimpansen nicht besitzen, denn diese müssen die Last der Kinderpflege allein tragen. Bei den Bonobos bilden Weibchen und Junge den Kern der Gruppe, und die Männchen haben nur in dem Maße Zutritt, wie sie kooperativ und hilfsbereit sind. Hochrangige Männchen sind solche, die von den Weibchen akzeptiert werden, und männliche Aggression gegen Weibchen kommt nur selten vor, obwohl die Männchen als stärker gelten.
Die Sexualität hat sich bei Menschen und Bonobos zu einer Art vielschichtigem Bindungsverhalten entwickelt. Wenn man den Gesichtspunkt des Genitalkontakts einmal beiseite läßt und sich die Sexualität der Bonobos als »Ganzkörperumarmung« vorstellt, bekommt man einen kleinen Eindruck davon, wie viele Facetten der »Sex« bei den Bonobos hat. Wir Menschen umarmen uns, weil wir zum Beispiel glücklich oder aufgeregt sind, weil wir andere trösten und stärken wollen, weil wir jemanden begrüßen oder verabschieden oder ihm zeigen wollen, daß wir ihn lieben oder uns von ihm angezogen fühlen; in allen diesen Situationen umarmen auch die Bonobos einander. Im Gegensatz zu Menschen tragen aber die Bonobos keine Kleidung, und deshalb ist eine Ganzkörperumarmung bei ihnen in irgendeiner Form von einem Kontakt der Geschlechtsorgane begleitet, was von Natur aus stimulierend wirkt.
Sexuelle Erregung und ihre Befriedigung ist bei den Bonobos ein sehr schneller Vorgang – er dauert etwa so lange wie eine herzliche Umarmung bei uns Menschen. Im Gegensatz zu uns begreifen die Bonobos aber nicht den Zusammenhang zwischen Sexualität und Fortpflanzung. Das gewährt ihnen die Freiheit, ihre Sexualität ganz unmittelbar ausleben zu können. Die Menschen dagegen können sich den Folgen der Sexualität nicht verschließen. Nachwuchs erfordert außerordentlich langfristigen Zeit- und Energieaufwand. Deshalb wird jede Aktivität, die zur Zeugung

von Nachkommen führt, bei Menschen verschiedenen Formen von Regelung und Beschränkung unterliegen, einfach aufgrund der Erkenntnis, daß Sexualität mit Fortpflanzung gekoppelt ist.
Die Menschen jedoch wissen nicht nur um den Zusammenhang zwischen sexueller Aktivität und Nachkommen: eine Menschenfrau ist auch körperlich nicht dazu ausgerüstet, Nachkommen ohne Hilfe zu versorgen. Ein menschlicher Säugling ist viel größer als ein Affenbaby und läßt sich viel schwerer tragen, weil er sich nicht anklammert. Deshalb muß eine Frau in der Lage sein, Nahrung zu beschaffen und sich zu verteidigen, und gleichzeitig muß sie für einen Säugling sorgen, der sich nicht an ihr festhalten kann, während sie den notwendigen Tätigkeiten zum Unterhalt von beiden nachgeht. Aus diesem Grund ist die Mitwirkung der Männer zumindest unter Naturbedingungen entscheidend für das Überleben des menschlichen Nachwuchses. Sexualität führt also beim Menschen nicht nur zu Nachkommen, sondern auch zu der Notwendigkeit, der Frau beim Großziehen der Nachkommen zu helfen. Die Erkenntnis dieser Folgen der Sexualität ist eine vergleichsweise junge Errungenschaft des menschlichen Geistes, die in der kurzen Zeit noch nicht zu einem biologischen Bestandteil unserer Spezies werden konnte. Das heißt, wir Menschen erfinden die negative Einschätzung der Sexualität nicht, weil wir genetisch so veranlagt sind, sondern weil unser Geist erkannt hat, daß sie notwendig ist.
Befreit von dem Wissen des Menschen und von der Verantwortung für völlig hilflose Säuglinge, und ausgestattet mit einer Libido, die sich schnell anregen und befriedigen läßt, können Bonobos die Kopulation ebenso als soziales Ausdrucksmittel benutzen, wie Menschen es mit gegenseitigen Umarmungen ohne Genitalkontakt tun. Manche Primatenforscher wollten die Sexualität der Bonobos mit der Behauptung »erklären«, sie diene dem Abbau von Spannungen und der Entschärfung von Aggressionen. Solche Begründungen gehen an der Sache vorbei, denn sie »erklären« Dinge, die der Beobachter nur in seinem Geist durch seinen eigenen Begriffsrahmen schafft. Das heißt, wenn man unterstellt, daß es Spannungen gibt, folgt daraus, daß sie »abgebaut« werden müssen. Diese Sichtweise führt ungewollt zu der Annahme, daß viele Verhaltensweisen, zum Beispiel Kraulen oder Sex, zum Zweck des »Spannungsabbaus« existieren. Ebenso plausibel

ist die Vorstellung, daß die Notwendigkeit zur Fortpflanzung sexuelle Aktivität hervorruft und daß die sexuelle Aktivität ihrerseits Spannungen erzeugt.
Bonobos achten wie Menschen sehr wohl darauf, wer wen begattet, und sexuelle Eifersucht gibt es sowohl innerhalb des gleichen Geschlechts als auch zwischen Männchen und Weibchen. Entsprechend werden auch manche Annäherungsversuche abgewiesen, andere dagegen angenommen. Diese Vorgänge führen bei den Mitgliedern der Gruppe zu unterschiedlichen Gefühlen, die eine Klärung erfordern.
Allerdings gehen bei den Bonobos in der Regel nicht Schreie und Kämpfe der sexuellen Aktivität voraus. Ihre Sexualität ist wie bei den Menschen ein so komplexes Phänomen, daß man sie mit der Vorstellung von »Spannungsabbau« bei weitem nicht erklären kann. Die Sexualität ist für die Bonobos nicht nur ein Mittel des Zusammenhalts, sondern sie sind sich ihrer sexuellen Gefühle auch sehr bewußt. Beide Geschlechter zeigen ein deutliches Interesse an den Wirkungen sexueller Aktivitäten bei sich selbst und beim Partner, und sie nehmen diese Wirkungen auch wahr. Anders als bei den normalen Schimpansen ergreift bei den Bonobos das Weibchen ebensooft die Initiative für die Kopulation wie das Männchen, oft auch anderen Weibchen gegenüber.
Ebenfalls im Gegensatz zu den normalen Schimpansen wenden sich die Bonobos wie Menschen beim Geschlechtsverkehr häufig das Gesicht zu. Zur Menschenähnlichkeit dieser Eigenschaft trägt auch bei, daß sie dem Partner vor und während der Kopulation eindringlich ins Gesicht sehen, ganz offensichtlich, um dessen Ausdruck zu verfolgen. Stärke und Geschwindigkeit der Stöße ändern sich zum Beispiel je nach dem Gesichtsausdruck. Kopulierende Paare geben auch Lautäußerungen von sich, offenbar um sich zu verständigen. Wir beobachteten im Zusammenhang mit dem Geschlechtsverkehr mindestens drei Arten des Gesichtsausdrucks und vier verschiedene Lautäußerungen.
Als Beverly Wilkerson und ich 1978 über unsere Arbeit berichteten, stellten wir folgendes fest: »Diese Beobachtungen legen den starken Verdacht nahe, daß der Zwergschimpanse bei der Kopulation nicht nur durch seine eigene physiologische innere Rückkopplung gesteuert wird, sondern auch durch das subjektive Erleben des Partners.«[15] Ich habe keinen Zweifel, daß normale

Schimpansen kognitive Wesen sind, die in einem gewissen Umfang Selbstwahrnehmung und Subjektivität kennen. Bei dieser Untersuchung des sozio-sexuellen Verhaltens drängte sich mir jedoch zum erstenmal die Erkenntnis auf, daß die Subjektivität bei den Bonobos möglicherweise noch viel stärker ausgeprägt ist.

Allein die Kopulation von Angesicht zu Angesicht und der langanhaltende Augenkontakt wären Anlaß genug, die Bonobos als einmalig unter den nichtmenschlichen Primaten zu bezeichnen. Aber in ihrem Sexualverhalten gibt es noch viele weitere Eigenheiten, die ihnen eine Sonderstellung verschaffen. Am auffälligsten ist der Wechsel von Geschlechtspartnern und Positionen. Homosexuelle Beziehungen zwischen den Weibchen sind ein besonders offenkundiger und häufiger Aspekt im Leben der Bonobos. Freundschaften zwischen den weiblichen Tieren werden auf diese Weise besiegelt und haben zur Folge, daß die Weibchen ihre Kräfte friedlich teilen. Die homosexuelle »Kopulation« zwischen den Bonobo-Weibchen (von den Primatenforschern »GG-Rubbing« genannt) zeigt alle Kennzeichen des heterosexuellen Geschlechtsaktes mit Ausnahme der Penetration. Als ich dieses Verhalten bei Lokelema und Matata beobachtete, konnte ich die sichtlich blutgefüllte, erregte Klitoris erkennen, die heftig an den Genitalien der Partnerin gerieben wurde. Wie bei der heterosexuellen Kopulation sahen sich die Partnerinnen intensiv an, und die Betätigung verschaffte ihnen eindeutig Lust und Befriedigung. Offenbar kamen sie auch zum Orgasmus, was sich kurz vor dem Ende des GG-Rubbing an unkontrollierten, rhythmischen Zuckungen zeigte. »Der Zwergschimpanse ist von über zweihundert Primatenarten die einzige, die dieses Verhalten entwickelt hat«, sagte Kano, als er später das GG-Rubbing beschrieb, das er bei Wamba beobachtet hatte, »und jedesmal, wenn sie sich begeistert diesem ›lesbischen‹ Verhalten hingaben, waren sie offenbar stolz auf ihre tolle Erfindung.«[16]

Die Bonobos treiben den sexuellen Erfindungsreichtum noch weiter: Man beobachtet homosexuelle Aktivitäten zwischen Männchen, wechselnde Stellungen beim Geschlechtsverkehr zwischen Männchen und Weibchen sowie hetero- und homosexuelle Kopulationsorgien mit mehreren Beteiligten. Sexuelle Aktivität ist in der Bonobo-Gesellschaft offenbar ansteckend: Wenn ein Paar zu kopulieren beginnt, zeigen die übrigen Gruppenmitglieder häufig ebenfalls irgendeine Form von Interesse. Insbesondere das GG-Rubbing zwischen den Weibchen scheint die Männchen zu erregen. Manche der Außenstehenden kopulieren dann mit einem anderen Partner, andere laufen zu dem ersten Paar, berühren es, schreien mit ihm gemeinsam oder machen sogar mit. Wenn beispielsweise Lokelema und Bosondjo kopulierten, beteiligte sich Matata häufig, indem sie ihre Vulva an Bosondjos Rücken oder Mund rieb. In der größeren Gruppe im Zoo von San Diego war ein Paar während des Geschlechtsverkehrs häufig von bis zu fünf jungen Weibchen umgeben, die ihre Genitalien heftig an verschiedenen Körperteilen der kopulierenden Partner rieben. In der Sexualität der Bonobos gibt es eine »Verflechtung von Emotionen und Empfindungen«, die beträchtlich über das entsprechende Verhalten anderer Menschenaffen hinausgeht – abgesehen vielleicht von uns selbst. Man kann sich des Eindrucks nicht erwehren, daß sie einfach gegenseitig an ihrer Ekstase teilhaben wollen und daß dies ihr subjektives Erleben steigert – ganz ähnlich, wie es in vielen menschlichen Kulturen beim nichtsexuellen Teilen religiöser Ausdrucksformen der Fall ist. Je öfter ich den Geschlechtsakt bei Bonobopaaren beobachtete, desto mehr wurde mir klar, daß sie dabei nicht passiv irgendeine Stellung einnahmen. Einer der Partner hatte eine klare Vorstellung von seiner bevorzugten Position und teilte dem anderen dann anhand einiger Gesten alles Notwendige mit. Es gab drei Arten solcher Gesten. Erstens konnte ein Bonobo eine Hand auf den Körper des Partners legen und ihn gezielt bewegen. Diese Art, jemanden in eine bestimmte Stellung zu bringen, ist wahrscheinlich die einfachste kommunikative Handbewegung. Der zweite Typ ist raffinierter und umfaßt sowohl Berührung als auch bildliche Handbewegungen, Gesten, die die gewünschte Bewegung anzeigen. Derjenige, der die Initiative ergreift, berührt mit der Hand leicht den Körperteil des Partners, den dieser bewegen soll, und zeigt mit der anderen Hand an, welche Bewegung er wünscht. Und schließlich gibt es ausschließlich zeigende Handbewegungen: Hand und Unterarm werden beispielsweise quer vor dem Körper bewegt, die Arme werden in aufrechter Stellung geschwenkt, oder der Arm wird mit der Handfläche nach unten erhoben.

Wir analysierten diese Gesten mit Hilfe von Zeitlupenaufnahmen, und dabei erkannten wir eindeutig, daß sie nicht wahllos angewandt werden. Es gab immer eine Entsprechung zwischen der Geste des einen Bonobos und der darauffolgenden Bewegung des Partners, ein Hinweis auf ein echtes, abstraktes Kommunikationssystem. Gesten der Hände mögen einfach erscheinen, aber in Wirklichkeit verlangen sie ein hohes Maß an kognitiver Entwicklung. Sie erfordern eine klare Vorstellung vom Ich und vom Gegenüber sowie die Erkenntnis, daß man einem anderen die eigenen Wünsche mitteilen kann. Weiterhin muß eine zeitweilige Übereinstimmung zwischen der Handbewegung und der Körperbewegung des Empfangenden bestehen, und die Hand erfüllt nicht den gleichen Zweck wie beim Gestikulieren, sondern dient als Symbol für den Körper des anderen. Diese Fähigkeiten werden oft als wichtige Voraussetzungen für Sprache genannt. Die zeigenden Gesten haben sich wahrscheinlich aus Berührungsgesten entwickelt, und ihre Auswirkungen wecken den Eindruck von einer einfachen Gebärdensprache, wie sie manchen Hypothesen zufolge auch beim Menschen am Anfang der Sprachentwicklung gestanden haben soll. Ungewöhnlich waren die Bonobos, wie sich herausstellte, nicht nur wegen ihrer sexuellen Gefühlsausbrüche kurz vor der Fütterung, sondern auch wegen der Art, wie sie das Futter verzehrten. Wenn ich der Gruppe normaler Schimpansen, die ich studierte, Futter mitbrachte, belegte Sonia, das größte und dominierende Tier, das Futter mit Beschlag. Trotz aggressiver Verhaltensweisen, Betteleien und Temperamentsausbrüchen ihrer Partner Phineas und Little One weigerte sie sich, etwas abzugeben. Erst wenn Sonia satt war, ließ sie die anderen an die Nahrung. Die Bonobos reagierten ganz anders. Kurz bevor das Futter kam, begannen sie mit sexuellen Aktivitäten, und anschließend kam es zu wilder Aufregung beim Nehmen und Teilen der Nahrung; in vielen Fällen boten sie sich gegenseitig Sex im Tausch gegen Futter an. Einige Male nahm Matata mitten während der Kopulation Futter aus Bosondjos Mund. Das Teilen des Futters kommt auch bei normalen Schimpansen vor, aber nur selten und dann meist zwischen Mutter und Kind oder unter ungewöhnlichen Umständen, zum Beispiel wenn es Fleisch gibt.

Trotz unserer beschränkten und zwangsläufig künstlichen Beobachtungsbedingungen lernten wir eine Menge. In dem Artikel, den ich 1978 zusammen mit Beverly Wilkerson veröffentlichte, vermerkten wir: »Derzeit ist offensichtlich, daß P. paniscus, was Verhalten und Morphologie angeht, dem H. s. sapiens in allen Gesichtspunkten der Sexualität vom gegenseitigen Ansehen bis hin zur Homosexualität mehr ähnelt als jeder andere lebende Menschenaffe. Gestützt wird diese Ansicht durch die Beobachtung, daß die Kopulation durch Gesten der Hände eingeleitet wird.«[17] Wir vermuteten, daß die sozio-sexuellen Verhaltensweisen des Bonobo ein wichtiges soziales Phänomen darstellten, das der Aufrechterhaltung einer ungewöhnlichen Gruppenstabilität diente. Wir betonten auch, daß die Beobachtung der Wildpopulationen, die zu jener Zeit erste Ergebnisse brachte, zum Test für unsere Hypothesen werden sollte.

Daß es Menschenaffen gibt, weiß man schon sehr lange, aber systematische Studien an ihren natürlichen Populationen wurden erst in jüngerer Zeit betrieben, angeregt durch Louis Leakey. In den sechziger Jahren richtete Jane Goodall die Forschungsstation am Gombe-Fluß in Tansania ein, um die Schimpansen zu beobachten; Dian Fossey gründete die Karisoke-Station in Ruanda, um sich mit den Gorillas zu beschäftigen; und Birute Galdikas ging in den Tanjung-Putin-Nationalpark auf Borneo, wo sie die Orang-Utans studierte. Mit den Bonobos beschäftigte man sich erst etwa zehn Jahre später – eine Ursache der Verzögerung waren Bürgerkriege. Anfang der siebziger Jahre nahmen zwei Forschergruppen die Arbeit auf: Die eine arbeitete im Wald von Wamba unter der Leitung von Takayoshi Kano, die andere im Wald von Lomako unter Randall Susman. Das Verbreitungsgebiet der Bonobos, das im Norden vom Zaïrefluß und im Süden von dem Fluß Kasai begrenzt wird, ist eine eintönig flache Landschaft, bedeckt von einem Mosaik aus Sumpfwäldern und Regenwald – alles in allem eine abgelegene Gegend.
Um das Gebiet von den USA aus zu erreichen, mußten Susman und seine Kollegen zunächst nach Brüssel und dann weiter nach Kinshasa, der Hauptstadt Zaïres, fliegen. Von dort zum Wald von Lomako gelangt man nach einer achttägigen Bootsfahrt auf dem Fluß, einer zweitägigen Reise im Landrover und einer eintägigen Wanderung durch Sümpfe. So erreichten sie schließlich das Ba-

sislager der Forschungsstation, das aus ein paar mit Palmblättern gedeckten Hütten bestand. Die Abgeschiedenheit dieser Gegend ist die Erklärung dafür, daß der Bonobo so lange unbekannt war, und bis vor kurzem schützte sie die Tiere auch vor der Verfolgung durch den Menschen.

Wer Primaten im Freiland beobachten will, braucht eine Menge Geduld. Erst einmal muß man die Tiere an die Gegenwart von Menschen gewöhnen, genau wie ich es bei Lokelema, Matata und Bosondjo im Yerkes Center getan hatte. Im Wald ist es noch viel schwieriger; erstens sind die Tiere in dem Pflanzendickicht kaum zu finden, und zweitens können sie schnell in den Baumkronen verschwinden, wenn sie Angst haben. Die Forscherteams aus Japan und Amerika verfolgten in der Praxis unterschiedliche Strategien, um die Schimpansengruppe, die sie studieren wollten, an sich zu gewöhnen. Susman und seine Kollegen gingen den »reineren« Weg mit Geduld, Geduld und noch einmal Geduld; Kano und seine Mitarbeiter dagegen entschlossen sich, die Tiere mit Futter an eine bequem zu beobachtende Stelle zu locken. Zu diesem Zweck rodeten sie ein kleines Waldstück, das eine Bonobo-Gruppe aufsuchte, und dann legten sie immer wieder Zuckerrohr aus, das die Schimpansen besonders gern mögen.

Diese Methode hat den Vorteil, daß man die Tiere schnell an einem Ort hat, wo man sie beobachten kann, aber nach Ansicht der Puristen kann sich das Verhalten der Tiere durch die künstliche Situation in kaum merklicher Weise verändern. Die Folge war, daß Kano schneller umfangreiche Daten sammeln konnte als Susman und seine Kollegen. Da offenbar zwischen den Bonobo-Gruppen im Lomako- und Wamba-Wald keine nennenswerten Verhaltensunterschiede zu beobachten waren, fühlte Kano sich in seiner pragmatischen Vorgehensweise bestätigt. Solange man nur geringe Futtermengen einsetzt, so betont er, ist die Beobachtungsstelle für die Affen nur ein weiterer Ort im Wald, an dem sie etwas zu fressen finden können.

Das soziale Leben der normalen Schimpansen wird, wie bereits erwähnt wurde, von den Männchen beherrscht. Die Gruppen sind mit etwa dreißig Tieren relativ klein und nur locker organisiert. Die Weibchen gehen oft mit ihren Nachkommen allein oder aber in Gesellschaft weniger anderer Weibchen auf Futtersuche, und zwar nur in einem begrenzten Gebiet. Horden erwachsener

Männchen bewachen die Reviere mehrerer Weibchen oder Weibchengruppen, die sie praktisch als ihren Besitz betrachten und gegen die Aufmerksamkeit der Männchen aus Nachbargruppen abschirmen. Die Weibchen verlassen meist im Jugendalter die Gruppe, in der sie geboren wurden, und verbringen den Rest ihres Lebens in einer anderen Horde. Das bedeutet, daß die Männchen in einer Gruppe meist enge Verwandte sind, nämlich Brüder oder Cousins. Diese Verwandtschaft ist eindeutig von Vorteil für die Ausbildung der starken Bande, die die Männchen zu einer schlagkräftigen Truppe zusammenschweißen; sie verteidigen ihre Weibchen und verschaffen sich neue, indem sie bei anderen Gruppen auf Raubzüge gehen.

Solche Konflikte zwischen den Gruppen verlaufen äußerst gewalttätig und haben, wie die Wissenschaftler der Gombe-Station beobachteten, viele blutige Todesfälle zur Folge. Eine Horde teilte sich zum Beispiel zwischen 1970 und 1972 in die Gruppen Kasekela und Kahama. In den folgenden fünf Jahren wurden sechs der sieben Männchen in der Kahama-Gruppe nacheinander von den männlichen Tieren der Kasekela-Gruppe angegriffen und getötet. Auch innerhalb der eigenen Gruppe verhalten normale männliche Schimpansen sich aggressiv; gelegentlich töten und fressen sie auch die Säuglinge. Diese Art des Kindesmordes kommt häufig vor, wenn die Mutter gerade erst neu zu der Gruppe gestoßen ist, so daß das Kind wahrscheinlich von einem Männchen aus ihrer früheren Gruppe gezeugt wurde. Nach den Erkenntnissen der Evolutionsbiologen ist die Kindestötung den Männchen der neuen Gruppe insofern von Nutzen, als sie die Mutter wieder sexuell empfänglich macht. Es gibt aber bei normalen Schimpansen auch eindeutige Fälle von Kindesmord, bei denen die Mutter nicht kürzlich die Gruppe gewechselt hatte und bei denen mit ziemlicher Sicherheit eines der Männchen, die an dem Kannibalismus mitwirkten, der Vater war. Die getöteten Schimpansenbabys sind in der Regel männlich, und bevor die Männchen der Mutter das Kind wegnehmen, scheinen sie sich in eine aggressive Grundstimmung hineinzusteigern. Es wurde auch über Kindesmord durch Schimpansenweibchen berichtet; welchen Nutzen er hat, ist nicht so einfach zu erklären.

Im Wald von Wamba und Lomako wurde in den vielen Jahren der Forschung kein einziger Fall von Mord oder Kindestötung beobachtet. Und das, obwohl die Bonobos in viel größeren, eng zusammenhaltenden Gruppen leben, die manchmal bis zu hundert Mitglieder haben. In größeren Gruppen gibt es auch mehr Anlässe für Aggressionen, aber die Bonobos haben einen Weg gefunden, um sie zu vermeiden. Dieser Weg, so scheint es, entspricht einem Slogan der sechziger Jahre: Make love, not war – im wahrsten Sinne des Wortes. Die starke Sexualität, die mir im künstlichen Umfeld des Yerkes Center und des Zoos von San Diego aufgefallen war, nimmt in den natürlichen Populationen eine ebenso beherrschende Stellung ein und dient dazu, mögliche Aggressionen in allen Geschlechtskombinationen zu entschärfen. »In der Zwergschimpansengesellschaft besteht die Funktion des Kopulationsverhaltens in erster Linie zweifellos darin, das friedliche Nebeneinander von Männchen und Weibchen zu ermöglichen, und nicht darin, Nachkommen zu zeugen«, meint Kano. »Die Kopulation geht über die Fortpflanzung hinaus.«[18] Das gleiche gilt auch für das homosexuelle Verhalten: Seine wichtigste Funktion ist die Stärkung des Gruppenzusammenhalts. Deshalb, so Kano, »lebt der Zwergschimpanse in einer viel friedlicheren und stärker von gegenseitiger Toleranz geprägten Gesellschaft als der normale Schimpanse, seine Schwesterspezies.«[19]

Daß Bonobos sich oft zu so großen Gruppen zusammenfinden, hat mit der Art ihrer Nahrungsquellen zu tun. Ihre Ernährung umfaßt zwar mehr als hundert verschiedene Futterarten, aber besonders wichtig ist Obst. In den Wäldern gibt es viele große Bäume, die einen gewaltigen Nahrungsvorrat bieten, wenn sie Früchte tragen, aber diese Nahrungsquellen liegen weit auseinander. »Angesichts weit verstreuter, reichhaltiger Nahrungsquellen können die Zwergschimpansen ihr Futter in großen Horden effizienter sammeln als in vielen kleinen Rudeln«, erklärt Kano. »Aber damit eine derart große Gruppe zusammenhält, müssen ihre Mitglieder zu friedlicher Koexistenz in der Lage sein.«[20] Die starke Sexualität der Bonobos mit ihren menschenähnlichen Gesichtspunkten ist also wahrscheinlich das entwicklungsgeschichtliche Produkt der Anpassung an eine ganz bestimmte Art und Verteilung der Nahrungsquellen.

Die Sozialverbände der Bonobos sind viel enger und stabiler als die der normalen Schimpansen. Männchen und Weibchen sind ungefähr in gleicher Zahl vorhanden, im Gegensatz zu dem Weibchenüberschuß bei der Schwesterspezies. In der Regel sind die Bonobo-Männchen weniger stark aneinander gebunden als die männlichen Schimpansen, die Weibchen dagegen stärker. Auch das hat seinen Grund in der Tatsache, daß die männlichen Bonobos im Gegensatz zu Schimpansenmännchen bis weit ins Erwachsenenalter hinein eng an ihre Mutter gebunden bleiben. »Auf diese Weise wird die Mutter zum Kern der Zwergschimpansengesellschaft, und die Männchen richten sich in ihrer Lebensweise nach der Mutter«, beobachtet Kano.[21] Gleichzeitig ist dies auch ein Grund für die eher gleichberechtigte Stellung der männlichen und weiblichen Bonobos. Und die engere Bindung zwischen den weiblichen Bonobos führt zur Bildung von Allianzen, mit denen sie die Aggression der Männchen abwehren können. Die eher gleichberechtigte Atmosphäre in der Bonobo-Gesellschaft spiegelt sich in der Körpergröße von Männchen und Weibchen wider. Die Männchen der normalen Schimpansen, die untereinander um den Zugang zu den Weibchen konkurrieren, sind etwa fünfzehn bis zwanzig Prozent größer als die weiblichen Tiere. (Derartige Größenunterschiede sind bei Tierarten, deren Männchen im Wettstreit um die Weibchen stehen, die Regel.) Bonobo-Männchen sind dagegen nur geringfügig größer als ihre potentiellen Partnerinnen.

Herrschaftshierarchien fehlen bei den Bonobos nicht völlig, aber sie sind raffinierter und wandelbarer als bei den normalen Schimpansen. »In der Persönlichkeit der Zwergschimpansen gibt es eine so große Variationsbreite, daß man keine einfache graphische Darstellung von den Beziehungen zwischen Herrschenden und Untergebenen zeichnen kann«, sagt Kano. »Es gibt aber Hinweise, daß die Zwergschimpansen keine streng lineare Rangordnung haben.«[22] Der ungewöhnlich starke Einfluß der Weibchen in ihrer Gesellschaft im Zusammenhang mit den manchmal komplizierten Bündnissen zwischen den Einzeltieren durchbricht nur allzu leicht die zerbrechliche Dominanzhierarchie, die es vielleicht gibt.

Die Beobachtung wilder Bonobos ist ein trügerisches Erlebnis, das einen leicht dazu verführt, die Tiere zu vermenschlichen; die vielen menschenähnlichen Eigenschaften dieser faszinierenden Wesen scheinen das geradezu zu verlangen. Kano berichtet von vielen derartigen Erlebnissen. Als er die Nahrungsquellen der

Bonobos ermitteln wollte, war er überrascht, welche Aufmerksamkeit die Tiere den Regenwürmern widmeten. Oft konnte er zusehen, wie sie stundenlang eifrig im Sumpf wühlten, obwohl ihre Bemühungen nur magere Früchte trugen. Manchmal fand einer beispielsweise trotz unermüdlichen Grabens nur alle fünfundzwanzig Minuten einen Wurm. Die Bonobos im Wamba-Wald jedoch haben es eigentlich nicht nötig, ihr Futter so mühselig zu suchen – es gibt dort genug zu fressen. Es schien eher so etwas wie eine Freizeitbeschäftigung zu sein; Kano stellte dazu fest: »Das Treiben erinnert an eine Familie, die an einem Feiertag ans Meer fährt, sich bei Ebbe mit Muschelsammeln vergnügt und abends glücklich mit einem Eimer voller Sandklaffmuscheln nach Hause kommt. Mit anderen Worten: Es dient vielleicht der Erholung ... man kann sich nur schwer an die Vorstellung gewöhnen, daß der Lohn dieses Verhaltens aus dem angenehm glitschigen Gefühl bestehen soll, wenn der Regenwurm durch den Rachen gleitet.«[23]

Eine der verblüffendsten Beobachtungen im Wamba-Wald war das Heranschleppen von Ästen, eine Tätigkeit, die sowohl Technik als auch Kommunikation beinhaltet. Sie wird fast ausschließlich von erwachsenen Männchen ausgeübt und scheint eine Methode zu sein, um die Bewegung der Gruppe im Tagesablauf zu organisieren. Dabei spielen auch symbolische Handlungen eine Rolle, die dem Tanz der Honigbienen ähnlich sind. Manchmal greift ein Bonobo nach einem Ast und schleppt ihn lärmend herum, um den anderen etwas zu zeigen. Interessanter ist jedoch der häufigere Fall, daß das Ästeschleppen einen Umzug der Gruppe einleitet.

Zunächst sucht ein Bonobo bis zu einer halben Stunde lang nach dem »richtigen« Ast, wobei er häufig kleinere Exemplare liegen läßt. Nach welchen Kriterien er dabei vorgeht, weiß man nicht.

Anschließend rennt er durch den Wald und zieht den Ast hinter sich her, was großen Lärm verursacht und die Aufmerksamkeit der anderen Gruppenmitglieder weckt. Unter Umständen läuft er mehrmals hin und her, und manchmal begleiten ihn andere Männchen, die ebenfalls Äste schleppen. Schließlich zieht sich die ganze Gruppe in den Wald zurück – und zwar eindeutig in die Richtung, die durch das Ästeschleppen angezeigt wurde. Fällt aber plötzlich aus irgendeinem Grund die Entscheidung, von der ursprünglich geplanten Richtung abzuweichen, widmen sich die führenden Männchen plötzlich besonders heftig dem Ästeschleppen, um die neue Richtung anzugeben. Eine wandernde Bonobo-Gruppe ist in der Regel recht leise. Nur wenn sie einen Baum mit Früchten entdeckt, bricht großes Geschrei aus, das von begeisterter sexueller Aktivität begleitet ist.

Manchmal setzen Bonobos das Ästeschleppen offenbar auch aus persönlichen Gründen ein. Ellen Ingmanson, die einige Jahre im Wamba-Wald arbeitete, beobachtete einmal, wie Mon, ein erwachsenes Männchen, auf diese Weise einen Freund weckte. Mon war eines Morgens aus seinem Nest geklettert und saß auf dem Boden; er blickte zu einem anderen Schlafbaum und einem Früchtebaum hinüber, die etwa acht Meter entfernt waren. Nach einiger Zeit stand er auf, suchte einen Baumschößling, brach ihn ab und schleppte ihn zwischen dem Schlafbaum und dem Früchtebaum hin und her. Kurz darauf tauchte aus dem Nest ein Kopf auf: Ika, ein anderes Männchen, wollte sehen, was das für eine Unruhe war. Mon hörte mit dem Astschleppen auf, quiekte aufgeregt und hüpfte herum. Aber Ika verschwand wieder in seinem Nest. Mon nahm den Ast wieder auf, schleppte ihn noch einmal umher, und nach fünf Minuten erhob Ika sich endgültig und kletterte auf den Boden. Mon hielt erneut inne und wurde sehr aufgeregt. Anschließend begaben sich die beiden Affen zu dem Früchtebaum. »Mon hatte es geschafft, daß sein Freund mit ihm frühstücken ging.«[24]

Oft wird behauptet, Bonobos benutzten in freier Wildbahn keine Werkzeuge. Aber das Herumschleppen von Ästen stellt eindeutig eine Art Werkzeuggebrauch dar. Werkzeuge sind ein Mittel, um Probleme zu lösen. Normale Schimpansen ziehen Termiten mit kleinen Stöckchen aus Astlöchern und knacken Nüsse mit Steinen. Solche Tätigkeiten sind leicht als Werkzeuggebrauch zu erkennen. Die Zwergschimpansen sind mit reichhaltigen Nahrungsquellen gesegnet – für die Futtersuche brauchen sie fünfundzwanzig Prozent weniger Zeit als normale Schimpansen. Dafür haben sie aber das Problem, ihre Gruppenaktivitäten zu kontrollieren und zu lenken. Indem sie Äste schleppen, benutzen sie ein Werkzeug genau zu diesem Zweck, und die Kommunikation, die dabei stattfindet, ist so komplex, wie man es bei nichtmenschlichen Primaten nicht für möglich gehalten hätte.

Mit ihren hervorragenden sozialen Fähigkeiten – zu denen auch der wirkungsvolle Einsatz von Sex gehört – sind die Bonobos, was das Überleben des einzelnen angeht, die erfolgreichsten Primaten. Durch ihr Bestreben, die Aggressionen unter sich zu vermindern, hat jeder einzelne Bonobo die größtmögliche Chance, das Erwachsenenalter zu erreichen. »Sie beweisen, daß Einzelwesen zusammenleben können, ohne daß es Konkurrenz und eine Rangordnung mit Herrschern und Untergebenen geben muß«, stellt Kano fest.[25] Da ist es schon eine traurige Ironie, daß diese friedfertigen und in persönlicher Hinsicht so erfolgreichen Menschenaffen durch die Hand des H. sapiens vom Aussterben bedroht sind.

5

ERSTE EINBLICKE

Kanzi, ein Bonobomännchen, wurde am 28. Oktober 1980 geboren. Die Umstände, unter denen er das Licht der Welt erblickte, waren ebenso ungewöhnlich wie das, was wir später mit seiner Hilfe über Bonobos erfahren sollten. Lorel, seine Mutter, war vom Zoo in San Diego zu Zuchtzwecken an das Yerkes Center ausgeliehen worden. Lorel war nicht von ihrer Mutter, sondern mit der Flasche großgezogen worden, und es handelte sich um ihre erste Niederkunft; deshalb befürchtete ich, sie würde entweder nicht wissen, wie sie ihr Baby versorgen mußte, oder sie würde es nicht wollen. Außerdem wußte ich, daß sich diese Probleme durch Lorels niedrige Stellung in der Bonobo-Gruppe verstärken konnten, und deshalb schlug ich vor, sie für die Zeit der Geburt zu isolieren. Im Zoo von San Diego beschloß man jedoch, sie in der Gruppe zu belassen, weil man das für natürlicher hielt.

Als der Geburtstermin näherrückte, fuhr jeden Abend ein Angehöriger des Georgia State University Language Research Center zu der vierzig Kilometer nordöstlich von Atlanta gelegenen Außenstation in Lawrenceville, um bei der Geburt anwesend zu sein und im Falle von Komplikationen einen Tierarzt zu verständigen. Am 28. Oktober hatte Rose Sevcik Dienst; sobald sie sicher war, daß die Geburt begonnen hatte, rief sie mich an. Als ich eintraf, war Kanzi schon auf der Welt, ein winziges schwarzes Fellknäuel mit spindeldürren Armen und Beinen. In der Bonobo-Gruppe schien eine gewisse Spannung zu herrschen. Lorel ruhte sich nicht bei ihrem Kind aus, sondern lief mit müdem, verwirrtem Blick im Käfig hin und her. Die anderen Bonobos waren von dem neuen Baby fasziniert und bedrängten Lorel ständig, weil sie das Kleine anschauen, anfassen und festhalten wollten. Schließlich legte sie sich erschöpft hin und schloß die Augen, die Arme um Kanzi gelegt, der sich mit seinen kleinen Händen an ihren Bauch klammerte.

Das Weibchen Matata, einer der drei Bonobos in der Kolonie des Yerkes Center, die man ursprünglich in freier Wildbahn eingefangen hatte, ging zu Lorel und setzte sich schweigend neben sie; dabei sah sie das neue Baby liebevoll an, während sie Akili, ihr eigenes Kind, auf dem Schoß wiegte. Als Lorel sie aus schläfrigen Augen anblinzelte, streichelte Matata sanft Kanzis winzige Hände, Füße und Wangen. Lorel sah, daß Kanzi nichts dagegen hatte, und ihre Augen schlossen sich in bleierner Müdigkeit. Als Matata das sah, rückte sie an Lorels Seite und legte Kanzis lange, dünne Arme über ihren eigenen Bauch. Lorel merkte nichts, und nun zog Matata auch vorsichtig an Kanzis zartgliedrigem Bein, das sie ebenfalls auf ihre Vorderseite legte. In einem Reflex klammerte Kanzi sich mit einer Hand und einem Fuß an Matata fest. In diesem Augenblick sah es so aus, als nicke Lorel leicht, während sie vom Halbschlaf in tiefen Schlaf hinüberglitt, und Matata, eine aufmerksame Beobachterin, nahm diese Bewegung zum Anlaß, um Kanzi ganz auf ihren Bauch zu ziehen. Kanzi hielt sich an Matata genauso fest wie zuvor an seiner eigenen Mutter. Lorel öffnete die Augen, blickte erst Matata und dann ihren eigenen Bauch an, und erkannte plötzlich, was geschehen war. Sie stieß einen Schrei aus, den man nur als »traurig« bezeichnen kann, und versuchte, Kanzi von Matata zurückzuholen, aber die hatte ihren eigenen Sohn bereits auf den Rücken geschoben und schlang ihre Arme und Beine so fest um Kanzi, daß Lorel ihn kaum noch sehen konnte. Jetzt lief Lorel hinter Matata her, zog an ihr und versuchte, Kanzi zurückzubekommen. Sie zögerte aber, Matata zu beißen oder anderweitig anzugreifen; vielleicht fürchtete sie, die anderen Bonobos würden für Matata Partei ergreifen, oder vielleicht wollte sie auch nicht riskieren, Kanzi zu verletzen. Matata war ganz offensichtlich entschlossen, Kanzi zu behalten, und der Kleine, noch keine halbe Stunde alt, konnte nicht feststellen, wer seine Mutter war; also klammerte er sich an

Matata und widersetzte sich ebenfalls dem Stupsen und Ziehen von Lorel.

Nach einigen Stunden gab Lorel ihre Versuche auf, Kanzi wieder an sich zu ziehen; jetzt saß sie einfach da und beobachtete Matata mit ihrem Kind. Als Lorel nichts mehr unternahm, um Kanzi zurückzuholen, löste Matata ihn von ihrem Körper, als wolle sie ihn genau betrachten. Sie hielt ihn etwa fünfundzwanzig Zentimeter über ihrem Bauch und starrte ihn unverwandt an, während er heftig mit den Armen und Beinen ruderte und wieder in ihren bequemem Schoß zurückkehren wollte. Irgendwie wollte Matata den Kleinen offenbar prüfen: Sie hielt ihn von sich weg, obwohl er das nicht mochte und wimmerte, und biß ihn vorsichtig, aber fest in die Finger, bis er sich nicht mehr anklammerte. Allmählich sah es so aus, als schwanke sie: Einerseits »spielte« sie mit Kanzi, als sei er ein interessanter Zeitvertreib, und andererseits sorgte sie für ihn wie für ein eigenes Kind. Vielleicht tat sie das alles aber auch nur, um Lorel zu frustrieren und zu testen. Lorel regte sich jedesmal auf, wenn Kanzi bei diesen »Inspektionen« zu wimmern begann. Genau in diesem Augenblick traf der Tierarzt Dr. Brent Swenson ein. Die Bonobos hatten Angst vor ihm, denn er hatte die Aufgabe, sie zu narkotisieren, wozu er ein Betäubungsgewehr benutzte. Das ist für alle Beteiligten ein unangenehmes Erlebnis, und die Bonobos versuchen, dem Tierarzt zu entgehen, und ihn auch anzugreifen. Als Matata Brent sah, entfernte sie sich soweit wie möglich von ihm und versteckte Kanzi schützend in ihrem Schoß. Von nun an behandelte sie Kanzi wie einen eigenen Sohn; das ungewöhnliche Inspektions- und Spielverhalten, das wir unmittelbar vor dem Auftauchen des Tierarztes beobachtet hatten, zeigte sie nie wieder. Sie war für Kanzi und Akili eine hingebungsvolle Mutter und versorgte beide mit Können und Geschick. Lorel saß noch mehrere Tage lang in Matatas Nähe und achtete sorgsam auf Kanzi, aber dann gab sie es auf und behandelte ihn so, als sei er Matatas Sohn.

Da Matata nun zwei Kinder hatte, bot das Yerkes Center an, Akili an Kanzis Stelle abzugeben, und der Zoo von San Diego stimmte zu. Sie nahmen Akili heraus und brachten ihn in der Gruppe von San Diego unter, während Matata und Kanzi zusammen zum Language Research Center reisten. Wir ließen Kanzi bei seiner Adoptivmutter, um seine eigene Orientierung artgemäß zu fördern.

Hätte Matata den kleinen Kanzi nicht auf diese Weise »adoptiert«, wäre die Affensprachforschung ganz anders verlaufen; dann wäre Kanzi bei Lorel geblieben und in seiner Kindheit nicht mit Sprache in Berührung gekommen.

Matatas offenkundige Intelligenz und ihr Kommunikationseifer hatten mich schon immer beeindruckt. Sie entwickelte Methoden, um mich ganz genau wissen zu lassen, was sie wollte. So reichte sie mir zum Beispiel ihren Freßnapf und schob mich zum Kühlschrank, wenn sie Hunger hatte, oder sie zeigte auf das Türschloß, wenn sie ausgehen wollte. Schon bevor ihr Sohn Akili geboren wurde, hatte Matata ein Jahr lang an dem Sprachprojekt teilgenommen. In dieser Zeit hatte sie sich als williges und interessiertes, aber unfähiges Studienobjekt gezeigt. Sie verstand sehr schnell, daß Sherman und Austin die Tastatur zur Kommunikation benutzten und daß man zu diesem Zweck auf die Lexigramme drücken mußte. Aber auf die Idee, daß ein bestimmtes Symbol zu einem bestimmten Zweck gebraucht wird, kam sie nicht. Matata nahm mich bei der Hand und führte mich zur Tastatur, sehr wohl wissend, was sie mitteilen wollte. Dort angelangt, drückte sie aber auf beliebige Symbole und sah mich dann an, als müsse ich nun ihren Wunsch erkennen. Ihre Wünsche und die Lexigramme, die sie benutzte, entsprachen einander also nicht verläßlich. Manchmal drückte sie »Saft«, wenn sie eine Banane wollte, oder sie signalisierte »Kraulen«, wenn sie in Wirklichkeit ins Freie wollte. Oft wies sie den Saft oder das Kraulen nicht zurück, obwohl sie eigentlich eine andere Absicht hatte, denn es gab keinen Grund, die Dinge nicht anzunehmen, die ich ihr bot. Weshalb wußte ich dennoch, daß die von ihr gewählten Symbole nicht ihren wirklichen Wünschen entsprachen? In der Regel erfuhr ich das entweder durch ihren Blick oder durch die Begleitumstände. Wenn Sherman und Austin zum Beispiel darum gebeten hatten, ins Freie zu gehen, wollte Matata sie oft begleiten. Sie gab Laute von sich und sah die beiden an, und wenn ich zustimmte, rannte sie hinüber. Wenn sie in einer solchen Situation »Kraulen« drückte, zeigte sie ganz offensichtlich nicht, was sie wirklich sagen wollte.

Vielleicht hatten wir in Matata zu viele Hoffnungen gesetzt. Anders als Sherman und Austin hatte sie keine systematische

Früherziehung genossen. Sie hatte nicht viele Monate lang gelernt, Lexigramme auseinanderzuhalten, Futterstücke aus einem Automaten abzufordern, Aufforderungen zu verstehen und auszuführen oder zwischen dem Benennen und Fordern von Gegenständen zu unterscheiden. Matata erschien uns so intelligent, daß wir annahmen, sie werde die Lexigramme einzeln erkennen und zur Kommunikation benutzen können. Noch nie zuvor hatte ein Bonobo Sprachunterricht erhalten, und es gab viele Gründe zu der Annahme, daß Matata als Bonoboweibchen in dieser Hinsicht mehr leisten würde als Sherman und Austin. Robert Yerkes hatte beobachtet, daß Bonobos in vielerlei Hinsicht intelligent und menschenähnlich wirkten, und meine früheren Untersuchungen zur Fähigkeit von Matata, Lokelema und Bosondjo, mit Gesten zu kommunizieren, hatten diesen Eindruck bestätigt. Bonobos zeigten ein deutlich ausgefeilteres Repertoire von Sozial- und Kommunikationsverhalten als normale Schimpansen; unter anderem verwenden sie mehr unterschiedliche Gesten und Lautäußerungen. Es sind natürliche Äußerungen, das heißt, sie werden nicht anerzogen, sondern spiegeln die eigene Kommunikationsneigung der Bonobos wider. In einem Fachartikel, den ich zusammen mit meinen Kollegen Kelly McDonald, Rose Sevcik, William Hopkins und Elizabeth Rubert verfaßte, formulierte ich meine Erwartungen so: »Da die Bereiche der Kommunikation mit Gesten, Blicken und Lautäußerungen in der Evolution einen hohen Entwicklungsstand erreicht haben mußten, bevor die eigentliche Sprache entstand, legt die im Vergleich zu anderen Menschenaffen ausgeprägtere Entwicklung dieser Fähigkeiten beim Zwergschimpansen die Vermutung nahe, daß diese Art auch besser auf den Spracherwerb vorbereitet ist.«[1] Diese Annahme wollten wir an Matata überprüfen.

Ende der siebziger Jahre hatten sich die psychologischen Erkenntnisse über den Spracherwerb bei Kindern deutlich erweitert. Zuvor hatte eine stark vereinfachte Vorstellung von Sprache geherrscht, die übermäßiges Gewicht auf die Syntax als unabdingbare Voraussetzung legte. Die neueren Theorien, die durch die Affensprachforschung und durch detaillierte Analysen der Wechselbeziehungen zwischen Eltern und Kindern entstanden waren, betrachteten Sprache stärker im sozialen Zusammenhang.

Sprache galt nun als »höchst komplexe Abfolge von Verhaltensweisen, die durch gemeinsame Interaktionen erworben wird, wobei Worte und Handlungen von zwei oder mehr Individuen miteinander verflochten sind«.[2]

Sowohl die Ergebnisse der Studien mit Sherman und Austin als auch neue Untersuchungen an Kindern wiesen darauf hin, daß das Zusammenspiel von gemeinsamem Hintergrund, sozialer Interaktion und sozialer Erwartungshaltung bei Kindern und Affen zum allmählichen Verstehen jener Wörter führt, die in der Umgebung benutzt werden. Zur Entwicklung dieser Verständnisfähigkeit gehört die Erkenntnis, daß man Wörter zur Bezeichnung von Gegenständen, Ereignissen, Gefühlen und dergleichen mehr benutzen kann. Das heißt, Wörter dienen als willkürlich gewählte Stellvertreter für Gegenstände oder Ereignisse, wenn man eine Bedeutung mitteilen will. Diese neue Theorie des Spracherwerbs legte zum erstenmal großes Gewicht auf das Verstehen von Wörtern und Sätzen als Schlüsselelement der Sprachfähigkeit von Affen.

Bei den ersten Versuchen, Affen Sprache beizubringen, hatte man der Verständnisfähigkeit keine Beachtung geschenkt, weil man annahm, das Erzeugen von Symbolen setze Verstehen voraus. Unsere Arbeiten mit Sherman und Austin hatten gezeigt, daß diese Annahme falsch war. Wie sich herausgestellt hatte, können Affen zwar lernen, Symbole zu verstehen, aber diese Fähigkeit müssen sie sich erst aneignen, und zwar durch Erfahrungen, die gezielt dazu eingesetzt werden, die Verständnisfähigkeit zu fördern. Wenn man dem Affen einfach den Zusammenhang zwischen einem Wort und einem Gegenstand beibringt, führt das nicht immer zu der Fähigkeit, die Absichten anderer zu verstehen, die das gleiche Wort benutzen. Allzu oft ist die Verbindung von Wort und bezeichnetem Gegenstand eine Einbahnstraße: Der Affe erklärt, was er will, und erwartet, daß das richtige Ereignis eintritt. Wenn ein anderer aber den Spieß umdrehte und erklärte, was geschehen soll, stellte sich heraus, daß der Zusammenhang sich nicht immer umkehren ließ. Die Fähigkeit des Affen, Sprache zu erlernen, beschränkte sich also oft auf die Rolle des Affen als Sprecher.

Wie sich zeigte, waren das Verstehen und das Hervorbringen von Sprache zwei ganz unterschiedliche Dinge. Wenn Affen Symbole erzeugen, versuchen sie, das Verhalten eines anderen zu beeinflussen – zum Beispiel, wenn sie um eine Banane bitten. Verstehen sie dagegen Symbole, die sich an sie richten, dann wird von ihnen erwartet, daß sie die Handlung ausführen, die der Absender der Symbole im Sinn hat. Als wir uns bei Austin und Sherman auf das Verstehen von Symbolen konzentrierten, mußten wir also Schemata schaffen, bei denen die Ausführung eines Symbols und die Frage, ob der Affe die mit dem Symbol verknüpften Dinge oder Ereignisse erhielt, völlig voneinander getrennt waren. Das war ein tiefgreifender Bruch mit allen früheren Bemühungen der Affensprachforschung; in der Folge erkannten die Affen nun, daß man Symbole benutzen kann, um Informationen über einen Gegenstand, ein Ereignis oder irgend etwas anderes weiterzugeben, ohne daß eine Verbindung zum Eintreten eines solchen Ereignisses besteht. Als Sherman und Austin im Symbolgebrauch diese Verständnisebene erreicht hatten, beobachteten wir die spontane Entstehung der Fähigkeit, in der Zukunft liegende Absichten mit Sprache auszudrücken. Zum erstenmal, so schien es, »hatten sie wirklich Worte«, das heißt, sie verstanden, daß man Worte benutzen kann, um zukünftige Absichten mitzuteilen und auf diese Weise Handlungen zu koordinieren, und daß sie nicht nur ein Mechanismus sind, mit dem man andere dazu bewegt, etwas Erwünschtes zu tun. Die Fähigkeit, Aussagen über zukünftige Absichten zu machen, stellte einen bedeutenden Fortschritt der Affensprachforschung dar. Wenn Affen etwas über ihre Absichten mitteilen und diese Absichten dann richtig ausführen konnten, ließ sich ihr Verhalten nicht mehr als konditionierte Reaktionsfolge erklären.

Die Arbeiten mit Sherman und Austin hatten den Weg für das geebnet, was wir mit Kanzi in vier unterschiedlichen Punkten erleben sollten: Erstens hatten wir gelernt, daß »Worte« mehr sind als einfache Zusammenhänge zwischen Gegenstand und Bezeichnung; zweitens hatte sich gezeigt, daß Affen recht komplizierte Lautäußerungen hervorbringen können, ohne daß sie solche Äußerungen bei anderen verstehen; drittens hatten wir entdeckt, wie wichtig es ist, sich auf das Verstehen von Sprache zu konzentrieren und die damit verbundenen Ketten von Reiz und Reaktion zu durchbrechen; und viertens hatten wir herausgefunden, daß Verstehen zu der Fähigkeit führt, Sprache zu benutzen

und genaue, experimentell belegbare Aussagen über zukünftiges Verhalten zu machen.
Wir hatten angenommen, durch die Arbeit mit einer anderen Menschenaffenart weitere Erkenntnisse zu gewinnen. Doch unsere ersten Ergebnisse mit Matata waren nicht besonders ermutigend, und Matata wurde schnell erwachsen. Vielleicht, so unsere Hoffnung, würden wir irgendwann mit einem jungen Bonobo arbeiten können.

Diese Gelegenheit ergab sich, als Kanzi sechs Monate alt war. Die Kommission für Menschenaffen des Yerkes Center, die die Affen zuteilt, wies Kanzi dem Language Research Center zu, sofern er bei Matata bleiben konnte, während er an den Sprachuntersuchungen teilnahm. Ich hatte vor, mich wieder mit Matata zu beschäftigen, mit der mich inzwischen eine enge, vertrauensvolle Beziehung verband. Seit kurzem kamen wir in den Genuß einer neuen, geräumigen Arbeitsstätte, und ich wußte, daß sie davon begeistert sein würde – sie bestand aus einem Viertel Quadratkilometer unberührten Waldes auf dem Gelände der Georgia State University. Matata, so nahm ich an, würde sich freuen, wieder im Wald zu sein, und wir würden unsere Beziehung leicht auffrischen können. Allerdings war ich mir unsicher, wie Kanzi reagieren würde.
Im Gegensatz zu Matata hatte Kanzi noch nie Kontakt mit mir gehabt, und seine Freunde waren ausschließlich Bonobos. Kurz nachdem Kanzi und Matata ihr neues Quartier bezogen hatten, gab Matata mir durch Gesten zu verstehen, daß ich in den Käfig kommen solle. Vorsichtig ging ich hinein, weil ich Kanzi nicht beunruhigen wollte. Sobald ich mich seiner Mutter aber auf weniger als einen Meter näherte, stieß Kanzi einen durchdringenden Schrei aus und sprang von Matatas Bauch auf meinen Arm, wobei er in der Luft einen kunstvollen Salto schlug. Zähnefletschend sah er mich an, und dabei schrie er mit aller Kraft, die seine sechs Monate alten Lungen hergaben.
Ich war noch nie von einem Bonobobaby begrüßt worden und wußte nicht genau, was ich von Kanzis Benehmen halten sollte. Da er so heftig schrie, befürchtete ich einen Augenblick lang, seine Mutter könne aus dieser Aufregung schließen, daß ich ihm etwas antun wollte. Obwohl ich Matata als Freundin betrachtete,

rechnete ich damit, daß sie Kanzi wütend beschützen und mich beißen würde, wenn ihr mein Verhalten verdächtig vorkam. Ich stand da, Kanzis Arme und Beine waren eng um meinen Bauch geschlungen, und nun versuchte ich Matata mit allen mir zur Verfügung stehenden nonverbalen Mitteln zu zeigen, daß ich mit Kanzi nichts Böses vorhatte, trotz des gewaltigen Lärms, der aus seinem kleinen Körper drang.

Ich hätte mir die Sorgen sparen können. Matata verstand Kanzis Gefühle weit besser als ich und fand es völlig in Ordnung, daß der Kleine schrie und sie mit einem Sprung verließ, um mir eine lärmende Begrüßung zu bereiten. Sie beobachtete uns weiterhin, als Kanzi sich allmählich beruhigte und mein Gesicht, meine Haare und meine Kleidung untersuchte. Besonders gefesselt war er von meiner Nase – er schien zu bemerken, daß sie anders war als die Nasen, an deren Anblick er bisher gewöhnt war. Diese überschwengliche Begrüßung war der Beginn einer langen, tiefen Freundschaft zwischen einem Menschen, der herausfinden wollte, was es heißt, ein Affe zu sein, und einem Bonobo, der auf seine Weise ebenso stark danach strebte, zu verstehen, was das Menschsein bedeutet.

Das Forschungsprojekt mit Matata sah vor, ihre Ausbildung da wieder aufzunehmen, wo wir sie vor ein paar Jahren beendet hatten, als sie zusammen mit Sherman und Austin bei uns im Yerkes-Labor gewesen war. Mit Kanzi wollten wir vorerst noch nicht arbeiten, denn er war mit sechs Monaten noch zu jung für ein systematisches Training. Deshalb blieb Kanzi einfach nur den ganzen Tag über bei Matata und tat alles mögliche, um sich die Zeit zu vertreiben. Matatas frühere Leistungen waren zwar enttäuschend gewesen, aber sie hatte immerhin gelernt, einzelne Lexigramme auseinanderzuhalten – ein wichtiger erster Schritt, wenn man sie zur Kommunikation benutzen will. Sie konnte auch einige Forderungen mitteilen, aber nach wie vor reagierte sie nicht richtig, wenn andere die Symbole gebrauchten. Sie konnte also keinen Apfel aus einem Kühlschrank holen, wenn man sie darum bat, aber sie konnte in beschränktem Umfang selbst um einen Apfel bitten.

Wir begannen mit einem systematischen Training. Dazu verwendeten wir im wesentlichen die gleiche Computertastatur, die wir zuvor schon bei Sherman und Austin eingesetzt hatten. Neue

Symbole führten wir bei Matata nur sehr langsam ein, um sie nicht zu verwirren. Matata war sehr lernbegierig. Sie schien zu erkennen, daß wir die Symbole zu Kommunikationszwecken benutzen wollten. Außerdem war sie geduldig, was sich als höchst wertvoll erwies, denn Kanzi war ein überaktives Kind. Er rannte in dem Übungszimmer herum, sprang auf Matatas Kopf, stieß ihre Hand von der Tastatur, wenn sie nach dem richtigen Symbol suchte, und klaute ihr das Futter, das sie zur Belohnung erhielt.
Gelegentlich war Kanzi von der Tastatur wie hypnotisiert: Er starrte die Symbole an, wenn sie in der Projektion über den Tasten aufleuchteten, und versuchte, jedes einzelne davon zu greifen, als sei es von größter Wichtigkeit, daß man es festhielt, sobald es auftauchte. Dann drehte er sich plötzlich um und ignorierte die Symbole völlig, als gebe es sie gar nicht. Wie viele Bonobomütter, so war auch Matata gegenüber Kanzi nachgiebig bis zum äußersten. Deutlich zeigte sie, daß sie nicht damit einverstanden war, wenn ich oder jemand anders Kanzi zurechtweisen wollte, gleichgültig, wie unartig er gewesen war. Sie erlaubte ihm, sich mir gegenüber so aufzuführen, wie sie selbst es niemals getan hätte. Wenn Kanzi sich zum Beispiel über etwas ärgerte, wenn ich oder eine andere Person zugegen oder auch nur in der Nähe war, dann durfte er uns beißen, unabhängig davon, ob wir mit der Situation irgend etwas zu tun hatten. Und sie erwartete von uns, daß wir ihn ignorierten oder – was noch besser war – ablenkten. Offenbar konnte und sollte Kanzi, das Kleinkind, nach Matatas Ansicht nicht für seine eigenen Handlungen verantwortlich gemacht werden – genau wie in unserer menschlichen Kultur, in der man Kinder und Tiere ebenfalls nicht für ihre Taten zur Rechenschaft zieht.
Als Kanzi etwa vierzehn Monate alt war, fing er an, gelegentlich auf Tasten zu drücken, und dann lief er zum Futterautomaten, als habe er begriffen, daß es nach dem Tastendruck etwas zu essen gab. Es gab aber keinerlei erkennbare Anzeichen, daß er den Zusammenhang zwischen einzelnen Zeichen und bestimmten Lebensmitteln begriff. Er benutzte die Symbole vielmehr nur gelegentlich und spielerisch. Als er zwei Jahre alt war, wählte er gezielt das Symbol »Fangen«. Er betrachtete die Tastatur, berührte das Symbol und blickte dann umher, um festzustellen, ob ich es gemerkt hatte und bereit war, mit ihm Fangen zu spielen. Wenn

ich das bejahte, indem ich lächelte, nickte oder mit der Tastatur »ja« sagte, rannte er weg und sah sich dabei mit breitem Grinsen um. Immer öfter machte er auch die Geste für »Fangen« (ein Händeklatschen), die er zwischen Sherman und Austin beobachtet hatte. Wir freuten uns, daß Kanzi sich so für das Fangen interessierte, aber was das spontane Lernen für seine Zukunft bedeutete, erkannten wir damals noch nicht.

Matata kam trotz hartnäckiger Bemühungen und eines systematischen Trainingsprogramms nicht so weit voran wie Sherman und Austin. Sie konnte zwar vieles sehr wirksam mit Gesten, Mimik und Lauten mitteilen, aber die Tastatur war ihr nach wie vor ein Buch mit sieben Siegeln. Nach zwei Trainingsjahren und dreißigtausend Versuchen beherrschte sie nur sechs Symbole in begrenztem Umfang. Sie konnte Dinge verlangen, aber wenn sie auf Mitteilungen anderer reagieren sollte, war sie verwirrt. Sie blieb den vorhersehbaren Folgen des Symbolgebrauchs verhaftet. Versuchten wir, diese Folgen zu ändern, indem wir beispielsweise vom Fordern zum Benennen oder Behaupten übergingen, wählte Matata nicht mehr die richtigen Symbole. Sie versuchte zwar weiterhin, die Tastatur für Mitteilungen zu benutzen, aber auf unverständliche Weise – es war so etwas wie der »Wortsalat«, den Terrace bei Nim beschrieben hatte. Wenn ich sie nicht verstand, weil sie auf ein Symbol zeigte, das mit dem augenblicklichen Gegenstand ihres Interesses nichts zu tun hatte, war sie sehr frustriert. Manchmal nahm sie meine Hand, sah mir in die Augen und gab drängende Laute von sich, als ob sie mir etwas erklären wollte und sich wunderte, daß ich sie nicht verstand.

Matata unterschied sich auch in anderer Hinsicht von Sherman und Austin. Zum einen konnte sie Gegenstände bei weitem nicht so genau verschiedenen Kategorien zuordnen. Das gelang ihr nur bei Dingen, die sich in mehreren Eigenschaften unterschieden, zum Beispiel in Gewicht, Form, Farbe, Konsistenz und Größe. War dagegen beispielsweise nur die Farbe anders, ordnete sie die Gegenstände einer Gruppe zu. Sie war auch nicht in der Lage, Fotos zu ordnen, was für Sherman und Austin eine Lieblingsbeschäftigung war. Diese Unfähigkeit, Fotos zu Gruppen zusammenzufassen, spiegelte aber keine fehlende Bilderkennungsfähigkeit wider, denn sie sah sich sehr gern illustrierte Zeitschriften an. Manchmal probierte sie sogar, wie Fotos von verschiedenen Früchten »schmeckten«. Sherman und Austin dagegen sortierten ohne weiteres Gegenstände, die sich nur in einer Eigenschaft unterschieden: zuerst ordneten sie sie nach der Farbe, dann nach der Form, dann nach der Größe, und so weiter. Fotos konnten sie zu Gruppen wie Menschen, Tiere, Werkzeuge, Lebensmittel oder Fahrzeuge zusammenstellen.

Auch Werkzeuge verwirrten Matata. Oft versuchte sie, einen Stock in ein Loch zu stecken, und hielt ihn dabei quer zur Öffnung. Trotz langen Übens lernte sie auch nicht, einen Schlüssel in ein Schloß zu stecken. Ebenso schlecht war in vielen Fällen ihre Fähigkeit zum Nachahmen. Sherman und Austin lernten zum Beispiel, wie man mit einem Joystick ein Videospiel steuert, einfach indem sie mich ein paarmal dabei beobachteten. Matata dagegen konnte ich auch durch noch so viele Hinweise nicht mitteilen, welche Beziehung zwischen dem Joystick und den Cursorbewegungen auf dem Bildschirm bestand. Schließlich lernte sie es zwar, aber erst nachdem es ein Computerprogramm gab, das speziell zum Training dieses Verhaltens bei Kleinaffen entwickelt worden war.

Warum war es so schwierig, mit ihr jene Schritte zur Sprache nachzuvollziehen, die Sherman und Austin gegangen waren? Vielleicht lag es an ihrem Alter. Zu Beginn des Projekts war Matata zehn Jahre alt, älter als jeder andere Menschenaffe, der an einem Sprachforschungsprojekt teilgenommen hatte. Mußten Affen vielleicht wie Menschen in der frühen Kindheit mit Sprache in Berührung kommen, damit sie sie lernten?

Was auch die Gründe für Matatas Schwierigkeiten gewesen sein mögen – wir hatten zu jener Zeit unsere eigenen Probleme. Unsere Forschungsfinanzierung sollte im folgenden Jahr auslaufen, und wenn sie nicht verlängert wurde, bedeutete dies das Ende unserer Studien. Matata hatte kaum Fortschritte gemacht, und wir konnten es den Gutachtern nicht verübeln, wenn sie keine weiteren Mittel in die Untersuchung von Bonobos und Sprache stecken wollten. Bei Sherman und Austin waren Fehler stets aufschlußreich gewesen, denn sie hatten Erkenntnisse über das Wesen der Sprache geliefert und uns gezeigt, wie wir beim weiteren Training vorgehen mußten. Durch Matatas Versagen standen wir mit leeren Händen da. Wir konnten einfach nicht verstehen, warum sie so langsam vorankam.

Während wir noch über Matatas langsame Fortschritte rätselten, beschloß man beim Yerkes Center, daß sie wieder schwanger werden sollte. Sie baten uns, sie von Kanzi zu trennen und in die Außenstation zu bringen, wo sie mit Bosondjo, Kanzis Vater, zusammensein konnte. Man wollte die Trennung für Kanzi so einfach wie möglich machen und hoffte gleichzeitig, daß Matata gerade ihre fruchtbaren Tage hatte, wenn sie mit Bosondjo zusammentraf. Deshalb gab man ihr Hormontabletten zur Unterdrückung der Milchproduktion, so daß Kanzi entwöhnt werden konnte, bevor sie ihn verließ; gleichzeitig oder kurz danach würde sich auch die Schwellung der Geschlechtsorgane einstellen.
Bevor Matata die Hormontabletten bekam, hatte sie keinerlei Anstalten gemacht, Kanzi die Milch zu entziehen; sie gestattete ihm, nach Belieben zu saugen. Als das Medikament jedoch zu wirken begann, wurde das Stillen für Matata unangenehm, und nun versuchte sie von Zeit zu Zeit, Kanzi vom Saugen abzuhalten. Zuerst war er überrascht: Er zeigte auf Matatas Brustwarze und sah ihr dabei unmittelbar in die Augen, gleichsam um ihr mitzuteilen, daß er an die Milchquelle wollte. Als die Verblüffung nachließ, nahm Kanzis Verhalten einen hilflosen Ausdruck an, und er versuchte, in die Nähe der Brustwarzen seiner Mutter zu kommen, wobei er so tat, als wolle er nur gekrault werden. Als sich schließlich herausstellte, daß Matata ihn durchschaut hatte und ihn nicht saugen lassen wollte, wurde er wütend und bekam heftige Temperamentsausbrüche. Dann tat er etwas sehr Verblüffendes: Er versuchte, sich in der Auseinandersetzung mit seiner Mutter meiner Hilfe zu bedienen. Er streckte mir die Hand entgegen, gab ein wehleidiges Wimmern von sich und zog meine Aufmerksamkeit mit seinem Blick auf seine Mutter. Dann fauchte er sie drohend an. Da er aufgrund meiner Blicke annahm, daß ich auf seiner Seite stand, drohte Kanzi nun seiner Mutter, er werde sie beißen, wenn sie ihn nicht saugen ließ. Er erkannte völlig richtig, daß er mir leid tat und daß ich in diesem psychologischen Machtkampf unabsichtlich seine Partei ergriffen hatte. Aber ich hatte nicht geahnt, daß er sich meiner Unterstützung bedienen würde, die sich nur in Blicken und Bewegungen äußerte, um den Konflikt zu verschärfen und seiner Mutter mit Bissen zu drohen.
Es war nicht zu fassen. Glaubte er wirklich, ich würde ihn bei den Angriffen auf seine Mutter unterstützen und ich könnte dafür sor-

gen, daß er saugen durfte? Natürlich hatte ich aus seiner Sicht die »Aufsicht« über Matata, aber ich konnte sie sicher nicht dazu bringen, Kanzi zu stillen. Ich befand mich plötzlich in einer eigenartigen Lage: Ich sollte bei einer anderen Spezies in einen Mutter-Sohn-Konflikt eingreifen, der sich um die Entwöhnung drehte. Sofort entschloß ich mich, meinen nonverbalen und unabsichtlichen Ausdruck der Unterstützung einzustellen. Daraufhin bedrohte Kanzi seine Mutter nicht mehr. Er saß nur noch auf ihrem Schoß und machte ein jämmerliches Gesicht. Ich versuchte zu helfen und bot Kanzi eine Flasche mit Milch an, aber er lehnte ab und zog es vor, weiter zu schmollen.

Schon mehrere Monate bevor Matata uns verließ, war Kanzi bereit gewesen, sie zurückzulassen und mit mir in andere Institutsgebäude und in den Wald zu kommen. Anfangs protestierte Matata lautstark, wenn sie Kanzi verschwinden sah, aber schließlich war sie einverstanden, daß wir uns als Babysitter betätigten. Kanzi war gefesselt von der Kinderabteilung des Language Research Center, wo geistig behinderte Kinder eine besondere Sprachausbildung bekamen. Er schien sich besonders für die Tatsache zu interessieren, daß die Kinder Tastaturen benutzten, die genauso aussahen wie diejenige seiner Mutter.

Als Kanzi achtzehn Monate alt war, erfand er die ersten einfachen Hinweisgesten; zunächst zeigte er an, in welche Richtung er getragen werden wollte. Er tat das aber nicht mit einem Finger, sondern mit dem ausgestreckten Arm. Wenn er auf meinen Schultern saß, verlieh er dieser Geste oft besonderen Nachdruck, indem er meinen Kopf mit Gewalt in die Richtung drehte, in die er gehen wollte – als wolle er meine Augen lenken. Bei anderen Gelegenheiten lehnte er sich, ebenfalls auf meinen Schultern, mit seinem ganzen Gewicht in die gewünschte Richtung, so daß man seine Absicht nicht mißverstehen konnte.

Mit einer anderen Geste bat er um Hilfe beim Öffnen eines Behälters. Er machte mit einer Hand eine Drehbewegung und zeigte mit der anderen auf das Gefäß, das geöffnet werden sollte. Wenn er Nüsse knacken wollte, machte er Schlagbewegungen in Richtung der Nüsse. Und wenn er einen Gegenstand haben wollte, gestikulierte er erst in Richtung der angesprochenen Person und dann in Richtung des Gegenstandes, genau wie ein Menschenkind. Oft gab Kanzi beim Gestikulieren auch Laute von sich, um

unsere Aufmerksamkeit zu wecken und um die Gefühlsbewegung mitzuteilen, die jede Forderung begleitete.
Als der Tag von Matatas Abreise gekommen war, bedeuteten wir Kanzi, daß wir ihn zu einem Spaziergang in den Wald mitnehmen wollten. Dazu hatte er natürlich große Lust. Als wir weg waren, bekam Matata ein Beruhigungsmittel, und dann wurde sie in einen Lieferwagen gesetzt, ohne daß Kanzi es merkte. Als wir von unserem Waldspaziergang zurückkamen, war er anfangs nicht beunruhigt, weil er Matata nicht sah. Nachdem er sich aber etwa eine halbe Stunde lang überall nach ihr umgesehen hatte, wurde ihm klar, daß sie nicht so bald zurückkehren würde. Jetzt wirkte er ängstlich, die Haare standen ihm zu Berge, und er lief recht steifbeinig herum, während seine Augen einen besorgten Ausdruck annahmen. Offenbar glaubte er, seine Mutter habe sich irgendwo versteckt, und deshalb hielt er es für notwendig, drinnen und draußen in allen Winkeln nachzusehen. Mehrmals bat er darum, in alle Räume des Labors gehen zu dürfen, als glaubte er, sie wandere herum und suche nach ihm. Dann wollte Kanzi wieder ins Freie, und dort suchte er ebenfalls an vielen Stellen, unter anderem auch in den Mülltonnen.
In der folgenden Nacht wollte er bei Austin schlafen, aber der machte ihm kein breites, bequemes Bett aus zusammengeknüllten Decken, wie Matata es getan hatte. Nach etwa einer Stunde kam Kanzi zu mir in ein Bett, das ich in der Nähe aufgeschlagen hatte, nur für den Fall, daß er Angst bekam. Die nächsten zweieinhalb Tage wich Kanzi nicht von meiner Seite – ich durfte sein Blickfeld nicht verlassen. Schließlich war ich erschöpft und bestand darauf, daß er bei jemand anderem blieb. Kanzi war dagegen. Jetzt hörte ich zum erstenmal, wie er vor Trennungsangst schrie. Ich bereute, daß ich ihm Kummer bereitet hatte. Glücklicherweise beruhigte er sich, und ein paar Minuten später fing er an zu spielen; ich nutzte die Gelegenheit und schlüpfte hinaus, als er gerade nicht hinsah. Liz, meine Schwester, blieb bei ihm; sie hatte Kanzi ebenfalls mit großgezogen, seit er sechs Monate alt war, und er kannte sie gut. Nachdem Kanzi kurz nach mir gesucht hatte, ließ er sich zufrieden in Liz' Schoß nieder.

Am Tag nach Matatas Abreise bauten wir die Tastatur auf; wir rechneten damit, daß Kanzi nun mit dem Spracherwerb beginnen würde – vorausgesetzt, er konnte lange genug an einer Stelle sitzenbleiben. Aber Kanzi hatte darüber seine eigene Meinung, und die tat er sofort kund, indem er die Tastatur gleich am ersten Tag über hundertzwanzigmal benutzte. Ich konnte zunächst nicht glauben, was ich da sah. Kanzi bediente sich der Tasten nicht nur zur Kommunikation, sondern er wußte auch, was die Symbole bedeuteten – obwohl seine Mutter das nie gelernt hatte. Eine seiner ersten Tätigkeiten am Morgen bestand zum Beispiel darin, daß er erst auf »Apfel« und dann auf »Fangen« drückte. Dann nahm er einen Apfel, blickte mich an und lief mit spielerischem Grinsen weg. Mehrmals betätigte er die Tasten für Futter, und als ich ihn mit zum Kühlschrank nahm, wählte er diejenigen Lebensmittel, die er zuvor benannt hatte. Kanzi benutzte bestimmte Lexigramme zum Fordern, zum Benennen *und* um seine Absichten anzukündigen – alles wichtige Fähigkeiten des Symbolgebrauchs, die wir bisher bei ihm nicht erkannt hatten.

Wie konnte das sein? Zwei Jahre lang hatten wir systematisch versucht, Matata eine Reihe von Symbolen beizubringen, und das nur mit spärlichem Erfolg. Kanzi dagegen schien alles zu wissen, was wir Matata zu lehren versucht hatten, obwohl wir uns nicht einmal um ihn gekümmert hatten – abgesehen davon, daß wir ihm die Zeit vertrieben hatten. Konnte er seine Kenntnisse einfach durch den Sozialkontakt erworben haben wie ein Menschenkind? Es schien unmöglich.

Mehrere Wochen lang beobachteten wir Kanzis Verhalten und die Art, wie er die Tastatur bediente; wir wollten herausfinden, ob er uns irgendwie zum Narren hielt, so daß wir uns einbildeten, er kenne sich mit dem Symbolgebrauch aus. Wir wollten sein Verhalten in einer kontrollierten Versuchssituation überprüfen, aber Kanzi war an formale Tests noch nicht gewöhnt; deshalb rannte er einfach jedesmal weg, wenn wir ihn baten, sich hinzusetzen und bei einem Versuch mitzumachen. Wenn wir darauf bestanden, fing er an zu schreien und blieb sitzen, aber er verweigerte die Mitarbeit. Deshalb suchte ich nach zwangloseren Methoden, Daten zu gewinnen. Wir machten die Tests im Rahmen von Spielen, die Kanzi mochte; das führte dazu, daß wir viel spielen mußten, um dafür ein bißchen Kooperation und ein paar Daten zu bekommen.

Es war eine der reizvollsten Phasen in meiner Berufslaufbahn.

Wenn das, was wir erreicht zu haben glaubten, sich als richtig erwies, konnte es eine Umwälzung unserer Kenntnisse über den Spracherwerb und über das Lernen im allgemeinen bedeuten, das war mir klar. Und, was ebenso bedeutsam war: Es konnte einen zentralen Lehrsatz jenes Wissens in Frage stellen, das den Kern der Sozial- und der Naturwissenschaften bildet – den Glauben an die Einzigartigkeit des menschlichen Geistes. Wir würden unsere Sichtweise für das Lebewesen Affe revidieren müssen. Wenn Affen Sprache auf die gleiche Art wie Menschen – das heißt ohne besonderen Unterricht – erwerben können, dann bedeutete das, daß der Mensch keine einzigartige Form von Intelligenz besitzt, die sich grundlegend von der aller Tiere unterscheidet. Vielleicht war es für den Homo sapiens ein besonderes Geschenk, daß er sprachähnliche Laute hervorbringen oder Werkzeuge herstellen konnte, aber das bedeutete nicht, daß er die Dinge auf einer ganz anderen Ebene verstand als die übrigen Lebewesen. Offenbar zeigte Kanzis Leistung auf höchst dramatische Weise, daß Spracherwerb zuerst und vor allem eine Frage des Verstehens ist. Das Hervorbringen der Laute ist dann nur noch davon abhängig, daß man die richtigen körperlichen Hilfsmittel besitzt. Das Verstehen der Sprache bedeutete aber das Erfassen der beabsichtigten Bedeutung hinter den Lauten, und dazu war Kanzi offenkundig in der Lage. Für eine so umwälzende wissenschaftliche Behauptung würden wir überzeugende Befunde brauchen, und bisher besaß ich nur meine Aufzeichnungen darüber, was Kanzi getan hatte. Würde mir irgend jemand glauben? Würde irgend jemand irgend etwas glauben, ohne daß wir detaillierte Blindversuche durchführten? Daran hatte ich meine Zweifel. Andere zu überzeugen würde schwierig sein, das wußte ich, aber ich war mir auch einer ganz anderen großen Gefahr bewußt: Wenn ich mich zu sehr darauf konzentrierte, alles zu beweisen, was Kanzi sagte oder tat, würde seine natürliche Beteiligung am Sprachprozeß verlorengehen – denn dieser Prozeß besteht aus Kommunikation und dem Überwinden von Hindernissen, nicht aus Beweisen.
Angesichts dessen, was Kanzi bereits konnte, gab es wohl nur eine logische wissenschaftliche Strategie: Wir mußten alle Pläne, Kanzi etwas beizubringen, völlig aufgeben und ihm einfach ein Umfeld bieten, in dem er soviel wie möglich lernen konnte.

Praktisch gesehen bedeutete das, daß wir die Zahl der für Kanzi verfügbaren Symbole schnell vergrößern mußten; außerdem mußten wir herausfinden, wie wir sie für ihn interessant und wichtig machen konnten. Menschenaffen verbringen den größten Teil ihrer Zeit damit, von einer Futterquelle zur anderen zu wandern, und deshalb nahm ich an, daß die Namen von Lebensmitteln und Orten von vornherein zu den wichtigsten Themen im Geist eines Affen gehörten. Der 250 000 Quadratmeter große Wald des Language Research Center bildete für diese Art des Lernens den idealen Hintergrund; wenn dort wie in freier Wildbahn an bestimmten Orten verläßlich bestimmte Lebensmittel zu finden waren, sollte sich ein nützlicher Wortschatz bilden können.
Wir richteten in dem Wald siebzehn Stellen ein, an denen Kanzi stets bestimmte Futtersorten vorfand. Er konnte zwischen ihnen nach Belieben hin- und herwandern. An jeder dieser Stellen entwickelten wir andere Spiele und Tätigkeiten, die den jeweiligen Ort von den anderen unterschieden. Am »Aussichtspunkt« zum Beispiel, der etwas erhöht lag, spielten wir oft »Verstecken von Sachen«: Wir steckten uns Tannenzapfen ins Hemd, Tannennadeln unter Decken, Bälle zwischen die Blätter, und so weiter. Kanzi mochte dieses Spiel und fing manchmal auch damit an, indem er selbst etwas versteckte oder indem er Dinge wie *Tannennadel verstecken* oder *Hemd verstecken* sagte. An einer Stelle, die wir »Baumhaus« nannten, spielten wir fast nie mit versteckten Gegenständen, sondern wir versteckten uns selbst. Kanzi saß oben im Baumhaus und wartete, während wir darunter in das dichte Gebüsch krochen. Anschließend mußte er uns nacheinander finden. Wir sagten ihm jedesmal, er dürfe nicht mogeln, aber das mochte er nicht: Er spickte immer. In der Nähe der Stelle namens »halber Weg« war Kanzi derjenige, der sich versteckte. Es gab dort dichtes Unterholz, in das wir nicht gern eindrangen. Diese Gelegenheit nutzte Kanzi, um heimlich zu verschwinden; meist entfernte er sich nicht mehr als zwei bis drei Meter, aber er war auf einmal nicht mehr zu sehen. Es machte ihm einen Riesenspaß, daß er uns entwischt war, und manchmal blieb er zehn oder fünfzehn Minuten lang mucksmäuschenstill unter einem Busch sitzen, bevor er sich zeigte.
Kanzi turnte während der Wanderungen immer in den Bäumen herum, suchte nach kleinen Insekten und anderen Tieren und

Kanzi als Baby kurz nach seiner Ankunft im Language Research Center. Kanzi kam zusammen mit seiner Mutter Matata zu uns, als er sechs Monate alt war. *(Aufnahme: Sue Savage-Rumbaugh)*

Kanzi im Alter von zwei Jahren. *(Aufnahme: Sue Savage-Rumbaugh)*

Matata geht mit Kanzi auf dem Rücken im Wald spazieren. Unter bestimmten markierten Bäumen und in ihrer Umgebung war Futter versteckt. Wir brauchten die Markierungen, um die Verstecke wiederzufinden, aber Matata war nicht auf sie angewiesen. Sie konnte sich an jeden einzelnen Baum mit geradezu unheimlicher Genauigkeit erinnern.

(Aufnahme: Sue Savage-Rumbaugh)

Ganz ähnlich trägt ein Bonoboweibchen in freier Wildbahn sein Junges. Es muß sich nicht nur bestimmte Bäume merken, sondern auch wissen, wann sie Früchte tragen. Bonobomütter tragen ihre Kinder bis zum fünften oder sechsten Lebensjahr, aber ständig herumgeschleppt werden nur die ganz Kleinen bis zu einem Alter von sechs Monaten.

(Aufnahme: Frans Lanting)

Als Kanzi drei Jahre alt war, zeigte sich, daß er die Lexigramme von selbst lernte. Da er Ausflüge ins Freie besonders mochte, entwickelten wir eine tragbare Tastatur. Dies ist das erste Modell von 1983, ein Computer im Koffer, lange bevor es die ersten tragbaren Computer zu kaufen gab. Wenn Kanzi ein Symbol berührte, leuchtete es auf, und der Computer hielt den Vorgang fest. *(Aufnahme: Elizabeth Pugh)*

Kanzi sagt mit Hilfe des Computers »Äpfel«, nachdem er gesehen hat, wie jemand einen Apfel aus dem Rucksack holt. Als Kanzi klein war, gab er oft solche Kommentare ab, unabhängig davon, ob er den Gegenstand haben wollte oder nicht. *(Aufnahme: Elizabeth Pugh)*

Kanzi zeigt mir mit einer Geste, wohin er gehen möchte. Er machte seit seinem zwölften Lebensmonat Gesten und benutzte sie in Verbindung mit Lexigrammen, nachdem er die formellen Symbole beherrschte. In freier Wildbahn verwenden Bonobos solche Gesten gewöhnlich nicht, um andere zu dirigieren.

(Aufnahme: Elizabeth Pugh)

Kanzi mit vier Jahren beim Selbstgespräch mit der Tastatur. Kurz vor seinem dritten Geburtstag fing er an, Menschen bei ihren täglichen Spaziergängen im Wald zu begleiten. Als er vier war, kannte er den Wald besser als wir. Er mochte die kalte Jahreszeit nicht, weil der dann im Haus bleiben mußte. Damit er länger draußen sein konnte, zogen wir ihm im Herbst einen Pullover an. *(Aufnahme: Elizabeth Pugh)*

Im Alter von vier bis fünf Jahren nahm Kanzi die Tastatur gern beiseite, und dann sprach er mit sich selbst. Wenn wir zu ihm gingen und sehen wollten, was er sagte, nahm er die Tastatur und trippelte ein Stück weiter. Wenn die Tastatur flach auf dem Boden lag, konnte er auf die Symbole zeigen und so kommunizieren, aber lieber hielt er sie senkrecht, wie er es bei uns gesehen hatte. Hier bemüht er sich, die Tastatur richtig zum Stehen zu bringen.
(Aufnahmen: Elizabeth Pugh)

Kanzi sieht eine seiner Lieblings-Fernsehsendungen. Wir legten bestimmte Zeiten fest, zu denen Kanzi jeden Tag fernsehen durfte. Um seine Lieblingssendungen auszuwählen, zeigte er auf Fotos auf den Schachteln der Videocassetten. Oft nahmen wir vertraute Gegenstände aus dem Labor auf Video auf und fesselten seine Aufmerksamkeit mit einer »Handlung«. Normalerweise mag Kanzi am liebsten Filme »für Bonobos«, aber er schätzt auch Titel wie *Tarzan, Iceman* oder *Quest of Fire,* in denen die Schauspieler »primitive Menschen« darstellen.

(Aufnahme: Sue Savage-Rumbaugh)

Bonobos drücken Freude und Glück genau wie Menschen häufig durch Lächeln aus. Leider halten viele Menschen Kanzis Lächeln fälschlicherweise für ein Zeichen von Aggression, weil seine Zähne beängstigend wirken. Er bewegt beim Lächeln aber genau die gleichen Gesichtsmuskeln wie wir; auch Lippen und Augen nehmen genau die gleiche Stellung ein wie bei einem lächelnden Menschen.

(Aufnahme: Sue Savage-Rumbaugh)

ana, die als erster Menschenaffe eine Tastatur benutzte, setzt einen von mehreren Standardsätzen« zusammen, die man ihr beigebracht hatte. Hier lautet er: »?Du stecken Stück rot in Maschine?«. Wenn Lana die Tasten mit den Symbolen betätigt, leuchten die Bilder über er Tastatur in der von ihr gewählten Reihenfolge auf. Und wenn die Apparatur auf ihre Bitte hin iit Futter bestückt worden ist, muß sie sich jedes Stück durch weitere Standardsätze aus dem usgabemechanismus holen, zum Beispiel »Bitte Maschine gibt Stück Brot.«
(Aufnahme: Frank Kiernan)

Ein Computer »liest« Lanas Sätze, und wenn sie grammatikalisch richtig sind und dem Futter entsprechen, das sich tatsächlich in dem Gerät befindet, gibt der Computer ein Stück des gewünschten Lebensmittels frei. Lana zeigte uns, daß sie außer den »Standardsätzen« auch ganz neue Bitten formulieren konnte. Als das Gerät zum Beispiel defekt war und nicht mit Futter gefüllt werden konnte, fragte sie: »?Du bringen Futter ins Zimmer?«
(Aufnahme: Frank Kiernan)

Austin (rechts) hat gerade gesehen, welches Futter in den Kunststoffbehälter gefüllt wurde. Er hat gelernt, daß er das Futter nur bekommt, wenn er *und* Sherman das richtige Lebensmittel verlangen. Als Austin bemerkt, daß Sherman nicht weiß, worum er bitten soll, erklärt er mit der Tastatur, welcher Leckerbissen in der Dose versteckt ist. Sherman sieht zu und verlangt dann das Richtige.

(Aufnahme: Sue Savage-Rumbaugh)

Austin und Sherman teilen bei einem Picknick das Futter und benutzen dabei die tragbare Computertastatur. Im Alter von acht und neun Jahren beherrschten sie zweiundneunzig Symbole und konnten mit ihrer Hilfe sowohl untereinander als auch mit Menschen leicht kommunizieren. *(Aufnahme: Elizabeth Pugh)*

lernte die eßbaren Wildpflanzen kennen, die in dem Wald wuchsen. Wir ordneten diesen Tätigkeiten Worte zu und benutzten sie immer, wenn die Situation es erforderte. Der Tagesablauf war nicht vorgeplant; er ergab sich einfach, und jeder Tag verlief anders. Manchmal mußten wir Gefahren bestehen, zum Beispiel Gewitter, Schlangen oder Überschwemmungen; bei anderen Gelegenheiten trafen wir auf Besucher, oder es gab Überraschungen. Anfangs legte ich oder ein anderer Aufseher fest, wohin wir gingen, denn Kanzi wußte nicht, wie er mit Hilfe der Symbole einen Ausflug in eine bestimmte Richtung in Gang setzen konnte.
Auf philosophischer Ebene bedeutete der Übergang vom strukturierten Training zum Laisser-faire, daß Kanzi und nicht einer der Versuchsleiter bestimmte, welche Wörter erworben wurden und was sie bedeuteten. Als ich geglaubt hatte, Sherman und Austin Sprache in einem gezielten Unterricht beibringen zu müssen, hatte ich auch unausgesprochen unterstellt, daß sie nur über begrenzte Fähigkeiten verfügten und daß wir entscheiden mußten, welche Wörter vor dem Hintergrund unserer Fragestellung leicht zu erlernen waren. Heute scheint es seltsam, daß jemand anders darüber entschied, welche Wörter ein Menschenaffe lernen sollte; bei Kindern tut man das mit Sicherheit nicht: Sie suchen sich die ganz unterschiedlichen Wörter, die sie lernen wollen, selbst aus und konzentrieren sich dabei offensichtlich auf jene Gesichtspunkte der Sprache, von denen sie besonders fasziniert sind.
Hatte unsere Unterstellung, daß ihre Fähigkeiten begrenzt seien, möglicherweise zu einer unausweichlichen Einschränkung des Lernens geführt, obwohl wir versucht hatten, bei Sherman und Austin die Grenzen dieser Fähigkeiten auszuloten? Hatte die gleiche Annahme vielleicht auch bei Washoe oder Sarah die Fortschritte beschränkt? Und wenn ich nun einfach davon ausging, daß Kanzi genauso lernen konnte wie ein Mensch, würde er dann nicht zu einem ganz anderen Affen werden?

Nachdem Matata nicht mehr bei uns war, wurden ich und die anderen Personen, die an Kanzis Versorgung beteiligt waren, zum Mittelpunkt seines Lebens. Er hatte jetzt die Möglichkeit, sich ganz den Dingen zu widmen, für die wir uns interessierten, ohne die Mutter, die ihn zuvor ständig mit ihrer Aufsicht in Anspruch genommen hatte. Wir wollten zwar, daß Kanzi zu kommunizieren lernte, aber wir hatten nicht vor, ihn wie ein Menschenkind großzuziehen. Er sollte vielmehr ein glücklicher, wohlerzogener Bonobo werden, der Menschen mochte. Dennoch sorgten wir, beispielsweise durch Sauberkeitserziehung, für einige menschliche Tätigkeiten, einfach weil es das Leben für alle Beteiligten angenehmer machte. Unnötige kulturelle Neigungen der Menschen, wie der Wunsch nach Alleinsein beim Gang zur Toilette oder beim Baden und ähnliches waren für Kanzi nicht erforderlich. Aus dem gleichen Grund versuchten wir auch nicht, ihm wegen des Aussehens oder der guten Sitten Kleidung anzuziehen. Manchmal, wenn es draußen sehr kalt war, trug er ein Sweatshirt oder einen Pullover, aber Hosen und Schuhe lehnte er von Anfang an ab.

Kanzi war sich bewußt, daß wir die Tastatur zur Kommunikation benutzten, und er war offensichtlich höchst motiviert, es uns gleichzutun. Er hatte auch den Wunsch, bei der Sauberkeitserziehung mitzuarbeiten, obwohl er dieser Tätigkeit gleichgültig gegenübergestanden hatte, solange Matata in der Nähe war.

Kanzis Kommunikation kreiste schon bald um seine täglichen Aktivitäten: wohin wir im Wald gehen würden, was es zu essen gab, was wir spielen würden, welches Spielzeug er mochte, was wir im Rucksack mitnahmen, welche Fernsehsendungen er sich gerne ansah, und ob er Sherman und Austin besuchen konnte. Wie sich herausstellte, eignete sich die Computertastatur nicht für die Verwendung im Freien; deshalb benutzten wir statt dessen ein Brett, auf dem Fotos von den Lexigrammen angebracht waren. Wenn Kanzis Pfleger sich untereinander oder unmittelbar mit ihm unterhielten, sprachen sie einerseits englisch, und andererseits zeigten sie auf die zugehörigen Symbole. Außerdem behandelten sie Kanzis Äußerungen so, als ob sie eine Absicht beinhalteten und das mitteilten, was sie mitzuteilen schienen, auch wenn es dafür keinen »Beweis« gab.

Wie ich durch die Arbeit mit Sherman und Austin gelernt hatte, ergibt sich die Zuordnung von Bedeutung aus dem Verhalten des Empfängers der Äußerung – und beim Erwerb der Wörter ist das Verhalten des Empfängers von entscheidender Bedeutung dafür, daß die Übereinstimmung von Idee und Wirklichkeit erhalten bleibt. Als Sherman zum Beispiel das Wort »Schraubenschlüssel«

lernte, wählte er oft das Symbol für »Schlüssel«, obwohl er, wie ich genau wußte, »Schraubenschlüssel« meinte. Ich erklärte ihm dann aber nicht, was er hätte sagen sollen, sondern ich verhielt mich so, als habe er »Schlüssel« sagen wollen, das heißt, ich suchte nun nach dem Schlüssel und gab ihn Sherman. Auf diese Weise definierte ich mit meinem Verhalten die Bedeutung seiner Äußerung. Das Symbol »Schlüssel« bezeichnete also für mich den Gegenstand Schlüssel, und darauf richtete ich meine Aufmerksamkeit, obwohl ich wußte, daß Sherman sich geirrt hatte und eigentlich ein anderes Wort benutzen mußte. Aber das sagte ich ihm nicht direkt. Ich ließ mein Verhalten für sich selbst sprechen – es machte Sherman klar, was ich unter »Schraubenschlüssel« verstand, so daß die Übereinstimmung zwischen dem Wort und seiner Bedeutung erhalten blieb. Wenn Sherman von mir etwas anderes erwartete, zum Beispiel daß ich den Schraubenschlüssel nahm und ihm gab, mußte er mit einem anderen Symbol darum bitten – nämlich mit demjenigen, das für mich Schraubenschlüssel »bedeutete«.

Wenn wir die Übereinstimmung zwischen den eigenen Reaktionen und den Worten des anderen aufrechterhalten, legen wir für jedes Wort eine allgemeingültige Bedeutung fest, und diese Bedeutung ist schlicht die Summe aller übereinstimmenden Reaktionen in einer Gruppe von Sprechern. Das Ziel bestand also nicht darin, herauszufinden, ob Kanzi die Bedeutung eines Worts in vollem Umfang verstand, wenn er es sagte, sondern seine Äußerung sollte als bedeutungstragend angesehen werden, und wir wollten darauf genauso reagieren wie bei jedem anderen, der das gleiche Wort gebrauchte. Wie wir bei Sherman und Austin gelernt hatten, sind solche Reaktionen von entscheidender Wichtigkeit, wenn man eine »Bedeutung« festlegen will.

Kanzis Wortschatz erweiterte sich innerhalb von vier Monaten von den ursprünglichen acht Symbolen auf über zwanzig. Die Symbole bezeichneten Lebensmittel, Stellen im Wald, Tätigkeiten und Menschen. Gleichzeitig lernte er auch die Lage aller siebzehn Futterstellen im Wald. Er konnte uns mitteilen, zu welcher er gehen wollte; dazu benutzte er entweder das zugehörige Symbol, oder er zeigte auf ein Lebensmittel, das dieser Stelle entsprach (beim Baumhaus gab es beispielsweise immer Bananen und Saft, beim Kreuzweg waren Brombeeren, Käse und Orangensaft zu finden); er konnte uns auch zu jeder Stelle führen, die wir ihm nannten. Wenn er beispielsweise auf das Foto einer Banane gezeigt hatte, um uns mitzuteilen, daß er zum Baumhaus gehen wollte, nahm er das Bild meist mit und zeigte immer wieder darauf, und das Ganze wurde von Lautäußerungen begleitet. Bald darauf traten die Symbole an die Stelle der Fotos.

Wir wollten genauer überprüfen, inwieweit Kanzi uns mitteilen konnte, zu welcher Stelle er gehen wollte. Zu diesem Zweck sicherten wir uns die Hilfe von Mary Ann Romsky, die am Language Research Center mit Kindern arbeitet. Zwischen ihr und Kanzi war während seiner häufigen Besuche in der Kinderabteilung eine enge Beziehung entstanden, aber Mary Ann hatte ein wenig Angst vor Schlangen und anderen Waldtieren, weshalb sie Kanzi nie bei seinen Ausflügen begleitet hatte. Aus diesem Grund eignete sie sich hervorragend für unser Experiment. Sie kannte weder die Pfade noch die Futterstellen. Außerdem war Kanzi offensichtlich ganz wild darauf, ihr seine Welt zu zeigen, und deshalb vermutete ich, er werde Mary Ann seine Absichten mitteilen und sie zu den Stellen führen, von denen er gesprochen hatte. Ich wußte, daß Mary Ann sich ohne Kanzis Hilfe im Wald völlig verirren würde. Wenn Kanzi beispielsweise sagte, er werde zum Baumhaus gehen, und sie dann dorthin führte, ließ sich dieses Verhalten nicht mit unbewußten Hinweisen von Mary Ann erklären. Außerdem würde Mary Ann, die sich im Wald ein wenig fürchtete, Kanzis Gegenwart als sehr beruhigend empfinden, denn dieser Begleiter war hier ganz und gar in seinem Element. Sie würde ihm und seiner Intuition vertrauen, und er würde sein möglichstes tun, damit Mary Ann sich in seiner Welt »zu Hause« fühlte und sich von ihm alles zeigen ließ.

Mary Ann machte sich Notizen über Kanzis Äußerungen und über den Weg, auf dem er sie von einer Futterstelle zur anderen führte. Während des Versuchs benutzte Kanzi fünfmal Fotos und siebenmal Lexigramme, um ein Ziel anzugeben, und dabei machte er keinen einzigen Fehler. Außerdem wählte er, von einer Ausnahme abgesehen, immer den kürzesten Weg. In dem einen Ausnahmefall benutzte er die Gelegenheit, daß seine Begleiterin sich nicht auskannte, und machte einen Umweg durch einen Teil des Waldes, in den er normalerweise nicht gehen durfte. Damit zeigte Kanzi, daß er nicht nur über sich selbst Bescheid wußte, son-

Diese Symbole brachten wir auf Kanzis Tastatur an, als er fünf Jahre alt war. Sie sind in vielen Fällen abstrakter als die zuvor verwendeten Zeichen, denn uns wurde zu jener Zeit klar, daß er keine »konkreten« Symbole brauchte, wie wir zunächst angenommen hatten.

Das erste Symbol in dieser Anordnung bedeutet »schlecht«; Kanzi lernte es sofort und benutzte es häufig, um seinen Ärger über uns auszudrücken oder um anzuzeigen, daß er etwas tun wollte, das uns nach seiner Vermutung nicht gefiel. Kanzi bezog das Symbol »schlecht« häufig auf sich selbst, aber seine Schwester Panbanisha kommentierte damit in jüngster Zeit auch mehrmals Kanzi, wenn er jemanden gebissen hatte, den sie mochte.

Das nächste Symbol heißt »jetzt«. Damit erklärten wir Kanzi, wenn wir etwas »jetzt sofort« tun wollten, im Gegensatz zu »später« (das sich ebenfalls auf der Tastatur befindet). Für den gleichen Inhalt entwickelte er auch eine Lautäußerung, so daß er das gedruckte Symbol nicht mehr brauchte.

Das dritte Symbol bedeutet »Nachtisch«, die anderen Symbole in der oberen Reihe »Bauch«, »Schüssel«, »Ungeheuer«, »Kokosnuß« und »Handtuch«.

dern auch über Mary Ann. Bei dem Versuch im Wald zeigte sich sehr deutlich Kanzis Fähigkeit, seine Absichten mit Hilfe der Lexigramme kundzutun. Manchmal dauerte es zwanzig Minuten, bis er Mary Ann zu einem zuvor angegebenen Ziel geführt hatte, und unterwegs sprach er oft von anderen Dingen, ohne zu vergessen, wohin er ging.

Matatas Ausflug hatte seinen Zweck erfüllt, und wir erhielten die erfreuliche Nachricht, daß sie bald schwanger in unser Labor zurückkehren würde. Einerseits freuten wir uns auf den zusätzlichen Bonobo, andererseits fragten wir uns aber auch, ob Kanzi weiterhin die Tastatur bedienen würde, wenn Matata zurückkam. Immerhin hatte sie sich vor ihrer Abreise nur selten auf diese Weise mitgeteilt. Vielleicht wollte Kanzi wieder einfach nur bei ihr sein, und die »menschlichen« Freunde würden in den Hintergrund treten? Wir diskutierten endlos darüber, was zu tun sei. Manche Kollegen schlugen vor, die beiden nicht wieder zusammenzubringen, denn sie fürchteten, er werde sonst seine Kommunikationsfähigkeit nie ausschöpfen. Aber einen jungen Bonobo von seiner Mutter fernzuhalten, wenn beide in demselben Labor lebten, schien mir ein Ding der Unmöglichkeit zu sein; außerdem war es eine unerträgliche Grausamkeit im Namen der Wissenschaft. Schließlich gingen wir einen Kompromiß ein: Kanzi sollte in den ersten Tagen nur durch die Gitterstäbe eines Käfigs Kontakt mit Matata haben. Anschließend wollten wir überlegen, wie wir weiter vorgingen, je nachdem, wieviel Interesse Kanzi noch an der Kommunikation zeigte.

Matata kam, unter Medikamenten stehend, an einem Septembertag im Institut an, als Kanzi gerade im Wald war. Ich blieb im Raum der Affenkolonie bei ihr, bis sie aus der Betäubung erwachte. Sie freute sich darüber, mich zu sehen, und gab glückliche Laute von sich, als sie in der Nähe die Stimmen von Sherman und Austin hörte. Schließlich kam Kanzi zurück, erhitzt und müde von dem langen Tag im Wald. Ich setzte mich zu ihm und sagte, im Raum der Kolonie warte eine *Überraschung* auf ihn. Er antwortete mit den Lauten, die er ausstieß, wenn er mit einem Lieblingsfutter rechnete: »Iiih... iiih... iiih!« Ich sagte: *Keine Futterüberraschung. Matata Überraschung. Matata im Kolonieraum.* Er machte ein verdutztes Gesicht, sah mich durchdringend an und rannte dann zur Tür des Kolonieraums, wobei er mich mit Gesten drängte, sie schnell zu öffnen. Als Mutter und Sohn einander erblickten, stießen sie ohrenbetäubende Schreie der Erregung und Freude aus, und dann eilten sie zu dem Drahtzaun, der sie trennte. Sie schoben die Hände durch die Maschen und faßten einander an, so gut es ging.

Als ich diesen Gefühlsausbruch sah, brachte ich es nicht übers Herz, die beiden länger getrennt zu halten. Ich öffnete die Verbindungstür. Kanzi stürzte in Matatas Arme; das Schreien und Liebkosen dauerte volle fünf Minuten, dann traten sie zurück und sahen einander voller Glück an. Später tollten sie wie Kinder herum und lachten ununterbrochen, wie es nur Bonobos können. Das Gelächter eines Bonobos klingt so, als sei ein Mensch vor lauter Lachen außer Atem und könne dennoch nicht aufhören. Schließlich waren Matata und Kanzi erschöpft; sie beruhigten sich und fingen an, sich gegenseitig zärtlich zu kraulen. Wie hatte man auf die Idee kommen können, den beiden das Zusammensein zu verbieten? Wenn wir ihn wieder an die Welt der Bonobos verloren haben, dann muß es eben so sein, dachte ich bei mir.

Im gleichen Augenblick verlangte Kanzi mit Gesten nach der Tastatur und signalisierte *öffnen*. Ich öffnete die Käfigtür und ging hinein. Kanzi kletterte auf meine Schultern und bedeutete mir, ich solle zur Tür gehen. Ich war erschrocken. Er wird es sich sicher anders überlegen, wenn wir Matata verlassen, dachte ich. Aber das tat er nicht. Wir holten Matata ein paar Bananen und etwas Saft, was sie mit Lauten der Zufriedenheit quittierte; jetzt sah Kanzi mich an und sagte *Kinderabteilung*. Also gingen wir und sahen nach, wer sich dort jetzt am Abend noch aufhielt – Kanzi hatte das häufig gern getan. Alle unsere Befürchtungen waren grundlos gewesen. Kanzi hatte sich entschlossen, sowohl mit Matata als auch mit dem *Homos sapiens* zusammenzusein; er sollte zum Vermittler zwischen den Welten werden.

Siebzehn Monate lang zeichneten wir Kanzis Äußerungen vollständig auf, entweder direkt mit dem Computer, wenn wir im Haus waren, oder mit der Hand bei unseren Aktivitäten im Freien. Gegen Ende dieser Zeit verfügte Kanzi über einen Wortschatz von etwa fünfzig Symbolen. Schon im ersten Monat nach der Trennung von Matata brachte er Wortkombinationen hervor, und diese Entwicklung setzte sich während der gesamten siebzehn

Monate unseres ersten Berichtszeitraums fort. Andere Menschenaffen hatten ebenfalls Wortkombinationen erzeugt, aber die von Kanzi waren anders: Sie spiegelten eine Fähigkeit wider, die aus dem Verstehen erwuchs, und nicht nur aus der Notwendigkeit, zur Beantwortung von Fragen längere Symbolgruppen zu bilden, wie bei den anderen Affen. Fast alle (über neunzig Prozent) Mehr-Wort-Äußerungen von Kanzi erfolgten spontan, das heißt, sie waren weder Reaktionen auf Forderungen des Lehrers, noch Nachahmungen seiner Äußerungen. Terrace dagegen hatte bei Nim, seinem Schimpansen, genau das Umgekehrte beobachtet: Bei ihm folgten drei Viertel der aus mehreren Wörtern bestehenden Äußerungen auf etwas, das der Lehrer gesagt hatte. Die Spontaneität der Äußerungen ist ein sehr viel wichtigerer Gesichtspunkt der Sprachbenutzung als ihre Häufigkeit, denn gerade die spontanen Äußerungen teilen uns etwas darüber mit, was unser Gegenüber denkt. Äußerungen, die ein Affe auf Fragen wie *wer Nim kraulen* hervorbringt – wobei Nim bereits jemanden namens Laura krault – liefern dem Zuhörer eigentlich keine neue Information, das heißt keine Information, die in der jeweiligen Situation nicht offensichtlich ist.

Kanzi dagegen machte unaufgefordert Äußerungen wie *Matata Gruppenraum kitzeln* und bat damit um die Erlaubnis, daß seine Mutter bei einem Kitzelspiel im Gruppenraum mitmachen durfte. Das geschah einmal, als Matata sich kurz zuvor mit Lauten an ihn gewandt hatte. Da Matata in der Regel an unseren Spielen im Gruppenraum nicht teilnahm, überraschte uns diese Bitte von Kanzi völlig. Vielleicht wußte Kanzi aus Matatas Lautäußerungen, daß sie zu uns kommen wollte, und nun versuchte er, uns ihren Wunsch mitzuteilen. Mit Sicherheit können wir das nicht sagen; wir wissen aber sehr wohl, daß wir Kanzi nicht zu dieser Äußerung veranlaßt hatten, und wir wären ohne seine Mitteilung auch nicht auf die Idee gekommen, Matata in den Gruppenraum zu bringen. Kanzis Mehr-Wort-Äußerungen hatten häufig diesen Charakter des Neuen; sie zielten darauf ab, völlig neue Tätigkeiten und Alternativen zu unserer normalen Handlungsweise vorzuschlagen.

Auffällig war auch, daß der Informationsgehalt zunahm, wenn Kanzi seinen Äußerungen mehr Elemente hinzufügte. Eine seiner Mehr-Wort-Kombinationen war zum Beispiel *Eis Wasser ge-*

hen (wobei er *gehen* mit einer Geste signalisierte); damit bat er darum, daß jemand ihm Eiswasser holte. Für Nim waren dagegen Kombinationen wie *spielen ich Nim spielen* typisch, die viel Überflüssiges enthielten. Nim war vielleicht beredter als Kanzi, aber was Kanzi hervorbrachte, glich mehr einer Sprache.

Von Kanzis Drei-Wort-Kombinationen waren diejenigen am interessantesten – und am bedeutsamsten –, in denen er nicht sich selbst, sondern einen anderen als Urheber oder Ziel einer Tätigkeit benannte. In den meisten Fällen hatten diese Dreierkombinationen mit der Aufforderung zum Spielen zu tun, zum Beispiel mit Festhalten, Fangen oder Kitzeln. An manchen dieser Spiele war Kanzi unmittelbar beteiligt, aber andere waren auch für seine Lehrer gedacht. Kanzi signalisierte auf der Tastatur zum Beispiel *Festhalten Fangen*, und dann nahm er einen von uns an der Hand und stieß ihn an einen zweiten: Fänger und Gefangener. Solche Aussagen waren Kanzis eigene Erfindungen, denn keiner von uns kam auf die Idee, wir sollten miteinander spielen und Kanzi zusehen lassen. Verglichen mit der Bitte um Futter oder der Aufforderung zum Kitzeln, bei der der Schimpanse immer der Empfänger der Handlung ist, sind Äußerungen, die eine Tätigkeit zwischen zwei anderen Personen in Gang setzen, sehr komplex. In einem Fachartikel über diese Äußerungen stellten meine Kollegen und ich fest: »Bevor eine Syntax entstehen kann, muß sich zweifellos die Vorstellung entwickeln, daß man A bitten kann, für B etwas zu tun, wobei der Sprecher weder A noch B ist.«[3] Die Tatsache, daß Kanzi dies beherrschte, verrät eine echte Vorstellung von sich selbst und von anderen.

Wir testeten Kanzis Sprachfähigkeit während der siebzehn Monate auf viele verschiedene Arten; dabei stellte sich unter anderem etwas Bedeutsames heraus: Er verstand die Symbole, bevor er sie benutzte. Nach dem gleichen Prinzip erwerben auch Menschen ihre Sprache, aber es widersprach den Schlußfolgerungen, die wir aus unseren früheren Arbeiten mit Affen gezogen hatten. Außerdem wuchs bei uns die Überzeugung, daß Kanzi auch gesprochene Worte gut verstand. Das ist ein schwieriges Thema, das mit vielen feststehenden Ansichten und wenig wissenschaftlichen Befunden befrachtet ist. Viele Wissenschaftler haben die Ansicht vertreten, Affen könnten Englisch leicht verstehen lernen – dieser Meinung war zum Beispiel Charles Darwin. Im Zusammenhang mit Affen und anderen Tieren schrieb er 1871: »Was den Menschen von den niederen Tieren unterscheidet, ist nicht das Verstehen artikulierter Laute, denn wie jeder weiß, verstehen Hunde viele Worte und Sätze.«[4] Der Eindruck, daß Sherman und Austin gesprochenes Englisch verstehen können, ist so stark – und ebenso stark ist vielleicht auch die Neigung, es zu glauben –, daß Besucher des Language Research Center unsere Erklärungen, wie die Affen diesen Anschein erweckten, nicht akzeptieren wollten. Wir betonten ausdrücklich, wie wir in sorgfältigen Versuchen alle aus dem Zusammenhang entstehenden Informationen ausgemerzt hatten und wie wir damit nachweisen konnten, daß sie nicht über den Grad an Verständnisfähigkeit verfügten, den sie scheinbar an den Tag legten; dennoch blieben die Besucher bei ihrer Überzeugung, daß die Schimpansen gesprochene Worte verstehen könnten.

Menschenaffen nehmen nonverbale Kommunikation so genau wahr und können sie so gut interpretieren, daß sie die Absicht eines Sprechers oft erkennen, obwohl sie die eigentlichen Worte nicht verstehen. Wenn man im Fernsehen eine Seifenoper anschaut und den Ton abstellt, bekommt man einen Eindruck davon, wieviel Information auch ohne die eigentliche Sprache übermittelt wird – nämlich eine ganze Menge. Die Fähigkeit, aus einer Situation etwas »herauszulesen« und dazu die verschiedensten Quellen zu nutzen, zum Beispiel Gesten, Blicke, Handlungen, Tonfall und die Kenntnis früherer, ähnlicher Situationen, ist bei Menschenaffen hoch entwickelt. Und gerade diese Fähigkeit, die »Bedeutung« einer Situation zu erfassen, überzeugt Beobachter häufig davon, daß Affen Sprache verstehen können, denn wir Menschen konzentrieren uns so stark auf die einmal gelernte Sprache, daß wir uns der anderen Informationskanäle oft nicht mehr bewußt sind.

Als wir in den Tests mit Sherman und Austin solche nonverbalen Informationen ausblendeten, so daß sie sich ausschließlich auf die akustischen Reize konzentrieren mußten, beruhten ihre Reaktionen eindeutig auf zufälligen Vermutungen. In diesen Tests konfrontierten wir Sherman und Austin mit Wörtern, die sie als Lexigramme gut kannten, und wenn sie ein Wort gehört hatten, forderten wir sie auf, das zugehörige Foto auszuwählen. Das konnten sie gut, wenn sie ein Lexigramm gesehen hatten, aber

nach bloßem Hören gelang es ihnen nicht. Wir konnten also sicher sein, daß sie verstanden, was wir von ihnen erwarteten. Wenn sie ein Wort nur hörten, verwiesen sie oft mit Gesten auf die Tastatur: Ich sollte ihnen das Wort als Lexigramm »sagen«, damit sie das richtige Bild finden konnten.
Diese Befunde stimmten mit Beobachtungen an Schimpansen überein, die in der ersten Hälfte unseres Jahrhunderts in menschlichen Haushalten aufgewachsen waren, nämlich in den dreißiger Jahren bei Louise und Winthrop Kellogg und in den Vierzigern bei Catherine und Keith Hayes. Diese Schimpansen, Viki und Gua, zeigten im Test eine begrenzte Verständnisfähigkeit, und die Worte, die sie verstanden, waren eng mit einem bestimmten Zusammenhang verknüpft. Die Kelloggs versuchten viele Stunden lang, Viki die Namen der verschiedenen Körperteile beizubringen, aber es gelang ihnen nicht. Die Hayes paukten mit Gua die Bezeichnungen vertrauter Gegenstände – ebenfalls ohne Erfolg.
In jüngerer Zeit äußerte Roger Fouts die Vermutung, daß Washoe, Ali und einige andere Menschenaffen mindestens drei oder vier Wörter verstehen. Leider gibt es dazu nur wenig handfeste Daten, und die Gesamtzahl der richtigen Antworten ist selbst bei Wörtern, die angeblich verstanden werden, äußerst niedrig. Die Befunde weisen zwar auf einen statistisch signifikanten Unterschied zwischen erkennbaren und nicht erkennbaren Wörtern hin, aber diese Wörter werden nur bei einem so geringen Prozentsatz der Versuche erkannt, daß eine mündliche Kommunikation in einem normalen Zeitrahmen nicht möglich wäre. Francine Patterson vermutete auch bei dem Gorilla Koko die Fähigkeit zum Verstehen gesprochener Worte, aber bei ihr fehlen experimentelle Befunde, die die Möglichkeit nonverbaler Information ausschließen. Möglicherweise verfügen andere Affen über eine gewisse Fähigkeit zum Verstehen gesprochener Sprache, aber offenbar hat keiner von ihnen den Sprung zu jenem Sprachverständnis geschafft, der damals bei Kanzi unmittelbar bevorstand.

Daß Kanzi gesprochene Worte zu verstehen schien, bemerkten wir, als er eineinhalb Jahre alt war. Wenn wir über Licht sprachen, rannte Kanzi plötzlich zum Schalter an der Wand und knipste es an und aus. Später sah er einfach zum Lichtschalter hinüber, wenn er das Wort hörte, das heißt, er stellte offenbar den visuellen Zusammenhang her. Wo lag der Unterschied zu dem, was wir und andere bis dahin bei Affen beobachtet hatten? Reagierte Kanzi vielleicht auf unerkannte Hinweise aus dem Zusammenhang? Zuerst glaubten wir, es müsse so sein. Aber es gab Unterschiede. Sherman und Austin reagierten auf gesprochene Worte und Informationen aus dem Zusammenhang, wenn jemand mit ihnen redete oder zu einem anderen etwas sagte, was für sie von Bedeutung war. Oft reagierten sie angemessen auf Sätze wie »Möchtest du nach draußen gehen?«, »Stoß nicht an den Fernseher« oder »Kitzel mich nicht so stark«. Kanzi zeigte solche Reaktionen ebenfalls, aber darüber hinaus schien er auch bei Unterhaltungen »mitzuhören«, die nichts mit ihm zu tun hatten. Einmal fragte ich beispielsweise einen Tierpfleger, ob »jemand gestern abend das Licht angelassen hat«, und dann bemerkte ich, wie Kanzi den Lichtschalter anstarrte, obwohl weder ich noch irgend jemand anders in diese Richtung geblickt hatte, und wir sprachen auch gar nicht über jenes Licht, das er meinte. Diese geradezu unheimliche Fähigkeit, Unterhaltungen zu »lauschen«, die sich nicht an ihn richteten und die er eigentlich nicht beachten sollte, erweckte in mir zum erstenmal den Verdacht, daß Kanzi Lautäußerungen so verarbeitete, wie ich es noch bei keinem anderen Affen erlebt hatte – auch nicht bei solchen, die in menschlichen Haushalten aufgewachsen waren. Ich hielt es aber immer noch für unmöglich. Nach der damals gängigen Theorie von Phillip Lieberman entwickeln sich die Fähigkeiten zum Hervorbringen und zum Verstehen von Lautäußerungen stets gemeinsam. Nach Liebermans Auffassung kann das Hörsystem, das aus dem Innenohr und der Hörrinde des Gehirns besteht, Geräusche nur dann wirksam verarbeiten, wenn sie den Signalen entsprechen, welche die jeweilige Spezies mit ihren Stimmorganen hervorbringt. Die akustische Verständnisfähigkeit eines Tiers wäre demnach sozusagen durch die gemeinsame Evolution der gesamten Kommunikation auf die Möglichkeiten des Stimmapparats abgestimmt. Diese Theorie klang höchst plausibel und war nach meiner Überzeugung die Erklärung dafür, daß Sherman und Austin kaum in der Lage waren, Worte zu verstehen, obwohl wir ständig mit ihnen sprachen.

Kanzi verstand offenbar nach und nach immer mehr Worte.

Schließlich konnte ich nicht mehr an der Tatsache vorbeisehen, daß seine Leistungen nicht zu der üblichen Theorie paßten: Es handelte sich nicht um die scheinbare oder unvollständige Verständnisfähigkeit, die mir bei Sherman und Austin sowie bei Lucy und Washoe begegnet war. Kanzi war inzwischen so geübt, daß er nicht nur bei Unterhaltungen zuhörte, die nicht für ihn bestimmt waren; er fing vielmehr an, einige Wörter, die wir sagten, auf der Tastatur zu übersetzen. Eines Nachmittags kam zum Beispiel jemand zu mir und teilte mir mit, Sherman und Austin hätten sich gestritten. Kanzi hörte zu, ging dann zu seiner Tastatur und sagte *Austin*; gleichzeitig signalisierte er mit einer Geste *gehen* und zeigte in die Richtung von Shermans und Austins Quartier. Ein anderes Mal erwähnte jemand nebenbei, Kanzi habe gelernt, wie man das Licht ein- und ausschaltet. Sofort lief er zur Tastatur, drückte die Taste für »Licht« und gestikulierte dann in Richtung des Lichtschalters. Nun mußten wir das gleiche tun wie Eltern, die nicht von ihren Kindern belauscht werden wollen: Wir buchstabierten in seiner Gegenwart einige Wörter; wie die meisten Kinder, so merkte auch Kanzi, daß wir ihn damit vom Lauschen abhalten wollten, und nun hörte er nur noch genauer zu. Als wir soweit gekommen waren, entschlossen wir uns, Kanzis Verständnisfähigkeit sorgfältig und mit Kontrollexperimenten zu testen, genau wie wir es zuvor bei Sherman und Austin getan hatten. Wir übten mit Kanzi nicht für den Test und boten ihm für richtige Antworten auch keine Belohnungen an. Wir zeigten ihm einfach eine Anordnung von drei Fotos und drei Lexigrammen, und dann sprachen wir das Wort aus, um anzugeben, welches davon er uns geben sollte. Wir machten drei Testdurchgänge und wechselten dabei mit unseren Bitten zwischen gesprochenem Englisch und Lexigrammen ab. Der Test umfaßte fünfunddreißig verschiedene Gegenstände, die in jeweils 180 Versuchen mit Worten und Lexigrammen vorkamen. Kanzi kam mit den Lexigrammen auf fünfundneunzig Prozent richtige Antworten und mit gesprochenem Englisch fast auf den gleichen Wert, nämlich auf dreiundneunzig Prozent. Wie wir feststellen konnten, verstand Kanzi nach den siebzehn Monaten 150 verschiedene Wörter. Sherman und Austin dagegen machten es zwar in achtundneunzig Prozent der Fälle richtig, wenn sie ein Symbol gezeigt bekamen und dann unter zwei oder drei Fotos das zugehörige herausfinden sollten, aber wenn wir mit einem gesprochenen Wort um ein bestimmtes Foto baten, mußten sie offenbar raten. Sie zögerten, suchten nach versteckten Hinweisen und baten uns dann, die Tastatur einzuschalten. Wenn das alles nichts fruchtete, wählten sie einfach das nächste oder interessanteste Foto. Die Gesamtleistung lag bei dreißig Prozent, wie man es erwartet, wenn die Fotos rein zufällig ausgesucht werden.

Kanzis Fähigkeit, gesprochenes Englisch zu verstehen, ist ein Teilaspekt seiner umfassenderen Fähigkeit, Sprachfähigkeit ähnlich wie ein Mensch zu erwerben. Die Verständnisfähigkeit trug bei Kanzi wie bei Menschen zur Entstehung der Vorstellung bei, daß Wörter und Lexigramme Begriffe sind, die man als Mittel der Kommunikation einsetzen kann.

Diese Entdeckung, die ebenfalls bei Kanzi zum erstenmal gemacht wurde, zwang uns natürlich dazu, unsere Vorstellungen von der Sprache und der Einzigartigkeit des Menschen ein weiteres Mal zu überdenken. »Wenn ein Affe gesprochenes Englisch versteht, ohne daß er darauf trainiert wurde, und wenn er mehr tun kann als nur auf bestimmte Hinweise differenzierte motorische Reaktionen zu zeigen, dann sieht es so aus, als besäße dieser Affe eine ähnliche Sprech- und Sprachfähigkeit wie wir selbst«, schrieb ich später mit meinen Kollegen in einem Fachartikel. Und weiter: »Selbst wenn der Affe nicht sprechen kann, ist die Fähigkeit, Sprache zu verstehen, das kognitive Äquivalent zum vollzogenen Spracherwerb.«[5]

In den ersten vier Jahren, in denen wir Kanzi großgezogen und getestet hatten, hatten wir mehr Zeit und Mühe aufgewendet als in jeder anderen Studie, die ich bis dahin veröffentlicht hatte, und noch nie hatten wir so viele Daten zusammengetragen. Jetzt war nach meiner Überzeugung der Zeitpunkt gekommen, sie zu publizieren und damit ein stichhaltiges Argument für eine Neubewertung der Sprachfähigkeit von Affen zu liefern. Fünf Jahre waren seit 1979 vergangen, als Herbert Terrace in *Science* seinen berühmten Aufsatz veröffentlicht hatte, in dem er zu dem Schluß gelangte, trotz vieler gegenteiliger Behauptungen habe niemand bisher Sprache bei Affen nachgewiesen. Deshalb wählte ich *Science* als die Zeitschrift, der ich einen Bericht über unsere Arbeiten einreichen wollte.

Ich schrieb ein Manuskript mit dem Titel »Spontaneous Language Acquisition by a Pygmy Chimpanzee« (»Spontaner Spracherwerb eines Zwergschimpansen«) und schickte ihn im Dezember 1984 an die Redaktion von *Science* in Washington. Ich war überzeugt, die Befunde mit Kanzi würden zumindest einen Anlaß bieten, wieder über die Sprachfähigkeit bei anderen Arten nachzudenken. »Diese Ergebnisse lassen darauf schließen, daß die Disposition des Zwergschimpansen zum Erwerb primitiver Sprachfähigkeiten erheblich weiter entwickelt ist, als es für andere Menschenaffen bisher beschrieben wurde«, schrieben wir. »Der Spracherwerb scheint beim Zwergschimpansen von der Fähigkeit begleitet (und erleichtert) zu sein, gesprochenes Englisch zu verstehen.« Wir wiesen darauf hin, daß hier zum erstenmal über solche Fähigkeiten bei einem Affen berichtet werde und daß die Ergebnisse wichtige Folgen für die Einschätzung von Sprachfähigkeit hätten.
Drei Monate später erhielten wir von einem *Science*-Redakteur ein recht schroffes Ablehnungsschreiben. Zwei Wissenschaftler hatten das Manuskript begutachtet. Der erste räumte ein, unser Bericht enthalte wichtige neue Informationen, die für den wissenschaftlichen Fortschritt auf diesem Gebiet von Bedeutung sein könnten; dann aber folgte eine Flut von Kritikpunkten, die, so der Vorschlag, ausgeräumt werden sollten, bevor der Artikel erschien. Das zweite Gutachten sagte, daß unsere Behauptungen über den spontanen Spracherwerb bei einer nichtmenschlichen Spezies nichts Neues seien.
Wie konnte jemand, der sich auf diesem Gebiet auch nur ein wenig auskannte, behaupten, spontaner Spracherwerb sei nichts Neues? Der Gutachter stellte fest, er könne sich unter keinen Umständen vorstellen, wie ein Lexigrammsystem zur Entstehung sprachlicher Kommunikation führen solle, und deshalb seien unsere Befunde bedeutungslos, ungeachtet der angeführten Daten. Ich schrieb an den Redakteur von *Science* und wies auf das offenkundige Vorurteil des zweiten Gutachters hin; gleichzeitig bat ich darum, den Ablehnungsbescheid noch einmal zu überdenken. Mitte April erhielten wir den zweiten ablehnenden Brief.
Science ist in der Welt wissenschaftlicher Publikationen eine der beiden meistgelesenen und angesehensten fachübergreifenden Zeitschriften. Die andere ist die in London erscheinende *Nature*.

Wir schrieben unser Manuskript also um, nahmen dabei einige Anregungen des ersten Gutachters auf und schickten es im Mai nach London. Im Juli erhielten wir einen Brief von einem Redakteur bei *Nature*. Er lautete: »Nach sorgfältigem Überlegen ... sind wir zu dem Schluß gelangt, daß eine Veröffentlichung in *Nature* nicht angebracht wäre.«

Auch beim *Journal of Comparative Psychology* hatten wir nicht mehr Glück. Die Gutachter zeigten in ihren Kommentaren die gleiche Mischung aus allgemeiner Ablehnung und Unglauben, die uns inzwischen schon vertraut war. Schließlich schickte ich eine detailliertere und umfangreichere Neufassung an das *Journal of Experimental Psychology*; die früheren Gutachten legte ich bei, so daß der Redakteur sehen konnte, welche Schwierigkeiten ihm bevorstanden. Die meisten dieser Gutachten oder sogar alle stammten offenbar von Leuten, die auf dem Gebiet der Affensprachforschung arbeiteten. Es schien, als wollten sie in den meisten Fällen einfach nicht glauben, was ich über Kanzi geschrieben hatte. Sie erhoben keine methodischen oder theoretischen Einwände, sondern stellten die Echtheit unserer Befunde rundheraus in Frage.

Der Redakteur des *Journal of Experimental Psychology* ließ das Manuskript daraufhin von anerkannten Experimentalpsychologen begutachten, die nicht in der Affensprachforschung tätig waren. Alle diese Experten waren von der Echtheit der grundlegenden Beobachtungen und von den Daten, die sie belegten, überzeugt; der Artikel wurde veröffentlicht.

Terrace hatte der Affensprachforschung mit seinem Aufsatz von 1979 einen Gefallen getan. Er hatte geschrieben, man müsse viele Dinge, die anfangs ohne weitere Fragen anerkannt worden seien, sorgfältiger untersuchen; aber viele Leser hatten diese Aussage nicht für bare Münze genommen, sondern sofort unterstellt, Affen besäßen keine Sprachfähigkeit. Punktum. Deshalb war kaum jemand bereit zu begreifen, was Kanzis Leistungen bedeuteten.

Inzwischen lernte Kanzi weiterhin neue Symbole; er verstand mittlerweile kompliziertere Sätze und bildete Wortkombinationen, die eine gewisse Regelmäßigkeit erkennen ließen. Ich war mir bewußt, daß wir diese Fähigkeiten systematisch analysieren mußten, und sicherte mir die Mitarbeit von Patricia Greenfield, einer Linguistin der University of California in Los Angeles. Sie

Eines Tages wollte Kanzi im Laborlieferwagen mitfahren, aber der Kombi war abgeschlossen. Da ihm niemand einen Schlüssel gab, probierte er es mit dem erstbesten Gegenstand, einem Schraubenzieher, den der Werkstattleiter in der Nähe liegengelassen hatte. *(Aufnahme: Elizabeth Pugh)*

Kanzis jüngere Schwester Panbanisha, hier im Alter von einem Jahr, studiert ein Foto von einer Stelle im Wald, wo Futter versteckt ist. Als die Affen noch zu jung waren, um Symbole zu verstehen, zeigten wir ihnen oft Aufnahmen von den Orten, zu denen wir gehen wollten. Sie mochten das sehr und sahen sich die Fotos genau an. *(Aufnahme: Sue Savage-Rumbaugh)*

Matata, die in freier Wildbahn geboren und aufgewachsen ist, betrachtet ihr Spiegelbild. Sie konnte zwar keine Sprache lernen, aber wie die meisten Menschenaffen erkannte sie sich im Spiegel sofort. Matata zupfte sich mit Hilfe des Spiegels kleine Haare aus dem Kinn, als wolle sie damit jeglichen Bartansatz tilgen. Woher sie das hatte, wissen wir nicht, denn niemand hatte ihr das gezeigt; vielleicht kennen die Bonobos auch in der Natur so etwas wie Eitelkeit. *(Aufnahme: Elizabeth Pugh)*

In diesem wichtigen Experiment hat Sherman gesehen, wie einige Banan in eine Kiste gelegt wurden Austin sitzt in dem geteilte Raum auf der anderen Seite der Glasscheibe und hat de Vorgang nicht beobachtet. Kiste ist verschlossen, so d Sherman sie nur mit einem Schlüssel öffnen kann. Hier geht Sherman zur Tastatur signalisiert »gib Schlüssel«. *(Aufnahmen: Sue Savage-Rumbaugh)*

Austin sieht von seiner Seite aus zu und holt den Schlüssel aus dem Werkzeugkasten.

Sherman (links) kommt zur Scheibe, und Austin gibt ihm den Schlüssel.

Sherman geht wieder zu der Kiste, steckt den Schlüssel ins Vorhängeschloß und dreht ihn um.

tin sieht genau zu, wie Sherman das Schloß et.

Sherman (links) bringt Austin die Hälfte des Futters (und probiert unterwegs Austins Portion).

Sherman gibt Austin durch die Öffnung in der Scheibe seinen Anteil.

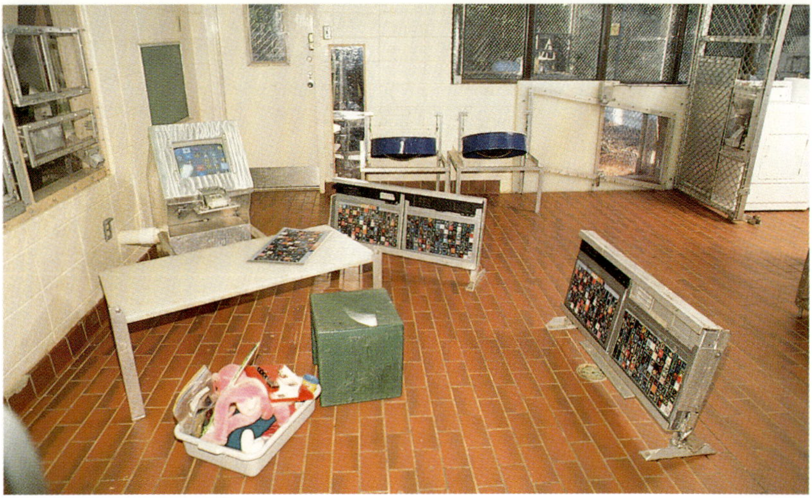

Einer der Räume, in denen Kanzi heute spielt und arbeitet, wenn er nicht ins Freie gehen kann. Hier befinden sich unter anderem ein Fernseher mit Joystick und zwei Tastaturen in Metallgestellen. Auf dem Fußboden steht eine Schale mit Spielsachen und Fotos. *(Aufnahme: Steve Winters)*

Austin sieht sich Videoaufnahmen von sich selbst an. *(Aufnahme: Elizabeth Pugh)*

Arbeit mit Kanzi an der Tastatur. *(Aufnahme: Steve Winters)*

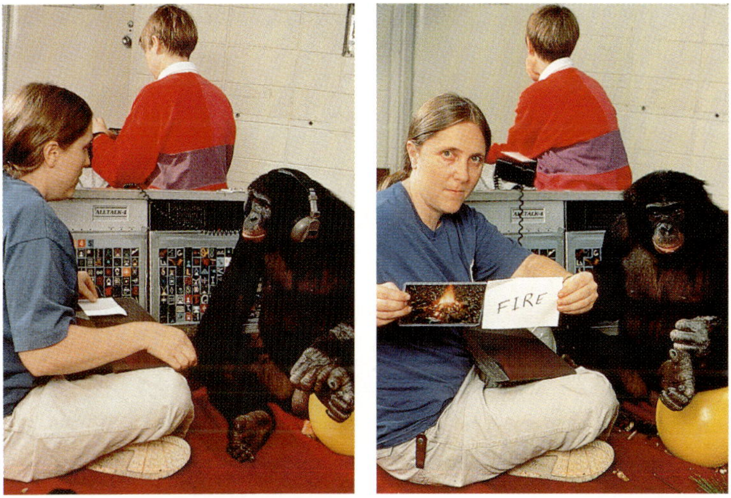

In einer der ersten Blindstudien mit Kanzi legte die Versuchsleiterin A (von hinten zu sehen) drei Fotos in ein kleines »Textbuch« aus Kunststoff und gibt das Buch dann geschlossen an die Versuchsleiterin B (bei Kanzi). Dann spielt die Person A Kanzi vom Tonband ein Wort vor, das zufällig aus Kanzis angenommenem Wortschatz ausgewählt wurde. Wenn Kanzi das Wort hört, bittet er die Person B durch Gesten, das Buch aufzuschlagen und ihm die Fotos zu zeigen. Kanzi sieht sich die verschiedenen Fotos an und sucht dasjenige aus, das zu dem im Kopfhörer gehörten Wort paßt. Wenn Kanzi seine Wahl getroffen hat, sagt ihm die Person A, ob er recht hatte. Hier hat Kanzi ein Foto ausgewählt, auf dem ein Feuer zu sehen ist. Auf der Rückseite steht das zugehörige Wort. *(Aufnahmen: Nicholas Nichols)*

Kanzi zeichnet und malt gern. Manchmal signiert er seine Zeichnungen, aber bisher ist es ihm nicht gelungen, etwas Erkennbares zu malen – auch die meisten Kinder unter drei Jahren können das nicht. *(Aufnahme: Steve Winters)*

Kanzi spielt Fangen und Kitzeln mit Jeannies Sohn Nathaniel, der ebenfalls Lexigramme gelernt hat. Die Tiermediziner des Yerkes Center gestatten den unmittelbaren Umgang von Affen und Kindern nicht, weil sie fürchten, daß Kinderkrankheiten übertragen werden. Deshalb sind die beiden hier durch eine Plexiglaswand getrennt.

(Aufnahmen: Nicholas Nichols)

Kanzi schlägt Steine zusammen, um einen kleinen, scharfen Splitter zu bekommen und damit ein dickes Nylonband durchzuschneiden, das eine Kiste mit seinem Lieblingsfutter verschließt.

Viertel der Symbole auf Kanzis Tastatur. Als Kanzi sieben Jahre alt war, verstand er drei Viertel Symbole auf den 256 Tasten seiner Tastatur, aber nur die Hälfte davon benutzte er regelmäßig. Symbolen, die er nicht lernte, handelte es sich um sehr abstrakte Begriffe wie »weit weg« oder Bezeichnungen für Dinge, mit denen er kaum in Berührung kam, wie »Granatapfel«. Von links :h rechts bedeuten die Symbole: schlecht, jetzt, Nachtisch, Bauch, Schüssel, Ungeheuer, kosnuß, Handtuch – Taco, Hähnchen, Salat, Nudeln, Zucker, Kaninchen, Brötchen, Butter – weit g, Ohrfeige, Salz, Beobachtungsraum, Abfall, Mineralwasser, Fußboden, Erdbeere – Kiwi, Kissen, natapfel, Weintrauben, Holunderbeeren, Panzee, kleiner Finger, Joghurt – Fluß, Marmelade, ıa, Rucksack, Limonade, Waschlappen, Lärm, Eis am Stiel – Schwimmbad, Panbanisha, kalt, zeich-, mittlerer Testraum, tragen, Laden, Danke – Karen, Geißblatt, Spielzeug, Dan, Gorilla, nicht geordnet, Buch, nicht zugeordnet.

(Aufnahme: Language Research Center, Georgia State University ©)

Kanzi und ich am Aussichtspunkt im November, als es schon recht kalt ist. Kanzi hat mir ger
gesagt, er wolle zum Flatrock weitergehen und dort nach Schokodragées und einem Ball such

(Aufnahme: Nicholas Nich

hatte mir schon früher bei der Analyse der Beobachtungen an Sherman und Austin geholfen.
Patricia hatte Pionierarbeit auf dem Gebiet des Spracherwerbs bei Kindern geleistet und entgegen der herrschenden Lehrmeinung gezeigt, welch großen kommunikativen Inhalt Einzelwort-Äußerungen bei Kleinkindern haben. Einzelne Worte, darauf hatte sie hingewiesen, vermitteln zwar allein nur begrenzte Informationen, aber sie werden in der Regel in einem informativen sozialen Zusammenhang geäußert, der auch verschiedene Arten von Gesten mit einschließt. Wegen ihrer Erkenntnisse über Kinder gehörte Patricia zu den wenigen Linguisten, die von der Sprachleistung der Affen überzeugt waren, denn hier besteht die Kommunikation zum größten Teil aus Einzelwortäußerungen. Die einzelnen Worte sind aber bei den Affen, genau wie bei Kindern, von anderen Formen der Informationsübermittlung begleitet. Für aufgeschlossene Zuhörer gewann die Affensprachforschung durch Patricias Theorien ein Maß an Glaubwürdigkeit, das sie sonst vielleicht nie erreicht hätte. Für mich stellte sich jetzt die Frage, wie ich Kanzis Leistungen Glaubwürdigkeit verleihen konnte. Die umfangreichen Daten, die wir zusammengetragen hatten, führten in meinen Augen zu zweifelsfreien Schlußfolgerungen, und dennoch waren viele Leute offenbar nicht bereit, sie auch nur in Erwägung zu ziehen. »Was können wir mit diesen Daten anfangen, damit die Leute besser verstehen, wozu Kanzi fähig ist?« fragte ich Patricia eines Tages. Wir brüteten über den vielen Seiten mit den Niederschriften neu zusammengesetzter Äußerungen, die jetzt einen Teil unserer Datensammlung über Kanzi ausmachten. »Irgend etwas müssen wir tun können«, erwiderte sie leidenschaftlich. »Teilen wir diese Kombinationen erst einmal ein, und sehen wir dann, was dabei herauskommt!«

6

KANZIS WELTSICHT

Patricia Greenfield verschwand ein paar Tage lang und arbeitete ununterbrochen daran, alle verfügbaren Daten über den Zusammenhang im Umfeld von Kanzis Äußerungen zusammenzutragen. Im Gegensatz zu früheren Studien an Affen, in denen Symbole benutzt worden waren, hatten wir nicht nur jede einzelne Äußerung von Kanzi, sondern auch die Vorgänge in ihrem Umfeld aufgezeichnet. Wenn man nur weiß, daß Kanzi *Austin Hamburger* gesagt hat, ist man noch nicht viel weiter – bezeichnet er Austin als Hamburger? Hilfreich ist aber der Hinweis, daß dies seine Antwort war, als er zur Tür gezeigt hatte und daraufhin gefragt wurde, was er tun wolle. Und ebenso sollte man wissen, daß ich ihn nach dieser Äußerung fragte: »Möchtest du Austin einen Hamburger bringen?«, was Kanzi mit einer ganzen Reihe zustimmender *Waa*-Laute quittierte. Ich sagte ihm, er könne einen Hamburger aus dem Kühlschrank holen, was er auch tat. Er überreichte ihn mir, damit wir ihn zu Austin mitnehmen konnten. Als wir dort waren, fragte ich Kanzi, ob er den Hamburger immer noch Austin geben wolle; daraufhin ließ er ein bejahendes *Whuh* hören, nahm mir den Hamburger ab und reichte ihn Austin. Anhand solcher Einzelheiten, die wir für alle Wortkombinationen Kanzis festgehalten hatten, konnte Patricia einen Sinn in dem erkennen, was Kanzi uns zu sagen versuchte.

Als sie wieder auftauchte, erklärte sie, nach ihrem Eindruck gebe es in Kanzis Mehr-Wort-Äußerungen Anzeichen für eine syntaktische Struktur. Das überraschte mich, denn in meinen Gesprächen mit Kanzi hatte ich keine solche Struktur bemerkt. Das, so Patricia, sei auch nicht zu erwarten gewesen, denn die Gesetzmäßigkeiten waren nur zu erkennen, wenn man sich viele Äußerungen mit ganz unterschiedlicher Bedeutung ansah. Sie war ganz wild darauf, mit mir einen Fachartikel über dieses Thema zu schreiben. Ich zögerte noch, denn angesichts der bisherigen Reaktionen auf unsere Arbeit wußte ich, daß wir es schwer haben würden, andere davon zu überzeugen, daß Kanzi sich syntaktischer Strukturen bediente. Die meisten Linguisten waren nicht bereit, anderen biologischen Arten eine Sprache zuzugestehen, denn das hätte die Grundlagen ihrer ganzen Wissenschaft untergraben. Linguisten nehmen an, daß die Sprachforschung eines Tages die gesamte Struktur des menschlichen Denkens sichtbar machen wird. Dazu muß die Linguistik nach ihrer Ansicht ein wichtiges Ziel erreichen: Sie muß die grundlegenden Strukturen beschreiben, die allen Sprachen gemeinsam sind und bei Kindern aller Kulturkreise den Spracherwerb ermöglichen. Wenn man behauptet, daß auch Affen Sprache lernen können, ist Sprache nichts ausschließlich Menschliches mehr, und dann kann man mit ihrer Hilfe auch nicht das Ziel erreichen, den grundlegenden Aufbau des menschlichen Denkens zu entschlüsseln. Patricia hatte die Grundannahmen der Linguistik durch ihre Befunde an Kindern in Frage gestellt, und jetzt wollte sie die Beobachtungen an Affen zu dem gleichen Zweck benutzen. Aus ihrer Sicht war die Linguistik als Fachgebiet einerseits besessen von der Idee, daß Syntax das Kennzeichen von Sprache sei, und andererseits in der Nachfolge Chomskys völlig sicher, daß ausschließlich Menschen eine Sprachfähigkeit besitzen. Diese engstirnige Denkweise ignorierte zumindest die Realität der Evolution: Wir sind die Schwesterspezies der Schimpansen und stimmen mit ihnen in neunundneunzig Prozent unseres genetischen Bauplans überein. Schon aus diesem Grund ist es sehr wahrscheinlich, daß Schimpansen und Menschen zumindest einige Elemente der Sprachfähigkeit gemeinsam haben.

Die Linguistik beschäftigt sich schon von ihrem Wesen her vorwiegend mit der heutigen Sprache, insbesondere mit ihrem Erwerb und ihrer Struktur. Offenbar haben nur wenige Linguisten erkannt, daß diese Sichtweise zu Verzerrungen führen kann, wenn man nach dem *Ursprung* der Sprache und dem Wesen ihrer

Vorläufer bei den Menschenaffen fragt. Vielleicht eignet sich das Modell der heutigen Sprachstruktur nicht als Leitfaden, wenn man Hinweise auf die Sprache in ihren frühesten Stadien finden will. Man sollte sich zum Beispiel nicht über die Behauptung wundern, daß Sprache (und ihre Syntax) an irgendeinem Punkt in der menschlichen Vergangenheit nicht gelernt, sondern erfunden wurde. Wenn man unter dieser Voraussetzung bei Affen nach Vorläufern der Sprachfähigkeit sucht, betrachtet man realistischerweise besser die Fähigkeit zum Erfinden von Regeln und nicht die Kenntnis bereits vorhandener Gesetzmäßigkeiten. Außerdem schließt eine entwicklungsgeschichtliche Betrachtungsweise der Sprachentstehung auch die Erkenntnis ein, daß sich in den Regeln die Anpassung und das Verhalten der Frühmenschen widerspiegeln, die sie erfunden haben. Das gleiche gilt auch für Affen: Wenn sie die grundlegende Fähigkeit zum Erfinden von Syntaxregeln besitzen, werden diese Regeln in irgendeiner Form zur Anpassung der Affen und nicht zu der der Menschen passen.

Diese Abkehr von der anthropozentrischen Betrachtungsweise der orthodoxen Linguisten war der wichtige begriffliche Leitfaden, den Patricia in ihre Analysen von Kanzis Äußerungen einbrachte. Entscheidend für die Entwicklung ihrer Ansichten waren ihre kulturanthropologischen Erfahrungen in Afrika und Mittelamerika gewesen. Dort hatte sie aus erster Hand erfahren, wie die Fäden einer anderen Kultur ihr gesamtes Gewebe beeinflussen, in materieller wie in linguistischer Hinsicht. Und diese Erkenntnisse wandte sie auch bei der Beurteilung von Kanzis Sprache an: Sie beharrte darauf, sie nicht aus dem Blickwinkel des Menschen, sondern aus demjenigen des Bonobos zu betrachten.

Mit einem zweiten begrifflichen Leitfaden, an den wir uns bei den Untersuchungen hielten, konnten wir der Frage entgehen, die die orthodoxen Linguisten immer wieder stellten: »Haben Affen eine Sprache?« Die Antwort auf diese Frage lautet natürlich nein. Aber was sagen wir bei einem einjährigen Menschenkind? Hat es eine Sprache? Und ein zweijähriges? Ein fünfjähriges? Sprache entsteht, wenn ein Kleinkind heranwächst, und deshalb hielten wir es für vernünftig, den entwicklungsspezifischen Aspekt in unsere Studien einzubeziehen. In einem Kapitel für das Buch *»›Language‹ and Intelligence in Monkeys and Apes: Comparative Deve-*

lopmental Perspectives« (»›Sprache‹« und Intelligenz bei Klein- und Menschenaffen: Vergleichende entwicklungsspezifische Gesichtspunkte«) beschrieben wir unseren Standpunkt so: »Wir müssen nach Parallelen zwischen Affensprache und menschlicher Sprache *in ihren ersten Entwicklungsstadien* suchen, und wenn wir sie gefunden haben, müssen wir feststellen, wie weit die Affen auf dem Weg zur menschlichen Sprache vorankommen können.«[1] Mit anderen Worten: Wir wollten nicht herausfinden, ob Affen eine Sprache haben, sondern unsere Suche sollte sich auf die Frage konzentrieren, welche Sprachelemente es gibt und welche Elemente in dem jeweiligen Entwicklungsstadium fehlen. Dennoch muß es einige grundlegende Kriterien dafür geben, ob man ein Regelsystem als Grammatik bezeichnet, unabhängig von Verhaltensgesichtspunkten und Entwicklungsstadien. In den letzten zehn Jahren haben Linguisten und Psychologen verschiedene Kriterien genannt; fünf davon betrachteten Patricia und ich als entscheidend:

1. *Jeder Bestandteil muß einen eigenen Symbolgehalt besitzen.* Wenn Kanzi beispielsweise eine Kombination wie *Fangen Hund* bildete, mußte gezeigt werden, daß beide Wörter auch in anderen Äußerungen mit anderer Bedeutung vorkommen, zum Beispiel in *Fangen Banane* oder in *Hund Spielplatz.* Wenn sich nicht jedes Symbol in beliebiger Weise mit jedem anderen kombinieren läßt, kann man nicht annehmen, daß ihre Zusammenstellung bei dem Affen durch echte Neukombination erfolgt.
2. *Die Beziehung zwischen den Symbolen muß verläßlich und semantisch sein.* Manche Kombinationen wie *Eis Fernsehen* verwendete Kanzi, um darum zu bitten, daß der Fernseher eingeschaltet wurde und daß er beim Fernsehen Eis bekam, aber den beiden Symbolen fehlt der innere grammatikalische Zusammenhang. Kanzi fügte sie rein zufällig zusammen. Dagegen berichtete er mit *Matata beißen* darüber, daß seine Mutter ihn zum erstenmal mit einem echten Biß gezüchtigt hatte; hier zeigt Kanzi, daß er Symbole in eine bedeutungstragende Beziehung setzen kann. Anders als bei *Eis Fernsehen* würde *Matata* oder *beißen* allein nicht die Hälfte des Inhalts übermitteln. Dieser Inhalt steckt vielmehr in der Beziehung, die ihre Struk-

tur durch die Kombination der beiden Symbole erhält und dann in dem jeweiligen Zusammenhang einen bestimmten Sinn transportiert.

3. *Eine Regel muß Beziehungen zwischen Symbolkategorien festlegen und nicht nur die Beziehung zwischen einzelnen Symbolen.* Mit anderen Worten: Eine grammatikalische Beziehung wie die zwischen Prädikat und Objekt muß in den Befunden bei vielen verschiedenen Bezeichnungen für Tätigkeiten und Gegenstände vorkommen (zum Beispiel als *greifen Austin, verstecken Austin, beißen Ball, fangen Ball, umarmen Ball*). Wenn sich eine konstante Anordnung der Kategorien von Tätigkeit und Gegenstand nachweisen läßt, kann man daraus mit Fug und Recht ableiten, daß Kanzi ein gewisses Verständnis für die Kategorien selbst besitzt. Ohne ein solches Verständnis könnte er die Kombinationen nicht einheitlich so anordnen, daß bei vielen verschiedenen, immer neu zusammengestellten Einzelsymbolen stets zuerst das Prädikat und dann das Objekt genannt wird. Terrace fand bei seinen Beobachtungen an Nim zwar regelmäßige Anordnungen, die aber an einzelne Symbole geknüpft waren: Nim stellte manche Symbole immer an die erste Stelle und andere an die zweite. Kanzi dagegen bildete Kombinationen wie *greifen Austin* und *Austin gehen*; er konnte also das Symbol *Austin* in verschiedenen Stellungen benutzen, je nachdem, welche Kommunikationsfunktion es in dem Satz erfüllte.
4. *Die Symbolkategorien müssen in allen Kombinationen mit einem formalen Hilfsmittel in Beziehung gesetzt werden.* Anders ausgedrückt: Angenommen, Kanzi versteht den Unterschied zwischen so weit gefaßten Kategorien wie Subjekt und Objekt, dann muß er dieses Verständnis nachweisen, indem er die zugehörigen Symbole verläßlich nach bestimmten Regeln anordnet. In diesem Fall bedient sich Kanzi der gleichen Regel wie alle englischsprechenden Menschen: er hält eine bestimmte Reihenfolge ein und setzt das Prädikat vor das Objekt. Das heißt nicht, daß Kanzi sich dieser Regel bewußt wäre oder daß er sie in seinen Äußerungen nie verletzt. Es bedeutet nur, daß Kanzi auf irgendeiner primitiven Ebene eine gewisse Kenntnis dieser Regel besitzen muß, weil er sie häufig anwendet.

5. *Die Regel muß produktiv sein.* Das heißt ganz einfach: Die Regel muß sich in neuen Situationen anwenden lassen und in diesen Situationen schon bei der ersten Verwendung eine Kommunikationsfunktion haben. Wenn Kanzi also die Regel von Prädikat und Objekt gelernt hatte, sollte er in der Lage sein, auch in einem neuen Zusammenhang entsprechende Kombinationen zu bilden. Ein Beispiel ist Kanzis Bitte *kitzeln Ball*, das heißt, jemand sollte mit ihm spielen und dabei mit dem Ball über seinen ganzen Körper streichen. Dieses Spiel war nicht unsere, sondern Kanzis Erfindung, denn er liebte das Gefühl, wenn der Ball über seine Haut glitt. Er hielt bei dieser neuen Kombination die richtige Reihenfolge ein und zeigte damit, daß die Regel für ihn produktiv geworden war.
Während andere Wissenschaftler nur auf bestimmte Kriterien Wert legten, wollten wir sie alle erfüllt sehen. Wir hatten uns freiwillig ein hohes Ziel gesteckt.

Während der gesamten Arbeit mit Kanzi führten wir lückenlose Aufzeichnungen über seine Benutzung der Tastatur, seine Gesten und sein sonstiges Verhalten. Für die formale Strukturanalyse wählten wir einen Zeitraum von fünf Monaten; er begann im April 1986, als Kanzi fünfeinhalb Jahre alt war. In dieser Zeit hielten wir 13691 Äußerungen von Kanzi fest, und etwas mehr als zehn Prozent davon bestanden aus zwei oder mehr Elementen. Etwa die Hälfte dieser Mehr-Wort-Äußerungen erfüllte das Kriterium der Spontaneität (das heißt, sie wurden nicht als Reaktion auf einen Betreuer oder als Nachahmung hervorgebracht), so daß schließlich 723 Kombinationen übrigblieben. Das war ein erheblich größerer Datenbestand als bei allen vorhergehenden Studien zur Entwicklung der Grammatik bei Menschen.
Das fünfte Kriterium, die Forderung nach Produktivität, war bereits erfüllt. Wir wußten auch, daß Kanzis Benutzung der Lexigramme dem ersten Kriterium entsprach, wonach die Symbole unabhängig sein müssen. Schon von klein auf hatte Kanzi gezeigt, daß er die ausschließliche Beziehung zwischen einem Symbol und einem Gegenstand oder einer Handlung verstand. Zu unserer Genugtuung erfüllte sein Gebrauch der Geste für »gehen« ebenfalls die Anforderungen an ein unabhängiges Symbol, genau wie die Gesten tauber Kinder, die eine Zeichensprache ent-

wickeln. In unseren Studien konzentrierten wir uns deshalb auf die Verläßlichkeit der Beziehung zwischen den verwendeten Symbolen und einer auf Regeln basierenden Anordnung dieser Symbole. Wir wollten untersuchen, ob Kanzis Äußerungen eine Struktur hatten.

Eine eindeutige Regel, die sich während der fünf Monate herauskristallisierte, betraf Kombinationen, die Handlungen an einem Objekt betrafen, beispielsweise wenn Kanzi eine Erdnuß versteckte oder in eine Tomate biß. Im ersten Monat benutzte Kanzi solche Symbole ohne besondere Reihenfolge; manchmal nannte er die Handlung zuerst, manchmal das Objekt. *verstecken Erdnuß* kam ebenso häufig vor wie *Erdnuß verstecken*. Später hielt er aber eine recht strenge Reihenfolge ein und nannte zuerst die Handlung, dann den Gegenstand: *verstecken Erdnuß, beißen Tomate* und so weiter. Diese Regel hatte Kanzi offenbar von uns gelernt, wenn wir die Lexigramme beim Sprechen berührten; im Englischen gilt im allgemeinen diese Anordnung von Prädikat und Objekt.

Menschenkinder lernen die Regel im Zwei-Wort-Stadium irgendwann zwischen dem ersten und zweiten Lebensjahr.

Jedenfalls zeigte Kanzi, daß er eine Regel aus der Sprache in seiner Umgebung aufnehmen konnte; damit hatte er das vierte Kriterium erfüllt, das eine formale Regel verlangt (zum Beispiel, daß das Tätigkeitswort vor dem Gegenstandswort stehen muß). Er entsprach auch dem dritten Kriterium, wonach er erkennen mußte, daß die Ordnungsregel sich auf Kategorien (wie Handlung und Gegenstand) bezieht und nicht auf einzelne Wörter, wie man es beim Schimpansen Nim beobachtet hatte.

Noch wichtiger als die Tatsache, daß Kanzi Regeln lernen konnte, war jedoch seine offenkundige Fähigkeit, selbst Regeln zu erfinden. Patricia wies zwei solche Regeln nach. Die erste betraf die Kombination von Gesten und Lexigrammen: Kanzi benannte mit einem Lexigramm eine Handlung wie *Kitzeln* und bezeichnete dann mit einer Hinweisgeste den Ausführenden. Wenn er zum Beispiel wollte, daß ich mit ihm Fangen spielte, sagte er zunächst mit der Tastatur *Fangen*, und dann zeigte er auf mich oder er faßte mich an, um klarzumachen, daß ich ihn fangen sollte. Kanzis Regel lautete also: Wenn du jemanden zu einer Handlung veranlassen möchtest, lege zuerst (durch ein Lexigramm) die Handlung fest, und bezeichne dann (mit einer Geste) die Person. Das geschah sogar dann, wenn Kanzi unmittelbar neben mir stand, während die Tastatur sich auf der anderen Seite des Zimmers befand; wollte er beispielsweise ein Greif- oder Beißspiel spielen, ging er durch den Raum, sagte »beißen«, kam dann zurück und zeigte auf mich.

Bedeutsam ist dabei, daß Kanzis Regel, zuerst die Handlung (über ein Lexigramm) und dann die Person (durch eine Geste) zu benennen, im Vergleich zu dem Englisch, das wir in seinem Umfeld ständig sprachen, die umgekehrte Reihenfolge darstellte – ein starkes Indiz für das fünfte Kriterium, das kreative Produktivität fordert.

Eine zweite Regel, die ausschließlich Kanzis Produkt war, betraf die Bildung von Äußerungen, in denen zwei Tätigkeiten bezeichnet wurden. Die Idee, zwei Tätigkeitsworte – zum Beispiel »Kitzeln – Beißen« – zusammenzustellen, stammte ausschließlich von ihm. Die Betreuer verwendeten solche Kombinationen so gut wie nie. In den wenigen Fällen, in denen sie es doch taten, reagierten sie fast immer auf eine Zwei-Tätigkeits-Äußerung von Kanzi. Als Patricia sich genauer damit beschäftigte, welche Lexigramme für Tätigkeiten Kanzi kombinierte, erkannten wir anfangs so gut wie keine Gesetzmäßigkeiten. Die Kombinationen kamen jedoch so häufig vor und waren so eindeutig Kanzis eigene Erfindung, daß Patricia sich weiterhin Gedanken darüber machte. Plötzlich wurde ihr klar, daß es durchaus so etwas wie ein Ordnungsprinzip gab. Zuerst nannte Kanzi meist diejenige Tätigkeit, die einen größeren Abstand zwischen den Beteiligten erforderte, und als zweites eine Handlung, bei der die Mitwirkenden in engeren Kontakt kamen. Anordnungen wie *Kitzeln Beißen* oder *Fangen Verstecken* waren also deutlich häufiger als *Beißen Kitzeln* oder *Verstecken Fangen*. Wenn Menschenaffen (und auch andere Primaten) spielen, gehen sie meist von entfernteren zu näherliegenden Handlungen über. Bei dem Spiel »Fangen Verstecken« lief Kanzi zum Beispiel ein kurzes Stück weg und versteckte sich dann. Der Mitspieler mußte ihm ein wenig Vorsprung lassen und dann die Umgebung absuchen, um Kanzi zu finden und zu berühren. In diesem Fall gab Kanzi mit seiner Kombination also die Reihenfolge des Spielablaufs wieder. Das gleiche galt auch für andere Kombinationen wie *Kitzeln Beißen*.

Wenn Menschenaffen und andere Primaten in engem Körperkontakt spielen, kitzeln sie sich vielfach erst einmal, und wenn dann die Verbindung hergestellt ist, beginnt das Beißspiel. Das Ganze ähnelt einer Balgerei unter Menschen: Sie beginnt vorsichtig und mit mehr Distanz, und dann wird der Körperkontakt immer enger und manchmal auch roher. Kanzis Kombinationen zweier Tätigkeitswörter entsprachen also den Spielregeln der Bonobos und waren demnach nicht anthropozentrisch, sondern gewissermaßen bonobozentrisch. Man kann also sagen, daß diese von Kanzi erfundene Regel alle Kriterien einer formalen Grammatik erfüllte.

Beide von Kanzi aufgestellten Regeln (die Zwei-Tätigkeits-Kombinationen und die Kombinationen »Geste nach Lexigramm«) haben in irgendeiner Form mit der Koordination von Handlungen zu tun. Die erste spiegelt das Verhalten der Bonobos wider, die zweite dagegen ist, obwohl willkürlich gewählt, eine Methode zur Strukturierung von zwei Kommunikationskanälen. Warum ist das Ordnen von Tätigkeitsbezeichnungen wichtig? Nach meiner Überzeugung liefert es einen Hinweis darauf, wie die ersten Menschen ihrer Sprache eine Ordnung gaben, als sie sie erfanden. Sprache entstand bei den Frühmenschen mit ziemlicher Sicherheit in einer Phase, als das soziale Leben und die Sicherung des Lebensunterhalts immer komplexere Tätigkeiten erforderten. Das Schwergewicht mußte demnach auf der Koordination von Handlungen liegen, und eine einfache Syntax des Typs, wie Kanzi sie entwickelte, wäre dann der entwicklungsgeschichtliche Ausgangspunkt für die kompliziertere Grammatik gewesen, die der moderne Mensch entwickelte. Darüber hinaus ist die Tatsache, daß Kanzi solche Regeln erfinden konnte, ein stichhaltiges Argument für die Theorie vom bruchlosen Übergang, also für die Vorstellung, daß sich das Bewußtsein des Menschen zwar im Umfang, nicht aber in der grundlegenden Qualität von dem des Menschenaffen unterscheidet. Sie liefert auch einen Hinweis auf den kognitiven Nährboden der Sprache, der vielleicht schon bei dem gemeinsamen Vorfahren von Menschen und Schimpansen vorhanden war. Je mehr wir darüber in Erfahrung bringen, was das Gehirn des Affen im Bereich der Sprache nicht leistet, desto genauer können wir die besonderen Fähigkeiten benennen, die sich bei den ersten Menschen entwickelt haben müssen.

Chomsky führt für seine Theorie von der angeborenen Sprachfähigkeit des Menschen unter anderem das Argument an, daß es in der Grammatik aller Sprachen gemeinsame Gesetzmäßigkeiten gibt. Grundlage dieser Gemeinsamkeiten ist nach seiner Ansicht eine Universalgrammatik, die einem einzigartigen Sprachbaustein des menschlichen Gehirns entspringt. Ich bin wie Chomsky der Meinung, daß *Sprachfähigkeit* in irgendeiner Form angeboren ist. Man würde beispielsweise Austern kaum eine auch nur bruchstückhafte Sprachfähigkeit zuschreiben wollen, unabhängig davon, wie sie aufgewachsen sind. Jedes Argument für den bruchlosen Übergang zwischen Menschenaffen und Menschen kann sich dagegen auf die Tatsache stützen, daß Menschen und Schimpansen in ihren genetischen Bauplänen zu neunundneunzig Prozent übereinstimmen – Grund genug zu der Annahme, daß sie auch manche Elemente der Sprachfähigkeit gemeinsam haben. Im Gegensatz zu Chomsky bin ich jedoch nicht der Meinung, daß die Struktur der Sprache notwendigerweise von vornherein im menschlichen Gehirn angelegt ist.

Wie die Analyse von Kanzis Äußerungen zeigt, ist das Ordnen von Tätigkeiten für die von ihm erfundenen Regeln wichtig. Eine ähnliche Ordnung gab es höchstwahrscheinlich auch in der menschlichen Frühgeschichte; sie führte zu einer gemeinsamen Syntax, die von der Umwelt beeinflußt war. Außerdem schränkten Umwelteinflüsse wahrscheinlich nicht nur die Möglichkeiten ein, wie funktionsfähige Werkzeuge aussehen konnten, sondern ebenso dürfte es auch Beschränkungen gegeben haben, wie eine Sprache geordnet sein konnte, die noch verständlich war. Die grundlegenden Ähnlichkeiten in der Grammatik aller Sprachen könnten demnach die linguistische Entsprechung zu grundlegenden Übereinstimmungen sein, die man in allen Kulturen etwa bei der Konstruktion von Wassergefäßen findet. Wenn Chomsky und seine Anhänger den Begriff »angeboren« gebrauchen, meinen sie angeboren *und* ausschließlich auf Menschen beschränkt; für mich ist das Wort »angeboren« schlicht ein Hinweis, daß wir biologisch keine Sonderstellung einnehmen. Wie ich bereits erwähnt habe, ist es sinnlos zu fragen, ob Menschenaffen eine Sprache *haben*, wie es die orthodoxe Linguistik verlangt. Dennoch ist es von enormer Bedeutung, daß Kanzi über gewisse Sprachelemente verfügte. Das menschliche Gehirn ist dreimal so groß wie das eines Menschenaffen, und deshalb sollten wir die Tatsache, daß bei den Affen dennoch einige Sprachelemente nachzuweisen sind, als Hinweis auf einen bruchlosen Übergang anerkennen. Nach meiner Überzeugung war dieser Nachweis der Sprachelemente gelungen.

Voller Begeisterung schrieben Patricia und ich unsere Befunde nieder, und im Juli 1987 schickten wir sie an *Nature*. »Wie wir zeigen konnten, entwickelt ein Menschenaffe in einem Kommunikationsumfeld mit Menschen eine produktive, von der Nachahmung unbeeinflußte Grammatik, und, was am interessantesten ist, er erfindet für Symbole primitive Regeln, mit denen er in seinem Umfeld zuvor nicht in Berührung gekommen war«, schrieben wir in unserem Begleitbrief. Rückblickend ist uns klar, daß wir sowohl in dem Brief als auch im Manuskript besser auf den Begriff »Grammatik« verzichtet hätten. Er bedeutet für Linguisten nur eines: menschliche Grammatik. Wir waren damit in die Domäne der Linguisten eingedrungen und hatten ihre geheiligte Theorie von der Einzigartigkeit des Menschen in Frage gestellt. Bevor wir das Manuskript bei *Nature* einreichten, hatten wir es Herbert Terrace gezeigt, weil uns seine Ansichten wichtig waren. Er fand es gut, hielt es für wichtig und publikationswürdig, brachte aber eine ganze Flut kleinerer Kritikpunkte an. Insgesamt, so meinte er, hätten wir Kanzis Äußerungen im Hinblick auf ihre grammatischen Strukturen überbewertet. Einige Gutachter, die das Manuskript durchsahen, meinten, es sei zu kurz und werde unserer Arbeit nicht gerecht, andere hielten es für zu lang im Verhältnis zu der darin enthaltenen neuen Information, aber alle äußerten sich skeptisch oder geradezu spöttisch über unsere Behauptung, es gebe eine grammatikalische Struktur. Zwei Monate später erhielten wir das Manuskript mit einem Ablehnungsbescheid zurück.
Wir kamen mit dem Redakteur überein, einige von den Gutachtern angeschnittene Fragen aufzugreifen und eine überarbeitete Version einzureichen. Aber die Zeit und Mühe hätten wir uns sparen können: Auf das neue Manuskript bekamen wir genau die gleiche Antwort wie zuvor. »Übermäßig begeisterte Überinterpretation« lautete das allgemeine Urteil; offenbar war kaum jemand in der Lage, die Folgerungen aus unseren Befunden zu ak-

zeptieren: daß der Mensch mit seiner Sprachfähigkeit nicht einzigartig ist und daß er deshalb gar nicht so etwas Besonderes darstellt, wie er gern glauben möchte. Der zweite Ablehnungsbrief kam im Juli 1988.

Seit wir den Artikel zum erstenmal eingereicht hatten, war ein Jahr vergangen, und in dieser Zeit waren wir mit unseren Versuchen, die Linguisten auf Kanzis Fähigkeiten aufmerksam zu machen, kaum vorangekommen. Vielleicht hätten wir nicht von Grammatik sprechen, sondern lieber den Begriff »Protogrammatik« verwenden sollen, denn er ist tatsächlich angemessener. Aber wenn »Protogrammatik« der richtige Ausdruck für die primitiven syntaktischen Strukturen ist, die Kanzi erfand und benutzte, dann trifft er auch auf Kinder zu. »Die vergleichende Entwicklungs-Psycholinguistik ist mit zweierlei Maßstäben geschlagen«, schrieben Patricia und ich später. »Da Kinder letztlich eine Sprache entwickeln, mißt man den Frühstadien bei ihnen eine größere linguistische Bedeutung bei als den gleichen Stadien bei Primaten. Wenn Kinder gelegentlich neue Worte hervorbringen, nennt man das lexikalische Innovation. Tun Schimpansen das gleiche, bezeichnet man es als unklar.«[2] Dieses Messen mit zweierlei Maß gehört nach meiner Überzeugung zum letzten Bollwerk der Linguisten, mit dem sie die Vorstellung von der Einzigartigkeit des Menschen verteidigen. Wissenschaftlich ist es nicht.

Als unsere Arbeit schließlich im Herbst 1990 in einem Tagungsbericht veröffentlicht wurde, berichteten Tageszeitungen und Illustrierte in großem Umfang darüber. Das Ausmaß der Publicity und die öffentliche Begeisterung waren zwar befriedigend, aber auch ein wenig peinlich, ebenso wie einige Reaktionen unserer Fachkollegen. »Alle Hinweise lassen darauf schließen, daß Tiere auf sehr raffinierte Weise um Dinge bitten können« – so der vernichtende Kommentar von Terrace gegenüber einem Journalisten des *U. S. News & World Report*.[3] »Das hat nichts mit Sprache oder mit Worten zu tun«, spottete Thomas Sebeok in einem Zeitungsartikel. »Das hat mit Kommunikation zu tun.«[4] Hier war ich ausnahmsweise mit Sebeok einer Meinung: Natürlich hat es mit Kommunikation zu tun.

Chomskys Kommentar, der in der Zeitschrift *Discover* zitiert wurde, ließ meines Erachtens ein mangelndes biologisches Verständnis erkennen. »Wenn ein Tier über eine so hoch entwickelte biologische Fähigkeit wie die Sprache verfügt und sie dann bisher nicht irgendwie angewandt hat, wäre das ein Wunder der Evolution«, meinte er.[5] Aber woher wissen wir, daß Bonobos diese Fähigkeit in freier Wildbahn nicht auf komplexe Weise anwenden, in einer Art, die wir bisher nur noch nicht erkannt haben? Je mehr wir über sie in Erfahrung bringen, desto raffinierter erscheinen uns ihre Kommunikationsmöglichkeiten. Will Chomsky die Beobachtung, daß ein Affe den Joystick eines Computerspiels genau kontrollieren kann, als Illusion bezeichnen, nur weil dieses Verhalten in freier Wildbahn nicht vorkommt? Nein, denn in diesem Fall ist die Einzigartigkeit der menschlichen Grammatik nicht bedroht, jene letzte Bastion der Diskontinuitätstheoretiker mit ihrem seltsam kreationistischen Standpunkt.

Von diesen und anderen Antworten auf Fragen der Tagespresse abgesehen, schwiegen sich die Linguisten in den Fachzeitschriften seltsamerweise aus. Offensichtlich waren Patricia und ich zu optimistisch gewesen mit unserer Erwartung, daß die Tatsachen das Vorurteil überwinden würden.

Während wir versuchten, unseren Artikel über die Syntax in *Nature* zu veröffentlichen, begannen wir mit einer weiteren wichtigen Prüfung für Kanzis Sprachfähigkeit: Diesmal ging es um seine Verständnisfähigkeit für gesprochenes Englisch. Die Untersuchung, die zwischen Mai 1988 und Februar 1989 stattfand, war ein wichtiger Meilenstein in der Psycholinguistik: zum erstenmal wurden ein Menschenaffe und ein Menschenkind unmittelbar verglichen. Kanzi war zu Beginn des Tests etwas über siebeneinhalb Jahre, und Alia (die Tochter meiner Kollegin Jeannine Murphy) war zwei Jahre alt. Die anerkannte Psychologin Elizabeth Bates formulierte es so: »Wenn wir erfahren wollen, was ein Lebewesen über Sprache *weiß*, ist dann nicht die Verständnisfähigkeit der beste Ausgangspunkt?«[6] Wir wollten herausfinden, was Kanzi und Alia in ihrem unterschiedlichen Alter über Sprache *wußten*, und dazu wollten wir untersuchen, wie sie neue Sätze verstanden.

Die Linguisten haben die Verständnisfähigkeit weitgehend außer acht gelassen, und zwar aus zwei Gründen. Erstens ist sie viel schwerer zu untersuchen als die Wortproduktion, insbesondere

in einer Testsituation, wenn die Kleinkinder beispielsweise Dinge erkennen oder benennen sollen, an die sie im Augenblick nicht denken und mit denen sie auch nicht spielen wollen. Und zweitens hat die Fixierung der Linguisten auf die angebliche Angeborenheit der Sprache dazu geführt, daß die Aufmerksamkeit sich vom Verstehen auf die Produktion verlagerte. Inzwischen räumen die Psycholinguisten jedoch zunehmend ein, daß das Verstehen für den Spracherwerb von mindestens ebenso großer Bedeutung ist wie die Wortproduktion, und daß es sich dabei um einen sehr komplexen Vorgang handelt.
Nach unserer üblichen Vorstellung besteht Sprache aus getrennten Wörtern, die zu Gruppen und Sätzen zusammengefügt werden – so jedenfalls erscheint sie uns in gesprochener und vor allem in schriftlicher Form. Aber die Sprachklänge, die ins Ohr gelangen, sind keineswegs getrennt. Ein Satz, den man auf einem Spektrographen sichtbar macht, sieht wie ein ununterbrochener Klang aus, mit Höhen und Tiefen der Amplitude, aber fast ohne Anzeichen dafür, wo ein Wort endet und das nächste beginnt. Außerdem kann dasselbe Wort in verschiedenen Sätzen sehr unterschiedlich aussehen. Aus diesen Gründen stieß man auf unerwartet große Schwierigkeiten, als man ein Computerprogramm entwickeln wollte, das gesprochene Worte entschlüsseln sollte. Dennoch beginnt ein Menschenkind bereits in seinem ersten Lebensjahr genau das zu tun. Anfangs sind es nur kurze Wendungen, aber schon bald kann das Kind auch Sätze entschlüsseln, und dieser Vorgang ebnet den Weg zum Hervorbringen von Sprache.
Trotz großer Fortschritte beim Zerlegen der Sprache in ihre Bestandteile – Kommunikationsabsicht, Lernen von Regeln, Nachahmung, Entstehung von Assoziationsfeldern und Sequenzbildung – gibt es keine allgemein anerkannte Erklärung dafür, wie sich der Spracherwerb vollzieht. Wir wissen, daß Kinder zu diesem Zweck frühzeitig mit Sprache in Kontakt kommen müssen, aber wie sich dadurch das Wissen einstellt, daß Wörter bestimmte Bedeutungen haben und in richtiger Zusammenstellung informationstragende Sätze bilden können, bleibt ein Rätsel.
Nach Chomskys Lehre von der angeborenen Sprachfähigkeit lernt ein Kind trotz des Sprachdurcheinanders in seiner Umgebung allmählich sprechen, weil in seiner Entwicklung ein Gram-

matikzentrum angeschaltet wird, ein besonderer Gehirnteil, der für diesen Zweck vorgesehen ist. Es gibt aber keinerlei anatomische Hinweise dafür, daß etwas derartiges existiert. Die ganze Hypothese beruht letztlich auf der falschen Annahme, daß keine andere Hypothese eine geeignete Erklärung liefern könne. Es stimmt zwar, daß der Spracherwerb, den wir alle durchgemacht haben, fast einem Wunder zu gleichen scheint, weil es nichts gibt, was man als wirksamen Unterricht ansehen könnte. Aber das ist keine ausreichende Begründung für die Annahme, es müsse unbedingt eine einzigartige, bisher nicht entdeckte Gehirnstruktur geben. Eine plausible Alternative wäre die Hypothese, daß die Verständnisfähigkeit der Motor des Spracherwerbs ist.

Wenn Kinder ihre Sprache erwerben, machen sie grammatikalische Fehler, aber die Zahl dieser Fehler ist auffallend gering, und oft handelt es sich dabei um falsche Verallgemeinerungen ansonsten gültiger Regeln (zum Beispiel »gehte« statt »ging«). Die Zahl solcher Fehler bei der Sprachproduktion sinkt auf ein Minimum, wenn die Kinder einen großen Teil dessen verstehen, was andere zu ihnen sagen, bevor sie selbst sprechen lernen. Schon lange weiß man, daß das Verstehen sowohl im Einzelwort- als auch im Satzstadium vor dem Sprechen kommt. Die Verständnisfähigkeit kann also die Grundregeln der Sprachproduktion anlegen, wobei der Zusammenhang eine große Rolle für den Sinn spielt, den das Kind den gehörten Worten beimißt. Wenn Kinder sprechen lernen, setzen sie offensichtlich nicht mit Hilfe eines angeborenen Grammatikorgans aus einzelnen Worteinheiten komplexe Satzstrukturen zusammen, sondern zergliedern die syntaktischen Strukturen der Sprache, die sie um sich herum hören; dabei helfen ihnen einerseits die Sprechenden, die diese syntaktischen Einheiten durch Tonfall und Redewendungen markieren, und andererseits die Zusammenhänge der Sprechsituation. Mit anderen Worten: Ein Kind lernt sprechen durch Zuhören und spielerische Aufmerksamkeit, nicht durch Sprechen. Heute ist das Verstehen zwar keineswegs als zentraler Gesichtspunkt des Spracherwerbs anerkannt, aber es wird zumindest ernster genommen als früher, nicht zuletzt in der Diskussion um Angeborensein und Einzigartigkeit von Sprache. Kanzi bot uns die Gelegenheit zu untersuchen, welche Elemente der Verständnisfähigkeit durch seinen frühen Kontakt mit gesprochener Sprache entstanden waren. Wenn diese Fähigkeiten über das Verstehen einzelner Wörter hinausgingen, hätten wir einen weiteren Hinweis auf die bruchlose Entwicklungsgeschichte der Sprachfähigkeit.

Wie schon erwähnt, gab es Anzeichen dafür, daß Kanzi schon sehr früh gesprochene englische Wörter verstand. Als wir ihn im Alter von vier Jahren testeten, stellte sich heraus, daß er bei fünfundsechzig gesprochenen Wörtern die richtigen Lexigramme auswählte. Darüber hinaus war mir aber klar, daß er auch Sätze verstand, allerdings nur kurze. Im Laufe der Jahre erweiterte sich sein Verständnisvermögen ganz offensichtlich in Umfang und Komplexität.

In unserem täglichen Umgang versuchten wir ständig, die Grenzen von Kanzis Verständnisfähigkeit auszuloten. Eines Tages ging ich zum Beispiel mit ihm zum Fluß, und wie immer hatte Kanzi seinen Ball dabei. Bälle waren sein Lieblingsspielzeug, seit er sechs Monate alt war. Er mag alle möglichen Bälle, große und kleine, weiche und harte; richtig zufrieden ist er nur, wenn er mindestens einen Ball bei sich hat, und noch lieber sind ihm zwei oder drei. Am liebsten hat er Bälle in leuchtenden Farben – sie sehen ein wenig wie die äußeren Geschlechtsorgane oder die Sexualschwellungen aus, die junge Bonoboweibchen meistens zur Schau stellen. Wenn die anderen Bonobos Kanzi necken oder ärgern wollen, nehmen sie ihm den Ball weg, wenn er gerade einmal nicht aufpaßt. Kanzi hat noch jedesmal darauf reagiert, wenn ich sagte: »Der und der will deinen Ball haben.« Er wirbelt daraufhin sofort herum und beeilt sich, den Ball zurückzuholen. Wenn Kanzi fünf oder sechs Bälle hat und sie alle unter Kontrolle haben will, während die anderen Bonobos in der Nähe sind, hat er eine ganze Menge zu tun. Denn irgendein Ball rollt immer weg, so daß ein anderer Bonobo ihn erwischt, und wenn er dann versucht, sein Spielzeug wiederzuholen, kugeln andere davon. Ein paarmal haben wir Kanzi Videofilme gezeigt, in denen er sehen konnte, wie ein Gorilla dem Anschein nach einen seiner Bälle stiehlt und damit spielt. Bei solchen Szenen verharrt Kanzi wie angewurzelt vor dem Bildschirm, und anschließend rennt er sofort zu den Stellen, die in dem Film zu sehen waren, um nach dem Ball zu suchen. Kanzi hat ein geradezu unglaubliches Gedächtnis für seine Bälle; er kann sich noch nach Tagen,

Monaten oder sogar Jahren erinnern, wo er sie liegengelassen hat.

Als wir an jenem Tag am Fluß waren, fragte ich Kanzi: »Kannst du deinen Ball ins Wasser werfen?« Ich wußte, daß er so etwas noch nie getan hatte, und normalerweise würde ihn auch niemand dazu auffordern, denn wir achteten darauf, daß außer Stöcken und Steinen nichts im Fluß landete. An diesem Tag durchbrach ich die Regel jedoch ganz bewußt, weil ich sehen wollte, ob Kanzi eine so ungewöhnliche Bitte verstand. Er warf den Ball sofort in den Fluß. Als wir ein anderes Mal mit seiner Halbschwester Panbanisha durch den Wald gingen, sagte ich: »Kanzi, würdest du Panbanisha bitte eine Zwiebel geben?« Er sah sich nach einer Stelle mit Zwiebelgewächsen um, zog ein Büschel aus der Erde und übergab sie Panbanisha. Man könnte meinen, Kanzi höre in solchen Sätzen nur »Kanzi, xxxxxx xx Panbanisha xxxxx xxx Zwiebel xxxxx«, und zähle dann zwei und zwei zusammen. Schließlich konnte er ja wohl kaum Panbanisha an die Zwiebel übergeben. Wie wir jedoch bemerkten, machte er auch dann kaum Fehler, wenn Verwechslungen möglich waren, etwa bei der Aufforderung: »Kannst du eine Kartoffel auf die Schildkröte werfen?« (Die falsche Reaktion hätte in diesem Fall darin bestanden, die Schildkröte auf die Kartoffel zu werfen.) Am auffälligsten aber waren die Konditionalsätze. Eines Tages besuchten wir Austin, der gerade in eine Aufgabe vertieft war. Nachdem er sie beendet hatte, erhielt er zur Belohnung ein Stück Gebäck, das auch Kanzi gerne gehabt hätte, wie er durch ständiges Betteln zu erkennen gab. Ich wußte, daß Austin sich ärgern würde, wenn Kanzi den Leckerbissen bekam, und das sagte ich Kanzi auch. Die ganze Zeit über spielte Kanzi mit der Maske eines Ungeheuers, die wir im Rucksack mitgebracht hatten. Austin interessierte sich sehr für die Maske, und deshalb kam ich auf die Idee, einen Tausch vorzuschlagen. Ich sagte: »Kanzi, wenn du Austin deine Gruselmaske gibst, gebe ich dir etwas von Austins Gebäck.« Sofort ergriff Kanzi die Maske und gab sie Austin, und dann zeigte er auf das Gebäck. Kanzi hatte verstanden.

Wir hielten viele solche Fälle fest, bei denen Kanzi komplexe Sätze verstand – zumindest dann, wenn der fragliche Gegenstand ihn reizte. War Kanzi nicht interessiert, verstand er nichts, oder er stellte sich einfach dumm. (Ich wußte, daß er eigensinnig sein konnte, wenn er etwas tun sollte, wozu er keine Lust hatte; oft tat er dann genau das Gegenteil.) Die sorgfältig aufgezeichneten Berichte über Kanzis Verständnisfähigkeit waren für die meisten Außenstehenden und insbesondere für die Skeptiker kein hinreichender Beweis. Deshalb entschlossen wir uns zu einer genau kontrollierten Studie, in der Kanzi mit Alia, einem Menschenkind, verglichen werden sollte. Wir hatten nicht die Absicht, ein vollständiges Bild von ihrer Verständnisfähigkeit zu zeichnen, sondern wir wollten in Erfahrung bringen, ob sie empfänglich für syntaktische Kennzeichen wurden und wenn ja, für welche.

Für den Test entwickelten wir eine Reihe strenger Kriterien, um auszuschließen, daß Kanzi und Alia während der Versuche etwas antrainiert wurde und damit sie von uns keine unabsichtlichen Hinweise erhielten. Wir wollten ihnen ganz einfach in völlig getrennten, aber identischen experimentellen Situationen eine Reihe neuer Sätze (insgesamt 660) vorlegen und ihre Reaktionen festhalten. Für beide war das Umfeld des Versuchs anfangs ein wenig beunruhigend, denn die Person, die die Fragen stellte, durfte nicht zu sehen sein. Die Fragen kamen als körperlose Stimme von einem Versuchsleiter, der hinter einem Einwegspiegel saß. Ein zweiter Betreuer befand sich bei Kanzi und Alia; er beteiligte sich manchmal an den nun folgenden Aktivitäten, zeichnete aber gleichzeitig immer auf, was sich abspielte. Dieser Betreuer hörte über einen Kopfhörer laute Musik, so daß er die Sätze, die zu den Kandidaten gesagt wurden, nicht hören konnte. Die Sitzungen wurden auf Videobändern aufgezeichnet, damit ein unabhängiger Beobachter sie bewerten konnte.
Anfangs waren wir uns nicht darüber im klaren, welchen Umfang Kanzis und Alias Verständnisfähigkeit hatte; deshalb rechneten wir damit, daß wir die Komplexität der Fragen während des Tests verändern mußten. Wie sich herausstellte, mußten wir sie für beide Versuchs»personen« komplizierter machen, als wir zunächst gedacht hatten. Unabhängig von der Komplexität sorgten wir jedoch dafür, daß die Sätze zu einem großen Teil sehr ungewöhnlich waren, wie zum Beispiel die Bitte, heiße Würstchen zu waschen. Das führte manchmal zu Verblüffung, aber in den meisten Fällen stellte sich das Verständnis ein. Wir entwarfen fünf Haupttypen von Sätzen (mit Untergruppen, so daß sich dreizehn Klas-

sen ergaben), mit denen wir Faktoren wie Wortreihenfolge und Komplexität der Struktur testen wollten.
Am Ende der neunmonatigen Versuchsphase hatten sowohl Kanzi als auch Alia gezeigt, daß sie über eine gut entwickelte Fähigkeit zum Verstehen aller Typen (und Untertypen) von Sätzen verfügten, wobei Kanzi knapp vorn lag. Insgesamt hatte Kanzi bei vierundsiebzig Prozent der Sätze richtig geantwortet, bei Alia lag dieser Wert bei fünfundsechzig Prozent. Fehler waren häufig semantischer Natur oder sie entstanden durch Unaufmerksamkeit, nicht durch Mißverstehen der Satzstruktur. Wenn ich Kanzi beispielsweise aufforderte: »Gieß die Milch auf die Cornflakes«, goß er die Milch auf die Pilze. Er führte die richtige Handlung entsprechend der Satzstruktur aus, aber beim falschen Objekt. In ganz ähnlicher Weise legte Alia einmal Pfirsiche in Joghurt und nicht zwischen die Tomaten, wie man es ihr gesagt hatte.
Bei einer anderen Gelegenheit verwechselte Kanzi ganz offensichtlich Wörter. Er glaubte das zu tun, worum ich ihn gebeten hatte, nämlich: »Tu die Farbe in das Töpfchen.« Sofort nahm er ein wenig Lehm (ein ähnliches Spielzeug wie Farbe) und füllte ihn in das Töpfchen. Ich sagte: »Was ist mit der Farbe?« Kanzi füllte weiteren Lehm in das Töpfchen. Ich erwiderte: »Dankeschön, aber jetzt *die Farbe* in das Töpfchen.« Jetzt hielt Kanzi mich offenbar für ein wenig begriffsstutzig: Er brachte mir den Topf und stellte ihn unmittelbar vor mir ab, damit ich sehen konnte, daß er meine hartnäckige Bitte erfüllt hatte.
Als besonders aufschlußreich erwies sich eine Schwierigkeit, mit der wir anfangs nicht gerechnet hatten. Sie betraf Bitten, einen Gegenstand von einer anderen Stelle zu holen, beispielsweise mit Sätzen wie »Geh in den Gruppenraum und hol den Ball!« Wenn ein Ball in der Nähe der Stelle lag, wo Kanzi saß, starrte er ihn oftmals an, dann blickte er in Richtung des Gruppenraums, vielleicht berührte er den Ball auch, und in fünfzig Prozent der Fälle gab er ihn dann dem Versuchsleiter. Wir dachten uns eine andere, sprachlich komplexere Art für diese Aufforderung aus: »Hol den Ball, der im Gruppenraum ist.«
Sätze des Typs »der im ... ist« bezeichnet man als Relativsätze; mit ihrer rückwärts gerichteten Beziehung gelten sie ausschließlich als Ausdruck menschlichen Denkens. In solchen Sätzen bezieht sich ein Satzteil auf einen anderen, vorangegangen. Um ihre Be-

deutung zu verstehen, muß man wissen, daß ein Wort sich auf ein früheres Wort des Satzes bezieht und den Sinn dieses früheren Wortes in bestimmter Weise verändert. In dem Satz »Hol den Ball, der im Gruppenraum ist« bezieht sich zum Beispiel das Wort »Gruppenraum« auf das vorangehende Wort »Ball«, das auf diese Weise näher bestimmt wird. Da Kinder solche Sätze verstehen, ohne daß man beobachtet hätte, wie Eltern ihnen die »Rückwärtsbeziehung« beibrachten, nehmen die Linguisten an, daß sie Relativsätze mit Hilfe einer angeborenen Grammatikfähigkeit entschlüsseln können.

Für Kanzi führte der Relativsatz nicht zu Verwirrung, sondern zu einer Verdeutlichung der Bitte. Wenn er solche Sätze hörte, setzte er sich meist in Richtung der benannten Stelle in Bewegung, häufig ohne den Gegenstand vor ihm auch nur eines Blickes zu würdigen. Er erreichte bei solchen Aufforderungen eine Leistung von siebenundsiebzig Prozent richtiger Reaktionen, Alia machte es zu zweiundfünfzig Prozent richtig.

Am schwersten tat sich Kanzi seltsamerweise mit grammatikalisch besonders einfachen Sätzen, in denen er aufgefordert wurde, etwas mit mehreren Gegenständen zu tun. Wenn ich zum Beispiel sagte: »Gib Sue den Hut und die Kartoffel«, gab er mir ohne weiteres den Hut, aber nicht die Kartoffel. Die erhielt ich erst, wenn ich ihn nochmals daran erinnerte. Manchmal vergaß er den ersten Gegenstand, manchmal auch den zweiten. Sobald er sich auf eine Sache konzentrierte, war die andere offenbar vergessen – vermutlich handelte es sich also um ein Problem des Kurzzeitgedächtnisses. In dem genannten Beispiel gab es zwischen dem Hut und der Kartoffel keinen inneren Zusammenhang, der ihm die richtige Reaktion erleichtert hätte. Sagte ich: »Setz den Hut auf die Kartoffel«, konnte er sich ohne Schwierigkeiten an beide Gegenstände erinnern, auch wenn er sie dann vielleicht nur nebeneinanderlegte, statt den Hut auf die Kartoffel zu setzen. Solche Fehler machten deutlich, wie die Satzstruktur bei Kanzi und Alia das Verstehen begünstigte.

Manches war für Kanzi aber auch ein Rätsel. Zum Beispiel war er völlig überfordert mit dem Satz: »Kannst du den Cola-Behälter in den Abfall-Behälter werfen?« Ihn verwirrte dabei nicht nur der zweimalige Gebrauch des Wortes »Behälter«, sondern er kam auch mit der Vorstellung nicht zurecht, Abfall an eine besondere

Stelle zu bringen. Bonobos hinterlassen ihren Abfall da, wo er entsteht. Ihn beispielsweise in den Rucksack zu stecken, ins Labor zurückzubringen und dort in den Abfalleimer zu werfen, überstieg das Verständnisvermögen eines Bonobos. Wichtig ist bei solchen Fehlern die Feststellung, daß Kanzi die Wörter und die Satzstruktur durchaus verstehen konnte; er hatte nur keinerlei Vorstellung davon, nach welchen Kriterien man bestimmte Dinge als »Abfall« bezeichnet. Ihre einzige gemeinsame Eigenschaft war die Tatsache, daß wir sie nicht mehr haben wollten, aber für viele dieser Gegenstände interessierte Kanzi sich durchaus. Umgekehrt waren viele Dinge, für die wir uns interessierten, wie zum Beispiel Computerdisketten, für Kanzi eigentlich nur Abfall, weil er dafür keine Verwendung hatte. Der Test zeigte, daß ich mit meiner Überzeugung recht gehabt hatte: Kanzis Verständnisfähigkeit ging weit über einzelne Wörter und einfache Redewendungen hinaus. Mir wurde sogar klar, daß ich seine Fähigkeiten nicht über-, sondern unterschätzt hatte. In einer wissenschaftlichen Beschreibung des Projekts kamen wir zu folgendem Schluß: »Diese Befunde stützen die Ansicht, daß Kanzi und Alia sowohl für die Wortreihenfolge empfänglich sind als auch für die semantischen und syntaktischen Hinweise, die anzeigen, wann man die Wortanordnung ignorieren kann und wann man darauf achten muß ... Die Ähnlichkeit zwischen den beiden Kandidaten ist vor allem deshalb bemerkenswert, weil beide trotz der Fähigkeit zum Verstehen von Sätzen bisher nicht fließend sprechen konnten.«[7] Alle, die Kanzi in diesem Test erlebten, waren beeindruckt, aber so manche Reaktion erschien mir seltsam. Einmal zeigte ich beispielsweise in einem Vortrag bei der American Association for the Advancement of Science einen Videofilm mit dem gerade beschriebenen Test der Verständnisfähigkeit; ein Zuhörer fragte, wie ich annehmen könne, daß Kanzi Sprache verstünde, wo er doch genau das tue, was ich von ihm verlangte. Ich hatte mit meinem Vortrag vor allem zeigen wollen, daß Kanzi das tun kann, wozu man ihn auffordert, und deshalb wußte ich nicht recht, wie ich die Frage beantworten sollte. Offenbar hatte Verstehen nach Ansicht des Fragenden wenig oder gar nichts mit Sprache zu tun. Nach meiner Sichtweise ist Verstehen aber gerade das Wesentliche an der Sprache, das viel schwerer zu erklären und zu erreichen ist als die Sprachproduktion. Verstehen erfordert einen aktiven geistigen Prozeß des Zuhörens, bei dem man aus kurzen Lautgruppen zu entnehmen versucht, was ein anderer meint und beabsichtigt – und beides wird immer nur unvollkommen mitgeteilt. Dagegen ist die Sprachproduktion einfach. Wir wissen, was wir denken und was wir ausdrücken wollen. Die Sprachproduktion besteht einfach nur in der mechanischen Umsetzung unserer Gedanken in Sprechlaute. Wir müssen dabei nicht herausfinden, »was wir eigentlich meinen«, sondern wir müssen es nur sagen. Wenn wir dagegen einem anderen zuhören, müssen wir nicht nur feststellen, was unser Gegenüber sagt, sondern auch, was der andere mit seinen Worten meint, und das ohne jenes Wissen, das der Sprechende über sich selbst besitzt.

Bonobos benutzen ihre Stimme mehr als andere Schimpansen, und Kanzi ist da keine Ausnahme. Im Gegenteil: Schon als er sehr jung war, stellte ich fest, daß er selbst für einen Bonobo besonders gern Laute von sich gab. Manchmal wollte er offenbar sogar Sprechlaute nachahmen. Als ich ihm zum Beispiel Erdnüsse gab, sagte ich: »Kanzi, möchtest du Erdnüsse?« Kanzi antwortete mit »e-uh«, einem Doppellaut wie in dem englischen Wort »peanuts«, nur ohne die Konsonanten. Ähnlich war es mit Melonen: Er machte »eh-uhn«, auch dies ein zweifacher Laut wie in »melon«. Daraufhin machte ich die gleichen Laute, um ihn zu ermutigen. Ich sprach über diese Beobachtungen mit meinen Kollegen, zeichnete das Gehörte auf und versuchte, sie zu bewegen, daß sie es genauso machten wie ich. Das erwies sich als schwierig: Manche Leute konnten die Laute nicht hören, und bei uns allen hörte es sich sehr unterschiedlich an, wenn wir sie nachahmten. Kurz gesagt, konnten wir zwar Laute hervorbringen, die in dem Spektrum von Kanzis Äußerungen lagen, aber wir wußten nicht, wie wir ein Kommunikationssystem aufbauen sollten, das alle Beteiligten jederzeit verstehen konnten.

Als ich mir die Videobänder von Kanzi, Sherman und Austin sorgfältig ansah, war ich besonders beeindruckt davon, wie Kanzi Laute von sich gab und gleichzeitig auf anderen Wegen kommunizierte, zum Beispiel mit der Tastatur und mit Gesten. Symbole, Gesten und Laute bildeten offenbar eine zusammenhängende Kommunikationseinheit. Mir wurde klar, daß ich mir seine Lautäußerungen genauer ansehen mußte.

Zusammen mit meinem Kollegen William Hopkins nahm ich Kanzis Laute auf und verglich sie mit denen der vier Bonobos des Yerkes Regional Primate Research Center. Die vier, Lorel, Laura, Linda und Bosondjo, hatten nie Sprachunterricht erhalten. Mit einer spektrographischen Klanganalyse (bei dieser Methode werden die Schallwellen einfach in ein sichtbares Bild umgesetzt) konnten wir in den gesammelten Aufnahmen vierzehn verschiedene Laute (oder eigentlich Lautgruppen) unterscheiden. Zehn davon kamen bei allen fünf untersuchten Bonobos vor, die anderen vier gab es nur bei Kanzi. Diese vier Lautgruppen waren »Ennn«, »ii-angh«, »WHAI«, und »Unnn«. Bei den meisten Lautäußerungen der Bonobos gehen die Silben ineinander über, aber in den Lauten, die nur Kanzi machte, waren auch klare Wechsel zu erkennen, beispielsweise in der Gruppe »ii-angh«.

Mein erster Eindruck war also richtig gewesen: Kanzi brachte nicht nur mehr Lautäußerungen hervor als andere Schimpansen, sondern er produzierte auch neue Laute. Aus den Videofilmen mit den aufgezeichneten Lauten konnten wir erkennen, daß die neuen Äußerungen fast immer entweder als Reaktion auf eine Frage oder einen Kommentar einer Person oder im Zusammenhang mit einer Bitte Kanzis auftauchten. Was wollte er sagen?

Es gab zwar nicht immer scharfe Abgrenzungen, aber wir konnten in der Benutzung der Laute eine gewisse Gesetzmäßigkeit erkennen. Die Gruppe »Ennn« zum Beispiel, die am häufigsten war, schien zu einer Bitte zu gehören und war oft von einer Geste begleitet. In einem filmisch dokumentierten Fall zeigte Kanzi auf Futter in einer Kühlbox in der Nähe, aber der menschliche Betreuer bemerkte es nicht. Kanzi wiederholte die Geste und fügte diesmal ein drängendes »Ennn« hinzu. Die Laute der Gruppe »ii-angh« verwendete Kanzi meist als Reaktion auf Fragen, insbesondere auf solche, die mit zweisilbigen Worten wie *peanut* (Erdnuß) endeten. Die Äußerung »WHAI« kam am häufigsten nach Fragen vor wie beispielsweise »Möchtest du dich verstecken?« oder »Willst du immer noch deinen Ball haben?« Die Laute der letzten Gruppe »Unnn« folgten auf verschiedene Fragen von Personen, beispielsweise auf »Ich wollte dir gerade Limonade einschenken, möchtest du welche?«

Kanzis erweitertes Lautrepertoire stellte die allgemein anerkannte Ansicht in Frage, wonach die Lautäußerungen nichtmenschli-

cher Primaten im Gehirn fest einprogrammiert sind und sich nicht nennenswert abwandeln lassen. Kanzis Laute sind unter Bonobos nicht nur einzigartig, sondern sie unterscheiden sich auch deutlich von anderen Äußerungen dieser Affenart. Die Tatsache, daß er sich dieses Repertoire in einer von Sprache geprägten Umgebung aneignete, während er gleichzeitig eine umfangreiche Verständnisfähigkeit für gesprochenes Englisch entwickelte, gibt Anlaß zu der Vermutung, daß er die menschliche Sprechweise oder zumindest ihren Tonfall nachahmen wollte. Als Kanzi älter wurde, erlangte er mehr Kontrolle über seine Stimmorgane, und ganz offensichtlich versucht er weiterhin, sprachähnliche Laute hervorzubringen.
Als ich vor einiger Zeit dem Reporter einer Wissenschaftszeitschrift unsere Arbeiten mit den Lautäußerungen erklärte, sagte er zu mir: »Das wird Ihnen keiner glauben.« Ich erwiderte: »In der Wissenschaft geht es nicht darum, daß man etwas tut, was die Leute einem glauben. Ich muß die Dinge erforschen, die da sind, ob sie glaubwürdig sind oder nicht.« Hätte ich mich in meiner Arbeit immer nur von dem leiten lassen, was als »glaubwürdig« galt, dann hätte ich nie erfahren, daß Kanzi wie Menschen in der Lage ist, spontan Sprache zu erwerben, eine umfangreiche Verständnisfähigkeit zu entwickeln und eigene grammatikalische Regeln zu erfinden, wie es die Vorfahren der Menschen einst getan haben. Wer weiß, vielleicht wird Kanzi eines Tages die Tastatur wegwerfen und sagen: »Ich hab die Nase voll davon, daß Herbert Terrace immer behauptet, ich könnte nicht sprechen.« Ich persönlich glaube allerdings nicht, daß Kanzi sich darum überhaupt kümmert. Vermutlich würde er eher sagen: »Ich hätte gern eine gutaussehende Bonobofrau, am liebsten eine, die sprechen gelernt hat.«

Nachdem uns aufgefallen war, daß Kanzi im Alter von zweieinhalb Jahren spontan Sprachfähigkeit erworben hatte und sie auch weiter entwickelte, drängten sich zwei Fragen auf. Erstens: War Kanzi unter den Bonobos eine Ausnahme? Und zweitens: Besaßen Bonobos eine deutlich größere Sprachbegabung als normale Schimpansen? Nach meinen Erfahrungen mit Sherman und Austin hatte ich den Eindruck, daß normale Schimpansen anders waren. Acht Jahre in einem Umfeld mit viel Sprache hatten nicht dazu geführt, daß die beiden in nennenswertem Umfang gesprochene Worte verstanden.

Mit der ersten Frage beschäftigten wir uns schon in einem frühen Stadium des Projektes: Wir zogen Kanzis Halbschwester Mulika ebenfalls in einer von Sprache geprägten Umgebung groß und brachten sie von Anfang an mit der ganzen Palette der Lexigramme in Kontakt. Schon mit einem Jahr, also viel früher als Kanzi, fing sie an, die Lexigramme spontan zu benutzen. Damit wußten wir, daß Kanzi keine Ausnahme war.

Ich gewann immer mehr den Eindruck, daß Bonobos sich stark von normalen Schimpansen unterscheiden, und äußerte das auch in mehreren Fachartikeln. Damit hätte ich aber besser warten sollen, bis wir den naheliegenden Test durchgeführt hatten: nämlich einen Bonobo und einen normalen Schimpansen in dem gleichen Umfeld mit viel Sprache aufwachsen zu lassen. Das taten wir mit Panbanisha, Kanzis zweiter Halbschwester, und einem normalen Schimpansenweibchen namens Panzee. Zunächst sah es so aus, als hätte ich mit meiner ursprünglichen Behauptung recht gehabt, denn Panbanisha fing mit einem Jahr an, Lexigramme zu benutzen, während Panzee das nicht tat. Als Panzee aber achtzehn Monate alt war, verwendete sie ebenfalls Symbole, und in der Folgezeit machte sie einen Lernschub durch. Allerdings erreichte sie sowohl in der Verständnisfähigkeit als auch in der Sprachproduktion nie ganz Panbanishas Fähigkeiten.

Aus dem Projekt mit Kanzi, Mulika, Panbanisha und Panzee lernten wir also zweierlei: Erstens können Schimpansen ihre Sprachfähigkeit genau wie Menschenkinder spontan erwerben, wenn sie in ihrem Umfeld mit Sprache in Berührung kommen. Und zweitens ist es dazu wie bei Menschen entscheidend, daß dieser Kontakt in einem sehr frühen Alter stattfindet. Schimpansen gehen den Weg zur Sprache, wenn sie in der richtigen Umgebung aufwachsen, aber sie gehen ihn langsamer als Menschen und nicht so weit. Elizabeth Bates formulierte es so: »Die Berliner Mauer ist gefallen, und genauso ist die Mauer verschwunden, die den Menschen vom Schimpansen trennt.«[8]

Nun müssen wir überlegen, wie es weitergehen soll. Können wir lernen, mit diesen höheren Tieren zu leben, die eindeutig keine gefühl- und gedankenlosen, von Reizen gesteuerten Geschöpfe aus Fleisch und Knochen sind? Können wir ihnen in ihrer Begriffswelt begegnen? Können wir überhaupt verstehen, was ihre Begriffswelt ist? Welche neue Ethik sollen wir uns ausdenken, die nicht nur unsere Mitmenschen und das empfindliche Ökosystem der Erde berücksichtigt, sondern auch die Wünsche und Bedürfnisse anderer fühlender Lebewesen? Kann man sich eine Zukunft vorstellen, in der nicht nur der Homo sapiens, sondern auch andere Wesen mit einem Bewußtsein die Erben der Erde sind? Nach wie vor sind wir diejenigen, die am weitesten vorausplanen, zumindest in einem bewußten Sinn. Was für eine Welt sollen wir mit unseren Planungsmöglichkeiten und dem neugewonnenen Wissen über den Geist der Menschenaffen erschaffen?

7

DIE KINDERABTEILUNG

Zum erstenmal begegnete ich Bev und Connie* 1981, als sie siebzehn beziehungsweise neunzehn Jahre alt waren. Die beiden jungen Frauen waren mit schweren Gehirnschäden zur Welt gekommen und litten deshalb an starker geistiger Behinderung. Trotz therapeutischen Sprachunterrichts hatten beide nie sprechen gelernt. Connie, deren Sprechapparat motorisch gestört war, gab zwar oft Laute von sich, die aber meist nicht verständlich waren. Bev litt an zerebraler Kinderlähmung und benutzte die Stimme noch öfter, aber ebenfalls im wesentlichen unverständlich. Bev und Connie nahmen an einem kleinen experimentellen Therapieprogramm des Language Research Center in Atlanta teil, wo ich mit Kanzi, Sherman, Austin und den anderen Schimpansen arbeitete. Bevor die beiden jungen Frauen regelmäßig in das Institut kamen, hatten sie nach der Beurteilung des Heims, in dem sie lebten, mit ihrer kognitiven Entwicklung den Stand zweijähriger Kinder erreicht. Für mich und auch für Mary Ann Romsky, die das Therapieprogramm leitete, schien aber zwischen den beiden ein wichtiger Unterschied zu bestehen.

Das Forschungsprogramm war nach dem Vorbild des Animal Model Project des Instituts angelegt: Die Sprachbehinderten soll-

* Die Namen der Patienten, die an den hier beschriebenen Forschungsarbeiten beteiligt waren, wurden aus Gründen des Persönlichkeitsschutzes geändert.

ten mit Lexigrammen als Begriffssymbolen kommunizieren, genau wie wir es den Schimpansen beigebracht hatten. Als ich Mary Ann und unserer gemeinsamen Kollegin Rose Sevcik bei der Arbeit mit diesen Patientinnen zusah, bemerkte ich bei Bev kleine Anzeichen für eine gewisse Verständnisfähigkeit, die Connie fehlte. Wenn Mary Ann beispielsweise Bev fragte: »Möchtest du etwas trinken?«, warf Bev häufig einen schnellen Blick auf den Wasserhahn. Sagte man ihr »Wir müssen gehen«, machte ihr Körper eine leichte Bewegung. Absichtliche Bewegungen waren für Bev wegen der zerebralen Lähmung schwierig, und sie konnte unwillkürliche Zuckungen von Rumpf und Gliedmaßen nicht verhindern. Mary Ann und ich sprachen darüber, wie wir unabhängig voneinander bei Bev eine offenkundige Verständnisfähigkeit bemerkt hatten, und wir waren übereinstimmend der Meinung, daß sich bei ihr etwas anderes abspielte als bei Connie. Schon bald zeigte sich dieser Unterschied auch daran, daß sie die Lexigramme unterschiedlich schnell lernten: Bev gelang es recht bald, Connie war dagegen langsamer.

Ich war an Mary Anns Forschungsprogramm nicht unmittelbar beteiligt, außer als begeisterte Zuschauerin und mit gelegentlichen Ratschlägen, wie man bei Unterrichtsproblemen weiter vorgehen sollte. Bis zu diesem Zeitpunkt hatte mein Projekt mit Sherman und Austin dem Therapieprogramm für Menschen als Vorbild und Hilfe bei der Fehlersuche gedient, insbesondere wenn es darum ging, Lernstörungen zu überwinden. Alle Schwierigkeiten, mit denen Mary Ann beim Aufbau der Sprachfähigkeit geistig Behinderter zu kämpfen hatte, waren mir auch bei Sherman und Austin schon begegnet. Und in allen Fällen konnte Mary Ann das Problem mit den gleichen Methoden überwinden, die ich auch bei den Schimpansen angewandt hatte. Das Ziel des Language Research Center, Sprachstudien an Menschen und Schimpansen zusammenzuführen, wurde durch solche Erfolge ebenso bestätigt wie durch meine Beobachtungen an Bev und Connie. Als ich sah, wie sich die Verständnisfähigkeit bei Connie auf das Lernen der Symbole auswirkte, wurde mir wieder einmal bewußt, wie wichtig das Verstehen ist. Außerdem wurde ich sensibler für die kleinen Anzeichen, die das Verstehen anzeigen. Als Kanzi ein paar Jahre später solche Anzeichen an den Tag legte, war ich darauf eingestellt, sie zu bemerken. Die »Kinderabteilung« und die »Schimpansenabteilung« des Instituts befruchteten einander auf sehr bedeutsame Weise.

Das Language Research Center war 1981 von der Georgia State University Foundation eingerichtet worden; es ging unmittelbar auf eine Initiative zurück, die Duane Rumbaugh zehn Jahre zuvor gestartet hatte. Er war 1969 an das Yerkes Regional Primate Research Center gegangen und wurde dort Kodirektor und Leiter der Abteilung für Verhaltensforschung. Das »Yerkes« war (und ist) der Emory University angeschlossen. Es galt landesweit als die beste Stelle für Verhaltensforschung an Primaten, unter anderem weil dort Wissenschaftler vieler verschiedener Fachrichtungen arbeiteten. Im Winter 1970 führten zwei Faktoren zu Duanes Initiative. Erstens faszinierten ihn zunehmend die Berichte von Allen und Beatrice Gardner über das Sprachforschungsprojekt mit Washoe sowie David Premacks Projekt mit Sarah. Für Duane stellte die Aussicht, durch Forschungen an nichtmenschlichen Primaten etwas über die Bestandteile des Spracherwerbs zu erfahren, wichtige Fortschritte in der Psycholinguistik dar. Bei Affen konnte man die Umgebung beeinflussen und dann die Auswirkungen dieser Veränderungen auf den Spracherwerb beobachten. Bei Menschenkindern waren solche Manipulationen nicht möglich. Der zweite Faktor war die öffentlich angekündigte Absicht der National Institutes of Health (NIH), Forschungsarbeiten zu finanzieren, die sich unmittelbar auf soziale und medizinische Probleme unserer Gesellschaft anwenden lassen. (Das NIH ist die größte Institution zur Förderung biologisch-medizinischer Forschung in den USA.) »Es war mir schon nach wenigen Sekunden des Nachdenkens klar: Wenn wir in Erfahrung bringen konnten, wie Sprache sich bei einem Schimpansen entwickelt, hätten wir sicher den ersten Fuß in der Tür und könnten dann auch lernen, wie man die Sprache bei geistig behinderten Kindern fördert«, sagt Duane heute bescheiden. »Ich wußte, daß wir eine entscheidende Technik entwickeln würden, die einerseits von Schimpansen und Menschen leichter zu benutzen war und andererseits einen ökonomischeren Einsatz von Arbeitskraft erlaubte.«[1] Duane schwebte ein teilweise automatisiertes System vor, das vom Lehrer weniger Zeit- und Kraftaufwand verlangte als die Systeme, die die Gardners und Premack benutzten. In dem

Wissen, daß die Voraussetzungen am Yerkes Center einmal günstig waren, entschied er sich für die Entwicklung eines elektronischen Systems, das dem Projekt Effizienz und Objektivität verleihen sollte.
Duane sicherte sich die Hilfe seines Freundes und Kollegen Harold Warner, der am Yerkes Center das Labor für biomedizinische Technik leitete, und nun verfolgten die beiden die Idee eines Computersystems, bei dem die Eingabe wahrscheinlich über eine Tastatur erfolgen sollte. Schon bald wurde ein Linguist gebraucht; sie fragten Ernst von Glaserfeld von der University of Georgia, ob er daran mitarbeiten wolle. Von Glaserfeld schlug vor, auch den Computerfachmann Pier Pisani, seinen langjährigen Kollegen, in das Team aufzunehmen. Im Winter 1970 skizzierten die vier während vieler Zusammenkünfte die Umrisse eines Systems, und dann schrieben sie einen gemeinsamen Finanzierungsantrag an die National Institutes of Health. »Nach unserer Überzeugung führt das Projekt zu besseren Kenntnissen über die menschliche Sprache und einige ihrer kognitiven Voraussetzungen«, schrieben Duane, Warner und von Glaserfeld später.[2] Im Frühjahr 1971 wurden die Mittel für vier Jahre bewilligt: Das Projekt LANA war geboren. LANA war die Abkürzung für LANguage Analogue, eine Bezeichnung, die unter anderem mit dem für das Projekt entwickelten Symbolsystem zu tun hatte. Lana war auch der Name der ersten Schimpansin, die nach diesem System arbeiten sollte. Von Glaserfeld war im wesentlichen für die Entwicklung der Syntax zuständig, die Lanas Symbolketten bilde-

Die Tastatur beim LANA-Projekt.

te; er nannte sie »Yerkish« zu Ehren von Robert Yerkes, der das Primatenzentrum 1924 gegründet hatte. Die Lexigramme waren willkürlich gewählt und standen jeweils für einzelne Worte – Verben, Substantive und Adjektive. Jedes Lexigramm war eine Kombination von einer, zwei, drei oder vier geometrischen Formen. Insgesamt gab es neun solche Elemente, aus denen sich mehrere hundert Yerkish-Worte zusammensetzen ließen. Wortkategorien waren durch drei Farben gekennzeichnet.

Ein Teil der Lexigramme war auf einer quadratischen Tastatur von fünf mal fünf Tasten abgebildet. Wurde eine Taste gedrückt und wieder losgelassen, leuchtete das zuvor nur schwach erkennbare Lexigramm hell auf. Außerdem erschien das gleiche Symbol auf einem Projektor über der Tastatur, und wenn mehrere Tasten nacheinander betätigt wurden, zeigte der Projektor eine Reihe von Lexigrammen – einen »Satz« – wie zum Beispiel »Bitte Maschine Gib Saft«. Da das System an einen Computer angeschlossen war, konnte es rund um die Uhr arbeiten, ohne daß ständig ein Betreuer anwesend sein mußte. Lana konnte die Maschine jederzeit betätigen und einzelne äußere Bedingungen beliebig verändern. Außerdem wurde jede Betätigung der Tasten durch Schimpansen und Lehrer im Computer gespeichert, so daß die Aufzeichnung der kommunikativen Interaktionen eine gewisse Objektivität erhielt.

Lana erwarb allmählich einen großen aktiven Wortschatz und lernte auch, eine Reihe von Standardsätzen hervorzubringen, mit denen sie in der Regel Futter verlangte, Musik einschalten ließ oder etwas anderes erhielt, das sie gerade wünschte. Neben diesen Standardsätzen produzierte sie gelegentlich auch neue Kombinationen; zum Beispiel bat sie mit den Worten *Du gib Banane die schwarz ist* um eine überreife Banane. Aber solche Äußerungen waren in der Minderzahl. Lanas Verhalten ähnelte zwar beeindruckend einer Sprache, aber letztlich wurde uns klar, daß ihren Fähigkeiten wichtige Grenzen gesetzt waren, die ich zuvor bereits beschrieben habe. Da das Schwergewicht darauf lag, sie zur Sprachproduktion anzuregen, war ihre Verständnisfähigkeit nicht gut entwickelt. Wie ich bereits erwähnt habe, wurde uns dieser Unterschied erst in einem fortgeschrittenen Stadium der Arbeit mit Sherman und Austin in vollem Umfang bewußt. Dennoch waren Lanas Erfolge mit der Computertastatur für Duane

Anlaß genug, sich dem zweiten Aspekt des Projektes zu widmen: der Frage, ob man schwer geistig behinderten Kindern, die nicht sprechen können, eine außersprachliche Kommunikation beibringen kann.

In den Vereinigten Staaten gibt es mindestens 1,25 Millionen Kinder, die entweder überhaupt nicht sprechen können oder wegen neurologischer, körperlicher oder seelischer Störungen unter starker Sprachbehinderung leiden. Die Ärzte hielten lange Zeit an Sprachtherapien fest; das Lernen außersprachlicher Kommunikation, so die Befürchtung, könne eine möglicherweise noch latent vorhandene Sprechfähigkeit behindern. Deshalb setzte sich die Entwicklung nichtsprachlicher Kommunikationssysteme – das heißt, irgendeine Form von Zeichen – erst in jüngster Zeit in vollem Umfang durch. Als zum Beispiel 1974 die erste Ausgabe von *Language Perspectives* erschien, der heute führenden Fachzeitschrift auf diesem Gebiet, galt der darin enthaltene Abschnitt über solche Systeme als wichtiger Fortschritt im Vergleich zu früheren Publikationen über Spracherwerb und therapeutische Eingriffe.

Die nichtsprachlichen Kommunikationssysteme kann man in zwei Gruppen einteilen: solche mit und solche ohne Hilfsmittel. Gesten, Mimik und Handzeichensprachen kommen ohne Hilfsmittel aus, Systeme mit faßbaren Symbolen wie Bildern oder willkürlich gewählten Lexigrammen dagegen erfordern Hilfsmittel oder Geräte. Das LANA-System gehörte zur zweiten Gruppe. Solche Systeme, die mit Hilfsmitteln arbeiten, haben einen wichtigen Vorteil, insbesondere wenn sie sich wie das LANA-System visueller graphischer Symbole bedienen: Das Signal verblaßt nicht. Die Worte der gesprochenen Sprache müssen zuerst im Geist gegenwärtig gemacht und dann hervorgebracht werden. Ist das geschehen, existieren sie nur noch im Gedächtnis des Zuhörers. Ähnlich flüchtig sind manuelle Gesten, an die der Produzierende sich erinnern muß. Ein sichtbares graphisches Symbol dagegen ist für den Produzierenden nicht nur zum Erinnern, sondern zum Wiedererkennen verfügbar und kann, einmal angezeigt, so lange sichtbar bleiben, wie es gebraucht wird. Sichtbare graphische Systeme stellen deshalb an die kognitiven Fähigkeiten eines geistig Behinderten weniger Anforderungen, und damit sind sie für die nichtsprachliche Kommunikation besonders vorteilhaft.

Wer sprachbehinderten Kindern die Kommunikation mit Symbolen beibringen will, steht einem entscheidenden Problem gegenüber: Wir wissen nicht genau, wie der Spracherwerb abläuft und in welcher Beziehung er zur übrigen kognitiven Entwicklung steht. Die verschiedenen Bereiche dieser Entwicklung sind keineswegs unabhängig voneinander, sondern sie müssen zusammenwirken. Wie Elizabeth Bates und ihre Kollegen gezeigt haben, ist der Umfang des Sprachverständnisses der beste Indikator dafür, welche Fähigkeiten ein Kind bei nichtsprachlichen Aufgaben erwerben wird. Das geistig behinderte Kind ist also doppelt benachteiligt: Es erwirbt oft nicht die Sprache, die seine weitere geistige Entwicklung fördern würde.

Da nichtbehinderte Kinder die Sprache spontan, einfach und schnell erwerben, liefern sie keine echten Hinweise darauf, wie behinderte Kinder lernen könnten. Deshalb setzte sich die sehr vernünftige Annahme durch, daß man Kindern mit starker Lernbehinderung ein Kommunikationssystem auf sehr genau strukturierte Weise beibringen muß, statt sie nur wie andere Kinder zum Lernen anzuhalten.

Zu diesem strukturierten Lernen gibt es herkömmlicherweise zwei Wege: Der eine führt über die Heilung, der andere über die Entwicklung. Die Heilungsmethode geht davon aus, daß man »Kindern die Sprache in relativ hohem Alter beibringen soll, weil sie sie durch ihre früheren Erfahrungen nicht ausreichend erworben haben und nicht mehr die gleichen Fähigkeiten und Defizite besitzen wie gesunde Kinder, die mit dem Spracherwerb beginnen.«[3] Bei diesem äußerst pragmatischen Verfahren versucht man, so schnell wie möglich nützliche Kommunikationsfähigkeiten zu lehren, ohne die vorsprachlichen oder kognitiven Möglichkeiten zu berücksichtigen, über die das Kind vielleicht bereits verfügt.

Das zweite Modell, das die Entwicklung einbezieht, hat seine wesentlichen Wurzeln in der Theorie, insbesondere in einer Theorie, die sich auf die Beobachtung nichtbehinderter Kinder stützt. Nach dieser Vorstellung muß das behinderte Kind, das Kommunikationsmethoden lernt, die gleichen Entwicklungsstadien durchlaufen, die sich bei einem gesunden Kind von selbst vollziehen. Aber diese Stadien sind bestenfalls teilweise bekannt, weil das Wesen des normalen Spracherwerbs größtenteils im dunkeln

liegt, und deshalb lassen sich für eine Lehrmethode auch nur in begrenztem Umfang Richtlinien aufstellen.
Weder das Heilungs- noch das Entwicklungsmodell ist für Kinder, die überhaupt nicht sprechen können, eine große Hilfe. Solche Kinder gelten oft als hoffnungslose Fälle. Aber gerade hier waren die Erfahrungen mit dem Sprachunterricht bei Schimpansen besonders nützlich. In den vorangegangenen Kapiteln war davon die Rede, wie sich unsere Lehrmethode mit den Affen im Laufe der Zeit weiterentwickelt hat, nachdem wir Erfahrungen gewonnen hatten und mehr darüber wußten, welches die Bestandteile der Sprache sind und wie sie gelernt werden. Unsere Kenntnisse erweiterten sich vom LANA-Projekt über die Arbeiten mit Sherman und Austin bis hin zu Kanzi und den anderen Bonobos. Die Fortschritte bei der Arbeit mit Menschen blieben denen mit den Schimpansen in allen Phasen dicht auf den Fersen, oft zu unserer eigenen Überraschung.
Duane begann 1975 in Zusammenarbeit mit dem Georgia Retardation Center mit den ersten Untersuchungen an Menschen. An der Studie nahmen neun Patienten teil. Der jüngste war elf Jahre und elf Monate, der älteste achtzehn Jahre und drei Monate alt. Alle waren schwer behindert; nur einer konnte überhaupt sprechen und brachte etwa zehn wortähnliche Lautäußerungen hervor, die für den ungeübten Zuhörer unverständlich waren. Die herkömmliche Sprachtherapie hatte bei diesen Kindern und Jugendlichen versagt; den Befunden zufolge reichten ihre vorsprachlichen Fähigkeiten für die Teilnahme an einem Therapieprogramm nicht aus. »Wir machten es uns besonders schwer, indem wir mit Schwerstbehinderten arbeiteten«, erinnert sich Duane heute. »Die Fachleute des Georgia Retardation Center rechneten fest damit, daß sie auch in unserem Programm überhaupt nichts lernen würden. Wenn wir also auch nur den geringsten Fortschritt erzielten, mußte man das als bedeutsam ansehen.«[4]
Von den anfänglichen neun Patienten blieben fünf über drei Jahre lang dabei, und alle lernten, Symbole zu einer einfachen Art der Kommunikation zu benutzen. Der Wortschatz, den sie erwarben, war unterschiedlich groß: Er lag zwischen zwanzig und fünfundsiebzig Symbolen. Mit der LANA-Lehrmethode erreichten die Versuchspersonen LANA-artige Fähigkeiten, das heißt, sie waren

offenbar zur Symbolproduktion in der Lage, aber die Verständnisfähigkeit blieb rudimentär. Wie Lana, Washoe, Sarah und Nim, so lernten auch diese Kinder, ihre Wünsche mitzuteilen und einfache Fragen mit aneinandergereihten Symbolen zu beantworten. Aber auch ihre Defizite ähnelten denen der Affen. Sie konnten zwar Fragen mit Worten beantworten, aber oft waren sie nicht in der Lage, auf Anweisungen entsprechend zu reagieren. Wenn man Sam beispielsweise fragte, ob er Hunger habe, antwortete er vielleicht mit *Ja will Keks*, aber wenn man ihn dann aufforderte, zum Tisch zu gehen und sich einen Keks zu nehmen, reagierte er oft nicht. Dennoch war der Zweck des Programms erfüllt: Es hatte gezeigt, daß man Systeme mit Computertastaturen einsetzen kann, um sprachunfähigen, geistig behinderten Kindern die Bedeutung und Benutzung von Symbolen beizubringen.

Nach Duanes Überzeugung waren einige äußere Eigenschaften des Systems – beispielsweise die auffälligen Formen und Farben der Lexigramme sowie die Tatsache, daß sie beim Drücken der Tasten aufleuchteten – für den unerwarteten Erfolg von großer Bedeutung. Sie trugen dazu bei, die Aufmerksamkeit zu wecken, was beim Unterricht mit geistig behinderten Kindern schwierig, aber unabdingbar ist. Duanes Lehrerfahrungen mit den Lexigrammen auf der Computertastatur waren bestätigt worden; schon bald konnten wir diesen Ansatz weiterverfolgen, indem wir das anwandten, was ich mit Sherman und Austin gelernt hatte.

Aus meinen Arbeiten mit Sherman und Austin hatte ich unter anderem die wichtige Erkenntnis gewonnen, daß Schimpansen wie Menschen in der Lage sind, Symbole als Begriffe zu verwenden; diese Fähigkeit entsteht aber nur durch systematisches Beibringen der verschiedenen Sprachbestandteile. Die Patienten in der ersten gemeinsamen Studie mit dem Georgia Retardation Center hatten sprachähnliche Fähigkeiten erworben, denen aber eine deutliche begriffliche Qualität fehlte. Das Vorbild für die Lehrmethode war das LANA-Projekt gewesen, und zwangsläufig waren LANA-ähnliche Leistungen die Folge. Nun lag der nächste Schritt nahe: Wir wollten ein Lehrschema auf der Grundlage dessen entwickeln, was ich mit Sherman und Austin erlebt hatte, in der Hoffnung, daß sich auch unter den menschlichen Schülern eine Kommunikation mit Symbolen entwickeln würde. Mary Ann und

Rose setzten 1981 am Language Research Center zusammen mit James Pate ein solches Programm in Gang. Es wurde in Zusammenarbeit mit dem Developmental Learning Center des Georgia Regional Hospital durchgeführt.

Das Computer-Kommunikationssystem blieb im wesentlichen das gleiche wie in der vorangegangenen Studie, aber jetzt sollte ein viel größeres Gewicht auf die Verständnisfähigkeit gelegt werden. Mary Ann und ihre Kollegen schrieben über das Projekt: »Die Kommunikation mit Symbolen ist ein komplexer Vorgang; der einzelne muß dabei die Bedeutung der Symbole begreifen, die Symbole in der richtigen Situation hervorbringen und selbstgewählte Symbole für die Kommunikation mit anderen einsetzen.«[5] Wichtig für die neue Studie waren mehrere bedarfsmäßig definierte Bestandteile der Kommunikation mit Symbolen:

1. Ein willkürlich gewähltes Symbol, das für einen Gegenstand, ein Ereignis, eine Person, eine Handlung oder eine Beziehung steht und deren Platz einnimmt.
2. Gespeichertes Wissen über die Handlungen, Gegenstände und Beziehungen, die von dem Symbol bezeichnet werden.
3. Die gezielte Verwendung von Symbolen zur Übermittlung dieses gespeicherten Wissens über Gegenstände, Ereignisse, Personen, Handlungen oder Beziehungen zu einer anderen Person, die ähnliche Erfahrungen mit der äußeren Welt hat und sie mit dem gleichen Symbolsystem bezeichnet.
4. Die richtige Entschlüsselung der Symbole durch die Rezipienten und die geeignete Reaktion.

Eine grundlegende Voraussetzung für den Spracherwerb ist die Erkenntnis, daß Symbole für die Kommunikation eine Funktion haben. Für schwer geistig Behinderte, darauf weisen Mary Ann und ihre Kollegen hin, »ist dieser erste Schritt zu einer Kommunikation mit Symbolen vielleicht am schwersten zu vollziehen, ungeachtet der Unterrichtsmethodik«.[6] Das Unterrichtsschema, das sich auf meine Erfahrungen mit Sherman und Austin gründete, war darauf angelegt, diese Schwierigkeit Schritt für Schritt zu überwinden. Und der erste Schritt bestand darin, die Funktion des Forderns zu lernen.

In der Entwicklung gesunder Kinder ist das Fordern sichtbarer Gegenstände eine der ersten Kommunikationshandlungen; kurz danach entwickeln sich weitere Fähigkeiten. Das Verstehen von Sprache setzt schon drei bis sechs Monate nach der Geburt ein, und im Alter von etwa eineinhalb Jahren beginnen Kinder, aus eigenem Antrieb ihre Bedürfnisse mitzuteilen. Bei Kindern mit Gehirnschäden fehlen oft sowohl die Verständnisfähigkeit als auch die Sprachproduktion. Frühere Versuche, solchen Kindern Kommunikation beizubringen, konzentrierten sich in der Regel auf das Hervorbringen von Symbolen, denn zur Messung von Fortschritten im Sprachverständnis schien es kein wirksames Mittel zu geben. Außerdem nahmen die Lehrer meist an, ein Kind, das Wörter lerne, werde sie automatisch auch verstehen. Bei allen Methoden zur Förderung der Symbolproduktion gab es jedoch eine Hauptschwierigkeit: Die Kinder lernten zwar Wörter, wendeten sie aber außerhalb der Unterrichtssituation nicht an. Obwohl sie also Wörter wie »Töpfchen« oder »Danke« erwarben, teilten sie ihren Lehrern bei weitem nicht immer mit, wann sie aufs Töpfchen gehen mußten, und sie fragten auch nicht, wo sich das Töpfchen in einer neuen Umgebung befand.

Mary Ann fragte sich, ob diese fehlende Fähigkeit zur Verallgemeinerung auf einen Mangel an Verstehen zurückzuführen war. Vielleicht hatten diese Kinder einfach nur gelernt, was sie sagen mußten, um den Lehrer zufriedenzustellen, ganz ähnlich wie Washoe und Lana, die wußten, mit welchen Worten sie die Zustimmung der Betreuer gewinnen konnten. War es in Wirklichkeit vielleicht so wie bei den Affen? Verstanden diese Kinder vielleicht nicht, daß Worte mehr vermögen als ihnen Dinge zu beschaffen? War ihnen klar, daß andere die Worte ständig auf alle möglichen Arten benutzten und daß man nur dann »auf dem laufenden bleibt«, wenn man genau zuhört und den Sinn oder die Absicht hinter jeder Äußerung des anderen entschlüsselt? Bedeutungen oder Absichten, die andere mit ihren Worten mitteilen, sind oft ganz anders als die eigenen Gedanken und müssen jedesmal neu »herausgefunden« werden.

Mary Ann wollte feststellen, ob man solche Kinder so an die Sprache heranführen kann, daß sie ein solides Grundwissen über die Symbole und ihre unzähligen Verwendungsmöglichkeiten erwerben – als Mittel zum Erbitten und Benennen von Gegenständen,

zu Aussagen über beabsichtigte Handlungen und zum Verstehen anderer sowie zur Kooperation mit ihnen.
An der Studie nahmen vier Patienten teil: Bev und Connie, die ich schon erwähnt habe, sowie Ruth (achtzehn Jahre und elf Monate alt) und Max (vierzehn Jahre und einen Monat alt). Wie Bev und Connie, so hatten auch Ruth und Max trotz umfangreicher Therapieversuche weder Sprache noch die Fähigkeit zu verstärkender Kommunikation erworben. Wegen ihres relativ hohen Alters und der fehlenden Fortschritte im herkömmlichen Sprechunterricht gaben die Betreuer allen vier Patienten auch bei dem an Sherman und Austin erprobten Verfahren wenig Chancen. Mary Ann hingegen war überzeugt, daß sie etwas erreichen würde.
Um eine möglichst starke Motivation für den Unterricht zu schaffen, legten Mary Ann und ihre Kollegen besonderen Wert auf das Verlangen von Lebensmitteln. Auf diese Weise entstand eine enge Verbindung zwischen der Verwendung eines Symbols und ihren Folgen. Zu Anfang wurden die Patienten jeweils mit einem eßbaren Gegenstand und dem zugehörigen Lexigramm bekanntgemacht; wenn sie den Zusammenhang zwischen beiden gelernt hatten, wurde ein zweites Lebensmittel eingeführt, und so weiter. Mary Ann und ihre Kollegen teilten das Lernen jedes Lexigramms in eine Reihe von Phasen ein, bis die jeweilige Versuchsperson es unter mehreren anderen Lexigrammen verläßlich heraussuchen konnte. Bev lernte schnell und erreichte die erforderliche Genauigkeit für das erste Lexigramm in nur 125 Versuchen. Connie und Ruth waren viel langsamer: Bei ihnen waren 469 beziehungsweise 903 Versuche erforderlich. Bei Max schließlich stellte sich auch nach über 2500 Versuchen kein Erfolg ein. Er nahm nicht mehr weiter an der Studie teil.
Die Schwierigkeiten der Patienten bei dem ersten Lexigramm waren aber noch gar nichts gegen die Probleme, die beim zweiten Symbol auftauchten. Connie brauchte 2217 und Ruth 1319 Versuche, um dieses zweite Lexigramm mit der erforderlichen Genauigkeit zu benutzen. Selbst für Bev war diese Aufgabe schwieriger: Bei ihr waren 298 Versuche notwendig. Danach wurde das Lernen aber für alle Patienten einfacher. Für das dritte und vierte Lexigramm brauchte Connie zum Beispiel nur 102 und 455 Versuche, bei Ruth waren es 262 und 337, und bei Bev 93 und 42. »Sie lernen, wie man lernt«, beobachtete Mary Ann, »und die

Qualität des Gelernten verbessert sich.«[7] Diese Verbesserung zeigte sich unter anderem daran, daß die Patienten schließlich Äußerungen aus mehreren Lexigrammen hervorbrachten. Wie Elizabeth Bates betont hat, ist der Übergang von Ein-Wort- zu Mehr-Wort-Äußerungen bei gesunden Menschen der dritte Meilenstein auf dem Weg zum Spracherwerb. (Der erste ist die Entstehung der Kommunikationsabsicht und der zweite das Auftauchen der Begrifflichkeit.) Man kann also davon ausgehen, daß Bev, Connie und Ruth diesen Meilenstein erreicht hatten. Mary Ann und ihre Kollegen förderten die Fähigkeit zum Benennen und Verstehen, denn die Patienten lernten die neuen Lexigramme nach dem gleichen Verfahren, das wir fünf Jahre zuvor bei Sherman und Austin angewandt hatten. Die menschlichen Patienten glichen den Schimpansen insofern, als die Fähigkeit zum Benennen und Verstehen bei ihnen ebenfalls durch gezieltes Training ausgebildet werden mußte. Nach unserer damaligen Auffassung sagte diese Tatsache etwas Grundlegendes darüber aus, wie Sprache beschaffen ist und wie man sie im Affengehirn sowie im geschädigten Gehirn eines Menschen anlegen muß. Wie wir aber später durch unsere Erlebnisse mit Kanzi erfahren sollten, hatte das ganze mindestens ebensoviel mit unserer Unterrichtsmethode zu tun.

Dennoch war die Studie damals wichtig; wie sie zeigte, »ist ein erster Unterricht auf der Ebene des Kommunikationswunsches eine tragfähige Grundlage für den Aufbau der Kommunikation mit Symbolen bei geistig Behinderten mit schweren oralen Sprachstörungen«, so die Schlußfolgerung von Mary Ann, Rose und James. »Die vier Funktionsbestandteile der Kommunikation mit Symbolen wurden gemeinsam beobachtet, nachdem diese Patienten in die Phase 2 der Studie eingetreten waren.«[8]

Mit der Fähigkeit zur Kommunikation mit Symbolen wuchsen bei den Patienten nicht nur die Möglichkeiten zum Benennen und Verstehen, sondern auch andere mit der Sprache verwandte Verhaltensweisen wie die spontane Aufnahme von Kommunikation und eine bessere Verständnisfähigkeit für gesprochene Worte. Bei Bev verbesserte sich auch die eigene Sprechfähigkeit. Zu Beginn der Therapie konnte sie für keines der Lexigramme, die sie später benutzte, das zugehörige englische Wort verstehen. Als sie aber lernte, sich der Lexigramme zu bedienen, verstand sie auch die gesprochenen Worte für diese Begriffe, zweifellos deshalb, weil Mary Ann und ihre Kollegen das Wort stets aussprachen, wenn das entsprechende Lexigramm aufleuchtete. Diese Verständnisfähigkeit spornte Bev offenbar auch an, die Worte selbst zu artikulieren. Zwei Worte, nämlich »Apfel« und »Bev«, waren deutlich zu verstehen. An die übrigen näherte sie sich mit zweisilbigen Lauten an, während ihre Äußerungen zuvor in der Regel nur eine Silbe umfaßt hatten. Connie verstand schließlich fünf gesprochene Versionen der Lexigramme, aber wenn man sie fragte: »Was ist das?«, brachte sie nur die Laute »a/ma/or/ba« hervor. Ruth litt an starker Schwerhörigkeit und konnte weder englische Worte verstehen noch wortähnliche Laute hervorbringen.

Ein typisches Kennzeichen schwer geistig behinderter Menschen besteht in der Regel darin, daß sie meist nur auf Kommunikation reagieren, sie aber nicht selbst in Gang setzen. Als sich bei den drei Patienten der Wortschatz erweiterte, ergriffen sie zunehmend auch selbst die Initiative zur Kommunikation mit den Therapeuten. Ruth tat das als erste, nachdem sie vier Lexigramme gelernt hatte. Ihre erste spontane Forderung war *Soda*, und dann wartete sie auf eine Reaktion. Als zweite benutzte Connie ihre Lexigramme aus eigenem Antrieb, nachdem sie elf davon beherrschte. Bev begann nach dem zwölften Lexigramm, aber sie tat es viel weniger häufig als Connie und Ruth. Als Mary Ann und ihre Kollegen bemerkten, daß sich spontane Kommunikation entwickelte, reagierten sie genauso wie die Eltern gesunder Kinder: Sie unterstellten, daß hinter den Äußerungen eine Absicht steckte, und handelten nach dem Prinzip »Du bekommst, was du sagst«. Als sich der Wortschatz der Patienten erweiterte, entfaltete sich eine beeindruckende Vielfalt von Kommunikationsfähigkeiten – ein Hinweis, wie stark sich Sprachfähigkeit auswirkt, wenn man ihre Bausteine zusammensetzt. Ein weiterer Ausdruck der großen Wirkungen von Sprache war eine unerwartete Änderung im Sozialverhalten der Patienten. Sie wurden geselliger und optimistischer, und anstatt darauf zu warten, daß etwas mit ihnen geschah, nahmen sie aktiv an ihrer Welt teil. Wutausbrüche wurden seltener, und sie konnten sich länger als früher einer Aufgabe widmen. »Sie sind glücklicher«, beobachtete Rose. »Das alles ist nach unserer Auffassung ebenso wichtig wie die Kommunikationsfähigkeit. Und im Grundsatz kann man es auf die erworbene Wort- und Satzbildungsfähigkeit zurückführen.«[9] Stephen L. Watson, der Direktor des Developmental Learning Center am Georgia Regional Hospital, sagte über die Verwandlung von Bev, Connie und Ruth: »Das ist untypisch für Menschen, die in Heimen leben; normalerweise sind sie gleichgültig, weil sie es gewohnt sind, daß man ihre Bedürfnisse befriedigt, bevor sie danach verlangen.«

Daß Rose es der Wirkung der Sprache zuschrieb, wenn Bev, Connie und Ruth stärker an ihrer Welt teilnahmen, erscheint durchaus plausibel, ist doch der Homo sapiens ein Wesen der Sprache, dessen soziale Verbindungen in einem hohen Maße durch Worte entstehen. Aber ihre Schlußfolgerung entsprang nicht nur der Intuition, sondern wurde durch eine sorgfältige wissenschaftliche Untersuchung untermauert. In dieser Untersuchung ging es um die Frage, ob die Veränderungen im Sozialverhalten der Patienten vielleicht nicht auf den Erwerb der Sprachfähigkeit zurückzuführen waren, sondern auf die neuen zwischenmenschlichen Beziehungen, die sich durch die Therapie ergeben hatten. Rose, Mary Ann und Adele A. Abrahamsen verglichen Bev, Connie und Ruth in bezug auf verschiedene Verhaltensaspekte mit Personen, die ebenfalls täglich Kontakt mit den Therapeuten gehabt hatten, ohne daß man ihnen aber die Kommunikation mit Symbolen beigebracht hatte.

Die Patienten dieser Kontrollgruppe zeigten wie Bev, Connie und Ruth eine Zunahme der sozialen Fähigkeiten, aber das Ausmaß der absichtsvollen Kommunikation, die Häufigkeit der Aufmerksamkeitsveränderungen und die Komplexität der Aufmerksamkeit änderten sich nicht. Genauso war es auffälligerweise auch bei Max, der mit den Symbolen in Berührung gekommen war, sie aber nicht gelernt hatte. Die Verbesserungen, die Bev, Connie und Ruth nach diesen drei Kriterien erzielt hatten, lassen sich also offenbar unmittelbar darauf zurückführen, daß die Patienten gelernt hatten, in einem gewissen Umfang mit Symbolen zu kommunizieren. »Die Beherrschung der Lexigramme ergab sich als Teil einer größeren Gruppe entwicklungsbedingter Veränderungen«, bemerkten Rose und ihre Kolleginnen, »und demnach liegt die Vermutung nahe, daß der Prozeß des Erwerbs neuer Symbo-

le in eine Kausalstruktur von Veränderungen eingebunden ist, an denen mehrere kognitive Bereiche beteiligt sind.«[10]
Diese Studie lieferte besonders klare Erkenntnisse über die Verbindungen der kognitiven Bereiche und über die großen Auswirkungen der Sprache auf die allgemeine Steigerung der intellektuellen Leistungsfähigkeit. Ähnliche Gesetzmäßigkeiten erkenne ich auch bei den Verhaltensänderungen sprachtrainierter Menschenaffen, die in der Kommunikation mit Menschen nachdenklicher, aufmerksamer und sensibler werden. Nach meiner Überzeugung sind das stichhaltige Indizien dafür, daß die geistigen Grundlagen eine bruchlose Evolution vom Menschenaffen zum Menschen durchgemacht haben.

Anfang der achtziger Jahre hatte sich der Weitblick, den Duane zehn Jahre zuvor entwickelt hatte, bereits ausgezahlt. Er sowie später auch Mary Ann und ihre Kollegen hatten völlig unerwartete Fortschritte in der Art erzielt, wie man schwer geistig behinderten Kindern die Fähigkeit einer zunehmenden Kommunikation beibringt; dazu hatten sie das theoretische und praktische Wissen aus unseren Studien an den Affen angewandt. Patienten, bei denen alle herkömmlichen Methoden der Sprach- und Sprechtherapie gescheitert waren, hatten mit Duanes Lexigrammsystem auf der Computertastatur zum erstenmal in ihrem Leben zu kommunizieren gelernt. »Die Ergebnisse der Projekte mit dem Georgia Retardation Center und dem Developmental Learning Center übertrafen alle Erwartungen«, räumt Duane heute ein. »Die Leute hatten einfach damit gerechnet, daß die Kinder überhaupt nichts lernen würden, aber am Ende lernten sie eine Menge.«[11] Die Patienten erwarben nicht nur die Fähigkeit, einen Wortschatz aus Lexigrammen hervorzubringen, sondern die meisten von ihnen konnten diese Fähigkeit des Benennens und Verstehens auch verallgemeinern und sogar auf spontane Kommunikation anwenden. Von den meisten anderen Methoden der Sprachtherapie kann man das nicht behaupten.
Die Lehrmethode hatte sich bei Sherman und Austin als überraschend wirksam erwiesen, aber sie stimmte auch mit dem überein, was nach allgemeiner Ansicht beim Sprachunterricht mit schwer geistig behinderten Patienten unverzichtbar war: daß die Sprachfähigkeit durch ständiges Üben nach einer bestimmten Methode

erworben werden muß. Zwar versuchten die Sprachtherapeuten in der Praxis seit Mitte oder Ende der siebziger Jahre, für diesen Unterricht ein natürlicheres Umfeld zu schaffen, aber der Spracherwerb selbst war nicht natürlich. Mary Ann und ihre Kollegen stellten am Language Research Center mit viel Überlegung eine natürliche Unterrichtsatmosphäre her, unter anderem durch Lexigrammspiele. Dennoch betrachteten sie sich selbst als aktiv Lehrende, die die Fähigkeit zum Fordern beibrachten und dann beobachteten, welche anderen Fähigkeiten sich entwickelten.

Als uns im Frühjahr 1983 klar wurde, daß Kanzi spontan einen kleinen Lexigramm-Wortschatz und die Verständnisfähigkeit für einige gesprochene Worte erworben hatte, mußten wir unsere Hypothese über den Erwerb der Kommunikationsfähigkeit mit Symbolen erneut überdenken. Die gleichen Überlegungen mußte man auch in der Kinderabteilung anstellen. In einem Bericht über die Wirksamkeit der Lehrmethode bei geistig behinderten Kindern hatten Mary Ann und ich geschrieben: »Diese Patienten mußten die Sprache in kleine Einheiten zerlegt lernen, genau wie Sherman und Austin.«[12] Das stimmte auch: Die Patienten hatten die Kommunikation mit Symbolen gelernt, weil wir die Sprache in kleine Einheiten aufgeteilt hatten. Aber konnten sie die gleichen Fähigkeiten nicht vielleicht auch spontan und ohne Unterricht erwerben, genau wie Kanzi?

»Die Beobachtungen an Kanzi hatten unmittelbare Folgen für unsere Überlegungen«, erinnert sich Mary Ann. »Ich wollte alles, was wir durch Kanzi erfahren hatten, sofort bei geistig behinderten Menschen anwenden, insbesondere bei kleinen Kindern.«[13]

Die meisten Patienten in den Studien des Georgia Retardation Center und des Developmental Learning Center waren Jugendliche oder junge Erwachsene. Nach allem, was die Linguisten über den Spracherwerb bei geistig gesunden Menschen wußten, war der frühe Kontakt mit Sprache wichtig – offenbar gibt es dafür eine entscheidende Phase. Wer nach der Kindheit eine Fremdsprache lernt, weiß genau, welche Schwierigkeiten dabei auftreten können, verglichen mit dem Erwerb der Muttersprache. Geistig Behinderte, die nach der Kindheit ein Kommunikationssystem lernen sollen, sind doppelt benachteiligt: durch ihr Alter und durch die kognitive Störung.

Im Frühjahr 1983 ergab sich durch einen glücklichen Zufall die

Gelegenheit, eine ähnliche Lehrmethode wie bei Kanzi auf geistig behinderte Schulkinder anzuwenden. Eine Gruppe von Lehrern aus den umliegenden Schulen, die an der Georgia State University einen Examenskurs absolvierten, besuchte das Language Research Center, um sich über das Therapieprogramm für Bev, Connie und Ruth zu informieren. Sie waren begeistert über das, was sie sahen, und die Beschreibung von Kanzi, der spontan die Verwendung und das Verstehen von Symbolen gelernt hatte, verblüffte sie. Einer von ihnen sagte: »Haben Sie schon daran gedacht, die Methode außerhalb des Labors anzuwenden, zum Beispiel bei Schulkindern?« Oft gibt es Vorbehalte gegenüber experimentellen Therapieprogrammen an Schulen, nicht zuletzt weil die Wissenschaftler das Ganze häufig nur als Gelegenheit zum Datensammeln betrachten und nicht das gleiche langfristige Interesse haben wie die Schule selbst. Jeder Versuch, ein solches experimentelles Programm durchzuführen, muß also mit viel Diplomatie angegangen werden, aber irgendwann hatten Mary Ann und ihre Kollegen es ohnehin vor. Die Einladung der Lehrer, die an jenem Tag zu Besuch waren, kam also genau richtig. »Es war Musik in unseren Ohren«, erinnert sich Rose.[14]

Nach weiteren Gesprächen mit den Lehrern und ihren Vorgesetzten und nach einem Hin und Her um Forschungsmittel aus verschiedenen Quellen wurde schließlich am Language Research Center ein Ferienprogramm eingerichtet, an dem eine kleine Schülergruppe aus den staatlichen Schulen von Clayton County teilnehmen sollte. Das nützte die Schulverwaltung, weil sie ein Ferienprogramm anbieten konnte, für das sie sonst keine Mittel gehabt hätte, und es nützte dem Language Research Center, weil es jetzt den ersten Schritt von der Laborforschung zur praktischen Anwendung unternehmen konnte. Der Ferienkurs war ein Erfolg: Es stellte sich heraus, daß man mit sehr schwer geistig behinderten Kindern in einem unstrukturierten Umfeld Fortschritte erzielen kann, wenn man sich auf die Verständnisfähigkeit und nicht auf die Sprachproduktion konzentriert.

Nach diesem Pilotprojekt schrieb Mary Ann einen Finanzierungsantrag, der sich ganz auf die an Kanzi gewonnenen Erkenntnisse stützte und das Ziel hatte, die kleinen Kinder in den Schulen von Clayton County zu untersuchen. Es geschah das, was in solchen Fällen die Regel ist: Eine Gutachterkommission erschien zum

Ortstermin, sah sich die Möglichkeiten des Language Research Center an und ließ sich die Argumente für die beabsichtigten Arbeiten vortragen. Das war 1984.
»Es war früh am Morgen«, erinnert sich Rose. »Wir saßen mit den Gutachtern im Seminarraum um einen Tisch. Einer von ihnen, ein prominenter Experte für geistige Behinderungen, äußerte sich sehr freundlich über unsere Arbeiten – sie seien höchst neuartig und wichtig, weil sie das Leben geistig behinderter Menschen verändern könnten. Er war einfach *zu* freundlich, und dann weiß man, daß das dicke Ende mit einem großen ABER noch kommt. Genauso war es auch. Am Ende sagte er: ›Es gibt aber meines Wissens in der gesamten Literatur über geistige Behinderung keinen Hinweis, daß diese Methode auch nur die geringste Erfolgsaussicht hat.‹ Den Rest des Tages brachten wir damit zu, ihm und seinen Kollegen die Erfolge mit den Schimpansen zu erklären und darzulegen, wie es in der Vergangenheit gelungen war, solche Erfolge auf geistig Behinderte zu übertragen.«[15]
Offenbar waren Rose und Mary Ann überzeugend: Die Forschungsmittel wurden bewilligt.

An der neuen Studie, die 1985 begann, nahmen dreizehn männliche Schüler mit einem Durchschnittsalter von zwölf Jahren und vier Monaten teil. Keines der Kinder konnte mehr als zehn Worte verständlich aussprechen, und alle hatten mit anderen Lehrmethoden keine Kommunikationsfähigkeit erworben. Die Finanzierung lief über zwei Jahre; in dieser Zeit wollte Mary Ann nicht nur herausfinden, wie effizient das natürliche Lernen ist, sondern sie wollte auch die Auswirkungen des schulischen und häuslichen Umfeldes vergleichen. Im ersten Jahr wurden deshalb einige der Kinder zu Hause mit dem Lexigrammgebrauch in Kontakt gebracht, die anderen in der Schule. Im zweiten Jahr wurde das System sowohl zu Hause als auch in der Schule angewandt.
Mary Ann nannte das Programm System for Acquiring Language (System zum Spracherwerb) oder kurz SAL. Es hatte fünf Bestandteile.
Der erste war die Computertastatur. Sie war kleiner und leistungsfähiger als frühere Modelle und beinhaltete nun auch einen Sprachsynthesizer. Entscheidend war, daß sie sich leicht transportieren ließ, denn wenn das System zu einem akzeptablen

Lebensbestandteil werden sollte, durfte es nicht schwer und sperrig sein. Anfangs hatten die Kinder das sogenannte Words + Personal-Voice-II-System, das über eine berührungsempfindliche, erweiterte Unicorn-Tastatur an einen Votrax-Wortsynthesizer gekoppelt war. Später wurde das Personal-Voice-II-System durch den sogenannten SuperWolf ersetzt. Die Technik war für die Sprachstudien von Anfang an von entscheidender Bedeutung, am Yerkes Center ebenso wie später am Language Research Center; das Programm profitierte stark von der Mikrocomputer-Revolution der letzten zehn Jahre. Verglichen mit dem, was heute an technischen Möglichkeiten und Rechenleistung verfügbar ist, war der SuperWolf recht primitiv. Immerhin ist er aber wirksam, robust und preisgünstig. Zweifellos läßt er sich noch stark verbessern.
Der zweite Bestandteil war der Wortschatz aus Lexigrammen, jene Sammlung von Wörtern, die für den Anfang ausgesucht wurden. Da Lehrer und Eltern sich mit den Kindern beschäftigen sollten, war auf jede Taste auch das zugehörige englische Wort aufgedruckt, was die beiderseitige Kommunikation erleichterte.
Drittens sollte *kein unmittelbarer Unterricht* stattfinden, im Gegensatz zu früheren Programmen, in denen man den Patienten die Fähigkeit zum Fordern aktiv beigebracht hatte. Die Kinder wurden ermutigt, die Tastatur zu benutzen, wenn sich im Tagesablauf Gelegenheiten zur Kommunikation ergaben, aber man drängte sie nicht dazu.
Der vierte Bestandteil betraf die erwachsenen Partner der Kinder und ihre aktive Rolle bei der Kommunikation. Nachdem man ihnen gezeigt hatte, wie man das System benutzt, verwendeten sie die Tastatur so, wie wir es bei Kanzi getan hatten: Sie erörterten, was geschehen sollte, gaben Kommentare ab oder stellten Fragen; immer sprachen sie den betreffenden Satz aus, aber zusätzlich betätigten sie im richtigen Augenblick die Tastatur. Ein Elternteil sagte zum Beispiel: »Komm, Johnny, wir gehen nach *draußen* und fahren mit dem *Fahrrad*«, und gleichzeitig leuchteten die Lexigramme für »draußen« und »Fahrrad« auf der Tastatur auf.
Fünftens schließlich brauchten Mary Ann und ihre Kollegen ein Mittel, um die Fortschritte der Kinder zu verfolgen; zu diesem Zweck entwickelten sie einen Fragebogen für Lehrer und Eltern. Am Ende des zweijährigen Projekts hatten Mary Ann und ihre

Kollegen über 31000 Kommunikationsvorgänge zusammengetragen, die auf Tonband aufgenommen und dann niedergeschrieben worden waren. Alle Kinder verfügten am Ende über einen Symbolwortschatz, der allerdings sehr unterschiedlich war. Er enthielt diejenigen Lexigramme, die die Kinder selbst ausgewählt und gelernt hatten, und nicht solche, die die Lehrer für lernenswert hielten; genauso hatte Kanzi aus seinem Sprachumfeld diejenigen Worte herausgesucht, die ihm für sein Leben am wichtigsten waren. Alle Kinder hatten gelernt, die Symbole zu eindeutiger Kommunikation zu benutzen, oft begleitet von natürlichen Gesten. »Ganz allgemein ermöglichte SAL es den Jugendlichen, ihrem Gegenüber gezielte Informationen zu übermitteln, auf die diese reagieren konnten, was sowohl die Initiative zu Gesprächen und ihrer Fortsetzung als auch das Hinzufügen neuer Informationen förderte«, notierten Mary Ann und Rose in einem Bericht über das Projekt.[16]

In dem Therapieprogramm zeigte sich ein Phänomen, das wir auch in einer früheren Studie mit geistig Behinderten beobachtet hatten, als der Unterricht dem gleichen Schema wie bei Sherman und Austin folgte: Es kristallisierten sich zwei Arten des Lernens heraus, die man als einfach und fortgeschritten bezeichnen kann. Vier Jugendliche wiesen das einfache Lernschema auf: Sie kamen mit der Verständnis- und Produktionsfähigkeit nur langsam voran und verfügten am Ende nur über einen kleinen Wortschatz von zwanzig bis dreißig Lexigrammen. Die »fortgeschrittenen« Schüler eigneten sich einen großen Wortschatz an (manchmal über zweihundert Lexigramme) und entwickelten ihre Verständnis- und Produktionsfähigkeit schnell und gleichzeitig. Die Patienten in dieser Gruppe lernten auch, die Lexigramme in Kombinationen zu verwenden, und eigneten sich andere Formen der Symbolbenutzung an, unter anderem das Erkennen und Einordnen gedruckter englischer Wörter.

Mary Ann und Rose konnten die Ursache für die Leistungsunterschiede zwischen den beiden Gruppen ermitteln; dazu verglichen sie die Ergebnisse verschiedener Sprach- und Kognitionstests, die sie vor Beginn der Studie durchgeführt hatten. »Der herausragende Faktor, durch den sich die beiden Gruppen unterschieden, war die Verständnisfähigkeit für Sprache, die sie vor Beginn der Studie gezeigt hatten«, bemerkten sie.

Wir nehmen deshalb an, daß Patienten, die vor Beginn der Studie bereits Sprache verstanden, die entscheidenden visuellen Informationen leicht aus ihrer Umgebung aufnahmen, mit dem Wissen über die gesprochene Sprache zusammenfügten, weiterverarbeiteten und dann Kommunikation mit Symbolen hervorbrachten. Für Personen mit begrenzter Verständnisfähigkeit stellte sich offenbar eine ganz andere Aufgabe. Sie mußten die visuelle Komponente des Signals zerlegen, eine Reihe visueller Erfahrungen mit den Symbolen entwickeln und dann die Kommunikation mit Symbolen zunächst verstehen und später produzieren.[17]

Wie wichtig das Verstehen für den Spracherwerb ist, zeigte sich also immer wieder, in den Studien mit Affen ebenso wie in den Untersuchungen mit Menschen.

Zu Beginn des Therapieprogramms an den staatlichen Schulen von Clayton County wurde Rose von Eltern und Lehrern gebeten, in den Lexigramm-Wortschatz auch Worte für den normalen zwischenmenschlichen Umgang aufzunehmen, beispielsweise *bitte, danke, ich bin fertig, hilf mir, ja, nein* und *auf Wiedersehen.* Diese Worte übernahmen die Kinder überraschend schnell in ihren aktiven Wortschatz. Solche Worte des sozialen Umgangs wurden im Zusammenhang mit zwischenmenschlicher Interaktion häufig benutzt, aber insgesamt nahm die Verwendung von SAL dadurch nicht zu. Alle, die mit den Kindern zu tun hatten, wußten es sehr zu schätzen, daß ihre Art zu kommunizieren nun mehr der eines »normalen« Kindes ähnelte. Das ist wichtig, denn wenn man geistig behinderten Kindern mehr Kommunikationsfähigkeit vermittelt, verfolgt man unter anderem das Ziel, daß sie stärker an der Umwelt teilhaben können. Und für die Frage, inwieweit das Kind in seiner Umgebung akzeptiert wird, ist es von großer Bedeutung, wie Fremde es wahrnehmen.

Die Kinder in der Studie von Clayton County wurden durch das Sprachtraining geselliger, genau wie wir es bei Bev, Connie und Ruth beobachtet hatten. Rose erinnert sich an die behinderten Kinder einer Schule, die an der Studie teilnahmen: Sie mußten das Mittagessen zusammen mit allen anderen Schülern einnehmen, sonderten sich aber immer als Gruppe ab und setzten sich zusammen an einen Tisch. »Wenige Monate nach Beginn der Studie waren unsere Kids überall«, berichtet Rose. »Sie unterhielten sich mit gesunden Gleichaltrigen und stellten sich zum Essenholen in die Schlange wie alle anderen. Was war geschehen? Sie hatten jetzt die Möglichkeit, untereinander und mit anderen zu kommunizieren.«[18] Eines Tages beobachteten sie, wie Bob, einer der Jungen aus der Studie, sich mit Hilfe des SAL mit seinem gleichaltrigen Tutor Ralph unterhielt. Ein Freund von Ralph kam dazu, redete mit diesem und beachtete Bob nicht. Daraufhin sagte Ralph zu seinem Freund, wenn er sich an der Unterhaltung beteiligen wolle, müsse er das SAL verwenden. Der Freund versuchte es zögernd und sagte bald darauf zu Bob: »Gehen wir nach *draußen* auf den Schulhof.« Bob stimmte zu, und die drei gingen als völlig normale Gruppe zum Spielen. »Solche Beobachtungen zeigen, wie wichtig SAL sein kann, wenn es um die Vermittlung oder Verbesserung der Interaktionsfähigkeit zwischen Gleichaltrigen geht«, schreiben Mary Ann und Rose. »Kommunikationsgeräte, die Sprache erzeugen, können ein wichtiges Hilfsmittel zur Verstärkung zwischenmenschlicher Kontakte sein, sowohl mit nichtbehinderten als auch mit behinderten Kommunikationspartnern.«[19]

Vorfälle wie der mit Bob und seinem Freund ereigneten sich bei den Kindern in der Studie von Clayton County häufig; sie untermauern die früher unvorstellbare Idee, daß solche Kinder tatsächlich an der Gesellschaft teilhaben und sogar am Arbeitsplatz nützliche Beiträge leisten können. Zu diesem Zweck setzten Mary Ann und ihre Kollegen das Projekt FACTT (Facilitating Augmentative Communication Through Technology) in Gang, eine gemeinsame Unternehmung der Georgia State University und der staatlichen Schulverwaltung von Clayton County. Schon bald werden Kinder, die zuvor als hoffnungslose Fälle gegolten hatten, nützliche Arbeit verrichten und mit Kollegen und Vorgesetzten kommunizieren – ein gewaltiger Fortschritt seit jener Idee, die Duane im Winter 1970 »innerhalb weniger Sekunden« gekommen war. »Das Wissen über die Sprache, das wir an den Schimpansen gewonnen haben, übersteigt unsere Erwartungen um ein vielfaches«, sagt Duane heute. »Ich hatte keine Ahnung, daß man bei Schimpansen eines Tages spontanen Spracherwerb wie bei Menschenkindern nachweisen würde und daß die Arbeit mit den Menschenaffen uns so viel darüber lehren würde, was man bei geistig behinderten Kindern erreichen kann.«[20]

Noch gibt es viel darüber zu lernen, wie Sprache sich auf die kognitive Entwicklung geistig behinderter Kinder auswirkt, aber allen Hinweisen zufolge ist es äußerst wichtig, in ihnen die Sprachfähigkeit zu wecken. Und wenn Mary Ann ihr Ziel erreicht, noch jüngere Kinder bis hin zum Kleinkindalter in die SAL-Studien einzubeziehen, sind weitere Erfolge so gut wie sicher. Die Mutter eines Kindes aus Clayton County sagte zu ihr: »Sie haben so viel für meinen Sohn getan, aber wie schön wäre es gewesen, wenn Sie ihn schon als Zweijährigen gehabt hätten. Wer weiß, was Sie dann bis jetzt mit ihm erreicht hätten!«

8

PAN, DER WERKZEUGMACHER

Die großen »Definitionen des Menschlichen«, so stellte sich bei der Konferenz der Wenner-Gren Foundation heraus, brachen eine nach der anderen in sich zusammen. Der Glaube, nur der Mensch könne kulturelle Handlungen weitervermitteln, wurde schon früh durch Junichiro Itani widerlegt: Er hatte beobachtet, wie japanische Makaken Kartoffeln wuschen; nachdem diese Gewohnheit sich bei den Affen eingebürgert hatte, wurde sie auch von den Müttern an die Nachkommen weitergegeben. Die Ansicht, nur der Mensch könne Werkzeuge herstellen, war nach den ersten Jahren der Freilandbeobachtungen von Jane Goodall ebenfalls vom Tisch. Bis die Überzeugung schwand, nur der Mensch habe eine Sprache, dauerte es etwas länger, aber meine Wissenschaftlerkollegen im »Schloß« erkannten allmählich, daß auch dieser Streit bald der Vergangenheit angehören würde. Nick Toth, der Fachmann für die Herstellung von Steinwerkzeugen, warf die Frage auf, ob ein weiterer Grundstein ins Wanken geraten werde: Ist der Mensch wirklich das einzige Lebewesen, das mit Werkzeugen andere Werkzeuge herstellen kann?

Als Nick diese Frage zum erstenmal an mich richtete, war ich mir über seine Motive nicht im klaren: Wollte er es wirklich wissen, oder hatte er nur die gleiche Absicht wie so viele vor ihm – eine weitere eindeutige Definition des Menschen abzusichern, mit der man uns sauber und eindeutig von anderen Lebewesen abgrenzen kann? Es war am Abend eines langen Konferenztages, und wir hatten alle zusammen in einem Restaurant der benachbarten

Kleinstadt zu Abend gegessen. Der Wein war reichlich geflossen, unbeschwerte Späße hatten sich unter die Fachsimpelei gemischt, und einige Mitglieder der Gruppe hatten uns mit einer Reihe spontaner Musikdarbietungen unterhalten. Nick war nicht nur ein guter Archäologe, sondern erwies sich auch als begabter und begeisterter Musiker. Auf dem Rückweg zum Tagungshotel saß ich im Bus ziemlich weit hinten. Nick lag mit ausgestreckten Beinen auf der allerletzten Sitzbank, die Arme über der Brust verschränkt, die Augen geschlossen, als ob er schliefe. Plötzlich öffnete er ein Auge und winkte mir, ich solle mich zu ihm setzen. »Ich möchte dich etwas fragen«, sagte er. »Glaubst du, Kanzi könnte lernen, Steinwerkzeuge herzustellen wie die ersten Menschen?«
Ich hatte im bisherigen Verlauf der Tagung noch nicht viel mit Nick gesprochen; nach meinem Eindruck war er ein Archäologe, der von Psychologie nicht viel hielt. Seine Frage kam für mich aus heiterem Himmel – ich selbst war noch nie auf die Idee gekommen, es zu probieren. Durch meine langjährigen Erfahrungen mit den Schimpansen hatte ich große Hochachtung vor ihren Fähigkeiten. Ich wußte, daß normale Schimpansen und Bonobos Gegenstände in experimentellen Situationen geschickt handhaben können, und natürlich kannte ich auch die vielen Verhaltensweisen, bei denen Schimpansen in freier Wildbahn Werkzeuge benutzen. Mein ohnehin großer Respekt vor ihren Fähigkeiten stieg während der Konferenz durch die Vorträge von Bill McGrew und Christophe Boesch noch weiter. Wie Bill berichtete, stellen Schimpansen nicht nur Werkzeuge her, sondern verfügen sogar über einen ganzen Werkzeugkasten, das heißt, sie benutzen ähnliche Werkzeuge zu unterschiedlichen Zwecken (Stöcke dienen ihnen zum Beispiel sowohl zum Stochern nach Termiten als auch zur Verteidigung) und erreichen ähnliche Zwecke mit unterschiedlichen Werkzeugen (man beobachtete zum Beispiel einen Schimpansen, der mit vier verschiedenen Werkzeugen den Honig aus einem Bienenstock holte). Christophe beschrieb, auf welch komplexe Weise die Schimpansen an der Elfenbeinküste Werkzeuge zum Nüsseknacken verwenden. Diese Menschenaffen benutzen bis zu zwei Stunden am Tag Hammer und Amboß. Der Hammer kann dabei entweder ein geeigneter Holzknüppel oder ein abgerundeter Stein sein. Als Amboß dient in der Regel

eine Vertiefung in einem Stein oder Baumstumpf. Hammer und Nuß müssen oft mehr als hundert Meter weit zu diesem Amboß gebracht werden, der fest im Boden verankert ist und nicht bewegt werden kann. Die Holzhämmer stellen die Affen selbst her, die aus Stein werden sorgfältig ausgesucht und sind sehr begehrt. Christophe beobachtete in einigen Fällen sogar, wie Mütter ihren Kindern offenbar das Nüsseknacken beibrachten.

Aber die Herstellung von Steinwerkzeugen ist etwas ganz anderes. Es schien Lichtjahre von allem entfernt zu sein, was Affen heute tun. Noch nie hatte jemand gesehen, wie ein Schimpanse absichtlich Splitter von einem Stein abschlug. Einige von Christophes Schimpansen hatten zufällig Stücke von den Steinen gebrochen, als sie Nüsse knackten, aber daß ein solcher zufällig abgeschlagener Splitter als Werkzeug verwendet worden wäre, hatte man nie gesehen. Nicht einmal ich war in der Lage, ein Steinwerkzeug herzustellen, das diesen Namen verdiente, und ich hatte Nick dabei, der es mir gezeigt hatte.

»Das hört sich faszinierend an«, erwiderte ich auf Nicks Frage. »Aber ist die Herstellung von Steinwerkzeugen nicht ein bißchen viel für einen Affen?« Weder bei Kanzi noch bei den gewandteren Schimpansen Sherman und Austin hatte ich jemals beobachtet, daß sie Steinsplitter herzustellen versuchten. Und wie die meisten Menschen nahm ich an, das Anfertigen von Steinwerkzeugen sei eine *menschliche* Tätigkeit, die *menschliche* Fähigkeiten erforderte. Dennoch war ich von der Idee gefesselt. »Was schwebt dir vor?« fragte ich. Nick setzte sich auf und fing an zu erklären.

Der britische Anthropologe Kenneth P. Oakley hatte 1949 ein klassisches Buch mit dem Titel *Man, the Tool-Maker* (»Der Mensch, ein Werkzeugmacher«) veröffentlicht. Der schmale Band faßte zusammen, warum man den Menschen allgemein für etwas Besonderes und Einzigartiges hielt: »Die große Fähigkeit zu begrifflichem Denken, im Gegensatz zu dem vorwiegend von der Wahrnehmung geprägten Denken der Menschenaffen und anderer Primaten, gilt heute in der vergleichenden Psychologie allgemein als besonderes Kennzeichen des Menschen«, schrieb er. »Die systematische Herstellung von Werkzeugen, nicht nur für den sofortigen Gebrauch, sondern auch für die zukünftige Verwendung, setzt eine ausgeprägte Fähigkeit zu begrifflichem

Denken voraus.«[1] Die Vorstellung vom Menschen als Werkzeugmacher brachte nicht nur bei den Anthropologen, sondern in der gesamten Welt der Zivilisation eine empfindliche Saite zum Schwingen: Der werkzeugmachende Homo sapiens gestaltet als einzige Spezies der Welt eine hochentwickelte Kultur und baut eine machtvolle Technik auf, mit der er die Erde für immer verändert hat.

Als Jane Goodall Anfang der sechziger Jahre zum ersten Mal von ihren Beobachtungen berichtete, wonach Schimpansen einfache Werkzeuge zum Fangen von Ameisen und Termiten herstellen, schien die Sonderstellung des Menschen bedroht zu sein. Um sich solche Werkzeuge zu beschaffen, brachen die Schimpansen Zweige von den Bäumen, streiften die Blätter ab und hielten diese »Angelrute« dann in Termitenbauten oder Ameisenstraßen. Man hat bei vielen Tieren verschiedene Formen des Werkzeuggebrauchs beobachtet, von Seeottern über Sandwespen bis zu den Galapagosfinken. Aber Goodalls Schimpansen *benutzten* die Werkzeuge nicht nur, sie stellten sie auch her. War der Mensch vielleicht doch nicht so einzigartig? Die Antwort der Anthropologen lautete: Nun ja, aber der Mensch benutzt Werkzeuge, um Werkzeuge herzustellen, und die Schimpansen nehmen dazu nur Hände und Füße. Die Sonderstellung des Menschen war gerettet.

Die Fähigkeit, Werkzeuge herzustellen und zu benutzen, galt lange als Teil jener Eigenschaften, durch die ein affenähnliches Geschöpf in der Evolution zum Menschen wurde. Nach der Argumentation von Charles Darwin waren Steinwerkzeuge lebenswichtige Waffen, die an die Stelle der Zähne und Klauen anderer großer Raubtiere traten. »Die freie Verfügbarkeit von Armen und Händen, die teilweise die Ursache und teilweise die Folge der aufrechten Haltung des Menschen ist, scheint indirekt auch zu anderen Abwandlungen des Körperbaus geführt zu haben«, schrieb er in seinem 1871 erschienenen Buch *Die Abstammung des Menschen*. »Die ersten männlichen Vorfahren des Menschen waren ... wahrscheinlich mit großen Eckzähnen ausgestattet; als sie aber allmählich die Gewohnheit annahmen, Steine, Knüppel oder andere Waffen zum Kampf gegen Feinde einzusetzen, benutzten sie die Kiefer und Zähne immer weniger.«[2]

Auch hundert Jahre später, als man viel mehr über die menschliche Frühgeschichte wußte als zu Darwins Zeit, galten die Werkzeuge bei den Anthropologen immer noch als wichtiger Bestandteil der entwicklungsgeschichtlichen Trennlinie zwischen Affen und Menschen, vor allem weil sie dem jagenden Menschen als Waffen dienten. »In einem sehr realen Sinn sind unser Intellekt, unsere Interessen, unsere Gefühle und die Grundlagen unseres Gesellschaftslebens die entwicklungsgeschichtlichen Folgen der erfolgreichen Anpassung an die Jagd«, sagten zwei bekannte Anthropologen 1966 auf einer wichtigen wissenschaftlichen Tagung. »Die Werkzeuge ermöglichten dem Menschen das Jagen.«[3]

Die Entwicklung des Werkzeugmachens – und insbesondere der Herstellung von Steinwerkzeugen – galt als entscheidender Teil des entwicklungsgeschichtlichen Überganges vom Affen zum Menschen. Definitionsgemäß müssen also die ersten Mitglieder der Menschenfamilie bereits Werkzeuge hergestellt haben. Diese Annahme wurde in den letzten Jahrzehnten in Frage gestellt – einerseits durch neue Funde menschlicher Fossilien und Werkzeuge in Ostafrika, andererseits durch molekularbiologische Befunde an heutigen Menschen und Menschenaffen. Die ersten Angehörigen der Menschenfamilie entwickelten sich nach unserer heutigen Kenntnis vor mindestens fünf Millionen, vielleicht auch vor acht Millionen Jahren. Die ersten erkennbaren Steinwerkzeuge, die man ausgegraben hat, sind aber nur zweieinhalb Millionen Jahre alt. Das Alter dieser Werkzeuge in den Funden fällt mit dem ersten Auftauchen der Gattung Homo zusammen, aus der schließlich der heutige Mensch hervorging. Die naheliegende Annahme lautet natürlich: Dieses neue, mit einem größeren Gehirn ausgestattete Mitglied der Menschenfamilie war der Werkzeugmacher; die Herstellung von Werkzeugen hatte in irgendeiner Form mit der zunehmenden Gehirngröße zu tun.

Was an dieser Annahme auch dran sein mag – und man kann sich nur schwer vorstellen, wie sie sich stichhaltig untermauern läßt –, in jedem Fall warf sie für Archäologen und Psychologen eine wichtige Frage auf: Taten die ersten Werkzeugmacher etwas, das die kognitiven Fähigkeiten der Menschenaffen überstieg? Oder waren sie nur aufrecht gehende Affen, die ihre affenähnlichen kognitiven Möglichkeiten auf nichtäffische Tätigkeiten anwandten? Nick hatte, wie er mir erzählte, lange über diese Frage gegrübelt, und einmal hatte er bei der Gorilla Foundation sogar Forschungsmittel beantragt, um herauszufinden, ob Gorillas die Herstellung von Steinwerkzeugen lernen können. Aber die Stiftung war mit anderen Projekten beschäftigt und lehnte Nicks Antrag ab. Es war nach seinen Worten ein Versuch gewesen, einen Forschungspartner zu finden. Er schlug vor, Kanzi zur Herstellung von Steinsplittern zu motivieren, ohne es ihm aber durch gezielten Unterricht beizubringen. »So vermeiden wir die Kritik, es handele sich um klassische Konditionierung«, sagte er. Nach seiner Vorstellung würden wir einen Kasten mit durchsichtigem Deckel brauchen. In dem Kasten sollte sich etwas Begehrenswertes befinden, und der Deckel sollte mit einem Stück Schnur verschlossen sein. Wir würden Kanzi zeigen, wie man Steinsplitter herstellt – man schlägt dazu zwei Steine zusammen, der archäologische Fachausdruck lautet Hartschlegeltechnik –, aber es würde kein aktiver Unterricht stattfinden: Wir würden seine Hände nicht führen und die Aufgabe nicht in Einzelbestandteile zerlegen.

Etwas mehr als zehn Jahre zuvor hatte Richard Wright vom Zoo der englischen Stadt Bristol einem Orang-Utan beigebracht, Steinsplitter herzustellen und damit eine Schnur zu zerschneiden, um sich eine Belohnung zu verschaffen. Aber Wright hatte jeden Bestandteil des Ablaufs einzeln gelehrt. Außerdem war in seiner Anordnung ein Stein an einem Brett befestigt; die menschlichen Werkzeugmacher hielten ihn dagegen in der Hand, und so sollte es auch Kanzi machen. Wrights Experiment gilt zwar als wichtiger Beitrag zur Primatenforschung, aber Nicks Idee ging weit darüber hinaus. Wright hatte dem Orang-Utan die Verhaltensbestandteile der Aufgabe beigebracht, aber wir hatten vor, die begrifflichen Anteile zu vermitteln.

Ich machte Nick ein paar Vorschläge, wie man die Futterkiste, die wir jetzt auch Werkzeugstelle nannten, besser gestalten könnte. Nick hatte nicht mit Kanzis Vorliebe und Fähigkeit gerechnet, leicht gebaute Gegenstände auseinanderzureißen, insbesondere wenn sie Futter enthielten. Wir sprachen ein wenig darüber, wie wir unsere Werkzeugmachertätigkeit so ausführen konnten, daß Kanzi es uns vielleicht nachmachen wollte. Und Nick versprach, sich nach unserer Rückkehr in die USA wieder bei mir zu melden. Das tat er auch nach einigen Wochen, und ich berichtete ihm, daß wir nach seinen Angaben eine Werkzeugstelle konstruiert hatten. Eine Woche später kam er zusammen mit seiner Archäologenkollegin Kathy Schick im Language Research Center an; in einem Lastwagen brachten sie eine halbe Tonne Steine mit.

1989 veröffentlichten der Anthropologe Tom Wynn und der Primatenforscher Bill McGrew einen Aufsatz mit dem Titel »An Apes View of the Oldowan« (»Oldowan aus der Sicht eines Affen«). Oldowan ist die Bezeichnung für die ältesten bekannten Funde von Steinwerkzeugen aus Afrika, die aus der Zeit vor zweieinhalb Millionen Jahren stammen. Tom und Bill stellten in dem Artikel die gleiche Frage, die auch Nick aufgeworfen hatte: »An welchem Punkt in der Evolution verhielten sich unsere Vorfahren nicht mehr wie Affen?«[4] Mit anderen Worten: Angenommen, es herrschten die richtigen Voraussetzungen, konnten Affen dann die Oldowan-Werkzeuge herstellen? Tom und Bill waren die Frage nicht experimentell angegangen, wie Nick es vorhatte, sondern sie hatten untersucht, welche Fähigkeiten zur Herstellung der Oldowan-Werkzeuge erforderlich sind, und dann hatten sie in der Lebensweise der heutigen Schimpansen nach solchen Fähigkeiten gesucht.
Die Werkzeuge (in der Fachsprache auch Artefakte genannt) aus den Oldowan-Funden waren aus kleinen Gesteinsknollen hergestellt; es gab etwa ein halbes Dutzend Formen: Schlagsteine, Kratzer, Schaber und kleine, scharfe Splitter. Die Werkzeugmacher müssen diese verschiedenen Typen wahrscheinlich vor ihrem geistigen Auge gesehen haben, und nach diesen Bildern stellten sie dann Werkzeuge für verschiedene Zwecke her. Oft findet man die Werkzeuge zusammen mit zerbrochenen Tierknochen, die manchmal auch Zeichen des Schlachtens erkennen lassen. Daraus ergibt sich eine klare Folgerung: Seit der Zeit vor etwa zweieinhalb Millionen Jahren nutzten unsere Vorfahren ihre Umwelt anders als Affen, indem sie ihrer Ernährung mit Hilfe der Steinwerkzeuge einen bedeutenden Anteil Fleisch hinzufügten.
Noch bis vor kurzem waren die Archäologen der Ansicht, die ersten Werkzeugmacher hätten ähnlich gelebt wie heutige Jäger und Sammler: Demnach waren sie in kleinen, beweglichen Horden organisiert, die vorübergehend feste Standquartiere einrichteten und die Arbeit des Jagens und Sammelns zwischen Männern und Frauen aufteilten. Es war zwar eine primitive, aber doch

sehr menschenähnliche Lebensweise, die sich eindeutig von der der Affen unterschied.

In den letzten Jahren hat sich dieses Bild aber durch eine Neubewertung der archäologischen Befunde drastisch gewandelt. Daß diese ersten Angehörigen der Menschenfamilie Werkzeuge herstellten und Tierkadaver zerlegten, steht außer Frage. Erhebliche Meinungsverschiedenheiten gibt es aber darüber, in welchem Umfang sie aktive Jäger und nicht nur opportunistische Aasverwerter waren. Und die Vorstellung von Standquartieren und der Arbeitsteilung zwischen Männern und Frauen gilt mittlerweile als unhaltbar. Heute stellt man sich die ersten Werkzeugmacher als aufrecht gehende Affen vor, die in kleinen Gruppen in einer Umgebung aus Gehölzen und Savanne lebten und Nahrung suchten, ähnlich wie die heutigen Paviane und Schimpansen; zum Zerlegen von Tieren suchten sie immer wieder die gleichen Orte auf, wo sich heute die archäologischen Fundstätten befinden.

Eine ähnlich wichtige Verschiebung der Sichtweise gab es im Zusammenhang mit den Werkzeugfunden selbst. Mary Leakey fand in den vierziger, fünfziger und sechziger Jahren bei ihren bahnbrechenden Arbeiten in Ostafrika Gegenstände, die sie für gezielt hergestellte Werkzeuge hielt. Als Nick Toth aber in den siebziger Jahren mit einem Forschungsprogramm für experimentelle Archäologie begann und in der Folge selbst zu einem geschickten Hersteller von Oldowan-Artefakten wurde, gelangte er zu einer anderen Ansicht. »Meinen experimentellen Befunden zufolge hat man dem Steinkern viel zuviel Aufmerksamkeit geschenkt, und zwar auf Kosten der Absplisse«, schrieb er. »Es erscheint durchaus möglich, daß man die herkömmliche Beziehung umgekehrt betrachten muß: Die Splitter waren die ursprünglichen Werkzeuge, und die Kerne waren meist (allerdings nicht immer) nur ein Nebenprodukt des Herstellungsvorganges ... Deshalb ist die Form vieler alter Steinkerne einfach die Folge des Produktionsprozesses, das heißt, sie sagt nichts über die Absicht des Herstellers oder über die Funktion des Artefakts aus.«[5]

Nicks neue Betrachtungsweise für die Oldowan-Artefakte brachte für die afrikanische Archäologie eine Umwälzung und veränderte erneut die Ansichten über die Menschenähnlichkeit der ersten Werkzeugmacher. Nach seiner neuen Theorie war das halbe Dutzend verschiedener Werkzeugtypen in den Oldowan-Funden nicht das Ergebnis geistiger Bilder im Gehirn hochentwickelter Werkzeugmacher, sondern die bestimmenden Faktoren waren im wesentlichen die Form der Steinknolle, von der die Splitter abgeschlagen wurden, und die Beschaffenheit des Rohmaterials. Die ersten Werkzeugmacher brauchten also nur eine Fähigkeit: Sie mußten in der Lage sein, mit einem Schlagstein Splitter von einem Steinkern abzuschlagen. Welche kognitiven Anforderungen stellt diese Aufgabe?

»Ein Weg, um die bei der Werkzeugverwendung angewandten kognitiven Fähigkeiten direkter zu beurteilen, ist die Untersuchung des räumlichen Vorstellungsvermögens«, schrieben Tom und Bill 1989 in ihrem Fachartikel. »Für die Oldowan-Werkzeuge ist nur eine sehr einfache räumliche Vorstellung erforderlich. Der Hersteller brauchte überhaupt nicht auf die Gesamtform des Werkzeugs zu achten, sondern seine Konzentration richtete sich offenbar ausschließlich auf die Anordnung der Kanten.«[6] Tom und Bill unterschieden im Zusammenhang mit der Werkzeugherstellung drei räumliche Vorstellungen: Annäherung, Begrenzung und Reihenfolge. Am einfachsten ist die Annäherung, das heißt die Fähigkeit, die Schläge immer wieder mehr oder weniger an der gleichen Stelle der Steinknolle zu plazieren. Komplexer ist die Vorstellung von einer Begrenzung, die mit der Einteilung des Gesichtsfeldes in mehrere Bereiche zu tun hat. Sie steht im Zusammenhang mit der Fähigkeit, Splitter von beiden Seiten der Knolle abzuschlagen, so daß ein zweischneidiger Schaber entsteht. Am höchsten entwickelt ist die Vorstellung von der richtigen Reihenfolge, die die Kontrolle über die Plazierung mehrerer nacheinander ausgeführter Schläge betrifft.

Bei vielen Oldowan-Werkzeugen wurden nur zwei oder drei Splitter abgeschlagen, nur bei wenigen ist es mehr als ein Dutzend. Wenn der erste Splitter entfernt wurde, lag die Richtung der weiteren Schläge offenbar fest. Die Werkzeuge zeigen deshalb eine recht begrenzte Komplexität, bedingt durch die räumlichen Vorstellungen bei ihrer Herstellung. Welche räumlichen Vorstellungen wirken mit, wenn Schimpansen in der Natur Werkzeuge herstellen?

Die meisten Werkzeuge, die Schimpansen herstellen, bestehen nicht aus Stein, sondern aus anderen Materialien, so daß unmittelbare Vergleiche nicht möglich sind. Viele Eigenschaften der

Werkzeuge sind außerdem von der Beschaffenheit des Materials bestimmt. Die Lage der Blätter, die von einem Ast abgestreift werden müssen, ist beispielsweise eine Eigenschaft der Pflanze und unterliegt nicht den Entscheidungen des Affen. Nach den Vermutungen von Tom und Bill kann man dennoch in mehreren Bereichen des Verhaltens von Schimpansen Anzeichen für alle drei Formen räumlicher Vorstellung finden. Die »Künstler« unter den Schimpansen schmieren beispielsweise auf einem leeren Blatt Papier nicht wahllos herum, und wenn man ihnen ein Stück Papier mit einer gezeichneten geometrischen Form (zum Beispiel einem Quadrat) gibt, markieren sie meist Stellen innerhalb oder in der Nähe dieser Form, das heißt, sie zeigen eine Vorstellung von Annäherung. Die Vorstellung von Begrenzung wird deutlich, wenn sie Stengel von Riedgras zum Angeln von Termiten vorbereiten. Die Stengel sind dreikantig, und die Schimpansen ziehen eine Kante sehr sorgfältig der Länge nach ab. Die Vorstellung von Reihenfolge schließlich findet man beim Nestbau der Schimpansen; die Fähigkeit dazu ist bei ihnen, anders als bei Vögeln, nicht angeboren, sondern sie wird gelernt. Wenn ein Schimpanse ein Nest baut, bildet der erste größere Ast, der abgeknickt wird, die Grundlage für den Weiterbau mit verflochtenen kleineren Zweigen und Ästen. Für Tom und Bill ergab sich daraus eine eindeutige Erkenntnis: »Alle räumlichen Vorstellungen, die für die Oldowan-Werkzeuge gebraucht wurden, finden sich im Geist der Menschenaffen. Die beschriebenen räumlichen Fähigkeiten sind vermutlich bei allen Menschenaffen vorhanden und machen die Hersteller der Oldowan-Werkzeuge nicht zu etwas Einzigartigem.«[7] Als Erwiderung auf die Theorie, die Verwendung eines Werkzeugs zum Werkzeugmachen sei das entscheidende Kriterium, verweisen sie auf Richard Wrights Orang-Utan, der genau das gelernt hatte; auch diese Fähigkeit liegt also im kognitiven Leistungsbereich der Menschenaffen. Außerdem, so ihr stichhaltiges Argument, haben die Schimpansen scharfe Zähne, mit denen sie hölzerne Werkzeuge bearbeiten können; Steinsplitter brauchen sie dazu nicht. »Wir können es den Affen nicht verübeln, wenn sie zur Herstellung von Werkzeugen, die sie für ihren Lebensunterhalt brauchen, keine unnötigen Methoden anwenden«, fügen sie hinzu.[8]

Als Tom und Bill die Methoden der Nahrungsbeschaffung

einschließlich der Werkzeugverwendung bei Menschenaffen und Frühmenschen verglichen, erkannten sie keine scharfe kognitive Trennlinie. Die Anthropologen verweisen zum Beispiel oft auf zwei Strategien der Frühmenschen, die als Zeichen für weiterentwickelte geistige Fähigkeiten gelten. Dabei handelt es sich zum einen um die Tatsache, daß an einem Ort zur Werkzeugherstellung oft mehrere Materialien verwendet wurden, und zum anderen um die Beobachtung, daß das Ausgangsmaterial für die Werkzeugherstellung oft über mehr als fünfzehn Kilometer herantransportiert wurde. Aber, so Tom und Bill, die Schimpansen im Tai-Wald knacken die harten Pandanüsse mit Granitbrocken, während sie sich für die Kolanüsse, die leichter aufzubrechen sind, eines weicheren Steins oder sogar eines Holzhammers bedienen. Außerdem tragen die Schimpansen den Steinhammer oft mehrere hundert Meter weit zu der Stelle, wo sie die Nüsse knacken – im Vergleich zum Menschen kein qualitativer, sondern sicher nur ein quantitativer Unterschied, der damit zu tun hat, daß ein Zweibeiner Gegenstände leichter tragen kann. Die heutigen Schimpansen gehen bekanntermaßen gelegentlich auf die Jagd; von den Frühmenschen nimmt man das ebenfalls an, allerdings vermuten manche Anthropologen, sie seien ausschließlich Aasverwerter gewesen. Die Frühmenschen benutzten Werkzeuge, um sich das Fleisch der Kadaver zu verschaffen, Schimpansen dagegen bedienten sich zu dem gleichen Zweck ihrer Reißzähne. Es stimmt allerdings, daß die Frühmenschen manchmal große Tierkadaver zerlegten, während das Fleisch, das die Schimpansen fressen, ausschließlich von kleinen und mittelgroßen Lebewesen stammt, beispielsweise von kleinen Antilopen und Kleinaffen. Mit scharfen Schneidewerkzeugen kann man große Kadaver zerteilen; Reißzähne eignen sich dazu nicht.
Nach den versteinerten Tierknochen an den archäologischen Fundstellen zu schließen, brachen die Frühmenschen oft Tierknochen auf, um an das Knochenmark zu gelangen. Die Archäologen sprechen vom »Herausholen«, ein Begriff, der sich auch auf das Abtrennen des Fleisches von toten Tieren anwenden läßt. In dieser Hinsicht unterscheiden sich die Frühmenschen nicht von Affen. Das Stochern nach Termiten, das Aufknacken von Nüssen und das Aufsaugen von Flüssigkeiten oder Gehirnmasse mit Schwämmen aus Blättern – all das sind Tätigkeiten des Her-

ausholens, und alle gehören zum Ernährungsverhalten der Schimpansen.

»Was wir über die Nahrungsbeschaffung in der Oldowan-Zeit wissen, liegt offenbar im Bereich der Fähigkeiten von Menschenaffen«, folgern Tom und Bill. »In den Einzelheiten gibt es Unterschiede, aber das ist angesichts der örtlich unterschiedlichen Lebensräume auch zu erwarten. Das Lebewesen, das sich im Oldowan Nahrung beschaffte, war offenbar ein Hominide, der in einer halbtrockenen, offenen Graslandschaft lebte und sowohl Tierkadaver verwertete als auch Kleinwild jagte. Es gibt keine Hinweise, daß die allgemeine Nahrungsbeschaffung bei den Hominiden völlig neu geordnet worden wäre oder daß es in den zugrundeliegenden kognitiven Fähigkeiten einen entwicklungsgeschichtlichen Sprung gegeben hätte.«[9] Wer wie ich viele Stunden lang engen Kontakt mit Schimpansen hat, ist zwangsläufig beeindruckt von ihren guten kognitiven Fähigkeiten. Die Einschätzung von Tom und Bill ist sicher plausibel, auch wenn einige Wissenschaftler sie für eine gewagte Aussage über die Fähigkeiten von Affen halten. Als wir mit Kanzi das Werkzeugmacher-Projekt begannen, fragte ich mich dennoch, ob wir uns nicht auf eine Aufgabe eingelassen hatten, die seine Geduld und seine motorischen Fähigkeiten überforderte. Vielleicht verstand er, daß wir ein Werkzeug brauchten und wie man es herstellt. Das würde ihm nach meiner Überzeugung keine besonderen Schwierigkeiten bereiten. Aber ich war mir überhaupt nicht sicher, ob er es auch wirklich tun konnte, denn die Konstruktion von Steinwerkzeugen erfordert ein hohes Maß an Koordination der Augen und beider Hände sowie ein gutes Zeit- und Positionsgefühl. Die mechanischen Anforderungen bei der Herstellung von Steinsplittern, so schien mir, ging weit über das hinaus, was zum Stochern nach Termiten oder zum Knacken von Pandanüssen erforderlich war.

Nick Toth mußte Kanzi als Vorbild dienen, denn ich war im Steineabschlagen viel zu ungeschickt, als daß ich es ihm richtig hätte beibringen können. Aber Kanzi betrachtete Nick als Fremden, und als erwachsenes Männchen hielt er es für seine Pflicht, alle »Eindringlinge« abzuschrecken. Deshalb war es nicht verwunderlich, daß er sich Nick gegenüber anfangs aggressiv verhielt:

Er baute sich in Imponierhaltung auf, stürmte mehrmals auf Nick los, der auf der sicheren Außenseite des Käfiggitters stand, und warf mit Kotstücken nach ihm. Frauen gegenüber ist Kanzi sanft und sogar zum Flirten aufgelegt, aber zu Männern verhält er sich bei der ersten Begegnung oft aggressiv. Ich erklärte Kanzi, Nick wolle uns helfen, und er solle nicht so unfreundlich sein. Als Kanzi einsah, daß Nick tatsächlich hilfsbereit war, beruhigte er sich, aber er traute ihm immer noch nicht ganz. Wenn Nick dem trennenden Maschendraht zu nahe kam, achtete Kanzi nicht mehr darauf, wie er Werkzeuge machte, sondern er suchte vielmehr nach einer Gelegenheit, ihn beim Hemd zu packen.
Anfangs hatten wir die Werkzeugstelle außerhalb von Kanzis Käfig aufgebaut, so daß Nick ihm zeigen konnte, wie man sich Zugang zu dem Futter in der Kiste verschafft. Er schlug mit einem Schlagstein auf eine Steinknolle, wählte einen scharfen Splitter aus und schnitt damit die Schnur durch, die den Deckel mit der Kiste verband. Den Leckerbissen, der darin war, bekam Kanzi. Das gleiche wiederholte Nick mehrmals, und dann brachten wir die ganzen Gerätschaften in Kanzis Behausung. Nick kniete draußen und stellte Steinsplitter her. Die scharfen reichte er mir hinein, und ich forderte Kanzi auf, damit die Schnur durchzuschneiden. Kanzi erkannte bald, wie nützlich die scharfen Gesteinsstücke waren, und nahm sie eifrig von jedem entgegen, der bei ihm war. Anschließend ging er schnell zu der Werkzeugstelle und öffnete den Kasten. Mehrmals schlug er sogar zwei Steine gegeneinander, allerdings recht planlos und ohne daß dabei Splitter absprangen. Aber immerhin: Er machte es Nick eindeutig nach.
An jenem ersten Nachmittag und während des gesamten Projekts (das immer noch läuft) verlangten wir nie, daß Kanzi eine bestimmte Aufgabe erfüllte, sondern wir verschafften ihm nur die Gelegenheit, sich zu beteiligen, wenn er Lust dazu hatte. Wir wollten ihn motivieren, Steinsplitter herzustellen und zu benutzen, und wir hofften, er werde durch das Vorbild lernen. Im Laufe der folgenden Tage und Wochen wurde er immer entschlossener und geübter, und die Ausdauer, die er dabei an den Tag legte, überstieg alles, was ich bis dahin mit ihm erlebt hatte. Es sah so aus, als hätten wir einen zukünftigen Werkzeugmacher in unserer Mitte.

Kanzi lernte sehr schnell, scharfe und stumpfe Steinsplitter durch Betrachten und Befühlen mit den Lippen zu unterscheiden. Am zweiten Nachmittag ließen wir es ihn zum Beispiel zehnmal versuchen, wobei wir ihm jedesmal fünf Steinsplitter gaben. Bei den ersten paar Versuchen probierte er offensichtlich nur herum, aber bei den letzten fünf Malen suchte er unfehlbar die schärfsten Stücke aus. Er entwickelte einen guten Blick dafür, welche von den neu hergestellten Splittern die besten waren. Einmal – das Projekt lief seit etwa drei Wochen – gelang es Rose Sevcik zum erstenmal, einen Stein zu zerschlagen, und mehrere Absplisse flogen in verschiedene Richtungen. Kanzi hatte aufmerksam zugesehen, und noch bevor die Stücke auf den Fußboden gefallen waren, wußte er offenbar genau, welches das beste war. Er ließ einen Bonobo-Freudenschrei hören, rannte zu dem schärfsten Splitter, hob ihn auf und war sofort bei der Kiste – alles in einem einzigen, ununterbrochenen Bewegungsablauf.
Mehr Schwierigkeiten bereitete es ihm aber, selbst Steinsplitter herzustellen. Anfangs schlug er die Steine sehr ungezielt zusammen. Die Hammerschläge führte er fast immer mit der rechten Hand aus. Er hielt die Steinknolle in der Linken und drückte sie oft an die Brust; manchmal hielt er sie auch auf dem Fußboden fest, wobei er einen Fuß zur Unterstützung benutzte. Oder er legte die Knolle einfach hin und schlug mit dem Schlagstein darauf. Diese »Amboßmethode« hatte ihm niemand gezeigt. Aber wie er die Knolle auch hielt, er schien nicht willens oder in der Lage zu sein, einen kraftvollen Schlag zu führen. Bonobos sind dreimal so stark wie ein Mensch gleicher Größe – zweifellos verfügte Kanzi also über die erforderliche Muskelkraft. Wir fragten uns, ob er fürchtete, sich die Finger zu verletzen; vielleicht fehlten ihm auch die anatomischen Voraussetzungen für das »Umklappen« des Handgelenks; oder vielleicht hatte er einfach einen Widerwillen gegen harte Schläge, weil wir ihn zeit seines Lebens davon abgehalten hatten, Gegenstände zu zerschlagen oder zu zerbrechen. Aber dann, eines Nachmittags ungefähr in der achten Woche des Projekts, geschah es: Ich saß gerade in meinem Büro, das in der Nähe des Raumes mit der Stelle zum Werkzeugmachen liegt, als mich plötzlich ein lautes Geräusch aufschreckte. Peng... peng... peng. Es ging immer weiter, und ich fragte mich, was da wohl los sei. Ich stürzte in Kanzis Zimmer, und da saß er und bearbeitete

Steine mit gewaltiger Kraft. Endlich hatte er gelernt, wie man Steine zertrümmert und daraus scharfe Splitter herstellt, wenn auch nur kleine.

In den ersten drei Monaten des Projekts nahm Kanzis Geschicklichkeit bei der Herstellung der Splitter immer mehr zu, unter anderem, weil er offenbar gelernt hatte, mit den Schlägen genau auf die Kante des Steinbrockens zu zielen. Aber obwohl er nun bereit war, härter zuzuschlagen als am Anfang, waren die Schläge nicht so kräftig, daß Splitter von mehr als zwei Zentimeter Länge entstanden wären. Dennoch bemühte er sich mit der neu gefundenen Konzentration hartnäckig weiter, und wir brachten unsererseits immer dickere Schnüre an dem Kasten an, so daß die kleinen Splitter sich abnutzten, bevor er den Deckel öffnen konnte.

Eines Tages saß ich mit Kanzi an der Stelle zum Werkzeugmachen, und er hatte bei der Herstellung der Splitter nur mäßigen Erfolg. Er wandte sich zu mir und hielt mir die Steine hin, als wolle er sagen: »Hier, mach du es für mich!« Das tat er ab und zu. Meist ermutigte ich ihn dann, es weiter zu versuchen, so auch dieses Mal. Er saß da, sah mich an, dann den Stein in seiner Hand, dann wieder mich – offensichtlich überlegte er. Ich fragte mich, was er wohl dachte, denn während er die Brocken betrachtete, schien er schwerwiegende Gedanken zu wälzen. Plötzlich richtete er sich auf zwei Beinen auf und schleuderte einen Stein offensichtlich mit voller Absicht und gewaltiger Kraft auf den harten Fliesenboden. Der Stein zerplatzte in einem Hagel von Splittern. Kanzi gab aufgeregte Laute von sich, griff eines der schärfsten Stücke und ging zu der Kiste.

Es stand außer Frage, daß Kanzi über das Problem nachgedacht und eine bessere Methode zur Herstellung von Splittern gefunden hatte. Niemand hatte ihm gezeigt, daß es auch mit Werfen geht. Das hatte Kanzi sich selbst ausgedacht. Ich war begeistert, denn es zeigte seinen Erfindungsreichtum bei einem schwierigen Problem. Sofort rief ich Nick an und erzählte ihm, was geschehen war. Ich war so aufgeregt, daß ich überhaupt nicht auf die Idee kam, Nick könne sich darüber nicht freuen. Aber er freute sich tatsächlich nicht. Im Gegenteil: Er war recht enttäuscht. »Die Oldowan-Werkzeugmacher bedienten sich der Hartschlegelmethode, sie warfen nicht«, sagte er. »Wenn Kanzi die Steine wirft, entstehen nur zufällige Schlagspuren, und wir lernen nichts daraus.«

Nach meiner Überzeugung spiegelten sich in unseren unterschiedlichen Reaktionen die verschiedenartigen Interessen der Psychologin und des Archäologen wider. Nick meinte, ich solle Kanzi vom Werfen abhalten, aber ich wies ihn darauf hin, daß das schwierig sei. Immerhin hatte er eine wirksame Methode gefunden, um sich zu verschaffen, was er brauchte. »Versuch es wenigstens«, sagte Nick. Ich versprach, es zu probieren.

Rose Sevcik machte den naheliegenden Vorschlag, einen weichen Teppich auf den Fußboden zu legen. Als Kanzi zum erstenmal in das neu ausgestattete Zimmer kam, warf er den Stein ein paarmal, und dann war er offensichtlich verblüfft, daß der Brocken nicht wie gewohnt zersprang. Er hielt ein paar Sekunden inne und sah sich dann um, bis er eine Stelle entdeckte, wo zwei Teppichstücke zusammenstießen. Er zog eines davon zurück, um den Beton freizulegen, und warf den Stein dann noch einmal. Wir haben einen Videofilm von dem Werkzeugprojekt zusammengestellt, den ich vor Wissenschaftler- und Laienpublikum vorführe. Bei diesem Vorfall gibt es immer ein zustimmendes Gemurmel, weil Kanzi, der Hauptdarsteller, die Menschen wieder einmal ausgetrickst hat.

Damals wurde es gerade Frühling, und deshalb entschlossen wir uns, die Werkzeugstelle nach draußen zu verlegen; dort würde Kanzi es wieder mit der Hartschlegelmethode versuchen müssen, denn es gab im Freien keinen harten Fußboden. Als Kanzi gezwungen war, seine Wurfmethode aufzugeben, lernte er die Hartschlegeltechnik immer besser; seine Schläge waren jetzt kräftiger und gezielter. Er schlug jetzt regelmäßig auf die Kante des Steinbrockens, und die Herstellung von Absplissen gelang ihm besser. Meist entstanden dabei sehr einfache Steinkerne, bei denen nur wenige Splitter abgeschlagen waren, aber wenn Kanzi hartnäckig auf sie eingehämmert hatte, zeigten sie auch manchmal viele kleine Absplitterungen und steile, gezackte Kanten; manche dieser Steine ähnelten den Eolithen, jenen »Steinen der Morgendämmerung«, die man um die Jahrhundertwende in Europa gefunden hatte. Um diese Gegenstände hatte es große Meinungsverschiedenheiten gegeben: Vielfach wurde behauptet, sie seien künstlich bearbeitet worden. Wie sich letztlich jedoch herausstellte, waren sie das Produkt natürlicher Kräfte wie Wellenbewegung oder Vergletscherung. Gerade als Kanzi in der Hartschlegeltechnik recht geschickt geworden war, machte er uns erneut einen Strich durch die Rechnung – wiederum zur Freude der Psychologin und zur Enttäuschung des Archäologen. Kanzi entdeckte, daß er seine Wurftechnik auch draußen auf dem weichen Untergrund anwenden konnte. Wieder schien seine Erkenntnis das Ergebnis einer genauen gedanklichen Analyse zu sein: Er legte einen Stein sorgfältig auf die Erde, trat einen Schritt zurück und nahm mit dem zweiten Brocken, den er in der rechten Hand hielt, genau Maß. Er zielte richtig, und der Stein zersprang. Das war von nun an seine Methode, und es gab keine Möglichkeit, ihn daran zu hindern. Aus meiner Sicht hatten wir Kanzi mit einem Problem konfrontiert, und er hatte den besten Lösungsweg herausgefunden – und das dreimal.

Kanzi war zum Werkzeugmacher geworden. Für uns stellte sich nun die Frage: Wie gut konnte er Werkzeuge machen? War er in dieser Hinsicht den Herstellern der Oldowan-Werkzeuge ebenbürtig, schlug er die Spliter ebenso wirksam ab wie sie? Eine Möglichkeit zur Beantwortung dieser Frage ergab sich aus Nicks Erfahrungen mit der Herstellung solcher Werkzeuge.

Nick hatte sich selbst beigebracht, wie man die scheinbar einfach geformten Steinkerne und Splitter der Oldowan-Werkzeuge erzeugt, und er hatte sowohl den Vorgang der Bearbeitung als auch die Produkte besser kennengelernt. »Die Mechanik des Absplitterns ist nicht intuitiv zu erkennen«, erklärte er mir.[10] Als er an jenem Nachmittag an dem portugiesischen Strand versuchte, mir und einigen anderen Teilnehmern der Wenner-Gren-Tagung das Abschlagen von Steinsplittern beizubringen, verstand ich, was er damit meinte. Ich war beeindruckt davon, wie schwierig es ist, solche Absplisse entstehen zu lassen: Es reicht nicht, wenn man einfach mit genügend Kraft auf den Brocken einschlägt. Man muß genau wissen, auf welche Stelle man mit dem Schlag zielt und wie man ihn ausführt.

Wenn man unbefangen versucht, Steine zu bearbeiten, ist man zunächst geneigt, den Brocken möglichst kräftig zu treffen, so daß ein Splitter davon abspringt wie herausgemeißelt. Wie Nick uns aber zeigte, stammen die Absplisse nicht von der Ober-, sondern von der Unterseite des Brockens. Das beste Alltagsbeispiel für das dabei wirksame Prinzip des Muschelbruchs ist die Wirkung eines winzigen Kiesels, der in eine Fensterscheibe fliegt: Er schlägt ein kleines Glasstück heraus, dessen genaue Form von der Flugrichtung des Steins abhängt.

Zur effizienten Herstellung von Splittern durch die Hartschlegeltechnik müssen drei Voraussetzungen erfüllt sein. Erstens muß der Steinkern eine scharfe Kante mit einem Winkel von weniger als neunzig Grad haben. Zweitens muß der Kern mit einem plötzlichen Streifschlag getroffen werden, der etwa einen Zentimeter von der Kante entfernt auftrifft. Und drittens muß der Schlag sich gegen einen massigen Bereich richten, zum Beispiel gegen eine Ausbeulung oder einen Vorsprung. Wenn diese Bedingungen erfüllt sind und wenn das Ausgangsmaterial geeignet ist, entstehen lange, scharfe Splitter. Die Oldowan-Artefakte bestanden häufig aus Lavaknollen, die durch langes Liegen in Bach- oder Flußbetten abgerundet waren. Manchmal schlugen die Werkzeugmacher die Splitter von einer Seite einer solchen Knolle ab, so daß ein Schaber mit einer Schneide entstand, oder sie schlugen an zwei Seiten entlang, so daß zweischneidige Formen entstanden. Alle Formen sehen sehr einfach aus, aber Nick betont völlig zu recht: »Nicht das Produkt, sondern der Vorgang zeigt, wie komplex die Herstellung der Oldowan-Werkzeuge war.«[11]

Vor kurzem haben Nick Toth und Kathy Schick eine Liste mit Kriterien zusammengestellt, die eine Bewertung des technischen Entwicklungsstandes einfacher Werkzeuge aus Kernsteinen und Absplissen ermöglichen. »Es reichte nicht mehr, nur aus dem Bauch heraus zu entscheiden, ob es sich um echte Artefakte oder um natürliche zerbrochene Steine handelte«, erklärt Nick.[12] Im einzelnen lauten die Kriterien folgendermaßen:

1. *Bruchwinkel.* Gemeint ist der Winkel zwischen der Schlagfläche des Absplisses und seiner Oberseite (das entspricht dem Winkel an der Kante des Kernsteins vor dem Abschlagen des Splitters).
2. *Umfang der Beseitigung nicht benutzbarer Oberflächen.* Viele Flintsteine sind von einer harten Außenschicht umgeben, die beim Absplittern zu Krümeln zerfällt und sich nicht als Werkzeug eignet. Um an den Flint zu gelangen, der im Inneren liegt und das Abschlagen scharfkantiger Stücke ermöglicht, muß man diese äußere Hülle zunächst entfernen. Das Mengenver-

hältnis von benutzbarem und nicht benutzbarem Gestein nach der Bearbeitung ist ein Maß dafür, wie stark der Stein durch das Abschlagen verkleinert wurde. Ein guter Werkzeugmacher kann praktisch das gesamte unnütze Material recht einfach entfernen.

3. *Größe der Absplisse.* Das Größenverhältnis der größten Schlagnarbe zum Kernstein ist teilweise ein Zeichen dafür, wie effizient die Splitter von einem Steinbrocken abgeschlagen wurden.
4. *Menge von Stufenbrüchen und Hämmerspuren auf dem Stein.* Stufenbrüche sind unsaubere Brüche. Wird ein Stein genau im richtigen Winkel geschlagen, springt ein sauberer Splitter ab, und die zurückbleibende Fläche ist so glatt, als hätte jemand ein Messer durch ein Stück Butter gezogen. Wird der Schlag jedoch im falschen Winkel geführt, entstehen an der Bruchstelle viele gezackte Kanten. Ein Stein, der ohne Beachtung des Winkels einfach gegen eine harte Oberfläche geschmettert wird, zerspringt vielleicht, aber er sieht aus, als ob man ihn mit dem Hammer bearbeitet hätte. Perfekt zerschlagene Steine ähneln dagegen solchen, die modelliert oder gemeißelt sind.[13]

Nach diesen Kriterien sind die Produkte der ersten Werkzeugmacher hoch entwickelt. »Ganz offensichtlich hatten die ersten werkzeugherstellenden Vormenschen ein gutes intuitives Gefühl für die Steinbearbeitung«, so Nicks Beobachtung.[14] Sie wußten, in welchem Winkel sie den Kernstein schlagen mußten, wie der scharfe Streifschlag auszuführen war und welche verdickten Stellen an dem Steinbrocken sie sich dafür aussuchen mußten. Und offensichtlich merkten sie auch, welche ansonsten richtig geformten Stücke keine guten Splitter liefern würden.

Nick stellte beispielsweise fest, daß in Koobi Fora in Nordkenia häufig stark verwitterte Steinknollen vorkamen. Solche Stücke zerspringen auf nicht vorhersagbare Weise und sind deshalb unnütz – ein erfahrener Steinbearbeiter benutzt sie nicht. Äußerlich ist die Verwitterung aber kaum zu erkennen: Sie äußert sich eigentlich nur in Form haarfeiner Risse in der Oberfläche. Als Nick die Oldowan-Werkzeuge an verschiedenen archäologischen Fundstellen in Koobi Fora verglich, fand er nur selten Anzeichen, daß solche verwitterten Knollen benutzt worden waren; ihre Häu-

figkeit an den Fundstellen war wesentlich geringer, als es ihrem Vorkommen in der Gegend entsprach. Nick zieht daraus den Schluß: »Ganz offensichtlich hatten die ersten Hominiden bereits gelernt, dieses minderwertige Material zu meiden.«[15]
Nach diesen Maßstäben verfügten die Hersteller der Oldowan-Werkzeuge also bereits über beachtenswerte technische Raffinessen und eine ausgeprägte Wahrnehmungsfähigkeit. Wie sah es in dieser Hinsicht bei Kanzi aus? Er hatte in der Hartschlegeltechnik beträchtliche Fortschritte gemacht, vom wahllosen, schüchternen Zusammenschlagen der Steine hin zu kraftvollem Hämmern auf die Kanten des Kernsteins. Das Erlernen der Steinbearbeitung ist nach Nicks Beschreibung ein ungleichmäßiger Vorgang, bei dem sich manchmal über längere Zeit hinweg wenig ändert. »Plötzlich erkennt man, wie man es machen muß, und dann wird man von diesem Punkt aus langsam besser«, erklärt er.[16] Kanzi hatte eindeutig erkannt, daß man am besten in der Nähe der Kante auf den Stein schlägt, und er hatte auch wichtige Erkenntnisse, als er seine Wurftechnik entwickelte. Dennoch hat er bisher nicht den Standard der Werkzeugmacher von Oldowan erreicht. In einem Fachartikel über die ersten achtzehn Monate des Projekts beurteilten wir Kanzi folgendermaßen:

> Bisher hat Kanzi im Vergleich zu den frühsteinzeitlichen Funden bei allen [vier Kriterien] einen relativ niedrigen technischen Verfeinerungsgrad erreicht. Bei der Hartschlegeltechnik wendet er normalerweise weniger Kraft auf, als es zum Zerbrechen dieser Steine ideal wäre. Er erzeugt mit der Hartschlegeltechnik in der Regel große Absplißwinkel (fast neunzig Grad), während die Splitter der Oldowan-Werkzeuge im allgemeinen von spitzwinkligen Kanten der Kernsteine abgeschlagen wurden (Absplißwinkel normalerweise fünfundsiebzig bis achtzig Grad). Kanzis Kernsteine behalten bisher einen sehr großen Teil der ursprünglichen Umhüllung und zeigen steile Kanten und Hämmerspuren. Die von ihm erzeugten Absplisse sind relativ klein (im allgemeinen unter vier cm) und oft auch gezackt oder gewinkelt. Seine Kernsteine zeigen in der Regel nur flache, nicht tief eindringende Schlagnarben.[17]

Bei der Fähigkeit zur Steinbearbeitung gibt es also deutliche Unterschiede zwischen Kanzi und den Herstellern der Oldowan-

Werkzeuge. Das scheint zu belegen, daß diese Frühmenschen tatsächlich keine Affen mehr waren. Es ist aber nicht gesichert, ob Kanzis geringere Leistungen die Folge kognitiver oder aber anatomischer Beschränkungen sind. Oder vielleicht fehlt ihm auch nur die Übung. Die meisten von uns, die wir mit Kanzi arbeiten, können selbst auch keine Steinwerkzeuge herstellen. Ohne einen guten Lehrer und ständiges Üben ist es schwer, sich diese Fähigkeit anzueignen. Ein Anthropologe, der in einer Million Jahre unseren Arbeitsplatz ausgräbt, könnte wahrscheinlich kaum zwischen unseren menschlichen Steinartefakten und denen von Kanzi unterscheiden – natürlich mit Ausnahme derer von Nick. Die Herstellung von Steinwerkzeugen ist nicht einfach, und normale Menschen erwerben diese Fähigkeit offenbar ohne guten Unterricht nicht ohne weiteres; genau das erwarteten wir aber von Kanzi. Nick möchte herausfinden, ob Kanzi sich mit wenig Anleitung eine Technik aneignen kann, zu deren Vervollkommnung unsere Vorfahren zumindest viele Generationen brauchten. Selbst wenn Kanzi es nicht schafft, im Zeitraum einer Wissenschaftlerlaufbahn die Geschicklichkeit der Werkzeugmacher von Oldowan zu erreichen, wäre es immer noch unsinnig, einem Affengeist diese Möglichkeit abzusprechen; vielleicht muß erst einmal ein paar Generationen lang die Notwendigkeit bestehen, solche Werkzeuge zu benutzen. Arme, Handgelenke und Hände sind bei Bonobos anders gebaut als bei Menschen, und diese anatomischen Verhältnisse schränken ihre Möglichkeiten ein, durch ein Umklappen des Handgelenks einen kräftigen Schlag zu führen. Die Bewegung des Umklappens ist nach Nicks Überzeugung für die Werkzeugherstellung von großer Bedeutung. Wenn Kanzi die Hartschlegeltechnik nur mit begrenztem Erfolg anwenden kann, dann liegt es nach meiner Vermutung an anatomischen und nicht an kognitiven Einschränkungen. Seine Affenhände mit ihren langen, gebogenen Fingern und kurzen Daumen erlauben es ihm nicht, die Steine so festzuhalten, daß er damit kraftvolle Streifschläge ausführen kann.

Die größte Überraschung bei dem Werkzeugprojekt war die Tatsache, daß Kanzi das Werfen als Methode zum Erzeugen scharfer Kanten erfand. Sein Verhalten spiegelte nicht nur den Problemlösungsprozeß in seinem Geist wider, sondern lieferte auch

Antworten auf eine andere wichtige archäologische Frage: Was taten die Frühmenschen, *bevor* sie die Oldowan-Werkzeuge herstellten? Nach den zuvor erwähnten Kriterien zur Unterscheidung von Artefakten und natürlich zerbrochenen Steinen wären Kanzis Splisse und Kernsteine keine Werkzeuge. Und doch wurden sie künstlich erzeugt, und man kann sie als wirkungsvolle Schneidegeräte verwenden.

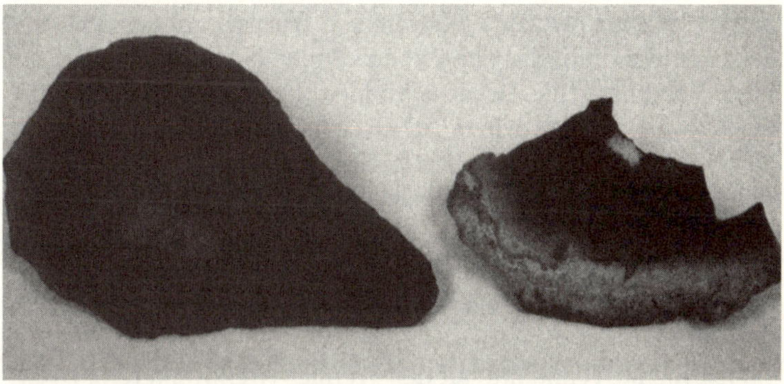

Links Nick Thots Werkzeug, rechts das von Kanzi. Kanzi hat nur weichere Teile der äußeren Steinschicht entfernt. Die hackmesserartige Form entstand nicht gezielt, sondern ist das Ergebnis einfacher Versuche, genügend Material von der Außenschicht zu entfernen, um eine scharfe Kante zu bekommen. Nicks Werkzeug dagegen hat eine spezifische, beabsichtigte Form, die durch zahlreiche gezielte Schläge entstanden ist. Kanzi weiß den Wert von Nicks Werkzeug durchaus zu schätzen, und läßt man ihm die Wahl zwischen seinem selbst hergestellten Werkzeug und der Handaxt von Nick, dann entscheidet er sich ohne Zögern für letztere. Als ich Nicks Handaxt einmal in Kanzis Käfig ließ, beobachtete ich zufällig, wie er mit seinen Fingern darüberstrich und sie sorgfältig begutachtete. Sicher bin ich mir natürlich nicht, aber er machte den Eindruck, als ob er die Kunstfertigkeit von Nicks Werkzeug bewundere.

Nick räumt ein, daß manche von Kanzis Kernsteinen recht ähnlich aussahen wie solche aus Oldowan, aber bei den meisten ist das nicht der Fall, was man an den Winkeln und den vielen kleinen Schlagnarben erkennt. »Wenn ich eine steinzeitliche Fundstelle untersuche und solche Sachen finde, würde ich sie eindeutig aussortieren und als natürlich entstandene Splitter einordnen«, sagt er. Aber wenn die Werkzeugmacher der Vor-Oldowan-

Zeit sich Kanzis Methode bedienten und die Steine durch Werfen zerschmetterten, wie soll ein Archäologe es dann erkennen? »Die meisten natürlichen Vorgänge, die Steine zerbrechen lassen, führen auch zu einer Glättung«, erklärt Nick. »Steine können brechen, wenn sie in einem Bachbett rollen und dabei zusammenstoßen, aber beim Rollen werden die Kanten auch sehr schnell stumpf.«

Eine scharfkantige Steinknolle mit Bruchwinkeln von fast neunzig Grad könnte also auf eine primitive Werkzeugherstellung hinweisen. »Man muß das Umfeld des Steins betrachten und natürliche Vorgänge, die scharfe Kanten erzeugen könnten, ausschließen. Nachdem wir bei Kanzi diese beginnende Fähigkeit zur Steinbearbeitung gesehen haben, müssen wir sie sicher als mögliches Modell für die erste Art der Werkzeugherstellung ansehen. Er hat uns gelehrt, wonach wir suchen müssen, um Werkzeughersteller zu finden, die noch älter sind als diejenigen, die wir normalerweise als ›früheste Werkzeugmacher‹ bezeichnen.«[18]

Als ich meine Teilnahme an der Wenner-Gren-Konferenz zusagte, hatte ich keine Ahnung, daß daraus ein solches Gemeinschaftsprojekt mit Nick und Kathy erwachsen würde. Beide Seiten, Psychologie und Archäologie, profitierten gewaltig davon. Und Kanzi wurde das erste nichtmenschliche Wesen, das in einem natürlichen Umfeld eine menschenähnliche Art der Steinbearbeitung lernte. Nick scherzte, man solle Kanzi die Ehrendoktorwürde verleihen, er brauche dazu nur einen kleinen Hut und einen Talar mit langen Ärmeln. Kein Scherz war es aber, als Kanzi im Frühjahr 1991 den ersten CRAFT-Jahrespreis für hervorragende Forschungsergebnisse über den Ursprung der menschlichen Technik erhielt. CRAFT ist die Abkürzung für das »Center of Research into the Anthropological Foundations Technology« (Zentrum zur Erforschung der anthropologischen Grundlagen der Technik) an der Indiana University, wo Nick und Kathy Kodirektoren sind. »Die Auszeichnung ist gerechtfertigt, denn die Arbeit mit Kanzi hat uns einige unserer wichtigsten Erkenntnisse über die Steinzeittechnik geliefert«, sagt Nick. »Sie hat uns einen Eindruck davon vermittelt, wozu Affen fähig sind, und wir haben erfahren, welche kognitiven Voraussetzungen für weitere Entwicklungen erforderlich sind.«

9

DER URSPRUNG DER SPRACHE

Molekularbiologischen Befunden zufolge tauchte vor etwa fünf Millionen Jahren die erste Art der Hominiden auf; aufrecht gehende Menschenaffen mit langen Armen und gebogenen Fingern, die vermutlich auf Bäumen zu Hause waren. Die ältesten Fossilfunde von solchen Geschöpfen stammen aus Äthiopien und sind etwa drei Millionen Jahre alt. Diese frühen Hominiden mit einem Gehirn von vierhundert Kubikzentimetern und einige spätere Arten, die ebenfalls ein kleines Gehirn besaßen, gehörten zur Gattung Australopithecus. Erst mit der Entstehung der Gattung Homo nahm die Gehirngröße zu: beim Homo habilis machte sie einen Sprung von fünfzig Prozent auf sechshundert Kubikzentimeter. Der nächste Darsteller auf der Bühne der Vormenschen war Homo erectus, der vor knapp zwei Millionen Jahren auftrat. Die Größe seines Gehirns schwankte zwischen 850 und 1100 Kubikzentimetern. Die heutige Gehirngröße von 1350 Kubikzentimetern war mit der Evolution des archaischen Homo sapiens erreicht, vermutlich vor etwa 250 000 Jahren. Die Zunahme der Gehirngröße von den Menschenaffen zum Menschen beruht zum größten Teil auf einer Vergrößerung der Großhirnrinde (Neocortex), jener dünnen Schicht aus Nervenzellen, die die Oberfläche unseres Gehirns bildet. Sie dehnte sich aber nicht auf der gesamten Gehirnoberfläche im gleichen Umfang aus. Die Stirnlappen, die mit Planung und Voraussicht zu tun haben, wuchsen überproportional stark. Auch das Kleinhirn, das im hinteren unteren Teil des Schädels liegt, nahm beim Menschen un-

verhältnismäßig stark an Größe zu. Dieser Bereich ist für automatisierte Handlungen zuständig, beispielsweise für die Bewegungen beim Auto- und Fahrradfahren oder beim Zuknöpfen eines Hemdes. Diese typisch menschliche Größenverteilung der Gehirnbereiche gab es bei den Australopithecinen noch nicht; sie tauchte beim Homo habilis – dem »geschickten Menschen« – auf, der erstmals Steinwerkzeuge herstellte.
Früher glaubte man, nur Menschen besäßen das Broca-Zentrum, jenen Gehirnbereich, von dem man lange Zeit annahm, daß er Sprache ermögliche. Das Broca-Zentrum liegt (in der Regel) im linken Stirnlappen in der Nähe der Schläfe und ist leicht als Höcker zu erkennen. Als man vor zwanzig Jahren bei einem 1,8 Millionen Jahre alten Schädel eines Homo habilis aus dem Norden Kenias Hinweise auf ein Broca-Zentrum entdeckte, hielt man dies für ein Zeichen fortgeschrittener Sprachfähigkeit. Wie wir jedoch inzwischen wissen, kommt das Broca-Zentrum auch im Gehirn anderer Tiere vor; beim Menschen ist es nur besonders groß, aber nicht einzigartig. Auch unter den anderen Gehirnteilen, die am Verstehen und der Produktion von Sprache beteiligt sind, wie das Wernicke-Zentrum (das im linken Scheitellappen liegt) und etwa ein Dutzend verstreute Knoten im Stirnbereich, ist kein einziger ausschließlich dem Menschen eigen. Zwischen dem Gehirn von Menschenaffen und Menschen bestehen im wesentlichen nur quantitative Unterschiede. Wer wie die Vertreter der Chomsky-Schule von einem spezifisch menschlichen Spracherwerbsorgan spricht, tut das ohne jeden anatomischen Hinweis darauf, daß ein solches Organ existiert.

Was den Stoffwechsel angeht, ist das Gehirn ein höchst aufwendiges Organ. Es macht nur zwei Prozent des Körpergewichts aus, verbraucht aber achtzehn Prozent der Energie. Biologisch gesehen, hat ein derart großes Gehirn nur dann einen Sinn, wenn es seinem Besitzer stark verbesserte Überlebensaussichten verschafft. Angesichts der Größenverteilung und Neuorganisation des Gehirns, auf die man anhand der Fossilien schließen kann, gelangten der Anthropologe Dean Falk und viele andere Teilnehmer der Wenner-Gren-Konferenz zu der Überzeugung, daß vermutlich die Sprache das Wachstum des Gehirns verursachte. Dean formulierte es so: »Wenn die Hominiden die Sprache nicht benutzten und verfeinerten, dann möchte ich wissen, was sie mit ihrem immer größer werdenden Gehirn eigentlich angefangen haben.«[1]

Terrence Deacon, Neurologe des Belmont Hospital in Massachusetts, vertritt die gleiche Überzeugung, aber nicht aufgrund der Fossilien, sondern aufgrund der heutigen Gehirnstruktur. Seine Schlußfolgerung gründet sich auf die Unterschiede in der »Verdrahtung« des Gehirns von Menschenaffen und Menschen sowie auf Untersuchungen der Entwicklung von Kleinaffengehirnen. »Die Strukturen und Schaltkreise, die sich während der Evolution des menschlichen Gehirns am stärksten verändert haben, spiegeln einige ungewöhnliche Anforderungen der natürlichen Sprachen wider«, stellt er fest.[2] Im Zentrum dieser Veränderungen steht die immer stärkere Vorherrschaft der Stirnregion und ihrer Leistungen, die die willentliche Steuerung der Lautäußerungen ermöglichen. Seinen heutigen Umfang hatte das Gehirn erstmals bei den Mitgliedern einer Gruppe, die man zusammenfassend als archaischen Homo sapiens bezeichnet; sie entstand vor etwa einer Viertelmillion Jahren. Waren diese Menschen sprachlich schon so weit entwickelt wie wir? Das ist schwer zu sagen, aber wenn für sie der gleiche Zusammenhang zwischen Gehirngröße und Sprachfähigkeit gilt, dann, so wurde argumentiert, sollte die Antwort ja lauten, denn der archaische Homo sapiens hatte ein ebenso großes Gehirn wie wir. Der einzige Unterschied war ein robusterer Körperbau, der bei Skeletten aus jüngerer Zeit nicht mehr vorhanden ist.

Der zweite Bereich anatomischer Befunde, der den Stimmapparat betrifft, sagt im wesentlichen das gleiche aus wie die Zunahme der Gehirngröße. Zu den Stimmorganen gehören Kehlkopf (Larynx), Rachen (Pharynx), Nasenhöhle (Nasopharynx), Zunge und Lippen. Bei allen Säugetieren mit Ausnahme des Menschen liegt der Kehlkopf oben im Hals, und das hat dreierlei Folgen. Erstens kann sich der Kehlkopf in dem Hohlraum am Hinterende der Nasenhöhle »festsetzen«. Wenn das geschieht, erfolgt die Atmung ausschließlich über die Nase, weil die Mundhöhle hinten durch die Überlappung von weichem Gaumen und Kehldeckel verschlossen ist.

Zweitens können die Stimmorgane der Schimpansen und anderer Säugetiere zwar die meisten Vokale ebenso hervorbringen wie

Menschen, in manchen Fällen aber nur unter Schwierigkeiten. Edmund S. Crelin, Anatom an der Yale University School of Medicine, beschäftigte sich eingehend mit Modellen des Stimmtrakts von Menschen und Affen. Unter anderem konstruierte er elastische Gummiformen, mit denen er untersuchte, welche Laute ein Lebewesen aufgrund seiner anatomischen Gegebenheiten erzeugen kann. Diese Frage analysierte Crelin in allen Einzelheiten: Er verglich nicht nur die anatomischen Fähigkeiten von Affen und Menschen, sondern auch die vieler Hominiden. Dazu rekonstruierte er den Stimmapparat anhand des verfügbaren Knochenmaterials. Um herauszufinden, welches Lautspektrum ein Schimpanse hervorbringen kann, baute Crelin ein Gummimodell des Stimmapparats und ließ dann Druckluft hindurchströmen, während er die Form des Modells mit den Händen veränderte. Durch solche Experimente gelangte er zu der Schlußfolgerung, man könne »das Gummimodell des Stimmapparats vieler nichtmenschlicher Säugetiere dazu bringen, vokalartige Laute zu erzeugen; das gilt auch für Säugetiere mit längerer Schnauze, beispielsweise für Pferde.«[3] Außerdem stellte er fest, daß der nachgebaute Stimmapparat eines Menschenaffen sich sehr stark zusammenziehen muß, um ein langes *e* und ein langes *u* hervorzubringen, und es ist für einen Schimpansen auch fast unmöglich, schnell von einem Vokal zum anderen zu wechseln. Und schließlich fehlt in dem Geräuschspektrum, das ein Affe hervorbringen kann, das wichtigste Element der menschlichen Sprache: die Konsonanten. Der Grund: Affen bringen den Gaumensegel-Verschluß nicht zuwege, eine kurze Unterbrechung der Luftwege durch die Nase, die die Luft durch den Mund strömen läßt. Diese Unterbrechung ist notwendig, damit Konsonanten entstehen; sie ermöglicht die kurzen Luftwirbel und kurzzeitigen kleinen Luftstauungen, die die Grundlage der Konsonanten bilden. Durch die Tätigkeit der Stimmbänder werden diese Unregelmäßigkeiten des Luftstroms mit Geräuschen versehen, und die Form des Stimmtraktes verändert sich so, daß bestimmte Frequenzen verstärkt oder abgeschwächt werden, was den grundlegenden, durch die Stimmbänder erzeugten Klang moduliert. Ohne Luftturbulenzen werden solche gefilterten Klänge zu Vokalen; durch Verschluß des Gaumensegels oder durch eine Anhebung des weichen Gaumens im Rachen, der die Nasenhöhle abdichtet, ent-

stehen jedoch Wirbel im Luftstrom, und da wir solche Veränderungen sehr schnell vornehmen können, ergibt sich eine verständliche Sprache.
Einen Stimmapparat, der die Produktion von Konsonanten ermöglicht, besitzt nur der Mensch. Die Unterschiede zwischen unseren Stimmorganen und denen der Menschenaffen sind zwar relativ gering, aber bedeutsam; sie entstanden wahrscheinlich im Zusammenhang mit der Weiterentwicklung des aufrechten Ganges und der damit verbundenen Notwendigkeit, den Kopf aufrecht und im Gleichgewicht zu halten. Ein Kopf mit einem großen, schweren Unterkiefer würde seinen Besitzer zwingen, vornübergebeugt zu gehen und ihn an schnellem Laufen hindern. Damit eine ausbalancierte, aufrechte Haltung entstehen konnte, mußte sich der Unterkiefer zurückbilden, und dabei wurde der charakteristische schrägstehende Stimmapparat der Affen im rechten Winkel abgeknickt. Mit der Verkleinerung des Kiefers und der Abflachung des Gesichts konnte auch die Zunge nicht mehr in voller Länge im Mund liegen: Sie wanderte ein Stück nach hinten in den Rachen und wurde dort zu einem Teil der oberen Atemwege. Die bewegliche Zunge ermöglicht eine Formveränderung des Rachenraums, die Affen nicht möglich ist, denn bei ihnen liegt die Zunge weiter vorn im Mund. Außerdem hat die scharfe Biegung der Atemwege oberhalb des Kehlkopfes zur Folge, daß der Abstand zwischen weichem Gaumen und Rachenrückwand sehr gering ist. Durch Anheben des weichen Gaumens können wir den Luftstrom durch die Nase unterbrechen und so die Turbulenzen erzeugen, die zur Entstehung der Konsonanten notwendig sind.
Aus der Behauptung, die Evolution der zweibeinigen Fortbewegung bei unseren Vorfahren sei eine Voraussetzung für die Entstehung eines zur Konsonantenbildung fähigen Stimmapparats gewesen, ergibt sich eine naheliegende Frage: Warum machte Australopithecus nicht die gleiche Evolution durch wie Homo – warum entwickelte sich bei ihm kein menschenähnlicher Kehlkopf? Ich habe alle Spezima der Menschenfamilie, auch Australopithecus, als aufrecht gehende Affen bezeichnet. Das trifft im Sinne der sehr engen genetischen Verwandtschaft zwischen Menschen und Affen auch zu. Ein wenig irreführend ist es aber vielleicht im Hinblick auf die Frage, wie gut der auf-

rechte Gang bei den verschiedenen Hominidenarten entwickelt war.

Diese Frage ist unter den Anthropologen seit langem umstritten. Manche von ihnen sind der Ansicht, die Australopithecinen seien genauso gegangen wie die heutigen Menschen; vollständig aufgerichtet und mit recht großen Schritten. Andere behaupten dagegen, Australopithecus habe noch viele affenähnliche Eigenschaften gehabt und zum Beispiel einen beträchtlichen Teil der Zeit auf Bäumen gelebt; auf dem Boden, so diese Theorie, sei sein Gang eher schwerfällig gewesen. Letzteres erscheint mir einleuchtend, vor allem weil die Australopithecinen genau wie Affen lange Arme, kurze Beine und gebogene Hand- und Fußknochen hatten. Es stimmt zwar, daß sie sich in einem gewissen Umfang der aufrechten Fortbewegung angepaßt hatten, aber sie gingen nicht so vollständig auf zwei Beinen wie die ersten Arten der Gattung Homo, die vor etwa zweieinhalb Millionen Jahren auftauchten.

Natürlich müssen auch in den neuroanatomischen Systemen, die den Stimmapparat steuern, Veränderungen stattgefunden haben. Sprachproduktion erfordert neben der richtigen anatomischen Gestaltung auch eine äußerst genau koordinierte Kontrolle über viele Muskeln. Außerdem ist das Sprechen ein so schneller Vorgang, daß wir dabei vermutlich nicht jeden Laut einzeln erzeugen. Wir artikulieren vielmehr zusammenhängend, das heißt, unser Mund hat bereits die Form für den nächsten Laut angenommen, bevor die Produktion des vorhergehenden abgeschlossen ist. Da Sprache unendlich wandelbar ist, verläuft auch dieser Vorgang der zusammenhängenden Artikulation bei jedem Wort anders, es sei denn, man sagt zweimal das gleiche. Oder anders ausgedrückt: Worte hören sich für uns zwar gleich an, wenn wir sie bei verschiedenen Gelegenheiten hören, aber sie werden jedesmal anders ausgesprochen, je nachdem, in welchem sprachlichen Zusammenhang sie vorkommen. Deshalb ist es so schwierig, ein Spracherkennungsgerät zu konstruieren. Sprache ist unendlich vielfältig, und derzeit kann nur das menschliche Ohr in diesen variablen Klangmustern die sinnntragenden Einheiten ausmachen. Das Mittel zu diesem Zweck sind die Konsonanten.

Warum sind Konsonanten wichtig? Könnten kleine und große Affen nicht einfach eine eigene Sprache aus den Lauten aufbauen, die sie selbst hervorbringen können? Diese Frage ist komplizierter, als es den Anschein hat. Wie sich bei der Untersuchung des Lautrepertoires von Schimpansen gezeigt hat, besitzen sie, wie viele andere Säugetiere, ein »verbundenes« System der stimmlichen Kommunikation. Das heißt, sie produzieren keine einzelnen Rufe, die sich leicht unterscheiden lassen, sondern eine Reihe von Lauten, die ohne klare Abgrenzungen ineinander übergehen. Ein solches System gestattet in einem gewissen Sinn eine reichhaltigere Kommunikation als festgelegte Rufe, wie man sie beispielsweise bei vielen Vogelarten beobachtet. Schimpansen können in ihrem System verbundener Laute auch Tonhöhe, Lautstärke und Dauer der Klänge benutzen, um mit ihren stimmlichen Äußerungen zusätzliche Informationen zu übermitteln. Wenn es etwas zu fressen gibt, kann ein solcher Ruf also nicht nur das Interesse am Futter als solches ausdrücken, sondern auch die Stärke der Freude. Noch wichtiger ist aber, daß diese gefühlsgeladenen Signale sehr schnell hin- und hergehen. Parameter wie Tonhöhe, Lautstärke und Dauer haben dabei eine ganz ähnliche Kommunikationsfunktion wie bei der menschlichen Sprache. Wir können beispielsweise den Satz »Ich bin ja so glücklich« so aussprechen, daß das Glück aus dem Sprechenden geradezu hervorsprudelt, oder aber auch zynisch, und dann weiß der Zuhörer genau, daß der Sprecher keineswegs glücklich ist. Verbundene Kommunikationssysteme eignen sich gut zur Übermittlung emotionaler Informationen, die selbst ebenfalls inhaltlich verbunden sind. Das Gefühl von Glück etwa gleicht einer Farbe in ihren unendlichen Abstufungen. Ein Wort wie »Frucht« oder »Nuß« eignet sich dagegen nicht für ein verbundenes System. Wörter sind spezifische Informationseinheiten; sie können zwar Gefühle hervorrufen, sind aber für ihre Eigenschaft als Informationsträger nicht auf Gefühle angewiesen. Deshalb haben Wörter eindeutig einen Anfang und ein Ende, im Gegensatz zu emotionalen Signalen, die bruchlos ineinander übergehen. Wenn Affen tatsächlich intelligent genug dazu sind, warum haben sie dann ihr verbundenes System nicht zu einem System mit Informationseinheiten weiterentwickelt wie die Menschen? Leider haben Vokale nicht die Eigenschaften, die eine solche »Portionierung« der Information ermöglichen. Auch in der Sprache der Menschen gehen Vokale ineinander über, so daß man nicht genau feststellen kann, wo sie anfangen und aufhören. In einem Experiment mit einem vom Computer erzeugten Klang, der allmählich von »Ah« zu »Eh« übergeht, erkennen Menschen eine Art »fließende Grenze«. In einem breiten Übergangsbereich bezeichnen wir den Laut recht uneinheitlich als »Ah« oder »Eh«. Das gilt für Versuche mit verschiedenen Zuhörern ebenso wie für verschiedene Versuche mit demselben Zuhörer.

Erst die Konsonanten erlauben es uns, die Vokale gegeneinander abzugrenzen und so einen Sprachfluß hervorzubringen, der sich beim Hören leicht in einzelne Einheiten – die Wörter – zerlegen läßt. Hier erleben wir eine sogenannte Verschiebung der Lautklasse. Wenn der Computer uns nicht Vokale, sondern Konsonanten anbietet und in einem Experiment zum Beispiel einen allmählichen Übergang von »Ba« zu »Pa« erzeugt, hören wir solange »Ba«, bis der Computer sich scheinbar plötzlich entscheidet, »Pa« zu sagen. In Wirklichkeit hat der Computer uns genau wie bei den Vokalen einen breiten Übergangsbereich angeboten, aber bei den Konsonanten erkennen wir das nicht. Es ist, als sei unser Hörorgan mit Filtern ausgestattet, die nur entweder »Ba« oder »Pa« wahrnehmen, aber nichts dazwischen. Wenn wir »Ba« hören, dann paßt es entweder in den »Ba«-Filter oder nicht.

Nachdem man dieses Phänomen der Lautklassenverschiebung entdeckt hatte, glaubten die Wissenschaftler eine Zeitlang, der Mensch besitze als einziges Säugetier die Fähigkeit, Sprachlaute in Lautklassen einzuteilen. Außerdem war man allgemein der Ansicht, diese Fähigkeit sei eine genetisch festgelegte Eigenschaft unseres Hörsystems. Viele Wissenschaftler erkannten zwar, daß Tiere lernen konnten, auf Kommandos aus einzelnen Wörtern zu reagieren, aber man nahm an, das geschehe auf der Grundlage der Klangfarbenabstufung und nicht anhand der eigentlichen Phonemeinheiten.

Diese Ansicht herrschte so lange, bis man Tiere mit einer neu entwickelten Methode fragen konnte, was sie hörten, wenn man ihnen ineinander übergehende Vokale und Konsonanten anbot. Die Methoden dieser Tests waren den Verfahren nachempfunden, mit denen man die Fähigkeit zur Kategorisierung bei Menschenkindern untersucht hatte. Wie sich dabei herausgestellt hatte, können Kinder Konsonanten ganz ähnlich unterscheiden wie Erwachsene; diese Beobachtung betrachtete man anfangs als starkes Indiz dafür, daß solche Fähigkeiten in unserem Hörsystem genetisch vorprogrammiert sind. In Tests mit sehr unterschiedlichen Tieren (zum Beispiel Chinchillas und Rhesusaffen) zeigte sich jedoch, daß der Mensch durchaus nicht als einziger über die Fähigkeit verfügt, Konsonantenkategorien zu beurteilen. Auch Tiere nehmen akustische Abgrenzungen vor, durch die Konsonanten in Kategorien eingeteilt werden, auch wenn sie solche Laute in ihren eigenen Äußerungen nicht verwenden. Einzigartig ist der Mensch also nur insofern, daß er Sprachklänge nicht nur hören, sondern auch erzeugen kann. Rückblickend gesehen ist es nicht verwunderlich, daß das Hörsystem ein viel größeres Lautspektrum erkennt, als die betreffende Art mit ihren Stimmorganen hervorbringen kann. Immerhin leben wir in einer sehr geräuschvollen Umwelt, und um im Wald vorwärtszukommen, muß man viele Klänge unterscheiden und interpretieren können, auch wenn man sie selbst nicht produzieren kann.

Konsonanten sind eigentlich seltsame Laute. Sie müssen beispielsweise immer mit einem Vokal verbunden sein, damit wir sie als Konsonanten hören können. Beim normalen Sprechen können wir Vokale und Konsonanten nicht trennen, denn einem Menschen ist es nicht möglich, einen Konsonanten ohne Vokal auszusprechen. Wir können also nicht »G« sagen, sondern müssen immer »Ge« oder »Ga« oder »Gu« oder einen ähnlichen Laut hervorbringen. Mit Computerhilfe ist es aber möglich, Vokale und Konsonanten auseinanderzuschneiden – der Rechner kann also »G« auf eine Weise sagen, die uns nicht möglich ist. Dazu muß man nur ein paar gesprochene Worte mit einem Programm aufnehmen, das Laute in sichtbare Informationen umwandelt. Hat man das Klangbild auf dem Monitor, geht man wieder an den Anfang und sieht zu, wie sich ein Zeitanzeiger durch das Wellenbild bewegt, während man gleichzeitig auf das »Ga« oder einen anderen aufgezeichneten Laut hört. Dabei kann man den Punkt ermitteln, wo man nicht mehr das »G«, sondern nur noch das »ah« hört. Wenn man nun das Wort an dieser Stelle zerschneidet und die beiden Hälften einzeln abspielt, erlebt man etwas Erstaunliches. Das »ah« klingt normal, aber das »G« ist überhaupt nicht zu erkennen. Man hört nur eine Art Klick- oder Zischgeräusch. Fügt man aber das Klick- und Zischgeräusch wieder mit dem »ah« zusammen, hört man das »G« mit aller Deutlichkeit. Was lernen wir daraus? Wahrnehmungsunterschiede sind mehr eine Eigenschaft des Hör- und Nervensystems als der Lautmuster selbst. Scharfe, kurze Laute klingen wie ein Klicken und Zischen und werden anders wahrgenommen als stimmhafte, längere. Warum? Es hat vielleicht mit einer anderen auffälligen Eigenschaft der Klick- und Zischgeräusche zu tun: Wir können solche Laute im Raum sehr gut lokalisieren; diese Fähigkeit verdanken wir möglicherweise der Tatsache, daß ein brechender Zweig oder ein raschelndes Blatt einen Verfolger verrät. Die meisten Säugetiere einschließlich des Menschen müssen in der Lage sein, sich schnell in die richtige Richtung zu wenden und unverzüglich loszulaufen, wenn ein solches Geräusch im Wald eine Gefahr ankündigt. Längere, vokalähnliche Laute entstammen dagegen meist dem Stimmapparat von Säugetieren oder Vögeln und dienen der Kommunikation, nicht der Jagd. Solche Klänge können wir nicht mit der gleichen Genauigkeit lokalisieren. Jagende Tiere sind leise; wenn sie sich durch den Wald bewegen, sind Knack- und Kratzgeräusche die einzigen Hinweise. Vielleicht hat das Hörsystem sich deshalb so entwickelt, damit es unterschiedliche Laute unterschiedlich wahrnimmt. Da Knack- und Zischgeräusche so gezielt und leicht wahrgenommen werden, haben sie auch ungewöhnliche Eigenschaften, wenn man sie mit vokalartigen stimmhaften Lauten verbindet. Durch die Verschmelzung dieser beiden Geräuscharten entsteht das, was wir als Konsonanten hören. Ohne Konsonanten wäre es zweifelhaft, ob wir es mit gesprochener Sprache zu tun haben. Warum? Die Antwort: Vokale sind schwer auseinanderzuhalten. Wann ein »eee« in ein »iii« übergeht, ist nur schwer festzustellen. Für kurze Laute wie Knacken und Zischen gilt das nicht. Sie werden als abgegrenzte, stakkatoartige Ereignisse hörbar, die sich im Raum gut orten lassen. Ist das Knacken mit Vokalen verbunden, entstehen die Konsonanten, die als Grenzen zwischen den Vokalen dienen; mit ihrer Hilfe können wir leicht feststellen, wo eine Silbe aufhört und die nächste anfängt, so daß wir die Worte als getrennte Einheiten hören.

Verblüffend ist die Erkenntnis, daß diese Gebilde, die wir Wörter nennen und die wir als getrennte Einheiten wahrnehmen, in Wirklichkeit durchaus nicht getrennt sind. Wenn man die Schallwellen eines Satzes sichtbar macht, verschwinden die Grenzen zwischen den Wörtern völlig. Wenn wir beim Sprechen pausieren, um Luft zu holen oder dem Gesagten mehr Nachdruck zu verleihen, erkennen wir in der Welle eine Unterbrechung, aber ein normal gesprochener Satz sieht aus wie ein ununterbrochenes Wort. Die Einheiten, die wir hören, sind also in der physikalischen Energie, die wir beim Reden erzeugen, nicht enthalten. Wir hören das Klangspektrum der Sprache nur deshalb als abgegrenzte Wörter, weil die Konsonanten unserem Gehirn die Möglichkeit bieten, das Konglomerat an den richtigen Stellen zu zerlegen – nämlich zwischen den Wörtern.

Daß der Mensch als einziges Lebewesen die Fähigkeit zur Produktion von Konsonanten erlangt hat, erscheint seltsam. Natürlich stimmt es auch, daß wir als einzige biologische Art ständig aufrecht gehen, und die Erfordernisse des aufrechten Ganges erlegten unserem Schädel einige wichtige Beschränkungen auf. Natürlich haben wir für diese Veränderungen einen Preis bezahlt. Unsere kleinen Zähne eignen sich nicht mehr als Waffen, und durch die scharfe Biegung des Rachens sind wir für alle Zeiten anfällig für das Verschlucken. Aber mit seiner Fähigkeit, Konsonanten zu bilden, konnte Homo die Vokale in vielerlei Weise verpacken und so eine große Zahl unterscheidbarer Laute erzeugen. Zum erstenmal in der Entwicklungsgeschichte der Primaten waren die körperlichen Voraussetzungen für die Entstehung einer Sprache gegeben. Nach meiner Vermutung war der Verstand schon lange vorher dazu in der Lage, aber es bedurfte erst der zufälligen anatomischen Veränderungen im Zusammenhang mit dem aufrechten Gang, damit wir Vokale und Konsonanten verknüpfen und so unzählige unterscheidbare Lauteinheiten erzeugen konnten – und das war der entscheidende Schritt zur Entstehung der Sprachen überall auf der Welt. Parallelen zu diesen ungewöhnlichen Eigenschaften des Hörsystems findet man auch bei der optischen Wahrnehmung. Angenommen, man betrachtet eine Kette bunter Lichter, die in regelmäßigen Abständen ein- und ausgeschaltet werden. Wenn zwischen dem Aufleuchten der Lampenkette nicht zuviel Zeit verstreicht, nehmen wir die Lichter als durchlaufende Bewegung wahr. Wir sehen keine Lücken oder Unterbrechungen, weil unser Gehirn die Pausen ausfüllt. Verlangsamt sich jedoch der Rhythmus des Aufleuchtens, scheint das Licht von einer Birne zur nächsten zu springen, und dazwischen entstehen Lücken. Dieses optische Phänomen ist wie die

Verschiebung der Lautklassen auch bei vielen Primaten eine Eigenschaft des Sehsystems.
Angesichts der Wahrnehmungseinschränkungen beim Hörsystem ist leicht einzusehen, daß eine Sprache erst entstehen konnte, nachdem der Stimmapparat in der Lage war, Vokale durch Konsonanten zu unterbrechen. Solange ein Lebewesen mit seinem Sprechapparat keine Konsonanten erzeugen konnte, war vermutlich keine Sprachentwicklung möglich, ungeachtet der Gehirngröße. Die landbewohnenden Säugetiere sind in ihrer Mehrzahl Vierbeiner und behielten deshalb den schräg liegenden Stimmtrakt, mit dem sie Gefühle durch Abwandlung von Vokalen ausdrücken und ohne Verschlucken fressen können. Schnelle Übergänge zwischen Vokalen und Konsonanten sind damit jedoch anatomisch so gut wie ausgeschlossen.

Wie sah es in dieser Hinsicht mit den ersten Hominiden aus? Erlaubte ihr Stimmapparat die Produktion von Konsonanten, so daß sie die Vokale in abgegrenzte Lauteinheiten unterteilen konnten? Edmund Crelin baute die Stimmorgane von Australopithecus, Homo erectus, Neandertalern und anderen archaischen Vertretern des Homo sapiens im Modell nach. Die Rekonstruktion des weichen Gewebes ist immer schwierig, und bei einer Analyse anhand von Gummiformen gibt es viele Unwägbarkeiten; dennoch sind solche Tests derzeit der beste Weg, um die Sprachfähigkeiten ausgestorbener Arten wenigstens annäherungsweise zu erforschen. Nach Crelins Befunden hatte erst der archaische Homo sapiens, der vor etwa 250 000 Jahren lebte, die Fähigkeit zur Produktion von Vokalen und Konsonanten, die für die heutige Sprache charakteristisch sind. Das Gehirn dieser Geschöpfe war ähnlich gebaut wie das unsrige.
Wenn Crelin recht hat, kann die Sprache nicht die Ursache für die Entstehung des Homo sapiens gewesen sein. Seinen Befunden zufolge war die Entwicklung des Stimmapparats vielmehr ein nützlicher Nebeneffekt, als der Gang im Laufe der Evolution immer aufrechter wurde. Wie wir dann allerdings die neuroanatomische Feinsteuerung erworben haben, die zur Koordination der Artikulationsbewegungen und der Atemkontrolle im Stimmapparat erforderlich ist, bleibt ein Rätsel.

Mehrere Teilnehmer der Wenner-Gren-Konferenz hatten wegen Kanzis Leistungen beim Sprachverständnis ein ungutes Gefühl. Sie waren aber beruhigt, als ich anmerkte, Kanzi den Steptanz beizubringen sei sicher schwieriger, als ihn in der Benutzung einer Sprachtastatur zu unterrichten. Es erleichterte sie, weil sie einen Zusammenhang zwischen den hochentwickelten motorischen Fähigkeiten beim Steptanz und einer ähnlichen motorischen Vorausplanung beim Sprechen vermutet hatten. Für die Vorstellung, daß die Verbesserung motorischer Fähigkeiten eine Triebkraft der Evolution gewesen sein könnte, interessierten sich vor allem diejenigen, die – wie zum Beispiel Patricia Greenfield – einen Zusammenhang zwischen der Entwicklung von Werkzeugbenutzung und Sprache annahmen; beide Fähigkeiten hätten demnach die gleichen neurologischen Grundlagen. Ein Hinweis auf die mutmaßliche neurologische Verknüpfung von Werkzeugbenutzung und Sprache ist die Tatsache, daß manche Gehirnbereiche, zum Beispiel das kleine Assoziationsfeld im Scheitelbereich, sowohl bei der Handhabung von Gegenständen als auch bei der Sprache mitwirken, und zwar insbesondere beim Benennen von Objekten und bei der Grammatik. Deutlich erkennt man solche Überschneidungen bei Patienten, deren Broca-Zentrum geschädigt ist. Je nach der Art des Schadens sind solche Personen unter Umständen nicht in der Lage, grammatikalisch gebaute Sätze zu konstruieren. Mit anderen Worten: Sie können Worte nicht in hierarchischer Form zusammenstellen. In Experimenten mit kleinen Stäben und einem Modell, das nachgebaut werden soll, können solche Patienten ebenfalls keine einfachen hierarchischen Muster aufbauen. Patricia verfolgte in Versuchen mit kleinen Kindern, wie die hierarchische Denkweise sich mit dem Alter entwickelt. Die Kinder sollten ein symmetrisches Modell als zweidimensionale Struktur aus kurzen Stäben nachbauen. Siebenjährige und ältere Kinder konstruierten die Struktur nach hierarchischen Gesichtspunkten; jüngere taten es wahllos und konzentrierten sich nur auf einen Teilbereich des Gebildes.

Diese und andere Befunde legen die Vermutung nahe, daß Sprachfähigkeiten nicht neurologisch isoliert entstehen, wie die Chomsky-Schule behauptet, sondern daß sie in den ersten Lebensjahren eng mit den Fähigkeiten zur Handhabung von Gegenständen verknüpft sind. »Die Fähigkeit zur Werkzeugbenutzung ist für ihre Entwicklung ebenso auf das Broca-Zentrum in der linken Gehirnhälfte angewiesen wie die Anfänge der Wortbildung«, beobachtet Patricia. »Das ist das entscheidende Argument zugunsten eines Zusammenhanges zwischen Werkzeugbenutzung und Sprache: Beide haben zu Beginn ihrer Ontogenese einen gemeinsamen Nährboden im Gehirn ... Die Auseinanderentwicklung beginnt im Alter von zwei Jahren, wenn das Broca-Zentrum andere Verbindungen mit dem vorderen Teil der Großhirnrinde eingeht.«[4]

Wenn das stimmt, ist es durchaus gerechtfertigt, wenn Archäologen an den Fundstellen der Steinwerkzeuge nach verborgenen Hinweisen auf Sprachfähigkeit suchen. Eine veränderte kognitive Entwicklungsstufe der Steinwerkzeuge könnte in irgendeiner Form Veränderungen der Sprachfähigkeit widerspiegeln. Dabei ergibt sich nur eine Schwierigkeit: Es gibt keine objektive Methode, um aus stummen Steinen den kognitiven Entwicklungsstand abzulesen – das wurde mir durch die Meinungsverschiedenheiten zwischen den Archäologen auf der Wenner-Gren-Konferenz in Portugal klar. Als Glynn Isaac sich vor fast zwanzig Jahren an die schwierige Aufgabe machte, in der Werkzeugtechnik nach Anzeichen für Sprache zu suchen, betrachtete er zunächst das Gesamtbild aus der Zeit vor zweieinhalb Millionen und vor etwas über dreißigtausend Jahren. Durch diese Betrachtung des Weges, den die Sprachentwicklung in den letzten zweieinhalb Millionen Jahren genommen hatte, gelangte er zu ganz anderen Schlußfolgerungen als die anatomischen Untersuchungen mit Rekonstruktionen des Stimmapparats und der Analyse der Gehirngröße und -organisation. Nach Isaacs Ansicht wiesen die ältesten Steinwerkzeuge aus der Oldowan-Zeit vor zweieinhalb Millionen Jahren auf »Fähigkeiten zur Gestaltung und Verwendung von Symbolen hin ... die nicht unbedingt weit über die der heutigen Menschenaffen hinausgingen.«[5] Als Tom Wynn und Nick Toth sich in jüngerer Zeit noch einmal mit den gleichen Befunden beschäftigten, gelangten sie zu einem etwas anderen Ergebnis. Wie ich im achten Kapitel beschrieben habe, liegt die Werkzeugtechnik der Oldowan-Zeit nach Toms Ansicht innerhalb der kognitiven Fähigkeiten eines Menschenaffen. »Nach ihren allgemeinen Merkmalen war Oldowan keine Menschen-, sondern eine Affenkultur«, meint er. »An keiner Stelle dieses Bildes müssen wir ein Element wie die Sprache einfügen...«[6] Andererseits stellt Nick aber fest: »Die Oldowan-Werkzeugmacher waren nicht einfach zweibeinige Schimpansen.«[7] Diese Schlußfolgerung begründet Nick damit, daß schon die ersten Werkzeugmacher offensichtlich das Prinzip des Muschelbruchs beherrschten, das heißt, sie wählten den richtigen Winkel für die Schlagfläche und für die Schläge mit einem zweiten Stein. Diese Beobachtung, so Nick, läßt auf kognitive Fähigkeiten schließen, die über diejenigen der Affen hinausgehen, und man kann sie auch als Indizien für eine gewisse Sprachfähigkeit betrachten.

Nick zufolge sprechen noch weitere Indizien dafür, daß die ersten Werkzeugmacher eine Sprachfähigkeit besaßen. Insbesondere entdeckte er, daß die Werkzeuge an den ältesten archäologischen Fundstellen in Kenia ausnahmslos von Rechtshändern hergestellt wurden. Das ergab sich aus der Lage der Außenschicht des ursprünglichen Steins an den Absplissen. Ein Rechtshänder hält den Kernstein in der linken Hand und dreht ihn im Uhrzeigersinn, so daß eine vorhandene Außenschicht meist an der rechten Kante des Absplisses zu liegen kommt. Für Linkshänder gilt das Umgekehrte. Einzelne Menschenaffen und andere Primaten führen zwar bestimmte Tätigkeiten bevorzugt mit der rechten oder linken Hand aus, aber wenn man die ganze Spezies betrachtet, sind Rechts- und Linkshänder in gleicher Zahl vertreten. Die menschliche Bevölkerung hat dagegen die ungewöhnliche Eigenschaft, daß eine Hand das Übergewicht hat: neunzig Prozent aller Menschen sind Rechtshänder. Die zugehörige Gehirnfunktion liegt in der entgegengesetzten Hirnhälfte. In der linken Gehirnhälfte ist aber bei den (meisten) Rechtshändern nicht nur die manuelle Geschicklichkeit angesiedelt, sondern auch die Sprachfähigkeit. Die rechte Hälfte dagegen hat sich auf die räumliche Orientierung spezialisiert.

Wenn es stimmt, daß Sprache und manuelle Fähigkeiten sich gemeinsam entwickelt haben, dann gehörte zu diesem Vorgang wahrscheinlich auch die Aufgabenverteilung auf die Gehirnhälften. Könnten demnach die Oldowan-Werkzeugmacher, die vorwiegend Rechtshänder waren, auch bessere sprachliche Fähigkeiten besessen haben? Der asymmetrischen Verteilung der Gehirnfunktionen entspricht beim heutigen Menschen auch eine Asymmetrie der Form: Die linke Gehirnhälfte ist größer. Das gleiche erkennt man auch an den ältesten bekannten Schädeln von Homo habilis, der vermutlich als erster Werkzeuge herstellte, nicht aber bei den verschiedenen Arten der Australopithecinen. Nick sieht darin ein weiteres Indiz für die Sprachfähigkeit der Oldowan-Werkzeugmacher.

Trotz ihrer unterschiedlichen Interpretation der Funde aus dem Oldowan sind Nick und Tom sich über die allgemeine Bedeutung der nächsten Phase, des Acheuléen, einig. Im Gegensatz zu den einfach behauenen Werkzeugen des Oldowan, die durch Abschlagen weniger Splitter entstanden sein können, erforderten die Faustkeile des Acheuléen eine umfangreiche, etwa fünfzehn Minuten dauernde Bearbeitung. »An ihnen zeigt sich nicht nur ein deutlicher ausgeprägtes Gefühl für räumliche Geometrie [als bei den Oldowan-Werkzeugen], sondern die technische Entwicklung ist [bei den Faustkeilen] so weit fortgeschritten, daß auch ein moderner Mensch, der die Herstellung von Steinwerkzeugen lernt, viele Monate üben muß, bis er diesen Grad der Verfeinerung erreicht«, stellte Nick fest.[8] Nach seiner Vermutung ist das ein Hinweis auf kulturelle Normen und auf eine größere Sprachfähigkeit als bei den Oldowan-Werkzeugmachern. Tom sieht »etwas Menschenähnliches in diesem Geistesprodukt von Homo erectus«[9], womit er den Faustkeil meint. »Solche Artefakte weisen darauf hin, daß der Werkzeugmacher sich über die Form des fertigen Werkstücks Gedanken machte; dieses absichtsvolle Handeln gibt uns einen winzigen Einblick in den Geist von Homo erectus.«[10] Diese drei anatomischen Beweislinien – Gehirn, Stimmapparat und die Fähigkeit, Werkzeuge zu benutzen – sind die wichtigste Grundlage für die Vorstellung von einer langsamen, allmählichen Veränderung, die schließlich zur Sprache führte. Parallel zu den Veränderungen in Gehirn und Stimmapparat fanden nach und nach auch Umbildungen der Hände statt, die für die Herstellung und Verwendung von Werkzeugen zunehmend geeigneter wurden. Wie wir im achten Kapitel gesehen haben, hatte Kanzi Schwierigkeiten beim Zerschlagen von Steinen und bei der Benutzung von Werkzeugen, weil seine Finger zu lang sind und sich nicht völlig strecken lassen, weil er die Handgelenke nicht biegen kann und weil die Daumen zu kurz und zu hoch angesetzt sind. Er kann zwar erkennen, wie wir die Steinknolle und den Schlagstein halten, und er versucht auch, es uns nachzumachen, aber er kann die Steine nicht wie wir in die optimale Stellung für die Bearbeitung bringen.

Dennoch waren die anatomischen Veränderungen in Hand und Handgelenk sowie die in den Fossilfunden gleichzeitig zunehmenden Anzeichen für Konstruktion und Verwendung von Werkzeugen für viele Fachleute ein Anlaß zu der Schlußfolgerung, daß beiden Entwicklungen eine gemeinsame neurologische Struktur zugrunde liegt, die man nur beim Homo findet. Aber wenn man von einem gemeinsamen neurologischen Nährboden ausgeht, dann hat man noch nicht erklärt, welche Triebkraft hinter der Vergrößerung des Gehirns steckte, deren Geschwindigkeit in der Evolution der Säugetiere nicht ihresgleichen hat. Ja, es stimmt, der Homo habilis stellte einfache Werkzeuge her, und Australopithecus tat es vermutlich nicht, aber brauchte Homo habilis dazu ein Gehirn, das um fünfzig Prozent größer war als das der Australopithecinen? Betrachtet man Kanzis Fähigkeit zur Steinbearbeitung, scheint die Antwort offensichtlich nein zu lauten. Aber was sorgte dann dafür, daß das Gehirn größer wurde? Vielleicht ist die eigentliche Herstellung eines Werkzeugs einfacher als die Voraussicht, daß man in Zukunft ein Werkzeug brauchen wird. Werkzeugherstellung umfaßt viel mehr als nur das Zusammenschlagen von Steinen: Man muß die richtige Steinsorte haben und darf sich nicht mit anderen Tätigkeiten beschäftigen. Bei Kanzi waren diese Voraussetzungen vorgegeben; wir brachten die Steine mit und lenkten seine Aufmerksamkeit auf die Notwendigkeit, ein Werkzeug zu haben, indem wir die Futterkiste bestückten. Aber beim Homo habilis waren wir nicht da, um zu helfen. Er mußte vorausplanen und wissen, daß er zu einem zukünftigen Zeitpunkt ein Werkzeug brauchen würde, auch wenn er in dem Augenblick, in dem er den richtigen Stein fand, und vielleicht auch bei der eigentlichen Herstellung noch keine Verwendung dafür hatte. Die wirklichen kognitiven Anforderungen an einen Werkzeugbenutzer umfassen also das Finden des richtigen Materials, die Herstellung des Werkzeugs und seine Aufbewahrung, bis es gebraucht wird. All das muß ohne äußeren Reiz geschehen, das heißt ohne unmittelbare Umstände, an denen die Notwendigkeit eines Werkzeugs deutlich wird. Hätte der Werkzeugmacher erst dann erkannt, daß er ein Werkzeug brauchte, wenn die Situation wirklich da war, dann wäre erstens wahrscheinlich kein geeigneter Stein greifbar gewesen, und zweitens hätte die Situation, die das Werkzeug notwendig machte, sich geändert, bevor die Arbeit vollendet war.

Der Werkzeugmacher mußte also nicht einfach nur geometrisches Verständnis besitzen. Zuerst und vor allem mußte er über die Fähigkeit und Intelligenz verfügen, vorauszuplanen und gegenwärtiges Verhalten von zukünftigen Notwendigkeiten zu trennen. Dazu mußte er ein ausgefeiltes geistiges Bild der vorhergesehenen Zukunft entwerfen, das sowohl das Werkzeug und seinen Zweck beinhaltete als auch seine Form und die Tätigkeiten, die zur Gestaltung dieser Form erforderlich sind. Und wenn das Werkzeug fertig war, mußte er es so lange behalten, bis es gebraucht wurde. Das mag einfach erscheinen, aber wenn man Bäche überquert, Beeren pflückt, Raubtieren ausweicht, Kinder beaufsichtigt und das Werkzeug womöglich auch nachts zur Hand haben will, ist es gar nicht so einfach, es immer griffbereit zu halten. Nur wenn ein Hominide ohne gegenwärtigen Anlaß den zukünftigen Bedarf erkennt, wird er sich die Mühe machen und ein einzelnes Werkzeug behalten. Noch schwieriger ist es, sich eine ganze Ausrüstung solcher Geräte zuzulegen. Sobald die Ausstattung mehr als zwei oder drei Steinwerkzeuge umfaßt, werden vorübergehende Standquartiere, die über ein ganzes Gebiet verstreut sind, notwendig und nützlich für die Aufbewahrung – auch das ist leicht einzusehen.

Viele Tiere, unter anderem Menschenaffen, Seeotter und Vögel, benutzen Werkzeuge, aber nur Menschenaffen und Menschen können sie auch herstellen, und nur der Mensch produziert Werkzeuge, die er nicht unmittelbar braucht. Außerdem trägt der Mensch seine Werkzeuge tage- oder wochenlang und über große Strecken mit sich herum, weil er die zukünftige Verwendung vorhersieht. Der Mensch behält Werkzeuge, bei Tageslicht und Dunkelheit, bei gutem und schlechtem Wetter. Anders als Tiere sucht der Mensch weit und breit nach gutem Ausgangsmaterial, aus dem er seine Werkzeuge herstellen kann, und dann transportiert er dieses Material an andere Orte. Alle diese Tätigkeiten erfordern beträchtliche Voraussicht und Planung, Fähigkeiten, die man den Stirnlappen des Gehirns zuschreibt. Der Mensch muß ständig zukunftsorientiert sein und genau verstehen, daß Gegenwart und Zukunft nicht gleich sein müssen. Je größer die Fähigkeit zum Vorausplanen, zum Vorhersehen zukünftiger Notwendigkeiten und zur Vorbereitung darauf ist, desto größer sind auch die Überlebenschancen für ein Geschöpf mit kleinen Zähnen und wenigen natürlichen Verteidigungsmitteln.

Eines Tages zeigte Nick mir einen Videofilm über die letzten noch lebenden Steinwerkzeughersteller, die eine abgelegene Gegend im Hochland Neuguineas bewohnen. Diese Menschen lernten ihre Fähigkeit in jungen Jahren, bevor ihr Volk die ersten Kontakte zur Außenwelt hatte. Die Tätigkeit machte ihnen offensichtlich Spaß, und sie waren darin sehr geübt. Sie redeten und sangen bei der Arbeit, wobei sie manchmal kaum auf ihr Handwerk achteten – so stark war es ihnen in Fleisch und Blut übergegangen. Das Wissen, wie man die Werkzeuge herstellt, schien mehr in ihren Händen als im Kopf angesiedelt zu sein. Mit dem Kopf sponnen sie das Garn der Erzählungen von früheren und zukünftigen Gelegenheiten, in denen sie die Werkzeuge gebraucht hatten und wieder brauchen würden. In dem fünfzigprozentigen Anstieg der Gehirngröße von Australopithecus zu Homo habilis spiegelt sich offenbar die stärkere Notwendigkeit der Vorausplanung wider, die die Herstellung von Steinwerkzeugen erforderlich macht. Als die Menschen immer weiter in die Zukunft planten, bauten sie sicher immer ausgefeiltere geistige Bilder von den bevorstehenden Ereignissen auf. Irgendwann konstruierten sie zwangsläufig mehrere solche Vorstellungen, die alle unterschiedlich, aber dennoch plausibel waren und jeweils unterschiedliche Vorbereitungen erforderten. Als es soweit war, konnten die Menschen ihr Verhalten nicht mehr ausschließlich mit Blicken, Gesten, Gefühlsäußerungen und dem allgemeinen Wissen über die Situation koordinieren. Um verschiedene geistige Bilder von der Zukunft nebeneinanderzustellen und zwischen ihnen auszuwählen, brauchte der Mensch die Sprache. Mit ihrer Hilfe konnte er anderen seine Vorstellung von der Zukunft mitteilen. Dieses Festhalten von Vorstellungen und der Vergleich mehrerer geistiger Bilder erforderten mit Sicherheit größere Fähigkeiten der Großhirnrinde. Die eigentliche Herstellung der Werkzeuge und auch die syntaktischen und phonetischen Fähigkeiten zur Beschreibung der verschiedenen geistigen Bilder sind dagegen – und waren vermutlich auch früher – ziemlich automatisiert, und wenn sie einmal erworben sind, beanspruchen sie kaum zusätzliches Schädelvolumen. Geistige Bilder von der Zukunft gehören dagegen nicht zu den Gedanken, die sich ohne weiteres automatisieren lassen. Sie bleiben im allgemeinen im Bewußtsein und werden durch den Fortgang der Ereignisse ständig aktualisiert.

Irgendwann vor fünfhunderttausend bis fünfzigtausend Jahren wurde eine Hominidenart zum Menschen: Der Homo erectus machte dem Homo sapiens Platz. Zunächst handelte es sich um eine archaische Form des Homo sapiens, aber vor etwa hunderttausend Jahren entstand allmählich der Mensch, wie wir ihn heute kennen. Gleichzeitig entwickelte sich die Technik von der Herstellung und Verwendung einfachster Kernsteine und Absplisse zur Produktion raffinierter Gerätschaften, die eine klare geistige Vorstellung und beträchtliche manuelle Geschicklichkeit erforderten. Zuletzt nahmen manche Steinwerkzeuge sogar ein ästhetisches Aussehen an – sie hatten nun die Form schön gestalteter und verzierter Gegenstände aus Stein, Knochen und Geweihen. Vor etwa dreißigtausend Jahren – die Archäologen bezeichnen diese Periode als oberes Paläolithikum – zeigte sich der künstlerische Ausdruck in Form von Körperschmuck, gemalten und eingemeißelten Wandbildern und Schnitzereien aus Knochen und Elfenbein. Im Vergleich zu dem Verhalten, das die Menschen den archäologischen Befunden zufolge in der Zeit vor über dreißigtausend Jahren zeigten, war der Beginn des oberen Paläolithikums eine tiefgreifende Umwälzung: Jetzt praktizierte man ausgefeilte Rituale, größere Siedlungsgemeinschaften bildeten sich, und man entwickelte Kontakte über größere Entfernungen, die möglicherweise auch Handel beinhalteten. Die Jagdmethoden wurden effizienter, und die Menschen siedelten sich auch in den entferntesten Gegenden der Erde an, so in Australien und Amerika. Ausmaß und Geschwindigkeit dieses Wandels waren so groß, daß man ihn mit Fug und Recht als Revolution bezeichnen kann.

Im Verhalten der Menschen des oberen Paläolithikums drückt sich ohne Zweifel der Geist des modernen Menschen aus. Derzeit besteht aber keine Einigkeit darüber, ob diese Verhaltensänderungen eher biologische oder kulturelle Ursachen hatten. Für die Archäologen stellt sich folgende Frage: Wenn die Anatomie des modernen Menschen bereits vor hunderttausend Jahren entstanden ist, warum zeigte er dann erst siebzigtausend Jahre später die Verhaltensmuster des modernen Menschen? Die Tatsache, daß das – mit Recht so bezeichnete – Heraufdämmern der Kultur an keine erkennbare anatomische Veränderung gekoppelt ist, führte vielfach zu Überlegungen darüber, welchen Platz die Sprache in diesem Ablauf einnimmt.

War die Sprache das Element, das alles andere erst möglich machte? Iain Davidson war davon überzeugt, und er brachte als erster die Geduld auf, mir die plötzliche Entstehung der Kultur so in allen Einzelheiten zu erklären, daß ich die Bedeutung dieses Vorgangs in vollem Umfang begriff.

Iain zufolge hatte der Homo erectus noch kaum die ersten Schritte auf dem Weg zum Verhalten des modernen Menschen zurückgelegt, von einer weiteren Entwicklung ganz zu schweigen. »Nach unserer Vorstellung sollte man davon ausgehen, daß alle Vorfahren des Menschen, die noch keine Sprache besaßen, im Verhalten den Schimpansen näher standen als dem modernen Menschen«, schrieb Iain in einem Fachartikel, den er zusammen mit William Noble für den Bericht über die Konferenz von Cascais verfaßte. »Es gibt in den Befunden über die prähistorische Evolution des menschlichen Verhaltens zwei Ereignisse, die zum erstenmal unzweifelhaft auf die Existenz von Sprache hindeuten: die Besiedlung Australiens vor vierzigtausend Jahren durch Menschen, die sich über das Meer zu einer unbekannten Küste aufmachten, und das Auftauchen von Skulpturen und Flachreliefs mit codierten Symbolen in verschiedenen Teilen Europas vor über zweiunddreißigtausend Jahren.«[11]

Iain und sein Kollege entwickelten in diesem Zusammenhang eine neue Hypothese; ihre wichtigste Aussage lautet: Bevor unsere Vorfahren Bilder schufen, *hatten* sie nicht nur keine Sprache, sondern sie *konnten auch keine haben*. Sie sehen in der Kunst des oberen Paläolithikums in Europa einen Beleg für die Existenz einer voll ausgebildeten Symbolsprache und äußern die Vermutung, es müsse zuvor einfachere bildnerische Tätigkeiten gegeben haben. Diese früheren Stadien kennzeichneten demnach die Entwicklung der begrifflichen Fähigkeiten, die das charakteristische Merkmal des Abbildens und der Symbolsprache sind. Nach Iains Annahme entstand die Sprache vor sechzigtausend Jahren oder vielleicht ein wenig früher. Davor bestanden die Lautäußerungen unserer Vorfahren nur aus einer »kontextspezifischen Kommunikation«.[12]

Iain und Bill führen für ihre Hypothese zwei Begründungen an. Erstens lassen sie die Vorstellung fallen, die Faustkeile des Acheuléen ließen auf absichtsvolles Handeln des Werkzeugmachers schließen, das mit kognitiven und sprachlichen Fähigkeiten verbunden war. Die charakteristische Form der Handäxte, so ihre Behauptung, sei vielmehr das Zufallsprodukt beim Abschlagen vieler Splisse von einem großen Kernstein und nicht die Folge absichtlicher Gestaltung nach einer bestimmten Vorstellung. Und die Einheitlichkeit der Form über Raum und Zeit hinweg ergebe sich durch »eine kleine Zahl gelernter motorischer Tätigkeiten«[13], nicht durch systematisches Anstreben einer gezielt gewählten Form. Wie sie ausdrücklich anmerken, zeigen auch die Stöcke, mit denen die Schimpansen Termiten fangen, eine regelmäßige Form, aber hier führt man die Einheitlichkeit darauf zurück, daß die Schimpansen über ein kleines Tätigkeitsrepertoire zur Herstellung des Werkzeugs verfügen.

»Wären die Faustkeile nach einer bestimmten Vorstellung hergestellt, würde das tatsächlich auf ein beträchtliches Maß an absichtsvollem Handeln hinweisen«, meint Iain. »Der Hominide würde volle zehn oder fünfzehn Minuten dasitzen und stetig auf ein konkretes Ziel hinarbeiten; das ist alles andere als eine geringfügige geistige Anstrengung. Aber paradoxerweise zeigen die archäologischen Befunde keinerlei andere Indizien für dieses unterstellte Ausmaß an Vorausplanung. Wäre diese Vorstellung vorhanden gewesen, hätte sie auch Spuren hinterlassen.«[14]

Nick Toth räumt ein, Iains Argument sei durchaus stichhaltig; dennoch lehnt er die Vorstellung ab, die Faustkeile des Acheuléen seien ein Nebenprodukt des zufälligen Abschlagens von Steinsplittern. »Es ergibt für mich keinen Sinn«, sagt er. »Wenn man das tut, was er sagt, hat man am Ende keinen tropfenförmigen Faustkeil, sondern einen muschelförmig gebrochenen Kernstein.«[15] Als Iain Anfang 1993 zu Besuch ins Language Research Center kam, wollte ich seine Hypothese einer kleinen Überprüfung unterziehen: Ich forderte ihn auf, Splitter von einem großen Kernstein abzuschlagen und so einen Faustkeil herzustellen. Dabei, so meine Bedingung, solle er sich nur von der Notwendigkeit leiten lassen, die Splitter effizient zu entfernen, und nicht von der Absicht, die Form des Acheuléen-Faustkeils zu erzeugen. Es gelang ihm nicht. Vielleicht war der Vorschlag unfair, denn das Zerschlagen der Steine erfordert für sich gesehen schon beträchtliche Geschicklichkeit, und Iain war darin nicht sehr geübt. Ich bin aber der Ansicht, daß er unrecht hatte: Nach meiner Überzeugung war der Homo erectus, der die Steine bearbeitete, sich durchaus seines Zieles bewußt, daß er einen Faustkeil herstellen wollte.

Die zweite Beweislinie in der Hypothese von Iain und Bill hat mit dem Wesen der Sprache selbst zu tun. Der Kern jeder Symbolsprache ist ihre Begrifflichkeit, das Heraufbeschwören eines nicht gegenwärtigen Ereignisses oder Gegenstandes mit Hilfe der Symbole. Worte werden zu Stellvertretern – das heißt zu Begriffen – für Handlungen oder Gegenstände, die im Geist von Sprecher und Zuhörer vorhanden sind. Die Fähigkeit, den Begriff für einen Gegenstand von dem Gegenstand selbst zu trennen, wurde nach Iains und Bills Argumentation durch die Benutzung von Bildern geweckt. Das Ganze hätte sich demnach etwa folgendermaßen abgespielt: Ein Mensch zeigt auf einen Bison und gibt vielleicht auch einen Laut von sich, aber, und das ist das Entscheidende, er zeichnet auf die Erde oder auf eine Wand auch eine einfache Darstellung, die vielleicht die Biegung von Kopf und Rücken wiedergibt. Später ruft das gleiche Bild die Vorstellung von einem Bison hervor, ohne daß das Tier in der Nähe ist; das gleiche gilt auch für die in diesem Zusammenhang geäußerten Laute. Das entscheidende Bindeglied, so beharren Iain und Bill, sei die Erstellung des visuellen Bildes, das Gegenstand und Begriff trennt. »Bildliche Darstellung ... ruft den Denkprozeß hervor, der seinerseits eine begriffliche Äußerung ermöglicht«, schrieben sie in einem Fachartikel.[16] »Kommunikation gibt es bei vielen Lebewesen, aber nur Menschen sind in der Lage, Bedeutungen unabhängig von einem äußeren Zusammenhang zu übermitteln.«[17]

Wenn Iain recht hat und die Sprache im heutigen Sinne erst vor vierzigtausend Jahren entstand, muß der Homo sapiens mit seinem großen Gehirn sechzigtausend Jahre lang ohne Sprache gelebt haben. Und es bedeutet auch, daß wir in den vierzigtausend Jahren seit der Entstehung der Sprache so völlig von ihr abhängig geworden sind, daß wir sie heute für angeboren halten. Außerdem könnten Homo erectus, Homo habilis und Australopithecus demnach nichts besessen haben, das einer Sprache auch nur ähnelte. Endlich wurde mir nach und nach klar, warum Iain meine Befunde mit Kanzi so argwöhnisch betrachtete. Außerdem fragte ich mich, wie man sich als Angehöriger einer Menschengruppe fühlt, in der man mit nonverbalen Mitteln und Gesten kommuniziert, ohne aber eine Sprache zu besitzen. Wenn Iain recht hatte, wie waren wir dann, bevor wir die Sprache erfanden? Mir fielen undeutliche Berichte über die Menschen der »Traumzeit« aus der australischen Aborigines-Kultur ein, aber auch die Überlieferung unseres eigenen Kulturkreises, wonach die Menschen »Gut und Böse nicht kannten«, bevor Eva den berühmten Apfel der Erkenntnis aß. Ich erinnerte mich auch an die Mythologie einiger afrikanischer und indianischer Kulturen, in der ein älterer und ein jüngerer Bruder sich für verschiedene Wege entschieden haben sollen, nachdem sie erkannt hatten, daß man das Feuer nutzbar machen kann. Der ältere Bruder soll sich entschlossen haben, im Wald zu bleiben und weiter auf die hergebrachte Art zu leben, ohne Feuer und Sprache. Von diesem älteren Bruder stammen demnach die heutigen Affen ab. Der jüngere Bruder verließ den Wald, nahm das Feuer mit und wurde der Urahn aller heutigen Menschen. Könnten solche Mythen auf eine nebelhafte Zeit in unserer entfernten Vergangenheit zurückgehen, als wir schon einen menschlichen Geist, aber noch keine Sprache besaßen? Obwohl ich Iains Arbeiten sehr bewunderte, konnte ich mich nicht seiner Sichtweise anschließen, wonach die Sprache erst sehr spät auf der Spielwiese der Evolution aufgetaucht ist. Wenn das stimmte, wie konnte Kanzi dann komplizierte, neue Sätze verstehen wie beispielsweise die Aufforderung: »Kannst du Matata mit der Schlange erschrecken?« Ich wußte, daß meine Befunde Hand und Fuß hatten. Ähnliches Vertrauen hatte Iain auch zu seinen Daten. Außerdem hatten wir beide Achtung davor, wie der andere mit Sorgfalt und kritischem Blick die Wurzeln der menschlichen Existenz zu rekonstruieren versuchte. Konnten derart unterschiedliche Ansichten zusammenfinden? Die Sprache entstand in der menschlichen Vorgeschichte auf besondere Weise, und dieser Vorgang muß sich auch in den heute verfügbaren Befunden mit einer gewissen Einheitlichkeit niederschlagen. Richtig interpretiert sollten also diese Beweislinien und auch die aus der modernen Neurologie und Psychologie dieselbe Evolutionsgeschichte erzählen. Dennoch haben sich aus den Befunden zwei extrem unterschiedliche Theorien über den Ursprung der Sprache herauskristallisiert. Die Meinungsverschiedenheiten zwischen Iain und mir waren kennzeichnend für die höchst unterschiedlichen Ansichten über die Rolle der Sprache in der Evolution des Menschen.

Daß es so unterschiedliche Ansichten über den Ursprung der Sprache gibt, läßt darauf schließen, daß archäologische Daten und Fossilfunde in mancher Hinsicht falsch interpretiert werden. Der eigentliche Beweggrund für meine Arbeit mit Affen war zwar die Suche nach neuen Erkenntnissen über das Verhalten der Menschen, aber die Befunde, die sich im Laufe der letzten Jahrzehnte ansammelten, gingen sicher nicht spurlos an mir vorüber. Diese Studien gewannen immer mehr an Bedeutung für die ungelöste Frage nach dem Ursprung der menschlichen Sprache. Die Erkenntnisse, die wir aus den Fähigkeiten von Sherman und Austin ableiten konnten, stellen im Zusammenhang mit den Befunden an Kanzi und Panbanisha eine unabhängige Beweislinie dar, mit deren Hilfe man die beiden Theorien zur Sprachentstehung bewerten kann.

Was wir über die Fähigkeiten der Affen beim Sprachgebrauch und bei der Werkzeugherstellung erfahren haben, sagt uns zwar nicht, *wie* die Hominiden zu Menschen wurden, aber wir können daraus viel über den gemeinsamen geistigen Nährboden der Menschenaffen und unserer Hominidenvorfahren ableiten. Unser heutiger Verstand entwickelte sich aus diesem Vorläufer, und der wiederum hatte viele Eigenschaften mit Affen gemeinsam, die sich von ihren heutigen Vettern nicht allzusehr unterscheiden. Kanzi und die anderen Menschenaffen geben uns also einen kleinen Eindruck von dem Ausgangspunkt jener Evolution, die aus dem Menschen im Naturzustand den modernen Menschen machte. In einem seiner Hauptwerke mit dem Titel *Die Abstammung des Menschen* bemerkt Charles Darwin, wie paradox die Kluft zwischen den Leistungen der Menschen und der übrigen Tierwelt eigentlich ist. »Es gibt hinsichtlich der geistigen Fähigkeiten keinen grundlegenden Unterschied zwischen dem Menschen und den höheren Säugetieren«, beobachtet er. Und dennoch, so Darwin weiter, »kann es keinen Zweifel an der Wichtigkeit der intellektuellen Fähigkeiten geben, denn ihnen verdankt der Mensch zum größten Teil seine beherrschende Stellung in der Welt.«[18]

Was genau sind diese höheren »geistigen Fähigkeiten«? Jedes Standardwerk über die Evolution des Menschen nennt als erstes Kultur und Sprache. Kultur ist dabei als Wissensübermittlung von einer Generation zur nächsten definiert, und die Sprache ist das Mittel dazu. Aber der Homo sapiens mit seinem großen Gehirn und seinem vollständig aufrechten Gang tauchte vor hunderttausend Jahren auf, und erst vor vierzigtausend Jahren verbreitete sich explosionsartig die Kultur – was war in der dazwischenliegenden Periode? Wurde in dieser Zeit schon Wissen von einer Generation zur nächsten weitergegeben? Wenn ja, dann muß dieses Wissen – unabhängig davon, ob die Sprache schon erfunden war oder nicht – ganz anders ausgesehen haben als die politischen, religiösen und technischen Kenntnisse, die wir heute an neue Generationen weitergeben. Die Methoden zur Werkzeugherstellung waren sicher einfach. Um sie zu vermitteln, war Sprache nicht notwendig und vermutlich nicht einmal hilfreich. Auch heute geben Handwerker ihr Können meist durch Zeigen weiter – auf dieses überzeugende Argument wiesen Patricia Greenfield und Tom Wynn bei der Wenner-Gren-Konferenz hin. Patricia untersuchte die Überlieferung des Webens in einem südamerikanischen Kulturkreis und stellte fest, daß dazu sehr wenig Sprache benutzt wurde. Tom sah die Literatur über die Vermittlung von Werkzeugherstellung und -benutzung durch und gelangte zu dem Schluß: »Die Handhabung von Werkzeugen wird vor allem durch Nachmachen gelernt, wobei jeder seine eigenen Methoden entwickelt.«

Das gilt auch im Falle von Kanzi. Nick benutzte keine Sprache, als er Kanzi die Steinbearbeitung beibrachte, sondern behandelte ihn gewissermaßen als Lehrling. Kanzi sah zu, entwickelte dann aber seine eigene Vorgehensweise. Offenbar war Sprache also für die Überlieferung eines wichtigen kulturellen Inhalts nicht erforderlich. Wenn man sich einmal kurz überlegt, welche Verhaltensweisen leicht zwischen Kulturkreisen ausgetauscht werden, dann erkennt man sogar, daß eine ganze Menge Information ohne Sprache weitergegeben werden kann. In Japan ist Baseball äußerst populär, Jeans erzielen schwindelerregende Preise, und auch die Musik ist stark vom Westen beeinflußt. Alle Veränderungen, die durch die moderne Technik möglich werden, verbreiten sich schnell über die ganze Welt, obwohl es keine gemeinsame Sprache gibt. Im Vergleich zu anderen Verhaltenskategorien sind Sprachen eingefrorene Kulturbruchstücke. Man hängt an ihnen wie an anderen Verhaltensweisen, die unter den Begriff der »Rituale« fallen. Wenn Menschen in einen fremden Kulturkreis kommen, bringen sie ihre Sprache ebenso mit wie ihre Religion, ihre Hochzeitszeremonien, ihre Gesprächsgewohnheiten und ihre Methoden der Kindererziehung. Gleichzeitig übernehmen sie relativ schnell die neue Art des Wohnens, der Ernährung, des Sports und der Technik, und passen sich verhältnismäßig leicht an.

Wenn der archaische Homo sapiens vor 250 000 Jahren bereits Werkzeuge herstellen und benutzen, Kunstwerke gestalten und Behausungen bauen konnte, dann wäre er sicher auch in der Lage gewesen, diese Methoden an folgende Generationen weiterzugeben. Die Tatsache, daß sich in den archäologischen Funden keine Spuren solcher Kenntnisse nachweisen lassen, bedeutet nicht, daß die Menschen jener Zeit – ob mit oder ohne Sprache – nicht in der Lage waren, sie zu überliefern, sondern vielmehr, daß sie entsprechende Fertigkeiten überhaupt noch nicht entwickelt hatten. Das Leben des frühen Homo sapiens war mit Sicherheit so völlig anders als das der einfachsten heutigen Jäger- und Sammlerkulturen, daß man sich nicht ohne weiteres ausmalen kann, wie es wohl ausgesehen hat.

Deshalb bin ich wie Iain und andere der Ansicht, daß die Sprache ganz ähnlich wie die Landwirtschaft eine kulturelle Erfindung sein könnte. Die organisatorischen und technischen Tätigkeiten, die zur Nahrungsmittelproduktion und später zum Aufbau von Stadtstaaten erforderlich waren, überstiegen bei weitem die Anforderungen einer Jäger-und-Sammler-Kultur. Und doch war es das Gehirn einer Spezies von Jägern und Sammlern, des Homo sapiens, das diese neuen Fähigkeiten schließlich beherrschte. Damit die Menschen vor zehntausend Jahren etwas tun konnten, wozu ihre Vorfahren nicht in der Lage waren, brauchte keine genetische Mutation stattzufinden. Ganz ähnlich ist es auch mit der Sprache: Man könnte sich durchaus vorstellen, daß der kognitive

Apparat, der die Grundlage der Sprache bildet, sich ursprünglich zu anderen, verwandten Zwecken entwickelte, beispielsweise zur Planung zukünftiger Handlungen, zur Herstellung von Werkzeugen und zur zwischenmenschlichen Abstimmung. Die Tatsache, daß die Sprachzentren über einen großen Teil der vorderen Hirnrinde verteilt sind und sich in ihrer Lage zum Teil von einem Menschen zum nächsten unterscheiden, läßt jedenfalls darauf schließen, daß der Spracherwerb sich zu einem großen Teil oder vielleicht sogar ausschließlich durch Lernen vollzieht.

Im Gegensatz zu Iain glaube ich aber nicht, daß die Fähigkeit zur Kommunikation mit Symbolen unbedingt erst nach der Fähigkeit zum Abbilden entstanden sein muß. Aus der Affensprachforschung ergibt sich eine klare Aussage: Affen können nicht nur die Fähigkeit zur Kommunikation mit Symbolen erwerben, wenn man es ihnen systematisch beibringt, wie wir es bei Sherman und Austin getan hatten, sondern sie erwerben Sprache wie Menschenkinder auch spontan durch zwanglosen Umgang damit. Kanzi lernte leicht, Sprache zu verstehen; entscheidend war dabei, daß er früh mit gesprochenen Worten und ihrer Verbindung mit den Symbolen vertraut gemacht wurde. Seine Verständnisfähigkeit ist so umfassend, daß man sie mit Konditionierung nicht mehr plausibel erklären kann. Seine jüngeren Schwestern Mulika und Panbanisha sind in seine Fußstapfen getreten und zeigen, daß die frühkindliche Erfahrung der entscheidende Faktor für das Verstehen einfacher Sprache ist. Da Kanzi und seine Geschwister Sprache so leicht erwerben konnten, müssen wir folgern, daß das Affengehirn zu einer primitiven Sprache fähig ist. Entweder nutzen die Bonobos in freier Wildbahn diese Fähigkeit auf eine Weise, die wir bisher nicht begriffen haben, oder Kanzi und seine Verwandten mußten nur mit der Erfindung Sprache in Kontakt kommen, um ihren eigenen Weg zur Sprachfähigkeit zu beschreiten.

Wie wir bereits gesehen haben, verdankt die Sprache ihre beispiellosen Möglichkeiten zur Informationsvermittlung nicht nur dem großen Spektrum an Lauten, die der einzigartige menschliche Stimmapparat hervorbringen kann, sondern auch dem besonderen Wesen mancher dieser Laute. Die Fähigkeit, Konsonanten mit Vokalen zu verbinden, führte zur Produktion einer sehr großen Zahl unterscheidbarer Laute. Kanzis Verständnisfähigkeit für gesprochene Worte legt die Annahme nahe, daß er Konsonanten entschlüsseln kann. Wenn er sie ebenso wie Vokale auch hervorbringen könnte und dann noch das erforderliche Maß an motorischer Steuerung besäße, könnte er sprechen, daran habe ich keinen Zweifel.

Die Fähigkeit, eine gesprochene Sprache aus Symbolen zu erzeugen, war also abhängig von der Entwicklung des geeigneten Stimmapparats bei den Vorfahren des Menschen und nicht von der Evolution der kognitiven Voraussetzungen. Ein solches Kommunikationssystem stellt schon in primitiver Form einen beträchtlichen Überlebensvorteil dar, und nachdem die natürliche Selektion diesen Vorteil weiter ausbaute, wurde das System immer raffinierter. Warum das nach allen Hinweisen über Größe und Aufbau des Gehirns sowie über die Anatomie des Stimmapparats bei der Abstammungslinie des Homo geschah und nicht bei den Australopithecinen, ist eine wichtige Frage. Mit ziemlicher Sicherheit war die Fähigkeit zum Sprechen mit stärkerer sozialer Verflechtung verbunden, die ihrerseits mit komplizierteren Methoden zur Sicherung des Lebensunterhalts zu tun hatte, also mit dem Anfang einer Entwicklung, die schließlich zur Lebensweise der Jäger und Sammler führte.

Durch unsere Arbeiten mit Austin und Sherman sowie insbesondere mit Kanzi eröffnete sich eine unabhängige Möglichkeit zur Bewertung der Theorien über den Ursprung der Sprache, die man aus den herkömmlichen Beweislinien abgeleitet hatte. Der unerwartete Befund, daß Affen die kognitiven Grundlagen für eine Symbolsprache besitzen, legt den Verdacht nahe, daß auch die ersten Mitglieder der Menschenfamilie mit größeren intellektuellen Sprachfähigkeiten ausgestattet waren, als man gemeinhin annimmt.

Wenn der frühe Homo sapiens tatsächlich noch keine Sprache besaß, muß sich jeder von uns die Frage stellen: Wie haben sie sich gefühlt, jene sensiblen, intelligenten Geschöpfe mit großem Gehirn, die über eine begrenzte Technik, aber nicht über Kunst verfügten? Sie konnten keinem heute lebenden Menschen auch nur entfernt ähneln. Schon ein flüchtiger Blick auf die Sambia-Steinzeitmenschen in Neuguinea zeigt, auf welche Weise die Sprache die gesamte Kultur einer Menschengruppe prägt. Sie be-

nutzen Sprache nicht, um Initiationsriten, Sexualverhalten, Ernährung und alle anderen Tätigkeiten zu *lehren*, sondern um sie zu beurteilen und um Regeln dafür aufzustellen, wann, wie und warum sie geschehen und was eintritt, wenn sie sich nicht zur richtigen Zeit in der richtigen Weise ereignen. Die Jungen dort gehen zum Beispiel vor Beginn der Pubertät ausschließlich homosexuelle Beziehungen mit älteren Männern ein. Diese Beziehungen bleiben bis weit über das zwanzigste Lebensjahr hinaus bestehen, ohne daß sie die weiblichen Stammesangehörigen kennenlernen; dann nehmen sie sich eine Frau und werden ausschließlich heterosexuell. Diese wechselnde sexuelle Orientierung wird durch Sprache festgelegt, gelenkt und umdirigiert. Ebenso definiert und lenkt Sprache die Entwicklung der kämpferischen Geschicklichkeit: Sie dient nicht etwa dazu, einem Jungen das Kämpfen beizubringen, aber sie bestimmt, mit wem er kämpfen soll und warum, und ebenso legt sie fest, welches Maß an Kühnheit im Umgang mit Feinden an den Tag gelegt werden soll. Die Sprache definiert, wer ein Feind ist, und trägt den Groll auf ihn von Generation zu Generation weiter, auch wenn die jüngeren Gruppenmitglieder aus ihrer eigenen Erfahrung heraus vielleicht keinen Grund haben, eine bestimmte Gruppe als Freunde oder Feinde anzusehen.
Würden wir diese Form des Hasses auch ohne Sprache über Generationen hinweg überliefern? Würden wir ohne Sprache die Notwendigkeit verspüren, Gegenstände als Besitz dieser oder jener Person zu definieren? Wie weit im voraus könnten wir ohne Sprache die Zusammenhänge zwischen Ursache und Wirkung verstehen? Wüßten wir um die Verbindung von Sexualität und Kinderkriegen? Könnten wir ohne Sprache komplexe Familienstrukturen mit den zugehörigen Verpflichtungen aufbauen? Würden wir ohne Sprache begreifen, daß wir selbständige Geschöpfe sind, die selbst Verantwortung für ihr Handeln übernehmen müssen? Hätten wir einen Bedarf für einen Moralkodex von Richtig und Falsch? Würden wir aus Gründen der Schamhaftigkeit Kleidung brauchen? Wären wir uns auch nur im geringsten bewußt, daß wir sterben müssen?

10

AN DER SCHWELLE ZUM MENSCHLICHEN BEWUSSTSEIN

Vor fast zwanzig Jahren stellte Thomas Nagel, Philosoph an der Rockefeller University, in einem Essay die Frage: »Wie fühlt sich eine Fledermaus?« In dem Aufsatz ging es um das Problem, Einblicke in das Bewußtsein eines anderen Individuums zu gewinnen, insbesondere in das Bewußtsein einer anderen Spezies. Der Anlaß für Nagels Überlegungen waren Arbeiten seines Kollegen Donald Griffin, ebenfalls von der Rockefeller University, der entgegen der gängigen wissenschaftlichen Meinung behauptet hatte, auch Tiere dächten über ihre Welt nach. Mit anderen Worten: Nach Griffins Ansicht ist der Mensch nicht das einzige Lebewesen, das das Phänomen des Bewußtseins kennt.

Nagels Antwort auf die Ausgangsfrage lautete: »Wir werden es nie erfahren.« Nach seiner Auffassung unterscheidet sich die Wahrnehmung einer Fledermaus so stark von unserer, daß wir ihre Weltsicht niemals begreifen werden, schon weil die Echolotung mit Ultraschall jenseits unseres eigenen Erfahrungsbereichs liegt. Der österreichische Philosoph Ludwig Wittgenstein stellte das Rätsel in einen anderen Rahmen, gelangte aber zu der gleichen Schlußfolgerung: »Wenn ein Löwe sprechen könnte«, sagte er, »würden wir ihn nicht verstehen.« Sitten und kulturelle Konventionen schaffen Wittgenstein zufolge schon zwischen verschiedenen menschlichen Kulturen Verstehensbarrieren; um wieviel schwieriger muß es also sein, in das Bewußtsein einer anderen Spezies einzudringen. Meiner Ansicht nach wurde das Problem aus mehreren Gründen übertrieben, nicht zuletzt wegen der Unsicherheit darüber, was das Bewußtsein eigentlich ist. Wie wir im ersten Kapitel gesehen haben, ringen Philosophie und Wissenschaft des Abendlandes seit jeher mit dieser Frage, von Aristoteles, der allein den Menschen als mit einer vernunftbegabten Seele ausgestattet betrachtete, über Descartes, für den nur Menschen einen rationalen Geist besaßen, bis zu den modernen Behavioristen, die den Geist wie Descartes ausschließlich dem Homo sapiens zuweisen. Obwohl Griffin die Biologen und Psychologen hartnäckig auffordert, sich der Vorherrschaft der Behavioristen zu widersetzen und die Existenz kognitiver Vorgänge auch im nichtmenschlichen Bereich in Erwägung zu ziehen, besteht weiterhin große Zurückhaltung gegenüber der Idee, daß auch andere Lebewesen außer nur Menschen ein Bewußtsein besitzen könnten.

Wie ich im ersten Kapitel beschrieben habe, ist die Vorstellung vom Bewußtsein, wie wir Menschen es erleben – vermittelt durch eine Symbolsprache und beladen mit der unverzichtbaren Substanz der Selbstwahrnehmung – für viele zu einer unverrückbaren Abgrenzung zwischen Menschen und Nichtmenschen geworden. Der Mensch steht unantastbar auf der einen Seite der Mauer und erklärt, er sei etwas anderes als die übrige Natur. Teilweise hat er das getan, weil die Kultur, die er aufgebaut hat, die Tiere aus seinem täglichen Leben verbannt. Tiere teilen nicht mehr den Wald oder die Savanne mit uns, und nur über das Medium Fernsehen lassen wir uns noch davon beeindrucken, wie sie mit dem Leben fertig werden. In den meisten Zoos und Labors können Tiere nur schwer ein Verhalten an den Tag legen, das Intelligenz erkennen läßt: Das Futter wird ihnen vorgesetzt, und ihre sozialen Gruppen bestehen nur vorübergehend, so daß es ihnen schwer oder gar unmöglich gemacht wird, Traditionen zu entwickeln.

Wenn wir Tiere wie zum Beispiel Hunde in unsere Wohnungen bringen, tun sie oft Dinge, die intelligent erscheinen, aber Wissenschaftler lernen schon sehr bald, sich vor Interpretationen zu hüten, die nach Vermenschlichung riechen – aus Furcht, die Intelligenz existiere nur in den Augen des Betrachters, nicht aber beim Tier selbst. Wenn wir die meisten interessanten Beschreibungen über Tierverhalten als vermenschlichende Anekdoten abtun, beseitigen wir unabsichtlich auch die Notwendigkeit, dieses

Verhalten mit ernsthaften wissenschaftlichen Methoden aufzuklären. Wenn wir also annehmen, das komplexe und interessante Verhalten spiele sich nur im Geist des Beobachters und nicht in dem des Tiers ab, versuchen wir nicht mehr, das Tier zu verstehen, sondern wir beschäftigen uns nur noch mit dem beobachtenden Menschen. Aber vielleicht gibt es noch einen triftigeren Grund, warum wir so leichtfertig erklären, wir seien im Gegensatz zu den Tieren etwas Einzigartiges: Wir wollen uns selbst versichern, daß wir tatsächlich vernunftbegabte Wesen sind und unsere Kultur mit eigener Hand und aus eigenem Geist geschaffen haben. Indem wir uns von den Tieren abgrenzen, verschaffen wir uns ein gewisses Maß an innerer Sicherheit. Wenn sich unsere Spezies, der Homo sapiens, wirklich durch Vernunft auszeichnet, können wir darauf vertrauen, daß diese Vernunft uns davor bewahrt, in die Falle des Instinkts zu tappen und das Spiel der Evolution zu verlieren. Wenn wir die Tiere betrachten, sehen wir keine Städte, keine Dörfer, keine Landwirtschaft und kein Eigentum – und ihre Lebensweise erscheint uns nicht erstrebenswert, gleichgültig, wieviel Spaß uns Tierfilme bereiten. Deshalb ist es eine tröstliche Annahme, daß wir von Natur aus über Vernunft und Kultur verfügen und daß diese Eigenschaften uns für alle Zeiten davor bewahren werden, in eine Art tierischen Zustand zurückzukehren.
Aber dafür, daß uns die Fähigkeit zum Vorausplanen ein wenig Trost verschafft, gehen wir das Risiko ein, uns seelisch von allen anderen Lebewesen der Erde zu entfremden. Immerhin haben wir alle die gleiche Evolution durchgemacht. Als Spezies beginnen wir gerade erst zu verstehen, daß unsere Vorstellung, etwas Besonderes zu sein, uns zur blindwütigen Ausbeutung der Natur veranlaßt hat, sei es, daß wir natürliche Lebensräume zerstören oder daß wir Experimente an Tieren vornehmen, ohne uns ausreichend darum zu kümmern, wie sich solche Handlungen auf die Tiere und auf unsere eigene Moral auswirken.
Nicht nur durch die Arbeiten mit Menschenaffen, sondern auch durch Studien an sehr unterschiedlichen Tierarten wie Delphinen, Papageien, Seelöwen, Elefanten und Wölfen wird immer deutlicher, daß der Mensch sich getäuscht hat, als er sich auf seine Einzigartigkeit fixierte. Je besser wir andere Tiere verstehen, desto mehr wird sich unsere derzeitige Vorstellung von der Ein-

zigartigkeit des Menschen ändern; vielleicht, das werden wir merken, erscheinen wir in den Augen zukünftiger Generationen als diejenigen, die Tiere durch einen Zerrspiegel betrachtet haben, ganz ähnlich, wie wir heute auf die ersten Entdecker zurückblicken, die in den verschiedenen Menschenrassen unterschiedliche Evolutionsstufen zu sehen glaubten.
Um zu erkennen, wie unser Verstand und unser Bewußtsein mit demjenigen der anderen Lebewesen auf unserem gemeinsamen Planeten zusammenhängt, müssen wir uns sorgfältig gestellte, ernsthafte Fragen über Verhaltensweisen gestatten, die in komplexen Situationen die Intelligenz der Tiere widerspiegeln. Wenn wir das tun wollen, müssen wir uns von den Denkmustern lösen, die unsere Vorstellungskraft beschränken. Begrenzte Denkmodelle mögen in experimenteller Hinsicht korrekt sein, aber sie beschränken durch ihre innere Struktur die Wahlmöglichkeiten des Tiers auf wenige einfache Reaktionen. Solche Beschränkungen dienen der Aufrechterhaltung wissenschaftlicher Methodik und der Vermeidung von Selbsttäuschung, aber sie führten unbeabsichtigterweise zu der irrigen Schlußfolgerung, Tiere verfügten kaum über das, was wir als Folgerung, Einsicht, Überlegung oder als Denken bezeichnen.
Diese einengenden Schemata kamen in Mode, als die Verhaltensforschung in der Zeit nach Darwin versuchte, dem Vorbild der Physik und der Chemie zu folgen. Aber Verhalten kann man mit solchen Vorbildern nie erfolgreich aufklären. Lebewesen, die man einer Behandlung unterzieht, verändern ihr Verhalten von einem Test zum nächsten. Und jede Handlung, die man an einem Lebewesen vornimmt, verändert es wiederum auf irgendeine Weise, so daß man die früheren Bedingungen nie wieder herstellen kann. Man hat versucht, diese Tatsache zu umgehen, indem man einen Reiz so lange wiederholte, bis sich ein stabiles Verhalten einstellte. Leider schafft diese Methode aber nur die Illusion, man habe die Kontrolle über das Verhalten. In Wirklichkeit schafft man damit eine künstliche Situation, in der dem Tier für sein Verhalten nur begrenzte Wahlmöglichkeiten bleiben, so daß es so aussieht, als werde es von dem Reiz gesteuert. Ein grundlegenderes Problem tritt auf, wenn Wissenschaftler versuchen, sich nach dem Vorbild von Physik und Chemie auf die Vorgeschichte von ein oder zwei Verhaltensweisen oder auch von einer

Gruppe reproduzierbarer Verhaltensformen zu konzentrieren. Bei solchen Versuchen unterstellt man, daß Verhaltensweisen sich ähnlich wie chemische Elemente mischen lassen und zusammenpassen, so daß anschließend eine geordnete, vorhersagbare Reaktion eintritt. Im Gegensatz zu Chemikalien lassen sich Verhaltensweisen aber nicht vernünftig von dem Gesamtzusammenhang trennen, in dem sie vorkommen. Zu diesem Zusammenhang gehören sowohl die Handlungen des Tiers über längere Zeit hinweg als auch die Vorgänge, die sich in dieser Zeit in der Umgebung abspielen. Tatsächlich ist Verhalten grundsätzlich ein zeitgebundenes Phänomen.

Verhalten ist nicht mehr und nicht weniger als die ständige Veränderung von Handlungsmustern, die ausschließlich in einem zeitlichen Rahmen stattfindet. Chemische Reaktionen dagegen benötigen zwar ebenfalls Zeit, aber sie sind räumliche Umwandlungen unbelebter Verbindungen, strukturelle Veränderungen, die sich auf physikalischer Ebene ausdrücken. Verhalten benötigt als Triebkraft zwar chemische Abläufe im Nervensystem, aber das Verhaltensmuster läßt sich aufgrund dieser chemischen Reaktionen weder erklären noch im einzelnen vorhersagen – es befindet sich ständig im Fluß als Reaktion auf die sich wandelnde Umwelt des Lebewesens. Die meisten Lebewesen mit einem komplexen Nervensystem erleben die Welt als eine sich ständig verändernde Abfolge von Ereignissen. Manche dieser Vorgänge mögen zwar früheren Erfahrungen ähneln, aber im wirklichen Leben sind sie, anders als im Labor, nie völlig gleich. Der Organismus muß sich ständig auf einen neuen Stand der Dinge einstellen und die geeignetsten Verhaltensmöglichkeiten auswählen. Entscheidungen für bestimmte Möglichkeiten beeinflussen selbst wieder das Spektrum möglicher Verhaltensalternativen in der näheren und ferneren Zukunft. Jedes Lebewesen mit einem komplexen Nervensystem steht von Augenblick zu Augenblick immer wieder der Frage gegenüber, die das Leben ihm stellt: Was soll ich als nächstes tun?

Die Welt um uns ist von einem Augenblick zum nächsten nie genau gleich; infolgedessen kann auch das Verhalten als Reaktion auf die wahrgenommenen Vorgänge nie genau gleich sein, und das sollte es auch nicht, wenn das Lebewesen normal funktioniert. Nur unter anormalen Umständen wiederholen Lebewesen immer wieder das gleiche Verhalten, ohne die ständigen Wandlungen ihrer Umwelt zu berücksichtigen. Wenn wir solche Verhaltensmuster beobachten, nennen wir sie stereotyp und halten sie für anormal. Dennoch schaffen viele Verhaltensstudien im Labor, die nach dem Vorbild der modernen Physik und Chemie angelegt sind, unbeabsichtigt ein Verhalten, das der Stereotypie entspricht. In dem Versuch, bei mehreren Experimenten stets die gleichen Reize zu setzen, zerstören wir genau das Phänomen, das wir eigentlich untersuchen wollen.

Solange die Verhaltensforscher in die Fußstapfen von Descartes treten und annehmen, nichtmenschliche Tiere seien nur Roboter aus Fleisch und Knochen, werden sie die Schemata, die sich auf die Methoden der Physik und Chemie gründen, nicht aufgeben. Mit diesen Vorbildern werden sie weiterhin experimentell saubere, verifizierbare wissenschaftliche Daten präsentieren, um ihre Ausgangshypothese zu belegen. Sie werden sich sogar ausdrücklich das Ziel setzen, die Experimente so anzulegen, daß sie diese Hypothesen stützen. Solche Verhaltensforscher machen es nicht wie Einstein, der hinsah und sich Fragen über die physikalischen Phänomene der Außenwelt stellte. Mit der Einrichtung ihres Labors und mit ihren Apparaten schaffen sie unabsichtlich die Außenwelt des Tiers, und damit beschränken sie die Reaktionsmöglichkeiten, noch bevor sie den Rahmen ihrer Hypothese abgesteckt haben. Es ist, als hätte Einstein Raum und Zeit eingerichtet, um dann zur Relativitätstheorie zu gelangen und sie zu überprüfen.

Die physikalische Welt, die uns umgibt, hat eine andere Ordnung als die Tierwelt. Dieser qualitative Unterschied ist umso größer, je höher das Nervensystem entwickelt ist. Ein komplexes Nervensystem hat den Zweck, flexible, in jeder Situation einzigartige Handlungen zu ermöglichen. Je mehr die Lebewesen Informationen aus ihrer Umwelt aufnehmen und Entscheidungen über ihre zukünftigen Handlungen treffen, desto stärker unterscheiden sie sich von der unbelebten Materie, und entsprechend muß man sie auch nach anderen Grundsätzen studieren.

Nachdem die Lebewesen hinsichtlich ihres Nervensystems einen so hohen Entwicklungsstand erreicht hatten, daß sie anderen Lebewesen Ziele und Absichten unterstellen konnten, entwickelte sich eine Welt, in der sie in jedem Augenblick die Absichten anderer interpretierten. Das bedeutet, daß die Reaktion des Beobachters nicht mehr von den eigentlichen Handlungen der anderen geprägt wurde, sondern von den angenommenen Beweggründen, die hinter diesen Handlungen vermutet wurden. Menschen und Menschenaffen sind mit Sicherheit in diese Welt der interpretierten Absichten eingetreten, und meiner Ansicht nach gilt das gleiche auch für eine Reihe anderer Tierarten. Manche Verhaltensforscher haben Freilandstudien betrieben, um die Beschränkungen der Laborarbeit zu umgehen. Sie argumentieren zu Recht, durch Beobachtung von Tieren in ihrem natürlichen Lebensraum schränke man das Spektrum ihrer Verhaltensalternativen nicht künstlich ein. Die Ansicht, das Verhalten der Tiere unterscheide sich grundlegend von dem der Menschen, bleibt aber weiterhin bestehen, sogar bei denen, die Freilandbeobachtung betreiben. Das liegt zum Teil daran, daß man eine besondere Sprache entwickelt hat, um das Verhalten von Tieren in der Natur zu beschreiben und einzuteilen. Diese Fachsprache vermeidet geflissentlich alle Begriffe, die man auf ein ähnliches Verhalten beim Menschen anwenden würde. Am deutlichsten wird das Tabu, die für Menschen reservierten Begriffe nicht zur Beschreibung des Tierverhaltens anzuwenden, wenn man Menschenaffen beobachtet. Wenn ein Schimpanse die Stirn runzelt und die Lippen als Ausdruck von vorgetäuschtem oder echtem Ärger zusammenpreßt, bezeichnen die Freilandforscher ihn nicht als aufgebracht, sondern sie sprechen von einem Gesicht mit vorgeschobenen Lippen. Wenn er nach einer Rauferei lächelt und einen Artgenossen umarmt, sagen sie, er habe mit offenem Mund die Zähne gefletscht und den Arm um den anderen gelegt. Die Freilandforscher werden immer wieder ermahnt, sich solcher Ausdrücke zu bedienen, um das Schreckgespenst des Anthropomorphismus zu bannen, mit dem man Tieren menschliche Gefühle zuschreibt.

Aus dieser Angst heraus entwickeln wir eine Sprechweise, mit der wir über das Tierverhalten reden können, ohne Tieren überhaupt menschenähnliche Gefühle zuzugestehen. Wir nähern uns der Denkweise von Tieren also mit der unausgesprochenen Annahme, es sei immer und unter allen Umständen der allergrößte Fehler, wenn wir zu der Schlußfolgerung gelangten, ein Tier (sogar wenn es zu neunundneunzig Prozent die gleiche DNA hat wie wir) könne sich wie wir verärgert oder glücklich fühlen. Selbst wenn wir das Tier in der Natur beobachten, beschränkt die Art, wie wir als ausgebildete Wissenschaftler Fragen formulieren, Befunde strukturieren und Beobachtungen interpretieren, unsere Schlußfolgerung auf das, was wir selbst uns zu finden erlauben. Angenommen, es gebe bei Gefühlen und Intelligenz zumindest teilweise eine Kontinuität zwischen Tieren und Menschen, so daß wir uns gestatten könnten, das Verhalten der Tiere in einem neuen Licht zu betrachten? Dann würden wir riskieren, manchmal Fähigkeiten zu sehen, die nicht vorhanden sind, aber sicher würden wir auch menschenähnliche Fähigkeiten finden, die es sehr wohl gibt und die uns bisher verborgen geblieben sind, weil wir Scheuklappen tragen. Wäre der Fehler, Tieren manchmal nicht vorhandene Fähigkeiten zuzuschreiben, größer als die Entdeckung emotionaler oder intellektueller Möglichkeiten, die sich bruchlos an unsere eigenen fügen? Ich glaube das nicht. Und wenn ein Wissenschaftler den Fehler beginge und einem Tier etwas zuschriebe, das jenseits seiner tatsächlichen Fähigkeiten liegt, würde zumindest ein anderer Wissenschaftler den Irrtum korrigieren. Aber beim derzeitigen Stand der Dinge haben wir nicht einmal das Recht, den Fehler zu begehen. Wir sollten die Frage stellen dürfen, wie Tiere ihre Welt wahrnehmen, wo sie in dieser Welt stehen, und welche Ereignisse oder Zusammenhänge ihre Wahrnehmung verändern. Um solche Fragen, so scheint mir, sollte es in der Wissenschaft vom Tierverhalten gehen.

Ich bin nicht die erste, die vorschlägt, das Tierverhalten durch eine andere Brille zu sehen. Donald Griffin drängt uns schon seit den siebziger Jahren dazu. Warum sind so viele Verhaltensforscher bis heute nicht in der Lage, ihre Beschränkungen zu durchbrechen? Das liegt zum Teil daran, daß wir uns Menschen für allwissend halten, und diese Allwissenheit wird nach unserer Überzeugung durch die Sprache möglich. Selbst Verhaltensforscher, die Tieren ein Bewußtsein zugestehen, behaupten weiterhin, man könne sich zu diesem Bewußtsein keinen Zugang verschaffen, und deshalb liegt das Thema nach ihrer Ansicht wie das religiöse Erleben jenseits aller Wissenschaft. Ich schlage hingegen vor, unsere wissenschaftlichen Methoden zu erweitern und uns mit solchen Fragen zu beschäftigen.

Oft wird behauptet, der wesentliche Unterschied zwischen dem Bewußtsein von Tieren und Menschen bestehe darin, daß der Mensch seine Handlungen reflektieren könne, wozu Tiere, denen die Worte fehlen, nicht in der Lage seien. Entscheidend für diese Ansicht ist die unausgesprochene Unterstellung, daß Sprache das einzig mögliche Mittel der Reflexion ist. Wie können wir ein Tier ohne Sprache fragen, was es denkt? Und wie kann es uns das ohne Sprache mitteilen? Und wenn es uns das nicht mitteilen kann, wie können wir dann überhaupt annehmen, daß es denkt?

Als ich einmal mit Panbanisha, Kanzis Schwester, im Auto durch den Wald fuhr, bemerkte ich, daß sie sehr ruhig und nachdenklich wirkte. Ich wollte sie gern fragen, was sie dachte – im allgemeinen vermeide ich diese Frage, denn ich habe keine Möglichkeit, die Antwort zu überprüfen oder auch nur festzustellen, ob ein Menschenaffe sie versteht. Wenn ich früher manchmal so etwas fragte, wurde es in der Regel nicht zur Kenntnis genommen. In diesem Augenblick sah Panbanisha aber so gedankenverloren aus, daß ich es wagte. Sie schien ein paar Sekunden lang über die Frage nachzudenken, und dann antwortete sie: »Kanzi.« Ich war höchst überrascht, denn sonst gebrauchte sie Kanzis Namen fast nie. »Ach, du hast an Kanzi gedacht?« fragte ich. Sie antwortete mit zustimmenden Lauten: »Whuh, whuh, whuh!« Ganz ähnlich erging es mir, als ich mit Heather, einem der gesunden Kinder in unserem Projekt, durch dasselbe Waldgebiet fuhr. Heather war zwei Jahre alt und bildete gerade die ersten Sätze. Wie Panbanisha ignorierte sie im allgemeinen Fragen wie »Woran denkst du?«. Aber in diesem Augenblick wirkte sie wie Panbanisha so gedankenverloren, daß ich mich getraute, nachzufragen. Sie erwiderte: »Mami.« Ich fragte: »Möchtest du, daß deine Mami hier ist?« Und sie nickte.

Weder bei Panbanisha noch bei Heather kann ich sicher sein, daß sie wirklich dachten. Es gibt derzeit keine Möglichkeit, die Gedanken eines anderen in wissenschaftlich anerkannter Form festzustellen. Dennoch sollte man der Tatsache Glauben schenken, daß beide in Situationen, in denen sie nachdenklich wirkten, sich zu einer Antwort entschlossen. Bei anderen Gelegenheiten, wenn sie mit etwas beschäftigt waren, nahmen sie die gleiche Frage nicht zur Kenntnis, als ob sie sinnlos sei. Solche Beobachtungen legen den Verdacht nahe, daß Kinder und Menschenaffen möglicherweise schon in einem reflektierenden Sinn denken können, bevor die Sprachfähigkeit in vollem Umfang ausgebildet ist. Denken sie vielleicht nicht in Worten, sondern auf andere Weise?

Gedanken, das heißt die Handhabung des eigenen geistigen Abbildes der Welt, müssen sicher ohne Sprache stattfinden, und zwar mit Hilfe des Nervenapparats zur Schaffung jener Wahrnehmungskanäle, durch die man die Welt sieht. Bei komplexen nonverbalen Tätigkeiten – beispielsweise bei Tanz, Musik, Bildhauerei oder Sport – sind Menschen auf wortlose Gedanken angewiesen. Etwas anderes anzunehmen »ist eine Vorstellung, die nur ein Universitätsprofessor oder ein anderer professioneller Sprachakrobat ernstnehmen kann«.[1]

Die britische Wissenschaftsphilosophin Mary Midgely formuliert es allgemeiner: »Wäre Sprache wirklich die einzige Quelle geordneter Vorstellungen, dann würden alle Tiere außer dem Menschen in einer völlig ungeordneten Welt leben. Man könnte bei ihnen nicht von Intelligenzunterschieden sprechen, denn sie könnten sich nichts zunutze machen, das man vernünftigerweise überhaupt als Intelligenz bezeichnen kann ... Die Wahrheit scheint zu sein, daß – selbst für Menschen – ein großer Teil der Ordnung in der Welt präverbal festgelegt ist, als Folge von Fähigkeiten, die wir mit anderen Tieren teilen.«[2] Nichtmenschliche Tiere leben ganz offensichtlich in einer geordneten Welt, die aus ihren eigenen kognitiven Prozessen erwächst. Ohne eine solche geistige Ordnung wäre es fast unmöglich, die unzähligen Interaktionen mit anderen Angehörigen der Lebensgemeinschaft zu bewältigen und vielfältige Ressourcen wirksam zu nutzen. Ohne Frage verstärkt Sprache die Denkvorgänge, weil sie eine feiner abgestimmte und wirksamere Handhabung der geistigen Welt erlaubt. Aber das ist mit Sicherheit nur eine Ausweitung bereits vorhandener Fähigkeiten und nichts grundlegend Neues. Die gesprochene Sprache und die Gedanken, die sie vermittelt, bauen auf den gleichen neurologischen Grundlagen auf wie das Denken der nichtmenschlichen Tiere.

Die Menschenaffen, die ich kenne, verhalten sich in jedem Augenblick, in dem sie leben und atmen, als ob sie ein Bewußtsein hätten, das meinem eigenen sehr ähnlich ist. Vielleicht denken sie nicht an so viele Dinge wie ich und auch nicht so tiefgreifend, und sie planen vielleicht auch nicht so weit voraus. Menschenaffen stellen Werkzeuge her und koordinieren ihre Handlungen, wenn sie Kleinaffen oder eine andere Beute jagen. Aber bisher hat man bei keinem Menschenaffen so viel Vorausplanung beobachtet, daß er die Werkzeuge, die er herstellen kann, auch zur Jagd einsetzt. Das spielte erst im Leben der frühen Hominiden eine wesentliche Rolle. Die größeren Fähigkeiten, die ich als Mensch besitze, sind der Grund dafür, daß ich meine eigene Behausung bauen, mein eigenes Geld verdienen und niedergeschriebenen Gesetzen gehorchen kann. Sie ermöglichen mir, mich als zivilisierte Person zu verhalten, aber sie bedeuten nicht, daß ich *denke*, während Affen nur *reagieren*.

Ich verstehe zwar besser, was die Affen denken, wenn sie die Tastatur benützen, aber auch ohne Worte kann man eine Menge über ihre Gedanken erfahren. Und, was noch wichtiger ist: Man braucht dazu nicht einmal besonders viel Intuition oder Kenntnisse. Man muß nur auf ihr Verhalten achten, aufgeschlossen für ihre Kommunikationsversuche sein und zur Kenntnis nehmen, daß diese Kommunikation unser gemeinsames Wissen über die Vorgänge in der Umgebung voraussetzt – es ist eine Art gemeinsames Bewußtsein, das zu gemeinsamer Wahrnehmung und gemeinsamem Wissen führt.

Ein derartiges gemeinsames Verstehen der Umwelt wäre schwierig mit einer Spezies, deren Wahrnehmungsfähigkeiten ganz anders sind als unsere eigenen, meint Thomas Nagel. Delphine können den Raum mit Schallwellen untersuchen und unter Wasser Dinge sehen, die für uns nicht erkennbar sind. In ähnlicher Weise können Hunde vieles hören und riechen, was wir nicht wahrnehmen. Deshalb ist es für uns vielfach schwierig, in ihren Handlungen einen Sinn zu erkennen, denn wir erleben nicht den gleichen Zustrom an Informationen wie sie. Würden wir die Welt aber in der gleichen Weise erleben, dann, so scheint mir, wäre auch der Vorgang, den wir »der Information einen Sinn geben« nennen, nicht allzu unterschiedlich.

Menschenaffen nehmen die Welt im wesentlichen ebenso wahr wie wir – ein Glück für uns, die wir mit ihnen arbeiten. Sehen, Hören, Geruchssinn und vieles andere sind bei ihnen ganz ähnlich wie bei uns. Deshalb wird ihre und meine Aufmerksamkeit auch oft von den gleichen Dingen angezogen. Als ich zum Beispiel einmal mit Schimpansen und Hunden im Wald spazierenging, erspähte ich in einer Gegend mit verstreuten Lichtungen etwa hundert Meter entfernt einen Hirsch. Als Panbanisha sah, wie gebannt ich in eine bestimmte Richtung schaute, folgte sie meinen Blicken und sah den Hirsch ebenfalls. Die Hunde dagegen machten es uns nicht nach und bemerkten auch den Hirsch nicht. Da Panbanisha und ich leicht und schnell den Blicken des jeweils anderen folgten und da auch unsere Sehorgane ähnlich gebaut sind, verschafften wir uns ein gemeinsames Wissen über die Gegenwart des Hirsches; die Hunde hatten daran nicht teil. Nachdem Panbanisha den Hirsch erblickt hatte, sah sie mich an, um festzustellen, wie ich reagierte. Bei anderen Gelegenheiten nahmen die Hunde Dinge wahr, die Panbanisha und mir entgingen. Als wir eines Abends im Halbdunkel durch den Wald gingen, heulten beide Hunde plötzlich wütend auf, und dann stürzten sie sich auf etwas, das sich unmittelbar neben dem Weg befand. Dabei sahen sie keinen von uns an, aber sie achteten aufeinander. Weder Panbanisha noch ich hatten irgend etwas Beunruhigendes bemerkt. Wir blickten angestrengt in die Richtung der Hunde und erkannten auf dem Ast eines Baumes schemenhaft die Umrisse einer Raubkatze. Wie die Hunde sie bemerkt hatten, weiß ich nicht, aber mir ist klar, daß Panbanisha sie im gleichen Augenblick sah wie ich. Sofort blickten wir uns an, und ihre Haare standen handbreit vom Körper ab; mir ging es ähnlich. Wir brauchten keine Worte, um zu wissen, was der jeweils andere gesehen hatte und was er davon hielt. Und ebenso war uns klar, welche Richtung wir jetzt einschlagen mußten; zurück zum Labor. Worte waren dazu nicht nötig.

Als wir ins Labor zurückkamen, schienen Kanzi, Matata und Panzee zu merken, daß irgend etwas uns angst gemacht hatte. Sie nahmen auch an, daß es draußen im Wald geschehen war, von wo wir gerade kamen. Das war deutlich zu erkennen, denn nachdem sie einen Blick auf uns geworfen hatten, blickten sie angestrengt hinaus in die Dunkelheit und machten leise »whu-uh«, ein Geräusch, das auf etwas Ungewöhnliches hinwies. Panbanisha gab Laute von sich, als wollte sie ihnen von der Raubkatze erzählen, die wir im Wald gesehen hatten. Matata, Kanzi, Tamuli, Panzee und Nema hörten zu und antworteten ihrerseits mit heftigen Lautäußerungen. Berichtete sie etwas mit Lauten, die ich nicht entschlüsseln konnte? Ich weiß es nicht. Dann gab ich die Geschichte auf meine Weise zum Besten, mit gesprochenen Worten, die ich an Kanzi und Panzee richtete, als wüßte ich, daß sie mich verstanden. Beide lauschten mit gespannter Aufmerksamkeit und riesigen runden Augen. An markanten Punkten meines Berichts unterbrach mich Panbanisha mit den typischen »Waa«-Lauten der Bonobos, als wolle sie meinen Worten besonderes Gewicht verleihen.

Verstanden sie, was ich sagte oder wo es uns zugestoßen war? Ich kann natürlich nicht sicher sein, aber als Kanzi und Panzee das nächste Mal ausgehen durften, zeigten sich beide genau an der betreffenden Stelle im Wald zögerlich und ängstlich. Da sie dort vorher nie Angst gehabt hatten, sah es so aus, als hätten sie mitbekommen, was dort geschehen war.

Natürlich kann man allein aufgrund dieser Situation kaum Schlußfolgerungen ziehen; aber es gab viele weitere, und jede war anders. Nur wenn man eine große Zahl solcher Vorfälle betrachtet, versteht man allmählich, daß Affen tatsächlich derart komplexe Informationen weitergeben können. Dieser Verdacht kommt einem nicht nur durch ein einzelnes Ereignis wie das gerade geschilderte, sondern durch viele andere, jedes einzigartig und unwiederholbar, wenn man ihm nicht den Charakter des Neuen und damit den Beweggrund für die Kommunikation nehmen will. Ein ganz anderes Beispiel erlebten wir eines Nachmittags beim Spielen mit Matata und ihrer Tochter Tamuli, die keine Sprache beherrscht. Tamuli bat mich um meinen Schlüsselbund, indem sie darauf zeigte und mich fragend ansah. Sie spielte etwa eine halbe Stunde damit, ließ dann die Schlüssel fallen und interessierte sich für ein paar Spielsachen, die ich ihr mitgebracht hatte. Als ich gehen wollte, vergaß ich, meine Schlüssel wieder mitzunehmen. Sobald ich Tamulis Zimmer verließ, bat Kanzi, der sich im Nachbarraum befand, Matata und Tamuli besuchen zu dürfen.

Ich wollte gerade die Tür zwischen den Zimmern aufschließen, als mir einfiel, daß ich ja meine Schlüssel nicht bei mir hatte. Also wandte ich mich an Tamuli und bat sie, die Schlüssel zu suchen, aber ich rechnete nicht damit, daß sie mich wirklich verstehen oder mitmachen würde. Zu meiner Verblüffung suchte sie aber unter allen Spielsachen und Decken nach meinem Schlüsselbund. Als sie ihn entdeckt hatte, kam sie herübergerannt und zeigte ihn mir, aber sie weigerte sich, ihn mir auszuhändigen. Ich bettelte und schmeichelte eine volle Viertelstunde lang und bot ihr im Tausch viele beliebte Dinge an, aber vergeblich. Mir war klar, daß sie die Schlüssel nicht zurückgeben würde.

Schließlich wandte ich mich an Kanzi und erklärte ihm, ich könne die Tür nicht öffnen, weil Tamuli mir die Schlüssel nicht zurückgab. Dann kam mir der Gedanke, ihn um Hilfe zu bitten, denn er konnte mit Tamuli oft viel besser kommunizieren als ich. »Bitte sag Tamuli, sie soll mir die Schlüssel wiedergeben«, bat ich. Daraufhin kletterte Kanzi in seinem Zimmer nach oben, wo sein Bereich nur durch Maschendraht von dem Tamulis getrennt war, sah sie an und machte ein kleines Geräusch. Tamuli ging kurz zu Kanzi und sah ihn unmittelbar an. Kanzi richtete mehrere mehrsilbige Laute an Tamuli. Sie hörte zu, kam dann zu meiner Verblüffung herüber und gab mir die Schlüssel.

Hatte Kanzi ihr gesagt, sie solle die Schlüssel zurückgeben? Verstand sie ihn, und kam sie seiner Bitte nach? Es sah sicher so aus. Hätte sich das gleiche zwischen menschlichen Geschwistern abgespielt, würden wir es Sprechen nennen, selbst wenn wir ihre Sprache noch nicht verstehen oder einordnen könnten. Wenn wir mehr über die Intelligenz von Tieren wissen wollen, müssen wir lernen, bessere Fragen zu stellen, Fragen, die sich auf ungewöhnliche Ereignisse beziehen und weniger auf Banales und leicht Steuerbares. Wenn man einmal davon ausgeht, daß Tiere ein Bewußtsein haben und zu Gedanken, Überlegungen und komplexer Kommunikation in der Lage sind, findet man kaum etwas, das diese Vorstellung schlüssig widerlegt. Statt dessen unterstellen wir aber von vornherein, daß sie solche Leistungen nicht vollbringen können, und dann können wir auch diese Ansicht nur schwer widerlegen. Wir machen uns nicht klar, wie stark unsere Ausgangsannahme die Art beeinflußt, wie wir Daten sammeln und auswerten. Wir sollten erkennen, daß nichtmenschliche Lebewesen nicht jeder neuen Definition von menschlicher Sprache, Werkzeugbenutzung, Geist oder Bewußtsein entsprechen müssen: von allen diesen Dingen haben sie vielleicht eine eigene Version, die eine ernsthafte Analyse wert ist. Wir haben uns zu stark abgegrenzt und trachten nach Definitionen, die den Menschen von allen anderen Lebewesen auf der Erde unterscheiden. Wir müssen uns wieder dem großen Strom des Lebens anschließen, aus dem wir hervorgegangen sind, und wir sollten danach streben, in ihm den Keim all dessen zu sehen, was wir sind und was wir vielleicht einmal werden.

Unsere Definition des Menschen, die jedesmal neu gefaßt wird, wenn wir bei Tieren eine neue Fähigkeit entdecken, bedroht weiterhin unser Gespür dafür, daß wir zu einem größeren Ganzen gehören. Indem wir die Fähigkeiten der Tiere herabwürdigten, konnten wir uns leicht selbst verherrlichen. Nachdem wir die Sprache erfunden hatten, drehten wir uns um und blickten fast verächtlich auf den Urquell des Lebens herab, dem wir entstammen. Wir katalogisierten unsere Errungenschaften und zeichneten in allen Einzelheiten auf, wie sehr sie sich von denen aller anderen Geschöpfe abheben, ja wir mochten noch nicht einmal zugestehen, daß zwischen ihnen und uns eine Kontinuität existiert. Den Tieren sprachen wir nicht nur die Möglichkeit des Denkens ab, sondern wir nahmen sogar an, daß sie sich ihrer eigenen Existenz nicht bewußt sind. Gordon Gallup, Psychologe an der State University of New York in Albany, machte vor zwanzig Jahren ein Experiment, das zu einem Klassiker werden sollte. Es war der erste Versuch, die Selbstwahrnehmung auf der Verhaltensebene zu definieren. Theoretisch war das Experiment einfach, aber die Durchführung ist schwieriger, als es den Anschein hat. Gallup wollte herausfinden, ob Schimpansen ihr eigenes Spiegelbild erkennen. Dazu narkotisierte er sie und brachte auf ihrer Stirn einen roten geruch- und geschmacklosen Fleck an. Nachdem die Schimpansen aufgewacht waren, bemerkten sie den Fleck zunächst nicht – bis sie zufällig in den Spiegel sahen. Nun fiel er ihnen auf, und sie fingen sofort an, ihn zu entfernen.

Schimpansen sind wie wir sehr besorgt um ihr Aussehen und erkennen sich schon zeitig im Spiegel, manchmal sogar früher als Menschenkinder. Von unseren Affen war Panzee in dieser Hinsicht am frühreifsten. Sie bestand ihren Fleckenversuch durch Zufall im Alter von sechs Monaten, als sie sich zum erstenmal für ihr eigenes Abbild interessierte. Wenn ein Spiegel in ihrem Zimmer war, ging sie auffällig oft daran vorbei und sah sich das Spiegelbild an. Ich war mir aber nicht sicher, ob sie sich dabei erkannte. Eines Tages zog sie sich beim Spielen eine geringfügige Verletzung an der Augenbraue zu, so daß ein winziger roter Kratzer zu sehen war. Sie schenkte der kleinen Beule zunächst keinerlei Beachtung, sondern setzte ihre ruppigen, ungestümen Spiele fort, als sei nichts geschehen. Etwa eine dreiviertel Stunde später kam sie zufällig an dem Spiegel vorbei und blieb wie gewöhnlich stehen, um ihr Bild zu betrachten. Diesmal aber hielt sie inne, setzte sich hin und starrte sich etwa fünfundvierzig Sekunden lang an. Dann hob sie langsam die Hand und berührte den roten Fleck über dem Auge mit dem Zeigefinger. Danach sah sie den Finger an, aber da war kein Blut, denn es war nur ein kleiner Kratzer. Nun beugte sie sich nach vorn und besah sich den Fleck im Spiegel etwa fünfzehn Sekunden lang aus der Nähe. Nachdem sie ihre Neugier offensichtlich befriedigt hatte, wandte sie sich wieder anderen Dingen zu, ohne den Fleck noch einmal zu beachten.

Kein anderer von unseren Affen erkannte sich so früh selbst im Spiegel: alle zeigten aber auf unterschiedliche Weise, daß sie das eigene Aussehen nicht nur kannten, sondern daß es ihnen auch Spaß machte, damit zu spielen und es zu verändern. Außerdem erkennen sie sich nicht nur im Spiegel, sondern auch auf dem Fernsehschirm. Das fiel uns eines Tages auf, als wir Austins Fähigkeit zum Sortieren testeten und die Sitzung auf Video festhielten. Austin ordnete gerade farbige Bauklötze und schlürfte Orangensaft, als er sich auf einmal in dem Monitor bemerkte, den ich aufgebaut hatte. Daß er mit seinem Fernsehbild spielte, war deutlich zu erkennen: Er wippte auf und ab und schnitt Grimassen, während er aus wenigen Zentimetern Entfernung auf den Bildschirm starrte. Dann setzte er sich vor den Monitor und saugte wieder an seinem Saft, wobei er genau beobachtete, wie er die Flüssigkeit in seinem Mund von einer Seite auf die andere laufen ließ.

Affen können Futter sehr geschickt mit den Lippen handhaben und verwenden viel Zeit darauf, das zu üben. In freier Wildbahn müssen sie sich mit den Händen häufig an Zweigen und Ästen festhalten, und deshalb müssen sie in der Lage sein, Früchte mit Lippen und Zähnen zu pflücken und zu schälen. Sie erreichen mit den Lippen eine große Geschicklichkeit und scheinen darauf sehr stolz zu sein. Einmal zeigte mir Sherman, wie er eine Münze auf der Lippenkante von einem Mundwinkel zum anderen und zurück rollen lassen konnte.

Das Videoband, von dem Austin anfangs so fasziniert war, fesselte etwa zwanzig Minuten lang seine ungeteilte Aufmerksamkeit. Später kam er auf die Idee, sich mit Hilfe des Fernsehers in den Hals zu sehen. Mit dem Spiegel war ihm das nicht gut gelungen, denn wenn er den Kopf in den Nacken legte, konnte er nicht weit in den Mund sehen. Er erkannte aber schnell, daß das Fernsehen ihm den Rachen im Gegensatz zum Spiegel aus verschiedenen Winkeln zeigen konnte, je nachdem, wo die Kamera stand. Also öffnete er den Mund sehr weit, wobei er auf den Bildschirm starrte, um festzustellen, wie es am anderen Ende seines Rachens aussah. Während er weiterhin das Fernsehbild betrachtete, richteten wir die Kamera unmittelbar in seinen Mund. Es war Austins Idee gewesen, nicht meine. Zuvor hatte er schon einmal einen guten Blickwinkel für seinen Hals gefunden, aber er hatte festgestellt, daß es dort zu dunkel war. Also ging er los, um eine Taschenlampe zu suchen, und dann setzte er sich wieder in der gleichen Stellung hin und leuchtete sich in den Rachen. Diese Tätigkeit hatten wir ihm nie nahegelegt oder vorgemacht. Sie erwuchs aus seinem eigenen Wunsch, zu erfahren, wie es in seinem Hals aussah.
Sherman interessierte sich für so etwas überhaupt nicht: Er sah zwar zu, wie Austin mehrmals vor dem Fernseher seinen Rachen betrachtete, aber selbst tat er es nie. Sherman hatte eine andere Verwendung für das Fernsehbild. Er benutzte es zum Zähneputzen, zum Auftragen von Lippenstift oder um sich einen großen Pelzschal um die Schulter zu legen, während er auf- und niederhüpfte – offensichtlich wollte er üben, furchterregend auszusehen. Austin sah ihm oft bei alledem zu, tat selbst aber nichts dergleichen. Er untersuchte lieber seinen Rachen und sah sich selbst beim Essen zu, und wenn er kein Futter hatte, aß er mit einem imaginären Löffel aus einer imaginären Schüssel, wobei er weiterhin eifrig sein Bild beobachtete.
Solche Dinge fesselten Austin und Sherman. Sie waren ganz verschieden, und die unterschiedlichen Interessen entsprangen aus ihnen selbst. Unsere Versuche, solches Verhalten absichtlich auszulösen, hatten fast nie Erfolg, außer wenn die Affen sich von selbst für das Fernsehen interessierten und sich damit beschäftigten.
Kanzi war wiederum ganz anders. Er putzte sich weder die Zähne, noch sah er sich in den Hals. Er nutzte das Bild vielmehr, um

Luftballons aufzupusten und mit Kaugummi Blasen zu machen. Er wollte beide Tätigkeiten gut beherrschen, und beide machten ihm Schwierigkeiten. Von den anderen Affen verwendete keiner dazu einen Spiegel. Panbanisha bediente sich seiner sogar überhaupt nicht in dem Sinne wie die anderen. Sie war zufrieden damit, sich im Spiegel zu bewundern und ihr Aussehen aus allen Blickwinkeln zu überprüfen. Als ihre Eckzähne durchbrachen, brachte sie lange damit zu, diese neuen, starken Zähne im Spiegel zu betrachten. Zur gleichen Zeit fing sie auch an, die Zähne zu benutzen. Sherman und Austin erkannten sich nicht nur im Spiegel und auf dem Fernsehschirm, sondern sie konnten auch zwischen aufgezeichneten Videobildern und Live-Aufnahmen unterscheiden. Wenn sie sich selbst sahen, streckten sie die Zunge heraus oder wackelten mit dem Kopf, weil sie sehen wollten, ob es Live-Bilder waren. War das der Fall, setzte das Verhalten ein, das ich oben beschrieben habe. Reagierte das Bild dagegen nicht, gingen sie meist zur Tagesordnung über und ignorierten den Bildschirm, es sei denn, dort spielte sich etwas sehr Interessantes ab. In Zusammenarbeit mit Emil Menzel konnten wir dieses Unterscheidungsvermögen in genau kontrollierter Weise überprüfen, und zwar mit Hilfe einer Öffnung in der Wand, durch die die Schimpansen eine Hand streckten. Eine Fernsehkamera richtete sich auf ihren Arm und zeigte ihnen, was der Arm hinter der Abgrenzung tat. Wenn sie die Hand durch die Öffnung gesteckt hatten, konnten sie ihre Bewegungen nur noch auf dem Fernsehschirm verfolgen. Wie sich herausstellte, waren sie unter diesen Bedingungen zu allen Tätigkeiten in der Lage, die eine visuelle Kontrolle der Hand erforderten. Bot man ihnen zum Beispiel zwei durchsichtige Behälter an, von denen einer Futter enthielt, griffen sie sofort nach diesem. Selbst wenn das Fernsehbild auf dem Kopf stand, nutzten sie es, wenn auch ein wenig ungeschickt, um die Handbewegungen zu steuern. Ersetzten wir das Live-Bild der Hand ohne Ankündigung durch eine Videoaufzeichnung der Hand, erkannten sie sehr schnell, daß ihre Bewegungen nicht mehr mit denen auf dem Bildschirm übereinstimmten (obwohl es ihre eigene Hand war), und dann zogen sie die Hand durch die Öffnung zurück, denn sie mochten sie nicht hindurchstrecken, wenn sie die Bewegungen nicht sehen konnten.

Die meisten Schimpansen bestehen Gallups Test leicht, wenn sie

ausreichend Bekanntschaft mit Spiegeln gemacht haben. Wurden sie aber schon früh isoliert aufgezogen, versagen sie manchmal – ein Hinweis auf eine gestörte Selbstwahrnehmung aufgrund mangelnder Sozialisation. Kleinaffen dagegen sind bekannt dafür, daß sie in dem Test fast immer versagen, auch nach vielen Versuchen und unabhängig von den Bedingungen, unter denen sie aufgewachsen sind. Seltsam ist dabei, daß Kleinaffen durchaus lernen, wie ein Spiegel funktioniert; wenn sie jemanden hinter sich im Spiegel sehen, drehen sie sich um und versuchen nicht, den anderen im Spiegel zu berühren. Man befestigte sogar leichte Kunststoff-Gänseblümchen an Halsbändern, und wie sich herausstellte, erkennen Kleinaffen die Blumen im Spiegel und greifen hinter den Kopf, um sie abzunehmen. Es bleibt also ein Rätsel, warum sie den Test nicht bestehen. Sind sie sich nicht bewußt, daß das Bild im Spiegel sie selbst darstellt? Fehlt ihnen eine Vorstellung von sich selbst? Verstehen sie vielleicht alles andere im Spiegel, aber nicht, wer sie selbst sind? Das wird oft aus diesen Befunden abgeleitet, vor allem von Philosophen und Naturwissenschaftlern, nach deren Ansicht die Selbstwahrnehmung entweder die gleiche Form hat wie bei erwachsenen Menschen oder aber völlig fehlt.
Aber vielleicht interessieren sich die Kleinaffen einfach nicht dafür, daß sie einen Fleck auf dem Fell haben. In freier Wildbahn hat man beobachtet, wie Schimpansen und Paviane auf einem Baum gemeinsam süße Früchte fraßen. Wenn eine Traube der Früchte im Fell der Schimpansen hängenbleibt, hören sie auf zu fressen und greifen danach, wenn die Früchte auf Oberschenkeln oder Bauch gut zu sehen sind. Die Paviane dagegen scheinen die klebrigen Trauben zu übersehen, obwohl sie sie gut erkennen können. Vielleicht sind Kleinaffen mit ihrer eigenen Sauberkeit mehr auf Artgenossen angewiesen, oder vielleicht richtet sich ihre Selbstwahrnehmung nicht so stark auf das Aussehen wie das der Menschenaffen.

Wenn wir die Psychologie anderer Tiere erforschen wollen, sollten wir die Tatsache zur Kenntnis nehmen, daß ihr Bewußtsein von sich selbst vielleicht in Form und Inhalt nicht dem unsrigen entspricht. Eigentlich ist es viel lohnender, wenn man sich darum bemüht, Geisteswelten und Vorstellungen von sich selbst zu verstehen, die nicht in jeder Hinsicht den unsrigen gleichen.

Wenn uns der Versuch mißlingt, die Welt aus dem Blickwinkel eines Löwen oder einer Fledermaus zu verstehen, dann gestehen wir damit ein, daß die menschliche Existenz ihre Grenzen hat und wir uns nicht zufriedenstellend in das Bewußtsein verschiedener Lebewesen hineinversetzen können. Wollen wir diese Beschränkung wirklich hinnehmen, wo wir uns doch recht zufriedenstellend in alle möglichen Phantasiegeschöpfe hineinversetzen, sogar in solche, deren Wahrnehmungs- und Wertesysteme ganz anders sind als unsere eigenen? Man braucht nur einmal ein paar Comic-Hefte zu lesen, dann gelangt man zu der Erkenntnis, daß Vertreter unserer Spezies sich recht gut in andere hineinversetzen können und daß zumindest unsere Kinder kaum Schwierigkeiten damit haben, den normalen Rahmen der Realität zu verlassen.

Sogar in unserem Kulturkreis hängt die Reaktion der Menschen auf ihr eigenes Bild stark davon ab, wie sie sich selbst wahrnehmen. Einmal machte ich Videoaufnahmen von einigen behinderten Kindern aus Mary Anns Projekt, um ihre Fähigkeiten zur Kommunikation mit der Tastatur zu dokumentieren. Ein Kind sah sich selbst auf dem Kontrollmonitor, den ich mitlaufen ließ, und interessierte sich immer stärker für das eigene Bild. Deshalb drehte ich den Monitor um, so daß alle Kinder sich sehen konnten, und filmte weiter. Nacheinander richtete ich die Kamera auf die einzelnen Kinder. Viele von ihnen wirkten verwirrt, weil sie sich noch nie zuvor auf einem Fernsehschirm gesehen hatten. Die meisten von ihnen starrten das Fernsehgerät eine Zeitlang an. Nach etwa zehn Minuten fingen einige an zu zwinkern, die Zunge herauszustrecken oder zu winken, weil sie sehen wollten, ob sie das wirklich auf dem Bildschirm waren. Andere wurden sehr schüchtern und wandten sich von dem Bild ab, als sei es ihnen unangenehm, daß die Kamera sich auf sie richtete. Wieder andere blickten immer wieder verstohlen hin. Diejenigen, die – beispielsweise durch Herausstrecken der Zunge – zeigten, daß sie sich eindeutig selbst erkannt hatten, waren auch sonst die Mitteilsamsten, die Angeber in der Gruppe. Die anderen, die sich abgewandt hatten, waren die Zurückhaltendsten. Sollen wir folgern, sie hätten sich nicht erkannt, weil sie ihr Bild nicht beachteten? Hunde bestehen Gallups Test ebenfalls nicht. Müssen wir daraus schließen, daß sie kein Bewußtsein von sich selbst haben? Wenn sie von sich selbst keine Vorstellung haben, was haben sie dann, wenn sie hinsehen und zuhören und unsere Befehle ausführen? Was für eine Vorstellung haben sie, wenn ein Hund dem anderen mitteilt, er solle ja seinen Knochen nicht anrühren, auch wenn er den Raum verläßt? Der Test mit dem Fleck ist ein wichtiger Fortschritt, aber leider hat er uns auch daran gehindert, andere Fragen danach zu stellen, was eigentlich abläuft, wenn ein Tier in den Spiegel sieht. Hunde starren einen Spiegel manchmal an, als wollten sie dem, was sie da sehen, einen Sinn geben. Einmal näherte ich mich einem Hund, der gerade sein Abbild genau musterte. Ich stand still hinter ihm in der Nähe einer offenen Tür, die ebenfalls im Spiegel zu sehen war. Der Hund starrte sich selbst weiterhin mit angestrengter Aufmerksamkeit an. Nach kurzer Zeit bewegte ich die Hände, und sofort wanderte der Blick des Hundes von seinem Spiegelbild zu meinem. Während er mich beobachtete, spitzte er die Ohren, als achtete er auf das geringste Geräusch. Ich machte mit den Händen größere Bewegungen, und plötzlich bellte der Hund aufgeregt mein Spiegelbild an. Als klar war, daß der Hund sich ärgerte, sprach ich ihn an. Im nächsten Augenblick wirbelte er herum und rannte schnurstracks auf mich zu; dabei bebte er am ganzen Körper in dem Wunsch, getätschelt zu werden. Ich streichelte ihn so lange, bis er sich beruhigt hatte. Sobald er wieder ruhig war, ging er aus eigenem Antrieb erneut zum Spiegel, stellte sich an die gleiche Stelle wie zuvor und studierte noch einmal die Spiegelbilder. Ich stand ebenfalls wie vorher, etwa zwei Meter hinter dem Hund und dreißig Zentimeter links von ihm. Sein Blick wanderte zuerst zu seinem eigenen Spiegelbild und dann zu meinem, und nachdem er es gefunden hatte, starrte er es wieder durchdringend an. Da ich sehr still dastand, gab der Hund keinen Laut von sich. Nach etwa dreißig Sekunden bewegte ich wieder die Hände, und sofort bellte der Hund verärgert mein Spiegelbild an. Ein wenig später sagte ich etwas, der Hund drehte sich schnell um und lief zu mir, um sich tätscheln zu lassen. Wieder kehrte der Hund zum Spiegel zurück, und wieder nahm er die gleiche Stellung ein; diesmal sah er intensiv mein Spiegelbild an. Ich ging zur Seite, so daß ich im Spiegel nicht mehr zu sehen war. Nachdem der Hund

in den Spiegel gestarrt hatte, als ob er mich suchte, und mich nicht gefunden hatte, drehte er sich um und ging weg.
Man konnte sich kaum des Eindrucks erwehren, daß der Hund zu verstehen versuchte, wieso es mich zweimal gab oder wie ich mich scheinbar an zwei Orten zugleich befinden konnte. Zumindest versuchte er, sich irgendwie hindurchzufinden, als er zweimal zurückkehrte und nach etwas suchte, das er zuvor im Spiegel gesehen hatte.
Das meiste, was uns am Bewußtsein von Tieren interessiert, können wir nur dann in Erfahrung bringen, wenn die Tiere selbst bereits auf irgendeine Weise mit der Frage konfrontiert wurden, um die es uns geht. Wir können nicht einfach einen Spiegel vor einem Hund aufbauen, ihm einen Fleck auf den Kopf malen und dann auf Selbsterkennung warten. Der Hund muß sich mit dem Spiegel beschäftigen, und bisher verstehen wir Hunde nicht so gut, daß wir wüßten, wie wir dieses Interesse gezielt hervorrufen können.
Die Beschäftigung mit einem Thema, das einen interessiert, ist bei unserer eigenen Spezies ein allgemein anerkanntes Phänomen – auch wenn man es eigentlich nicht gut versteht. Es gibt zum Beispiel Kinder, die sich für Schach interessieren und alle Regeln ohne weiteres lernen, obwohl sie in der Schule in vielen Fächern schlecht sind. Andere interessieren sich für Dinosaurier und kennen die Namen von hundert verschiedenen Saurierarten, und doch können sie sich im Geschichtsunterricht keine einzige Jahreszahl merken. Und manche Dreijährigen, die sich für Bagger und Traktoren interessieren, können einen John-Deere- von einem Ford-Schlepper unterscheiden, erinnern sich aber nicht an ein Kinderlied, das sie schon hundertmal gehört haben.
Interesse und seine Beziehung zum Ansammeln und Verarbeiten von Informationen ist ein wenig untersuchtes Phänomen, denn es stellt nun einmal eine individuelle Eigenschaft dar, die sich nicht in einer Personengruppe messen läßt.
Derzeit betreffen unsere Kenntnisse über die geistige Leistungsfähigkeit der Menschen und ihre Messung vorwiegend die Fähigkeiten von Gruppen und Tätigkeiten, die auf Befehl und unabhängig vom Interesse ausgeführt werden können. In Wirklichkeit ist die Tatsache, daß man die Konzentration auf die Fragen eines Prüfers statt auf die eigenen Interessen richten kann, das wichtig-

ste Maß für die Testbarkeit, und Testbarkeit ist das wichtigste Maß für Intelligenz. Wenn sich herausstellt, daß Tiere dabei im Vergleich zum Menschen nicht gut abschneiden, dürfen wir nicht annehmen, wir hätten ihren Intellekt gemessen. Vielleicht haben wir nur unsere geringe Fähigkeit festgestellt, sie für etwas zu interessieren.

Je mehr sich die Wissenschaftler für die Selbstwahrnehmung interessierten, desto stärker erkannten sie, daß sie eng mit der Wahrnehmung anderer zusammenhängt und daß Sprachfähigkeit sich auf die Wahrnehmung der eigenen Person und anderer gründet. Warum sollte man sich die Mühe machen, einem anderen etwas zu erzählen, wenn man nicht unterstellt, daß der andere das, was man sagen möchte, noch nicht weiß?

Die Vorstellung, daß Sprecher und Hörer einen unterschiedlichen Kenntnisstand haben können, wurde als »kognitive Theorie« bezeichnet. Wie können wir erfahren, ob ein Tier glaubt, daß ein anderes Tier ein Bewußtsein hat? Richard Byrne und Andrew Whiten von der University of Saint Andrews äußerten die Vermutung, daß das Entscheidende die Fähigkeit zur Täuschung sei. Wenn ein Tier ein anderes absichtlich in die Irre führen will, muß es erkennen, daß sein Gegenüber ein Bewußtsein hat, das sich in einem anderen Kenntniszustand befindet als sein eigenes.

Lügen gibt es überall im Tierreich. Ungiftige Schmetterlinge ahmen das Flügelmuster des Monarchfalters nach, um nicht von Vögeln gefressen zu werden, die gelernt haben, den giftigen Monarchfalter zu meiden. Regenpfeifer täuschen einen gebrochenen Flügel vor, um mögliche Verfolger von ihren Jungen abzulenken. Der Schmetterling, der den Monarchfalter nachahmt, tut das natürlich nicht absichtlich, aber beim Regenpfeifer ist das viel weniger klar.

Fachleute hielten das Zeigen eines scheinbar gebrochenen Flügels für ein angeborenes Verhalten, das in der Gefahrensituation ohne viel Verständnis abläuft. Kürzlich wurde diese Ansicht aber von Carolyn Ristau von der Rockefeller University in Frage gestellt: Sie wies darauf hin, daß der Vogel wie bei allen angeblich angeborenen Verhaltensmustern offenbar Entscheidungen trifft, die von Fall zu Fall anders sind und die Eigenschaften des Verfolgers berücksichtigen. Außerdem gibt es zwischen einzelnen Regenpfeifern große Unterschiede in Art, Ort und Zeitpunkt der Irreführung von Verfolgern, und manche sind bessere Verstellungskünstler als andere. Aber keine dieser Beobachtungen sagt etwas darüber aus, ob der Regenpfeifer weiß, daß er den Verfolger täuscht. Immerhin zeigen diese Vögel den scheinbar gebrochenen Flügel nur in einer einzigen Situation: wenn ein Feind in der Nähe ist.

Nicht weniger situationsabhängig sind auch die Täuschungsmanöver anderer Tiere. Byrne und Whiten prägten den Begriff »taktische Täuschung«, um täuschende Verhaltensweisen ohne erkennbare überlegte Absicht von solchen zu unterscheiden, bei denen der Handelnde offensichtlich die Irreführung beabsichtigt. Sie definieren die taktische Täuschung als »die Fähigkeit eines Individuums, eine ›ehrliche Handlung‹ aus seinem normalen Verhaltensrepertoire in einem anderen Zusammenhang einzusetzen, so daß selbst vertraute Individuen in die Irre geführt werden.«[3] Byrne und Whiten interessierten sich für Täuschung im Tierreich, nachdem sie sie mehrmals bei einer Pavianhorde bemerkt hatten, die sie in den Drakensbergen in Südafrika beobachteten. Einmal erlebten sie zum Beispiel, wie Paul, ein junges Männchen, sich dem jungen Weibchen Mel näherte, die gerade eine Pflanzenknolle ausgrub. Paul sah sich um: Es waren keine anderen Paviane in unmittelbarer Nähe, aber sie waren auch nicht sehr weit entfernt. Plötzlich stieß Paul einen durchdringenden Schrei aus, als sei er in Gefahr. Wie nicht anders zu erwarten, erschien Pauls Mutter, die in der Hierarchie höher stand als Mel, und verscheuchte das junge Weibchen. Anschließend verzehrte Paul in aller Ruhe die Knolle. »Als wir diesen Vorfall beobachteten, konnten wir uns nur schwer des Eindrucks von einer absichtlichen Handlung erwehren«, bemerkten Byrne und Whiten später.[4] Hatte Paul sich vielleicht überlegt: »Wenn ich schreie, nimmt meine Mutter an, daß Mel mich angreift; dann kommt sie, um mich zu verteidigen, und ich kann die saftige Knolle essen«? Oder war er einfach nur verärgert, daß er die Knolle nicht für sich hatte, und schrie er demnach aus Enttäuschung?

Einen langfristig angelegten Versuch, um das Bewußtsein von Kleinaffen in ihrem natürlichen Lebensraum zu verstehen, unternahmen Dorothy Cheney und Robert Seyfarth mit Meerkatzen im Amboseli-Nationalpark in Kenia. Auch sie beobachteten Ver-

haltensweisen, bei denen es sich um absichtliche Täuschung zu handeln schien, aber sie gelangten zu der Schlußfolgerung, daß die Affen nur teilweise verstanden, was sie taten. Als Beispiel beschreiben sie das Verhalten des rangniedrigen Männchens Kitui. Eines Tages schien es so, als wolle ein neues Männchen von außerhalb sich der Horde anschließen, was für Kituis ohnehin niedrige Stellung in der Hierarchie eine Bedrohung gewesen wäre. Als Kitui das andere Männchen sah, stieß er den Warnruf für Leoparden aus, obwohl kein Leopard in der Nähe war. Damit erreichte er, daß das neue Männchen auf einem Baum blieb, so daß sich sein Eintritt in die Gruppe verzögerte. »So weit, so gut«, meinen Cheney und Seyfarth. »Der Alarmruf war offenbar eine Täuschung, denn er signalisierte eine Gefahr, von der Kitui, nicht aber der Eindringling wußte, daß sie nicht bestand, und hielt den Neuankömmling damit vorübergehend fern.«[5] Aber Kitui verhielt sich nicht folgerichtig. Statt auf seinem Baum zu bleiben, was Meerkatzen tun, wenn echter Leopardenalarm gegeben wird, stieg er hinunter, lief quer über offenes Gelände und kletterte in der Nähe des neuen Männchens auf einen anderen Baum, wobei er ständig Alarmrufe von sich gab. Er hatte es nur teilweise richtig gemacht, ganz ähnlich wie ein Kind, das hartnäckig leugnet, aus der Keksdose genascht zu haben, obwohl es das ganze Gesicht voller Krümel hat.
Insgesamt gelangten Cheney und Seyfarth zu dem Schluß: »Die kognitiven Fähigkeiten der Meerkatzen sind im Vergleich zu unseren eigenen beschränkt, und es gibt keine Hinweise, daß diese Kleinaffen über eine »kognitive Theorie« verfügen, mit der sie ihren eigenen Wissensstand erkennen und anderen einen geistigen Zustand zuschreiben könnten.«[6] Verdeutlicht wird diese Schlußfolgerung auch durch die Tatsache, daß die Meerkatzen sich nicht darum kümmern, wie viel oder wie wenig die anderen über die drohende Gefahr wissen, wenn sie einen Alarmschrei ausstoßen. Ähnliche Vorfälle habe ich auch bei Kanzis Mutter Matata beobachtet. Als ich ihr einmal eine neue Betreuerin vorstellte, wurde sie eifersüchtig auf die Unbekannte und erlaubte ihr nicht, irgendeinen ihrer Lieblingsgegenstände anzufassen, weder ihre Decken, noch ihre Becher, ihr Futter oder ihren Spiegel. Eines Tages – wir saßen gerade zusammen auf dem Fußboden – bat mich Matata, ihr etwas Futter zu holen, indem sie mir

ihre leere Schüssel entgegenstreckte und einen Laut von sich gab, der mit Fressen zu tun hatte. Ich sagte ihr, ich werde ihr Futter holen, und verließ den Raum; die Schüssel ließ ich zurück. Ich war noch keine fünf Minuten draußen, da fing Matata plötzlich laut zu schreien an. Als ich zurückeilte, hatte die neue Betreuerin Matatas Schüssel in der Hand, und Matata schrie sie an und drohte mit Bissen. Matata blickte zwischen mir und der neuen Betreuerin hin und her und dann zu der Schüssel, und dabei schrie sie – sie wollte mir zu verstehen geben, man habe ihr die Schüssel weggenommen, während ich draußen war, und ich solle ihr helfen, sie von dieser gemeinen Person zurückzuholen. Die Betreuerin konnte mir mit Hilfe der Sprache natürlich erklären, daß sie in Wirklichkeit nichts getan hatte. Matata hatte ihr die Schüssel in die Hand gedrückt und dann nach mir geschrien, als habe man ihr Unrecht getan.

Als Matata sah, wie wir über den Vorfall sprachen, sah sie plötzlich sehr niedergeschlagen aus, denn sie hatte wohl gemerkt, daß ihr Trick nicht funktioniert hatte. Sie hörte auf zu schreien und ging in eine Ecke, wo sie sich intensiv damit beschäftigte, sich zu putzen.

Wenn Byrne und Whiten sich zwanglos mit Psychologenkollegen und Primatenforschern unterhielten, hörten sie ähnliche Berichte. Aber nur sehr wenige davon fanden Eingang in die wissenschaftliche Literatur, weil es sich um Einzelfälle handelte, die sich nicht reproduzieren ließen. In der Verhaltensforschung wird unterstellt, daß man voraussagen kann, wann ein bestimmtes Verhalten auftritt. Wenn man es mit Täuschung zu tun hat, ist das natürlich nicht möglich: Wann sie angewandt wird, weiß man fast nie im voraus. Im Gegenteil: Wenn die Täuschung wirklich gelingt, dann wird der Wissenschaftler genau wie die anderen Tiere so perfekt hinters Licht geführt, daß er nicht einmal hinterher merkt, daß sie stattgefunden hat.

Byrne und Whiten führten 1985 und dann noch einmal 1989 eine Umfrage unter über hundert Kollegen durch, in der sie nach Vorfällen fragten, die man als taktische Täuschung ansehen könnte. Sie erhielten begeisterte Antworten und konnten mehrere hundert Fälle von mutmaßlicher Täuschung zusammentragen. Nun stellte sich die Frage: Handelte es sich in diesen Fällen um überlegte und absichtliche Täuschung, oder gab es auch andere Er-

klärungsmöglichkeiten? Byrne und Whiten legten an die mutmaßlichen Beispiele von Täuschung sehr strenge Kriterien an und schlossen die Möglichkeit gelernter Reaktionen so sorgfältig wie möglich aus. Dabei gelangten sie zu dem Schluß, daß von den 253 Fällen in der Umfrage von 1989 nur sechzehn auf Mutmaßungen über die Gedanken des anderen im Sinne taktischer Täuschung zurückzuführen waren. In allen Fällen handelte es sich um Menschenaffen, und zwar meist um Schimpansen. Zwei dieser Berichte sollen hier wiedergegeben werden.
Jane Goodall beobachtete im Laufe ihrer gewaltigen, lebenslangen Studien im Gombe-Nationalpark in Tansania viele Beispiele für mutmaßliche Täuschung. An einem der verblüffendsten Fälle war ein Schimpanse namens Figan beteiligt. Er hatte bemerkt, daß in der Astgabel eines Baumes eine Banane zurückgeblieben war, nur leider ruhte sich genau unter diesem Baum Goliath aus, das Alpha-Männchen. Nachdem Figan kurz die Frucht und dann Goliath angesehen hatte, ging er ein Stück weg; vielleicht fürchtete er, seinen Blick nicht von dem Leckerbissen abwenden zu können, solange er ihn noch in Sichtweite hatte, so daß Goliath schließlich darauf aufmerksam würde. Nach etwa fünfzehn Minuten ging Goliath weg, und nun holte sich Figan ohne zu zögern die Banane und fraß sie schnell auf.
Der niederländische Primatenforscher Frans Plooij beobachtete, ebenfalls in Gombe, einen ähnlichen Vorfall. Ein erwachsenes Schimpansenmännchen hielt sich allein an einer Futterstelle auf, als sich gerade eine elektronisch gesteuerte Kiste öffnete und Bananen freigab. Genau in diesem Augenblick kam ein zweiter Schimpanse hinzu; der erste schloß schnell die Kiste und schlenderte lässig davon, wobei er ein Gesicht machte, als könne er kein Wässerchen trüben. Wie Figan wartete er, bis der Neuankömmling verschwunden war, und dann öffnete er schnell die Kiste, um sich die Bananen zu holen. Aber anders als Figan war er überlistet worden. Der andere Schimpanse war nicht weggegangen, sondern hatte sich nur versteckt, weil er sehen wollte, was hier vorging. Der Täuscher war zum Getäuschten geworden.

Solche Hinweise auf Selbstwahrnehmung und Täuschung legen also die Vermutung nahe, daß Menschenaffen über den unter-

schiedlichen Kenntnisstand bei sich selbst und anderen Bescheid wissen. Gibt es noch eine andere Möglichkeit, Einblicke in das Bewußtsein der Tiere zu gewinnen, vielleicht eine, die auf Seiten des Beobachters weniger Rückschlüsse erfordert? Ein Thema, das erst seit kurzem erforscht wird, ist die Vorstellung oder Phantasie bei Tieren. Alle Tiere spielen gern, genau wie Kinder. Im Spiel werden alle Elemente echter Aggression in Form von Verstellung ausgelebt, als ob alles, was geschehen könnte, zuvor viele Male und auf verschiedenen Ebenen durchgespielt wird, so daß das Tier oder der Mensch auf die Situation vorbereitet ist, wenn sie wirklich eintritt. Nach der üblichen Annahme der Tierverhaltensforscher wissen die Tiere nicht, daß sie Aggression vorspielen – im Gegensatz zu einem Kind, das in seiner Phantasie der große Held ist. Das liegt daran, daß Kinder sagen können, wann sie sich verstellen, was Tieren nicht möglich ist. Viele Fachleute behaupten sogar, auch Kinder könnten erst mit vier Jahren den Unterschied zwischen Phantasie und Wirklichkeit erkennen. Vor diesem Alter, so sagen sie, ist alles, was uns als Verstellung erscheint, für das Kind Realität.
Bei den Menschenaffen sind die Verstellungsspiele nicht so hoch entwickelt, wie man es bei Kindern beobachtet, aber sie widmen sich ihnen dennoch mit Begeisterung. Vickie, der erste Schimpanse, der an einem Sprachforschungsprojekt teilnahm, soll sich den Berichten zufolge ein Vergnügen daraus gemacht haben, an einer imaginären Schnur ein imaginäres Spielzeug hinter sich herzuziehen. Manchmal sah es sogar so aus, als sei das nicht vorhandene Spielzeug irgendwo hängengeblieben, zum Beispiel zwischen Toilette und Wand, wenn sie damit im Zimmer herumlief. Als Austin jung war, tat er oft so, als fresse er nicht vorhandenes Futter, wobei er gelegentlich sogar eine imaginäre Schüssel und einen imaginären Löffel benutzte. Sorgfältig steckte er das Phantasiefutter in den Mund und befühlte es mit den Lippen, wobei er es genauso betrachtete wie echte Lebensmittel. Sherman interessierte sich nicht für imaginäres Fressen – er wollte immer das echte –, aber dafür tat er so, als ob Puppen, besonders solche in King-Kong-Gestalt, ihn in die Finger bissen oder als ob seine Spielzeugfiguren miteinander kämpften. Meist spielte einer allein diese Phantasiespiele, aber nicht immer. Sherman und Austin sahen sich einmal im Fernsehen einen King-Kong-Film an, und

dann taten sie plötzlich so, als sei King Kong tatsächlich in einem Käfig, der in ihrem Zimmer stand. Der Käfig sah genauso aus wie der, in dem sich King Kong in dem Film befand. An dieser Stelle sahen Sherman und Austin auf einmal nicht mehr auf den Bildschirm, sondern sie stießen Drohrufe in Richtung des leeren Käfigs aus, als sei King Kong leibhaftig darin. Sherman holte sogar den Schlauch und spritzte Wasser in den Käfig. Als Kanzi klein war, tat er gerne so, als verstecke er Futter unter seinen Decken oder zwischen dem Spielzeug. Gelegentlich gab er auch Panbanisha oder anderen Stücke von den imaginären Lebensmitteln. Wenn er sie essen wollte, machte er es nicht wie Austin, der sie sehr langsam zu sich genommen und sich dabei im Spiegel beobachtet hatte, sondern er tat so, als schlinge er sie schnell hinunter, als ob er sie gestohlen hätte.

Panbanishas Lieblings-Phantasiespiel bestand darin, sich so zu benehmen, als hätte sie im Nachbarzimmer ein Ungeheuer gehört. Sie ging mit gesträubtem Fell zur Tür, signalisierte »Ungeheuer« und forderte andere auf, es mit ihr zu suchen. Manchmal setzte sie auch eine Monstermaske auf und tat dann so, als ob sie hinter ihrer Schwester Tamuli her sei. Außerdem nahm sie gerne imaginäre Bissen von Lebensmitteln, deren Bilder sie in Zeitschriften sah, oder sogar von den Pfirsichen, die in Georgia auf allen Autonummernschildern abgebildet sind.

Aber ob es nun Selbstwahrnehmung, Wahrnehmung des geistigen Zustandes anderer, Phantasie oder Täuschung ist – alle diese kognitiven Tätigkeiten werden durch Sprache deutlich; mit Sprache können Kanzi, Panbanisha, Sherman und Austin uns Dinge mitteilen, die wir sonst nicht wüßten. Kanzi erzählte uns, wo er am Tag zuvor einen Ball liegengelassen hatte, und er erinnerte uns an ein Versprechen von gestern, das wir vergessen hatten. Panbanisha sagte, sie wolle ein »Eis Fernsehen« anschauen, als es draußen zu schneien begann. Als wir Kanzi fragten, warum er unter die Eisenbahnschwellen kriechen wollte, antwortete er, er suche nach seiner Mutter Matata. Panbanisha riß das Lexigramm für »gut« von der Tastatur und gab es uns zur Besiegelung ihres Versprechens, ein gutes Mädchen zu sein. Sherman erklärte mir, draußen sei »Schrecken«, nachdem er gesehen hatte, wie ein Schimpanse in einem Transportkäfig weggetragen wurde, und Austin sagt mir immer, er wolle Cola statt des Saftes, den ich ihm anbiete. Panbanisha teilt mir mit, wann es draußen regnet. Sie sagte mir auch, die Frisur einer Dame, die sie besucht hatte, sehe aus wie ein Pilz – und damit hatte sie recht. Vieleicht sind das alles Kleinigkeiten, aber sie geben uns ständig einen kleinen Einblick in eine andere Welt der Wahrnehmung, die wir ohne Sprache nicht hätten.

Kanzi und Panbanisha teilen mir und anderen diese Dinge mit, weil sie annehmen, wir wüßten sie nicht. Sie bedienen sich der Sprache nicht nur, um ihre Gedanken mitzuteilen, sondern auch, um etwas vorzuspielen, und manchmal sogar zum Lügen. Wenn Kanzi beispielsweise weiß, daß er keine M&M-Schokodragées mehr bekommt, bittet er um ein paar Spielsachen, um sich im Spielzimmer damit zu beschäftigen, wenn er (aber nicht ich) weiß, daß jemand dort Schokodragées in einen Schrank gelegt hat. Wenn er dann im Spielzimmer ist, stibitzt er schnell die Süßigkeiten und rennt hinaus. Das Ganze bewerkstelligt er so geschickt und schnell, daß es eindeutig die ganze Zeit seine Absicht gewesen sein muß.

Kanzis natürliche Art, Worte zu lernen, und seine wachsende Verständnisfähigkeit für komplizierte gesprochene Sätze weisen darauf hin, daß der Schimpanse über die grundlegenden neurologischen Voraussetzungen für eine primitive Sprache verfügt. Kanzi hat nicht sprechen gelernt, aber diese Einschränkung hat ihre Ursache offenbar in der anatomischen und motorischen Struktur des Atmungs- und Stimmapparats. Daß er Sprachfähigkeit zeigte, nachdem er wie ein Menschenkind ständig mit Sprache in Berührung kam, liefert Aufschlüsse über das Wesen des Schimpansengeistes – und stellt den Geist des Homo sapiens in den richtigen biologischen Zusammenhang.

Kanzis Sprachfähigkeiten vermitteln uns eine klarere Sichtweise für die Sprache der Menschen. Erstens zeigen sie, wie engstirnig Chomskys Behauptung ist, Sprache sei eine entwicklungsgeschichtliche Neuerung, die ausschließlich beim Menschen entstanden sei. Zweitens unterstreichen sie, wie wichtig Interaktion sowohl bei Menschenaffen als auch bei Menschen für den Spracherwerb ist. In einem Umfeld, das reich an Sprache ist, lernen Menschenkinder zuerst, Sprache zu verstehen, um sie dann hervorzubringen; dieser Vorgang erfordert eine hochentwickelte

Steuerung der Stimm- und Atemorgane und eine komplizierte Planung der Muskelbewegungen.
Als Folge des Spracherwerbs bilden sich viele allgemeine kognitive Vorgänge aus. Sprache ist beim Menschen demnach nicht angeboren, sondern sie ist das Produkt eines wandlungsfähigen kognitiven Nährbodens, der in Wechselwirkung mit der Sprache in der Umgebung steht. Schimpansen entwickeln in freier Natur nicht die gleiche Art von Sprache wie in Gefangenschaft, aber wenn das richtige Umfeld vorhanden ist, zeigt sich ihre Fähigkeit, eine Symbolsprache zu benutzen. Gleichzeitig verfeinern sich auch andere kognitive Fähigkeiten. Sprachfähige Schimpansen können zum Beispiel allein durch Zusehen und ohne aktiven Unterricht lernen, einen mit einem Computermonitor gekoppelten Joystick zu bedienen. Anderen, die keinen Kontakt mit Sprache hatten, muß man diese Tätigkeit Stück für Stück beibringen. Ganz offensichtlich formt der Kontakt mit Sprache in früher Kindheit die Entwicklungsprozesse im Affengehirn ebenso wie im Gehirn der Menschen, und die neuralen Netze, die bei den Affen von der sprachdurchsetzten Umwelt beeinflußt werden, bilden mit an Sicherheit grenzender Wahrscheinlichkeit die entwicklungsgeschichtliche Parallele zu den Strukturen, die bei Menschenkindern für den Spracherwerb sorgen. Da Schimpansen in der Evolution so eng mit dem Menschen verwandt sind, sollte es eigentlich – mit Ausnahme der Chomsky-Anhänger – niemanden wundern, daß sie auf die gleichen Umweltbedingungen reagieren, die auch bei Menschenkindern die kognitiven Fähigkeiten fördern. Daß Kanzi sich so leicht die Fähigkeit zur Kommunikation mit Symbolen aneignete, sagt nicht nur etwas über den Menschen und die angebliche Einzigartigkeit seines Geistes aus, sondern auch über Menschenaffen und ihre kognitiven Fähigkeiten in der Natur. Wir müssen uns der intellektuellen Herausforderung stellen, die das natürliche Gemeinschaftsleben der sehr sozialen Primaten darstellt. Dazu gehört unter anderem, daß wir die Kommunikationsfähigkeit der Schimpansen in freier Wildbahn bisher mit ziemlicher Sicherheit gewaltig unterschätzt haben.

Die Grenze zwischen Menschen und Menschenaffen ist endgültig durchbrochen. Immer mehr Biologen beugen sich deshalb der Logik der genetischen Befunde und schlagen eine Neueintei-

lung der Menschen und Menschenaffen vor. Zumindest sollte man Menschen, Schimpansen und Gorillas derselben Familie zuordnen, während die Orang-Utans zu einer anderen Familie gehören. Wenn man eine entwicklungsgeschichtliche Grenzlinie ziehen will, dann muß sie die afrikanischen Menschenaffen in unsere Nähe rücken und darf sie nicht ausschließen. Die Menschen sind eine ungewöhnliche Art afrikanischer Menschenaffen. Und wenn in der Evolutionsgeschichte ein geistiger Rubikon überschritten wurde, dann haben wir Menschen nicht als einzige das andere Ufer erreicht; die Menschenaffen leisten uns Gesellschaft.
Die Sonderstellung, die wir uns als Menschen so geflissentlich zugeschrieben haben, ist in Wirklichkeit ein historischer Zufall. Man stelle sich nur einmal vor, um wieviel mehr wir unsere Spezies für etwas Besonderes gehalten hätten, wenn alle Menschenaffen ausgestorben wären, bevor wir angefangen hätten, über unsere Stellung in der Natur nachzudenken. Wären die Meerkatzen unsere nächsten Verwandten, stünden die Menschen tatsächlich allein. Und wäre umgekehrt die Hominidenart nicht ausgestorben, über die wir mit dem gemeinsamen Vorfahren von Menschen und Menschenaffen verwandt sind, wäre die Kluft zwischen uns und den Schimpansen völlig geschlossen. Man könnte alle Abstufungen zwischen Menschen und Affen erkennen, und unsere geheiligte Einzigartigkeit wäre dahin.
Es ist einfach eine zufällige Entwicklung der Geschichte, daß manche Arten in den letzten fünf Millionen Jahren ausgestorben sind, so daß wir uns heute nur mit den afrikanischen Menschenaffen als unseren nächsten lebenden Verwandten vergleichen können. Und es ist eine ernüchternde Entwicklung der jüngsten Geschichte, daß der Vergleich zwischen Menschen und Menschenaffen schon bald zur reinen Theorie wird, weil alle natürlichen Populationen der Menschenaffen vom Aussterben bedroht sind. Wenn das geschieht, verlieren wir die Möglichkeit, von unseren nächsten lebenden Verwandten etwas über uns selbst zu erfahren, und das gerade zu einer Zeit, da wir sie tatsächlich als enge Verwandte erkannt haben. Und es würde auch bedeuten, daß wir die letzte Chance vertan haben, unserer Schwesterspezies die Lebensweise zuzugestehen, für die sie und wir über die Jahrtausende hinweg eine gemeinsame Evolution durchgemacht haben.

Wenn man unsere enge biologische und kognitive Verwandtschaft zu den Menschenaffen anerkennt, ergeben sich tiefgreifende Folgen für die Grenze, die wir zwischen uns und der übrigen Tierwelt aufgerichtet haben. Es ist eine Mauer, die mehr bedeutet als biologische Klassifikation oder berechtigte Überlegenheit. Es ist auch eine moralische Mauer. Der einen Seite – uns – wurden wichtige Rechte eingeräumt. Rechte auf Freiheit und Gerechtigkeit. Der anderen Seite – ihnen – wurden diese Rechte verweigert. Beispielsweise ist es verboten, medizinische Experimente an einem hirntoten Menschen vorzunehmen, aber bei einem Schimpansen, der bei vollem Bewußtsein ist, sind die gleichen Handlungen durchaus annehmbar. Wenn wir uns der Logik dessen anschließen, was wir jetzt über unsere biologischen Vettern wissen, die sich ihrer selbst bewußt sind und Symbole verwenden können, müssen wir diese Grenze verschieben und die Menschenaffen auf unsere Seite ziehen; dazu gehört auch eine Verschiebung der moralischen Grenze. Diese Grenze, die wir künstlich aufgerichtet haben, läßt sich nicht länger verteidigen. Wie wäre es, wenn man den Menschenaffen juristisch so etwas wie eine halbmenschliche Stellung einräumen würde? Wenn man ihre Gefühle, ihren Intellekt und ihr Bewußtsein allgemein auf die gleiche moralische Stufe stellen würde wie die von Kindern, die an kognitiven Behinderungen leiden? Alle Daten, die wir in den letzten zwanzig Jahren im Language Research Center gesammelt haben, während wir gleichzeitig mit solchen Kindern und Menschenaffen arbeiteten, sprechen für eine solche Idee.

Was wären die Folgen solcher Ansichten? Sicher würden wir diese Kinder nicht in einen Zoo setzen, damit sie als Beispiele für »Natur« angeglotzt werden, und wir würden auch nicht gestatten, daß medizinische Experimente an ihnen vorgenommen werden. Verhaltensexperimente wären nur insoweit erlaubt, als sie ihr Leben bereichern und unterstützen. Aber wir würden sie auch nicht in Naturschutzgebiete bringen, wo sie sich benehmen könnten, wie es ihnen gefällt. Andererseits können wir kaum dafür plädieren, die Affen mit diesen Kindern in einen Topf zu werfen, wie es derzeit so oft gefordert wird. Menschenaffen würden nicht in unsere Gesellschaft passen, denn ihre körperliche Geschicklichkeit liegt jenseits unserer eigenen.

Die derzeit moderne Antwort lautet: Überlaßt sie in Wildreservaten sich selbst. Irgendwann hielt man das auch bei den amerikanischen Ureinwohnern für die ideale Lösung. Aber selbst wenn es vorübergehend klappt, schafft man damit nicht das Problem aus der Welt, was man mit all den Menschenaffen anfängt, die in der Zivilisation aufgewachsen sind und gar nicht wissen, wie sie in freier Wildbahn zurechtkommen sollen. Und ebensowenig ist damit gesagt, was wir tun sollen, wenn ein Reservat übervölkert ist und wenn sich seine Bewohner entschließen, seine Grenzen zu überschreiten. Die Zukunft ist voller offener Fragen. Je deutlicher jede einzelne davon sich abzeichnet, desto leichter erkennen wir, warum der Mensch eine Schranke zwischen sich selbst und den anderen Tieren auf unserem Planeten aufgebaut hat: Sie hat uns von der Verantwortung entbunden, der wir als Spezies nicht gerecht werden konnten. Ich hoffe, wir sind jetzt auf die Herausforderung vorbereitet, denn wenn wir sie annehmen, werden wir sicher eine bessere Welt schaffen, eine Welt, in der Menschen und Tiere nebeneinander leben, mit neuem Verständnis, neuem Respekt und der neugewonnenen Erkenntnis, daß Mensch und Tier nur unterschiedliche Verkörperungen von Lebewesen sind, die sich mitteilen und im Einklang mit anderen leben möchten.

Anmerkungen

1. AN EINEM STRAND IN PORTUGAL

1 Zitiert in Stephen Jay Gould, »Bound by the Great Chain«, in *Natural History*, November 1983, S. 24.
2 Roy Chapman Andrews, *Meet Your Ancestors*, New York 1948, S. 11.
3 Phillips Verner Bradford und Harvey Blume, *Ota Benga: The Pygmy in the Zoo*, New York 1992, S. 5.
4 Ebd.
5 Charles Darwin, *The Expression of Emotions in Animals and Man*, London 1871, S. 7 (dt.: *Der Ausdruck der Gemütsbewegungen bei den Menschen und den Tieren*, Nördlingen 1986).
6 George J. Romanes, *Animal Intelligence*, London 1886, S. 6.
7 Ebd., S. 429.
8 Alfred Russell Wallace, *Darwinism*, London 1889, S. 469.
9 Ebd., S. 463.
10 Ebd.
11 Leslie White, *The Science of Culture: A Study of Man and Civilization*, New York 1949.
12 Matt Cartmill, »Human Uniqueness and Theoretical Content in Paleoanthropology«, in *International Journal of Primatology* 11, 1990, S. 178.
13 Thomas Henry Huxley, *Evidence as to Man's Place in Nature and Other Anthropological Essays*, New York 1900, S. 155–156.
14 Noam Chomsky, *Language and Problems of Knowledge*, Cambridge 1988, S. 34.
15 Ebd.

16 William McGrew, »The Intelligent Use of Tools«, in Kathleen R. Gibson und Tim Ingold (Hg.), *Tools, Language and Cognition in Human Evolution*, Cambridge 1993, S. 158.

17 Christophe Boesch, »Aspects of Transmission of Tool-Use in Wild Chimpanzees«, in *Tools, Language and Cognition*, ebd. S. 177.

2. WAS WORTE BEDEUTEN

1 Robert Yerkes, *Almost Human*, New York 1925, S. 180.

2 R. Allen Gardner und Beatrice T. Gardner, »Comparative Psychology and Language Acquisition«, in *Annals of the New York Academy of Sciences* 309, 1978, S. 73.

3 Thomas Sebeok, »Performing Animals«, in *Psychology Today*, November 1979, S. 79.

4 Nicholas Wade, »Does Man Alone Have Language?« in *Science* 208, 1980, S. 1349.

5 Thomas Sebeok und Jean Umiker-Sebeok, zitiert in Wade, »Does Man Alone Have Language?«, ebd., S. 1351.

6 Herbert Terrace, »Why Koko Can't Talk«, in *The Sciences*, Dezember 1982, S. 8.

7 Gardner und Gardner, »Comparative Psychology«, a. a. O. S. 73.

8 Herbert Terrace, »How Nim Chimpsky Changed My Mind«, in *Psychology Today*, November 1979, S. 67.

9 Ebd., S. 75.

10 Herbert Terrace u. a., »Can an Ape Create a Sentence?« in *Science* 206, 1979, S. 892.

11 Ebd., S. 901.

12 E. Sue Savage-Rumbaugh und Duane R. Rumbaugh, »A Response to Herbert Terrace's Paper, Linguistic Apes«, in *The Psychological Record* 30, 1980, S. 318.

13 E. Sue Savage-Rumbaugh u. a., »Do Apes Use Language?« in *American Scientist* 68, 1980, S. 61.

3. MITEINANDER REDEN

1 Robert Epstein u. a., »Symbolic Communication Between Two Pigeons«, in *Science* 207, S. 545.

2 E. Sue Savage-Rumbaugh und Duane Rumbaugh, »Requisites of Symbolic Communication«, in *The Psychological Record* 30, 1980,

S. 305. Siehe auch: E. Sue Savage-Rumbaugh, *Ape Language: From Conditioned Response to Symbol*, New York 1986.

3 Terrace, »How Nim Chimpsky Changed My Mind«, a.a.O. S. 67–68.

4. EIN UNGEWÖHNLICHER AFFE

1 Yerkes, *Almost Human*, a.a.O. S. 255.

2 Robert M. Yerkes und Blanche W. Learned, *Chimpanzee Intelligence*, Baltimore 1925, S. 48–49.

3 Ebd., S. 31.

4 Yerkes, *Almost Human*, a.a.O. S. 248.

5 Dirk Thys van den Audenaerde, »The Tervuren Museum and the Pygmy Chimpanzee«, in Randall Susman (Hg.), *The Pygmy Chimpanzee: Evolutionary Biology and Behavior*, New York 1984, S. 3.

6 Harold J. Coolidge, »Historical Remarks Bearing on the Discovery of *Pan paniscus*«, in *The Pygmy Chimpanzee*, ebd., xii.

7 Ebd., xii.

8 Harold J. Coolidge, »*Pan paniscus:* Pygmy Chimpanzee from South of the Congo River«, in *American Journal of Physical Anthropology* 17, Nr. 1, 1933, S. 56.

9 Adrienne Zihlman u.a., »Pygmy Chimpanzee as a Possible Prototype for the Common Ancestor of Humans, Chimpanzees, and Gorillas«, in *Nature* 275, 1978, S. 744.

10 Charles Darwin, *The Descent of Man and Selection in Relation to Sex*, London 1871, S. 199 (dt.: *Die Abstammung des Menschen und die Zuchtwahl in geschlechtlicher Beziehung*, Stuttgart 1987).

11 Adrienne Zihlman, »Pygmy Chimps, People, and the Pundits«, in *New Scientist*, 15. November 1984, S. 39.

12 Henry M. McHenry, »The Common Ancestor«, in *The Pygmy Chimpanzee*, a.a.O. S. 218.

13 Takayoshi Kano, *The Last Ape*, Palo Alto, 1992, ix.

14 Ebd., x.

15 E. Sue Savage-Rumbaugh und Beverly J. Wilkerson, »Socio-Sexual Behavior in *Pan paniscus* and *Pan troglodytes*: A Comparative Study«, in *Journal of Human Evolution* 7, 1978, S. 337.

16 Kano, *Last Ape*, a.a.O. S. 192.

17 Savage-Rumbaugh und Wilkerson, »Socio-Sexual Behavior«, a.a.O. S. 341.

18 Kano, *Last Ape*, a.a.O. S. 162.

19 Ebd., S. 209.

20 Ebd., S. 211–12.
21 Ebd., S. 91.
22 Ebd., S. 182.
23 Ebd., S. 102.
24 Ellen J. Ingmanson, »Branch Dragging by Pygmy Chimpanzees at Wamba, Zaïre«, in *American Journal of Physical Anthropology* 78, 1989, S. 244.
25 Kano, *Last Ape*, a. a. O. viii.

5. ERSTE EINBLICKE

1 E. Sue Savage-Rumbaugh u. a., »Spontaneous Symbol Acquisition and Communicative Use by Pygmy Chimpanzees (*Pan paniscus*)«, in *Journal of Experimental Psychology: General* 115, Nr. 3, 1986, S. 214.
2 E. Sue Savage-Rumbaugh u. a., »Language Learning in Two Species of Apes«, in *Neuroscience and Biobehavioral Review* 9, 1985, S. 653.
3 Savage-Rumbaugh u. a., »Spontaneous Symbol Acquisition«, a. a. O. S. 223–224.
4 Darwin, *Descent of Man*, a. a. O. S. 54.
5 Savage-Rumbaugh u. a., »Spontaneous Symbol Acquisition«, a. a. O. S. 214.

6. KANZIS WELTSICHT

1 Patricia Marks Greenfield und E. Sue Savage-Rumbaugh, »Grammatical Combinations in *Pan paniscus*: Processes of Learning and Invention in the Evolution and Development of Language«, in Sue T. Parker und Kathleen Gibson (Hg.), *»Language« and Intelligence in Monkeys and Apes: Comparative Developmental Perspectives*, Cambridge, 1990, S. 545.
2 Ebd., S. 571.
3 Herbert Terrace, zitiert in »Clever Kanzi«, in *U.S. News & World Report*, 5. November 1990, S. 68.
4 Thomas Sebeok, »Chimp Appears to Have Toddler's Grasp of English«, in *Indianapolis Sun*, 7. April 1991.
5 Noam Chomsky, »Clever Kanzi«, in *Discover*, März 1991, S. 20.
6 Elizabeth Bates, Commentary in »Language Comprehension in Ape and Child«, hg. v. E. Sue Savage-Rumbaugh, in *Monographs of the Society for Research in Child Development*, 58., Nrn. 3–4, 1993, S. 240.

7 Savage-Rumbaugh (Hg.), »Language Comprehension«, a.a.O. S. 79–80.

8 Bates, Vorwort zu »Language Comprehension«, a.a.O. S. 240.

7. DIE KINDERABTEILUNG

1 Duane M. Rumbaugh, persönliche Mitteilung, 5. Februar 1993.

2 Duane M. Rumbaugh u.a., »The LANA Project: Origin and Tactics«, in Duane M. Rumbaugh (Hg.), *Language Learning by a Chimpanzee*, New York 1977, S. 88.

3 D. Guess u.a., »Children with Limited Language«, in R. L. Schiefelbusch (Hg.), *Language Intervention Strategies*, Baltimore 1978, S. 105.

4 Rumbaugh, persönliche Mitteilung.

5 Mary Ann Romski u.a., »Establishment of Symbolic Communication in Persons with Severe Retardation«, in *Journal of Speech and Hearing Disorders* 53, 1988, S. 94.

6 Ebd., S. 94.

7 Mary Ann Romski, zitiert in Michael Richter, »The Origins of Language«, in *Profile*, September 1984, 1–5, S. 5.

8 Romski u.a., »Establishment of Symbolic Communication«, a.a.O. S. 103–104.

9 Rose Sevcik, zitiert in Richter, »Origins of Language«, a.a.O. S. 5.

10 Adele A. Abrahamsen u.a., »Concomitants of Success in Acquiring an Augmentative Communication System«, in *American Journal on Mental Retardation*, 93, Nr. 5, 1989, S. 489.

11 Rumbaugh, persönliche Mitteilung.

12 Mary Ann Romski und E. Sue Savage-Rumbaugh, »Implications for Language Intervention Research: A Nonhuman Primate Model«, in Savage-Rumbaugh, *Ape Language*, a.a.O. S. 358.

13 Mary Ann Romski, persönliche Mitteilung, 4. Februar 1993.

14 Rose Sevcik, persönliche Mitteilung, 5. Februar 1993.

15 Ebd.

16 Mary Ann Romski und Rose Sevcik, »Language Learning through Augmented Means«, in Ann P. Kaiser und David B. Gray (Hg.), *Enhancing Children's Communication: Research Foundations for Intervention*, Baltimore 1993, S. 90.

17 Ebd., S. 91–92.

18 Sevcik, persönliche Mitteilung.

19 Romski und Sevcik, »Language Learning«, a.a.O. S. 94.

20 Rumbaugh, persönliche Mitteilung, 5. Februar 1993.

8. PAN, DER WERKZEUGMACHER

1 Kenneth P. Oakley, *Man the Tool-Maker*, London [6]1972, S. 3.
2 Darwin, *Descent of Man*, S. 144.
3 Sherwood Washburn und C. S. Lancaster, »The Evolution of Hunting«, in Richard B. Lee und Irven DeVore (Hg.), *Man the Hunter*, Chicago 1968, S. 293.
4 Thomas Wynn und William C. McGrew, »An Ape's View of the Oldowan«, in *Man (N. S.)* 24, 1989, S. 383.
5 Nicholas Toth, »The First Technology«, in *Scientific American* 255, Nr. 4, April 1987, S. 117 (dt.: »Die erste Technologie«; in *Spektrum der Wissenschaft*, Juni 1987).
6 Wynn und McGrew, »Ape's View of the Oldowan«, a.a.O. S. 387.
7 Ebd., S. 388.
8 Ebd., S. 389.
9 Ebd., S. 394.
10 Toth, persönliche Mitteilung, 15. Mai 1993.
11 Ebd.
12 Ebd.
13 Aus Nicholas Toth u.a., »Pan the Tool-Maker: Investigations into the Stone Tool-Making and Tool Using Capabilities of a Bonobo (*Pan paniscus*)«, in *Journal of Archeological Science* 20, 1993, S. 89.
14 Nicholas Toth, »Archeological Evidence for Preferential Right-Handedness in the Lower Pleistocene, and Its Possible Implications«, in *Journal of Human Evolution* 14, 1985, S. 612.
15 Toth, »The First Technology«, a.a.O. S. 117.
16 Toth, persönliche Mitteilung.
17 Toth u.a., »Pan the Tool-Maker«, a.a.O. S. 98.
18 Toth, persönliche Mitteilung.

9. DER URSPRUNG DER SPRACHE

1 Dean Falk, in *Current Anthropology* 30, S. 142.
2 Terrence W. Deacon, »Brain-Language Coevolution«, in J. A. Hawkins und Murray Gell-Mann (Hg.), *The Evolution of Human Languages*, Reading, MA 1990, S. 4.
3 Edmund S. Crelin, *The Human Vocal Tract: Anatomy, Function, Development, and Evolution*, New York 1987, S. 87.
4 Patricia Marks Greenfield, »Language, Tools, and Brain« (Paper for

Wenner-Gren conference, »Tools, Language, and Intelligence«, 16.–24. März, Cascais, Portugal), S. 28 und 30.

5 Glynn, L. Isaac, »Stages of Cultural Elaboration in the Pleistocene«, in *Origins and Evolution of Language and Speech, Annals of the New York Academy of Sciences* 280, 1976, S. 283.

6 Wynn und McGrew, »Ape's View of the Oldowan«, a. a. O. S. 394.

7 Nicholas Toth und Kathy Schick, »Early Stone Industries and Inferences Regarding Language and Cognition«, in *Tools, Language, and Cognition*, a. a. O. S. 350.

8 Ebd., S. 351.

9 Thomas Wynn, »Two Depelopments in the Mind of Early *Homo*«, in *Journal of Anthropological Archaeology*, im Druck.

10 Ebd.

11 Iain Davidson und William Noble, »Tools and Language in Human Evolution«, in *Tools, Language, and Cognition*, a. a. O. S. 363.

12 Davidson, persönliche Mitteilung, 13. April 1993.

13 Davidson und Noble, »Tools and Language«, a. a. O. S. 367.

14 Davidson, persönliche Mitteilung.

15 Toth, persönliche Mitteilung.

16 Iain Davidson und William Noble, »The Archaeology of Depiction«, in *Current Anthropology* 30, 1989, S. 132.

17 Ebd., S. 134.

18 Charles Darwin, *The Descent of Man*, London ^{2}1874, S. 66.

10. AN DER SCHWELLE ZUM MENSCHLICHEN BEWUSSTSEIN

1 Cartmill, »Human Uniqueness«, a. a. O. S. 187.

2 Mary Midgely, *Animals and Why They Matter*, Atlanta 1985, S. 56.

3 Andrew Whiten und Richard W. Byrne, zitiert in Roger Lewin, »Do Animals Read Minds?«, in *Science* 238, 1987, S. 1350.

4 Richard W. Byrne und Andrew Whiten, »The Thinking Primate's Guide to Deception«, in *New Scientist*, 3. Dezember 1987, S. 54.

5 Dorothy L. Cheney und Robert M. Seyfarth, *How Monkeys See the World*, Chicago 1990, S. 214 (dt.: *Wie Affen die Welt sehen*, München/Wien 1994).

6 Robert Seyfarth und Dorothy Cheney, »Inside the Mind of a Monkey«, in *New Scientist*, 4. Januar 1992, S. 29.

Danksagung

Viele Menschen haben aus eigenem Interesse am Geist der Menschenaffen in dieser jahrelangen Geschichte eine Rolle gespielt und eigene Erkenntnisse daraus gewonnen. Mein besonderer Dank gilt jenen, die stets auf unverzichtbare Weise an meiner Arbeit beteiligt waren und es immer noch sind: Duane Rumbaugh hat mich unablässig angespornt, ermutigt und unterstützt. Er bestärkte mich auch in dem Glauben, daß die Erkenntnisse aus unserer Arbeit die Mühe wert sind und eines Tages von großem Nutzen sein werden. Rose Sevcik stand mir und den Affen bei den zahlreichen unvermeidlichen Problemen und Krisen bei. Ohne ihre Unterstützung und ihre Standhaftigkeit hätte ich so manches Mal aufgegeben. Ganz entscheidend war ihr Glaube an Kanzi und sein Können. Und dann war da Liz Pugh. Sie befreite mich, wenn Austin und Panzee mich im Käfig eingeschlossen hatten, und ihr gelang es, Kanzi und Panbanisha von jenen tausend Fähigkeiten zu überzeugen, die sie selbst für unmöglich gehalten hatten. Liz hat selbst ein Kind und vier Affen großgezogen, und niemand kann besser nachvollziehen, wie nahe wir uns stehen. Mary Ann Romsky hat unsere Erkenntnisse in die Tat umgesetzt, indem sie sie mit allergrößter Sorgfalt Menschenkindern in Form von praktischer Hilfe angedeihen ließ. Außerdem hat sie maßgeblich an unserer wissenschaftlichen Dokumentation über die Anwendbarkeit der Erkenntnisse mitgearbeitet.

Brent Swenson, unser »Dr. Brent«, hat Kanzi und vielen anderen Affen mehr als einmal das Leben gerettet. Er erlebte ihre Lungen-

entzündungen, Allergien, Herzfehler, Herpes- und Streptokokkeninfektionen, Grippe, Verletzungen und zahlreiche andere Krankheiten, die Menschen und Affen gleichermaßen heimsuchen. Dabei mußte er mit viel weniger Informationen auskommen als die meisten anderen Ärzte, weil Affen sich nur sehr ungern untersuchen lassen.
Ohne seine unendliche Geduld, sein umfangreiches Wissen und sein Einfühlungsvermögen gegenüber kranken Affen wäre es uns nie gelungen, etwas über Kanzi zu erfahren. Der erste Bonobo, den Robert Yerkes in Gefangenschaft studierte, starb bereits im Alter von vier oder fünf Jahren. Ohne die moderne Medizin und Dr. Brents besonderes Gespür für Bonobos wäre so manche Forschungsarbeit schon bald unwiderruflich beendet gewesen.
Danken möchte ich auch all jenen, die mich während der Arbeit an diesem Buch beraten, ermutigt und unterstützt haben. Shelly Williams sorgte dafür, daß die Laborarbeit reibungslos weiterlief und daß Kanzi und die anderen Affen sich nicht nur wohlfühlten, sondern auch kreativ an Leben und Forschung teilnahmen. Iain Davidson, Patricia Greenfield, Duane Rumbaugh, Mary Ann Romsky, Rose Sevcik und Nick Toth haben mir bei der Bearbeitung des Manuskripts mehr geholfen, als man eigentlich erwarten kann. Nick Toth stellte mir jene wunderbaren Fotos zur Verfügung, die seinen ganzen Kenntnisreichtum und seine Sorge um die Lage der Menschenaffen auf der ganzen Welt erkennen lassen.
Stuart Shanker war es, der mich stets darin bestärkt hat, daß es sich lohnt und daß es möglich ist, diese Geschichte samt ihren philosophischen Folgerungen zu erzählen.
Zu tiefstem Dank verpflichtet bin ich all jenen Mitarbeitern im Labor, die auch weiterhin dafür sorgen, daß sich die Affen den Menschen und ihren Artgenossen mitteilen und ein soziales Leben voller Selbstachtung führen können. Vielen Dank an Adrea Clay, Angela Fox, John Kelly, Linda McGarra, Julie Meitz, Jeannine Murphy, Skip Haig, Jane Patton, Phillip Shaw, Dan Rice, Ryan Sheldon und David Washburn.
Bis auf Matata wurden alle Affen des Language Research Center entweder im Yerkes Primate Center oder im Language Research Center der Georgia State University geboren. Ohne die Impulse und das Vertrauen des Yerkes Center, das uns die Arbeit mit den

Affen ermöglichte, hätte diese Geschichte nie stattfinden können. Ohne die unermüdliche Unterstützung der Georgia State University, die unsere Räumlichkeiten baute, einen Wald zur Verfügung stellte und die Bedeutung unserer Arbeit gegenüber Tierschützern ebenso vertrat wie gegenüber unseren Kritikern, wäre die Geschichte dieser Affen schon längst im Sande verlaufen. Und ohne die Unterstützung der Gutachtergruppen vom National Institute of Child Health and Human Development hätten wir nie die Finanzmittel erhalten, um jene tiefe Kluft der Unwissenheit hinsichtlich der intellektuellen Fähigkeiten der Menschenaffen zu überbrücken.

Und ohne Lana, Sherman, Austin, Mercury, Panzee, Panbanisha, Kanzi, Neema, Matata und Tamuli – was hätte mein Leben ohne sie für eine Bedeutung gehabt? Sie haben mir gezeigt, was es bedeutet, wirklich ein Mensch zu sein. Ihnen danke ich für die unzähligen Lektionen, die sie mir erteilt haben. Hoffentlich kann ich die Einblicke, die sie mir gestattet haben, an andere weitergeben.

Register